本书获深圳大学教材出版资助

游戏中的管理思维

王 军 编著

清华大学出版社
北 京

内 容 简 介

随着时代的发展，团队管理模式受到越来越多的企业的重视与运用，本书重点介绍了团队管理的相关知识。全书共分七章，主要包括认识团队、建设高效团队、打造高品质团队、团队沟通的技巧、善用团队激励、团队冲突的解决、团队的绩效考评等内容。

本书通过游戏参与以及游戏讨论的方式揭示了团队管理中的情景及问题，对于理论理解和形成团队管理的思维将起到积极的作用。

本书可作为高等院校管理专业及相关专业的通识课教材，也可供从事团队管理的从业人员参考阅读。

图书在版编目(CIP)数据

游戏中的管理思维 / 王军编著. —北京：清华大学出版社，2022.8
ISBN 978-7-302-60996-4

I. ①游… II. ①王… III. ①企业管理 IV. ①F272

中国版本图书馆 CIP 数据核字(2022)第 095832 号

责任编辑：王　定
封面设计：周晓亮
版式设计：思创景点
责任校对：成凤进
责任印制：宋　林

出版发行：清华大学出版社
　　　　网　　址：http://www.tup.com.cn，http://www.wqbook.com
　　　　地　　址：北京清华大学学研大厦 A 座　　　　邮　　编：100084
　　　　社 总 机：010-83470000　　　　邮　　购：010-62786544
　　　　投稿与读者服务：010-62776969，c-service@tup.tsinghua.edu.cn
　　　　质 量 反 馈：010-62772015，zhiliang@tup.tsinghua.edu.cn
印 装 者：定州启航印刷有限公司
经　　销：全国新华书店
开　　本：185mm×260mm　　　印　　张：16.25　　　字　　数：385 千字
版　　次：2022 年 8 月第 1 版　　　印　　次：2022 年 8 月第 1 次印刷
定　　价：59.80 元

产品编号：095654-01

随着时代的发展，组织的管理模式正在发生着深刻的变化。组织的发展呈现诸多趋势：一方面，在经济全球化背景下，组织边界更加模糊，跨国、跨区域的组织形式更为普遍；另一方面，现代科技的发展，也改变了组织传统的沟通和管理模式；同时，市场、生产和需求结构的变化也要求组织的经营管理思维要与时俱进，要不断地进行组织的创新和变革。

在传统的组织结构中，我们更加依赖领导者强有力的管理，领导者的能力也决定着组织的发展。特别是在传统组织的金字塔结构层级中，金字塔成为组织权力的象征，它暗示着一种森严的等级意识与集权的科层体制。这种组织形式强调专业化分工，岗位职责十分清晰，绩效考核体系也比较完善，它适应了工业化大规模生产的需要，在一个稳定、可预测的环境中，能够较好地实现组织的目标。

但是，随着组织外部环境的变化，其弱点也逐渐暴露出来。专业化分工容易形成组织内部的隔阂，按照不同的分工，组织被划分成相互独立且常常相互冲突的区域；过度的专业化分工更容易导致个体综合技能水平的下降，以及组织内额外的临时性工作没人做等现象；多层级的组织结构带来的官僚作风明显，组织中管理人员冗余也导致组织层级不断高涨；强调个体能力和个体绩效引发的内部竞争，削弱了组织内部人员之间本应有的合作，降低了组织的整体竞争力；组织的单向沟通机制，将组织信息封锁在层层叠叠的机构中，沟通的效率问题显得越发严重。传统组织的生命力已经越来越脆弱，变革迫在眉睫。

我们正面临着一个科技日新月异、市场瞬息万变的时代。组织员工更趋多元化，素质和能力更加完善，他们更倾向于自己采取行动，自己管理自己，而不甘心仅仅作为金字塔底端的维护者，他们希望有更多平等参与组织决策的机会；更为重要的是，随着市场竞争的白热化，组织要解决的问题也更加复杂，仅靠单个部门或个人单打独斗已经无法适应客观环境的变化和要求。所以，为了更好地发挥组织的能力，实现组织业绩更大化的目标，组织需要整合各个成员的力量，以适应当前企业竞争的需要。众多的企业已开始从原来的以内部为导向、以职务为重心、以管理阶层为主导的模式转变为以任务为导向、以合作为中心、以多向沟通为基础，协同作战、联合进攻的模式，并成为企业竞争制胜的关键之所在。在这样的背景下，团队管理模式顺应了时代发展的需要，受到更多的企业的重视与运用。

团队是由为数不多的、相互之间技能互补的、具有共同信念和价值观、愿意为共同的目的和业绩目标而奋斗的人们组成的正式群体。团队的意义在于，群体成员间通过相互的沟通、信任和责任承担，产生群体的协作效应，从而获得比个体绩效总和更大的团队绩效。团队理论提出了新的假设基础，即一个人不可能专长各个方面的专业知识，技能互补的成员聚集在一起可以解决更多复杂的问题，更好地实现组织和个体的绩效目标。

曾经丰田、沃尔沃等公司将团队管理引入生产过程而轰动一时，很多媒体争相报道这些团队的工作过程和事迹，如今，世界 500 强企业中如果哪个公司没有采用团队管理，则同样会成为另一个新闻热点。

团队管理模式已经如此普及，甚至在我们生活中团队也比比皆是。团队究竟是什么、团队建设和管理中应该注意什么问题、如何让你的团队更加高效地运转，这些问题都将在本书中找到答案。

本书通过游戏的方式为读者揭示了团队管理中的各种问题，希望读者能够通过参与游戏、感受团队，建立起团队管理的思维。本书包括认识团队、建设高效团队、打造高品质团队、团队沟通的技巧、善用团队激励、团队冲突的解决、团队的绩效考评等七章内容，较为系统地对团队管理的相关理论进行了阐述。

在本书的写作过程中，参考了大量国内外著作和文章，在此不一一列举，谨向有关作者表示深深的谢意。同时，此书的出版也要感谢深圳大学教务处和深圳大学师范学院的资助，以及清华大学出版社的大力支持。最后，还要感谢一直支持我的老师和朋友，如李均、张晓春、钟若愚、陈晔等，以及为我默默奉献的家人。

由于时间仓促和作者水平有限，书中难免有疏漏和不足之处，恳请广大读者给予指正和批评。

本书教学大纲、教学课件及慕课课程可通过扫描下列二维码下载或学习。

教学大纲　　　　　　　教学课件　　　　　　　慕课课程

王　军

2022 年 5 月于深圳大学

目录

鼓掌游戏：认识团队

游戏：鼓掌

【游戏准备】

邀请全体同学参与，并分成两组，一组按照老师的指令参与鼓掌活动，另外一组对活动进行观察和评价。

【游戏流程】

1. 请参与游戏的同学按照老师的指令(鼓掌的方式)进行鼓掌。

(1) 老师鼓掌的指令要清晰，一般用不同的节奏进行适当的变化;

(2) 进行多次鼓掌训练，直到同学们的鼓掌声音能够统一、节奏一致。

2. 请观察的同学指出鼓掌的变化，看看是否实现了从不统一(不一致)到统一(一致)的发展变化。

【游戏思考】

1. 是什么导致了鼓掌声音的变化?

2. 如何理解团队?

3. 团队的价值是什么?

【游戏讨论】

认识团队

"团队"这个概念对于我们来讲并不陌生，我们身边有各种各样的团队存在，而且大家现在面对工作的时候，似乎总是以团队的形式进行，那么到底什么是团队呢? 团队包含哪些基本要素，团队到底有什么作用?

通过"鼓掌"游戏，我们看到对于一个团队，必须有一群人，这就是我们最开始感受到的团队形式。对于团队的认识，我们也是从一群人开始的，所以人是团队组成的基本要素，也是最重要的要素之一。当然对于一个高效的团队而言，仅仅有人是远远不够的，我们还会去思考：团队的结构是什么？什么人适合你的团队，什么样的人会促进团队的高效运作。

当一群人组合在一起时，他们会共同去做一些事情，或者说组织者会让他们共同去做一些事情，这里存在两个层次，一个是组织者，还有一个就是这一群人。实际上这表示一种关系，也就是说团队是组织组建的一个小组织，它是为了完成组织指定的目标而存在的，换一句话说，就是团队是组织的正式群体，团队的组建是为了完成组织的目标。组织的目标就是大家共同要做的事情，这也就形成了团队的目标。在这里，团队的目标是否会被大家认可，决定了大家做的效果。"鼓掌"游戏中，大家共同按照老师的指令去鼓掌，但是你明显地发现鼓掌的效果在开始时非常不理想，很混乱，这说明组织的目标不一定能够被大家所理解和认可，大家也不一定会积极地参与到组织的事务当中去，尽管组织目标有时很简单而且很明确，但它不一定会成为团队的共同目标。因此，我们要思考团队的发展到底是为了什么，是组织的目标、个体的目标，还是团队的目标，这些目标之间的关系是什么？显然如果团队中的人都理解并认可团队的目标，这个时候，我们就有可能取得更好的绩效，也就是鼓掌更加地统一、更大声。这也是我们对团队认识的另外一个重要方面，团队的目标是什么，如何让团队的目标和个体的目标以及组织的目标相互融合。

除了有共同的目标以外，团队成员的共同参与、分工合作，也是完成团队目标的关键所在。在"鼓掌"游戏中，团队的目标是比较容易理解的，当成员理解并认可团队目标后，还需要大家积极参与，才能达到声音洪亮、节奏一致的效果。在这个过程中，任何人不认真参与都难以达到"最洪亮"的效果，任何人不认真参与都难以达到"一致"的效果。

通过一群人共同合作去完成一个目标，就可能实现更高的目标，这就是团队所追求的目标。通过"鼓掌"游戏，我们看到大家最终可以实现"声音洪亮、节奏一致"的掌声，这个声音显然比一个人的声音要大得多得多，也就是实现了绩效的更大化。

"鼓掌"游戏让我们看到了团队的力量，看到了团队的一些基本构成要素，同时也让我们看到团队需要进行必要的管理，才能不断地发展和优化，最终高效实现目标。随着时代的发展，团队已经成为我们身边最常见的组织形式，那么团队到底是什么？——让我们一起走进"团队管理"的世界，去重新认识一下我们这位熟悉的"陌生人"。

第一节　团队的基本概念

如今，越来越多的组织开始采用团队管理的方式对组织进行管理，团队也成为我们日常生活中耳熟能详的一个词语，那么团队到底是什么，应该如何理解团队？下面就让我们来看看以往关于团队的研究中对团队的定义和理解。

一、团队的定义及理解

(一) 团队的定义

TEAM(团队)可以看作是 together、everybody、achieve、more 四个单词的首字母的组合，这些英文单词字面上可以将团队解释为：每个人聚集在一起以获得更多的成果。

- T——together(一起)。
- E——everybody(每个人)。
- A——achieve(获得)。
- M——more(更多)。

在中文中，"团队"两个字的构造也耐人寻味(见图 1-1)。其中"团"实际上是将人才聚集在一起；而"队"则强调人才之间的沟通，因此可以理解为"团队"是一群人才沟通和合作的结果。

图 1-1 团队的中文释义

随着人们对团队管理理论的不断探索和实践，人们对团队含义的理解也在不断完善，目前关于团队的定义主要有以下三种观点。

(1) 美国行为学家斯蒂芬·罗宾斯(Stephen P. Robbins)从团队的协作效应方面出发提出了团队的定义。他认为团队是由组织结构确定的、职务分配很明确的正式群体。团队内部通过其成员的共同努力能够产生积极的协同作用，团队努力的结果是使团队的绩效水平远大于个体成员绩效的总和。

(2) 美国管理学家乔恩·R. 卡曾巴赫(Jon R. Katzenbach)和道格拉斯·K. 史密斯(Douglas K. Smith)从团队的构成要素出发提出了团队的概念。他们认为，团队就是由少数有互补技能，愿意为了共同的目的、业绩目标而相互承担责任的人们组成的群体。

(3) 英国社会心理学家尼克·海伊斯(Nicky Hayes)从团队任务角度分析认为，真正的团队是一群人以任务为中心，通过互相合作，每个人都把个人的智慧和能力贡献给自己从事的工作。

上述对于团队的定义从不同的角度对团队进行了解释，但都不全面，为此，我们在上述概念的基础上，对团队进行了更全面的界定，我们认为：团队是由为数不多的、相互之间技能互补的、具有共同信念和价值观、愿意为共同的目的和业绩目标而奋斗的人们组成的正式群体。团队的意义在于，成员间通过相互沟通、信任和责任承担，产生群体的协作效应，从而获得比个体绩效总和更高的团队绩效。

（二）对团队的理解

在团队的定义中，重点需要关注以下几个方面的问题。

（1）关于团队成员的数量。团队是由为数不多的成员组成的，团队管理并不是人越多越好，相反，团队管理对团队的规模是有一定要求的，一般来说人数在 15 人以内比较合适，当然由于个体能力上的差异以及管理层级的不同，对团队管理的规模还会有不同的要求。总之，由于团队管理要求能够实现良好的沟通，并建立良好的人际关系，人数过多会导致团队沟通成本大大增加，影响沟通的效果。同时随着人数的增多，人际关系也会更加复杂，不利于团队的建设和发展。对于一些规模型企业，如果要进行团队管理的改造，也应该遵循"人数不多"的原则，对组织进行多团队、分层级管理，而不是名义上都称为"团队"，但实际上却连基本的多向沟通都无法进行的团队管理。

（2）关于团队成员的结构。团队成员之间技能互补。在这里对于"技能互补"的理解应该是宽泛的，也就是说更强调人员之间的差异性和多元化，除了传统意义上的关于专业上的互补性以外，个体之间还有很多差异性可以形成互补的关系，包括经历、性格、态度、体态等各个方面。"技能互补"的目的在于形成一个多元化的团队，多元化会促进团队的沟通以及相互学习，促使团队更好地面对复杂的外部环境，也能让团队在面对不同任务时，自然而然产生领导，带领团队走向成功。

（3）关于团队的目标。共同目标是团队发展的重要内容，也是团队管理成功的关键。而这个目标得让团队成员共同接受和认可，如果成员不认可团队的目标，则无法为团队很好地服务，也难以和其他人合作发展。团队目标同时也要和成员的个体目标相互结合，成员在选择团队时，也会关注团队目标和个体目标之间的相互关系，因为与"共同目标"的人同行将会提升效率，更容易实现个体的目标追求。在团队发展过程中，也要不断地优化和调整团队的目标，让团队目标能够形成团队成员的"共同的信念、共同的价值观和共同的目标"。

（4）关于团队的来源。团队是一种组织形式，尽管以团队形式存在的组织有很多，但本书中所讨论的团队是来自于组织的正式群体。团队是由组织组建，为了实现组织的目标而形成的，它会存在一系列的管理制度，也会不断地优化和完善，并追求实现高效团队管理的目标。非正式群体形成的团队组织形式，尽管具备一定的团队形式，但由于在团队目标和规范管理上存在巨大差异，因此很难实现团队共同发展的目标，当然也就不能称之为团队。当然在某些条件下，非正式群体是可能向高效团队转化的，在转化的过程中，群体的类型也会从非正式群体向正式群体转化。同样，在团队管理中，我们也会使用一些非正式群体的管理方法，以促进团队更好地实现组织目标。

（5）关于团队管理的内容。团队管理的内容主要包括团队沟通、团队信任和团队合作，它们之间也存在相互联系。通过加强沟通，能够促使团队成员更好地了解和认可团队的目标和任务，同时也能促进团队成员之间的相互了解；在了解的基础上，团队成员之间才可能相互信任，进而营造出信任的团队氛围；在相互信任的基础上，成员之间会更愿意建立相互合作的关系，并在合作中实现团队绩效的更大化。

(6) 关于团队管理的效果。团队管理追求的效果在于"获得比个体绩效总和更高的团队绩效"，也就是实现 1+1>2 的效果。在团队管理中一方面要考虑如何更好地发挥个体绩效，让个体绩效能够在团队中实现最大化；另一方面，要通过团队管理实现个体之间的合作，通过发挥协作效应而实现团队绩效的更大化。团队绩效的更大化不仅仅是组织所追求的目标，个体也需要通过团队绩效的更大化不断突破自我，实现更大化的自我价值。

【案例 1-1】

华为的"新同事关系"

华为用新同事关系来定义新时代的组织管理。他们认为传统的同事关系是以权力和权力支配的秩序为主要特征的。这种状况类似于宫廷太监所处的环境——每天被权力压迫的人很容易就把权力当成了事业目标，反而忽视了事业本身，上下级之间很难齐心协力共同奋斗。而"新同事关系"却是建立在一种共同兴趣和特长之上的组合。员工们能够聚集到华为这个大家庭中是由于事业目标一致、利益一致，压迫主要来自公司外部的市场，市场优胜劣汰的法则把公司命运与员工命运紧紧捆到了一起。

在华为，几乎每个人都能明显地感觉到与同事共处的时间远远多于与家人和亲友共处的时间，华为的领导层适时地抓住这个契点，从新员工一入职就向其灌输这样一种思想：当我们有条件去选择自己的工作环境时，我们可以像兄弟姐妹共同操持一份家业一样操持我们的事业，我们之间没有权力压迫、没有钩心斗角、没有告密、没有出卖、没有争宠、没有背叛。我们用各自的肩膀互相支撑，我们如亲人般地互相关怀，我们有共同的兴趣、共同的目标，我们愿意在工作之余互相倾诉又互相倾听。

在这样一种氛围下，"华为人"像"硅谷人"一样工作起来不要命，时常深夜加班，吃盒饭，在办公室桌子底下打地铺。但节假日他们又常常三五成群地、乐乐呵呵地结伴出游，没有目的，不需要行装。

其他企业的许多员工都美慕华为的同事关系，殊不知友好、自由、敬业，这种轻松自在的同事文化环境是众多华为人在无数次的集体奋斗中一点一滴积累起来的。

任正非有一个著名论断：当今世界的科技进步已走过了爱迪生时代，不可能依靠一个人的聪明才智改变整个世界。所以除了在公司实行全员持股制度外，公司始终致力于营造集体奋斗的企业文化，没有责任心、不善于合作、不能群体奋斗的人，等于丧失了在华为进步的机会。

资料来源：朱世杰. 向华为学团队管理[M]. 北京：中国电影出版社，2018.

二、团队的构成要素

任何组织的团队都具有一些基本的构成要素，这些要素主要包括团队成员(people)、团队目标(purpose)、团队定位(place)和团队权限(power)，因为这四个要素的英文单词都是以 P 开头，因此，团队构成要素也可以称为 4P 要素。

(一) 团队成员

人是构成团队最核心的要素，团队的目标是通过团队成员具体实现的。任何团队都是由不同的个体组成的，确定团队目标、定位、职权和计划，只是为团队取得成功奠定基础，团队能否最终取得成功，达成目标取决于团队成员的表现。因为不同个体有不同的特点，团队成员间的关系也是影响团队能否成功的重要因素。

团队成员的选择是团队管理目标实现的基础，是团队管理职能的重要组成部分。在一个团队中每个人的分工都可能不同，针对每个不同的任务，团队成员所扮演的角色也会有所不同，可能需要有人出谋划策，有人制订计划，有人具体实施，有人协调不同的人共同完成工作，还需要有人监督团队工作的进展，评价团队最终的贡献，不同的人通过分工来共同实现团队的目标。因此在人员选择方面，要特别强调人员的多元化和互补性，不仅要考虑个体的技能水平和个性特点，还要考虑团队成员之间技能和个性是否互补。

(二) 团队目标

团队目标是团队成员所共同认可的任务、目标或愿景，团队目标来自于组织，但又必须得到团队成员的认可，是团队成员得以凝聚的关键。团队的成员们有着共同的目标，并清楚地知道目标是什么，为完成共同目标，成员之间彼此合作。正是这种共同的目标，决定着团队存在的价值。

对于每一个组织来说，自从打算在组织内部建设团队开始，就必须赋予团队明确的目标，直至该团队完成使命。究竟他们是基于工作关系形成的自然团队、项目团队，还是仅仅为完成某项具体任务而组成的任务团队？他们能够发展成为自我管理的团队吗？这些团队是短期存在还是持续多年？这些都是在建立团队之前组织必须回答的问题。组建团队之后，在组织目标的指引下，团队会结合成员的需求进一步地形成团队的目标，并通过各种方式让团队成员对团队目标达成认可。尽管不同团队的具体目标各不相同，但是所有的团队都有一个共同的目标，那就是：把工作上相互联系、相互依存的人们组成一个相互协作的群体，使之能够以更有效的合作方式创造更高的绩效，并最终实现个人的、团队的、组织的目标。因此在团队目标的管理中，实际上我们同时面对组织、团队和个人三个层面的目标。

团队的目标赋予团队一种高于团队成员个人总和的认同感。这种认同感为如何解决个人目标和团队目标的矛盾提供了有意义的标准，使得一些威胁性的冲突有可能顺利地转变为建设性的冲突，也正因为团队目标的存在，团队中的每个人才知道自己的坐标在哪儿、团队的坐标在哪儿。

【案例 1-2】

没有目标的爬虫

自然界中有一种昆虫很喜欢吃三叶草(又名车轴草)。这种昆虫在吃食物的时候总是成群结队，后面的趴在前一个的身上，由一只昆虫带队去寻找食物。这些昆虫连接起来就像一节一节的火车车厢。

管理学家做了一个实验，把这些像火车车厢一样的昆虫头尾连接在一起，组成一个圆圈，然后在圆圈中央放了它们喜欢吃的三叶草，结果它们爬得筋疲力尽也没有吃到这些草。因为所有的昆虫都在等待带队的虫首领为它们找到食源，然而现在连虫首领也迷失了方向。

由此我们发现：如果团队失去目标，团队成员就会失去方向，没有方向的团队就像盲人上了战场一样，不知道将在何处跟谁打仗，也不可能取得胜利。

资料来源：彭小兵等. 管理学概论[M]. 北京：清华大学出版社，2020.

(三) 团队定位

团队定位是指团队在组织中和其他团队或部门之间的相互关系以及团队内部成员之间的相互关系。作为组织的正式群体，团队的定位和组织赋予团队的目标是紧密相连的。在完成组织目标的过程中，团队与组织其他群体以及部门之间产生相互关系。同时，在讨论团队定位时也应该考虑团队内部的定位问题，也就是说应该从两个层面去理解团队的定位。

一方面，是指团队的外部定位，即在整个组织中的定位。团队作为组织的正式群体，是组织不可缺少的部分。团队在组织中处于什么地位、如何对外交往、被授予什么权力和任务、最终应对谁负责、采取什么管理方式等都应该有一个定位。

另一方面，是指团队的内部定位，即团队中的个体定位。作为团队的成员，在团队中扮演何种角色，是负责制订计划还是具体实施或进行评估？随着团队日趋成熟，团队中的角色定位会更加稳定，相对稳定的定位会促进团队效率的提升，也会激励成员的工作积极性。但团队成员的定位并不是一成不变的，随着团队任务的转变，成员的角色定位也会因为新的团队任务而发生变化。

(四) 团队权限

团队权限是指团队负有的职责和相应享有的权限以及内部人员的授权管理。

一方面，团队作为组织中的正式群体，其权限范围由组织对团队职权进行界定，组织如何授权，是否充分授权直接影响团队的工作能力和实现组织目标的可能性。

另一方面，在团队内部的管理中，同样存在团队成员之间的权力分配问题。团队当中领导者权力的大小与团队的发展阶段相关。一般来说，在团队发展的初级阶段，领导权相对比较集中，团队越成熟，领导者对于团队的控制力就会越小，团队更加趋向于民主化管理，团队能够合理地进行授权管理。对于一个成熟的团队而言，团队可能存在领导角色和领导权力分离的状况，领导角色更多地只是团队对外的发言人，在团队中可能并没有绝对的领导权力。团队的领导权力会随着团队任务的不同而变化，会自然而然地产生领导带领团队去完成任务。团队中的任何成员都有可能拥有团队的指挥权，这取决于团队任务由谁来主导，而不是取决于组织的任命。

三、团队的影响

团队是组织中的正式群体，组织希望通过团队管理来更好地实现组织目标。同时，团队也是由不同的个体组成的正式群体，个体加入团队是希望能够更好地实现个体的目标。因此，团队同时会对组织和个体产生影响，而且影响的方式和内容也不尽相同。

（一）团队对组织的影响

(1) 团队管理有效提升了组织效率。团队管理模式对于提高组织效率，获得更高的绩效提供了新的途径。团队模式有利于改善组织的沟通状况，使团队成员之间加强交流，这有利于弥补组织的一些缺陷。而且，团队及其成员有对整体组织的共同承诺，有利于鼓励个体把个人目标升华为团队和组织的目标，使团队成员能够共同为实现组织的目标而努力，强化整体组织的结构和战斗力。团队的构成要求成员具有互补性，团队工作要求形成团队规范，团队决策强调民主和沟通，团队任务的完成在于团队成员的合作，实现 1+1>2 的效果，这一切都能成为组织提高效率的增长点。

(2) 团队决策更加民主，提高了组织决策的科学性。一般来说，成熟的团队没有绝对的领导，对于任何事情都需要进行集体决策，成员在决策中的地位均等。成员间的互信和沟通，使决策更加民主和谐；成员组成的多元化和互补性，使团队在决策时可以获得更全面的信息，以保证决策更科学准确。

(3) 团队管理更加灵活，更能适应当今多变的市场环境。随着社会的快速发展，组织所面对的环境变化日益加剧，需要组织及时掌握有效的信息，以便更灵活地进行决策。在团队形成自身目标的过程中，团队的运作方式能建立起解决问题和提出倡议的交流方式。团队对待变化中的事物和需求是灵活而敏感的。因此，团队能用比个人更为快速、准确和有效的方法扩大组织的联系网，根据新的信息和挑战调整自己的方法。随着市场变化的加剧和产品需求的不确定性，这种交流的重要性越来越在组织中体现，使得团队的开发成为必要。

(4) 团队管理增强了成员对组织的归属感。当组织员工只关心个人的工作目标时，他们的行为往往会与其他同事工作目标的实现产生摩擦，这种摩擦不仅会造成损失，还会造成员工的"不愉快"。而这种"不愉快"也会造成损失，这种损失比摩擦造成的损失要大得多。如果员工能够为了团队成员的共同目标而奋斗，他们就会主动地谋求合作，合作带来的效益也是双重的：既减少了冲突，又创造了良好的局部工作氛围以及良好的组织总体氛围。团队在通过自我管理、集体负责、共同参与的方式实现组织目标的同时，也实现了个人价值。团员个人价值的实现必须依靠团队，团队目标的设定、规范的制定要考虑成员的需要，从而加强成员和组织之间的依赖性，加强成员对组织的归属感。

【案例 1-3】

团队能降低成本吗

一家英国医院，面临着运营成本居高不下的压力，虽然销售额很高，但一直以来利润却很难扩大。尽管院领导在部门经理会议上反复强调降低成本，但结果并不太理想。于是这家医院张榜公布，希望大家自愿加入一个降低成本的团队。最终他们从不同的部门挑选了 13 个人，并由这 13 个人组成了一个成本控制小组。该小组把所有造成成本居高不下的原因全部列了出来，接着他们找到了其中 8 个最重要的要素。之后，他们围绕这 8 个问题制订了一系列的行动方案，并经院领导同意后开展，结果在一年的时间内取得了非凡的绩效，降低了 120 万英镑的成本。医院把其中的 60%用于该团队的发展和奖励团队中有突出贡献的成员。毫无疑问，这是一支真正能够大幅度降低医院运营成本的高绩效团队。

资料来源：钟毅平. 社会心理学[M]. 北京：清华大学出版社，2020.

（二）团队对个人的影响

团队对个人的影响主要体现在以下四个方面：团队的社会助长作用、团队的社会标准化倾向、团队压力以及从众行为。

(1) 团队的社会助长作用。社会助长是指别人在场或者与别人一起活动所带来的行为效率的提高。由于团队工作强调合作和共同完成，对团队成员会形成团队的社会助长作用，通过其他团队成员的在场，个体的工作动机会被激发得更强，效率可能比单独工作的时候更高，比如：跟别人一起工作会消除单调的情形，提高了工作的热情；在有别人在场的情况下，谁也不想落后，会暗中较劲，提高工作效率；有别人在场，无论如何面子上也得过得去，等等。

(2) 团队的社会标准化倾向。人们在单独情境下个体差异很大，而在团队中，成员通过相互作用和影响，如模仿、暗示和顺从，久而久之会产生近乎一致的行为和态度，对事物有大体一致的看法，对工作有一定的标准，并逐渐在生活和工作中趋同或遵守这一标准，整个过程就是社会标准化倾向。

【案例1-4】
团队中个体行为的共同改变

美国家庭主妇一般都不喜欢用动物内脏如猪心、牛肝等做菜。但第二次世界大战期间，由于食品短缺，当局希望能说服家庭主妇们购买那些一向不受她们欢迎的动物内脏做菜。该研究项目负责人库尔特·勒温(Kuit Lewin)控制了两种情况：一种是把上述要求作讲解与劝说；另一种是把上述要求作团体规定，观察两种方式对主妇态度转变的影响，并加以比较。他把主妇编成六个小组，每组 13～17 人，其中三个小组接受讲解与劝说，另三个小组采取团体规定的方式。前三个小组的主妇们听了口齿伶俐的人半小时的讲解与劝说，她们知道了这些食品如何美味，营养价值如何丰富，采用这些内脏当食品对国家的贡献如何大等，还得到了一份烹调内脏的食谱。后三个小组的主妇们被简单地告知，团体规定大家今后改用动物内脏做菜。一周以后进行检查，结果讲解组中仅有 3%的人改变了态度，而团体规定组中有32%的人改变了态度。

资料来源：钟毅平. 社会心理学[M]. 北京：清华大学出版社，2020.

(3) 团队压力。当团队中个体与多数人意见不一致时，团队会对个体施加阻止力量，使个体产生一种压迫、压抑感，团队压力是行为个体的一种心理感受。当个人的行为与团队的目标距离越来越远的时候，团队施加的压力会增大，如果个体心理的承受力比较弱，对团队压力的感受就会很强烈；相反，个体越是不在意，这种压力可能就越小。

团队对个体的压力处理主要经过理性说服→情感引导→直接攻击→开除几个阶段。

① 理性说服阶段：当某个人与团队意见不同的时候，首先团队会对他进行友好劝说，希望个体放弃不同的意见，此时对于个体施加的压力不会太大。

② 情感引导阶段：如果说服没有效果就好言相劝，采取一种亲近的策略，阐明利害关系，提醒个体改弦易辙。

③ 直接攻击阶段：理性说服和情感引导都不能使个体放弃个人意见时，通常组织会采取直接攻击的方式，如当面讽刺、挖苦和顶撞等，力图使背离者归顺。

④ 开除阶段：经过以上阶段，个体仍然一意孤行，团队中多数成员已失去耐心，开始采取一种孤立的政策，对他不予理睬，直至把这个成员开除。

团队压力有时能够保证团队大部分成员保持一致的方向，对于团队在某些方面是有帮助的；当然有时这种压力也会导致团队成员产生不好的感受，影响士气。

(4) 从众行为。所谓从众，是在社会团体的压力下，个人放弃自己的意见而采取与大多数人一致的行为。我们平时讲的"随大流"，就是一种从众行为。产生"随大流"行为的原因，是由于实际存在的或头脑中想象到的社会压力与团体压力，使人们产生了符合社会要求与团体要求的行为与信念，个人不仅在行动上表现出来，而且在信念上也改变了原来的观点，放弃了原有的意见。团队成员迫于团队的压力，不知不觉地在意见判断和行为上与大部分成员保持一致，人云亦云。这种现象就叫作团队中的从众行为。

在团队生活中，从众行为非常普遍。例如，团队组织外出旅游，在确定游览地点问题上，有不同意见，多数人要去杭州，少数人要去北京，最后往往是少数派也同意去杭州，这种随从大多数人的行为就是从众行为。美国社会心理学家所罗门·阿希(Solomon E. Asch)做过多次关于知觉方面的从众实验。

如图 1-2 所示，在实验中让被实验者比较 a、b、c 三条线的长短。按正常情况判断，a 和 b 是相等的，但因为团队中绝大部分成员被暗示"你要说 a 和 c 相等，前面大家都这么说"。其实 a 和 c 是有一定差距的，结果大多数人选择了"a 和 c 相等"。这就是从众行为所带来的一种压力。

图 1-2　从众行为实验

第二节　团队理论的发展

团队的概念源自日常的生活和工作，随着团队形式的发展，团队逐渐被组织和社会所认可，并发展成一种重要的组织形式。近年来，随着社会环境的发展和变化，团队管理的理论和实践也进一步得到完善和发展，团队管理的组织形式在现代组织中越来越受到重视。

一、发展概况

关于团队概念的起源，有人认为最早是在军队管理中出现的。最早的含义是"一起拉"(见于印欧语系的"DEUK 拉")，16 世纪以后才逐渐演变为"一起行动的一群人"。

20 世纪 60 年代，通用汽车公司发现，在制造汽车的时间维持不变的前提下，以团队模式为基础的装配线能提高产品质量并能提高员工工作满意度。在弗雷德里克·温斯罗·泰勒(Frederick Winsow Taylor)的工作分析与亨利·福特(Henry Ford)的流水线装配观念中，团队被定义为一组具有相同技术的人，他们努力消除员工间的人际摩擦和技能差距，并且共同完成他们的工作。这种团队观念曾一度受到各大企业的欢迎。

20 世纪 70 年代，日本的质量控制方法在美国大行其道，成为改善质量、削减成本的重要方式。丰田和通用合资的心联汽车制造公司的团队，在品质和生产力方面都表现卓越。瑞典的绅宝和富豪汽车厂都建立了装配线工作小组。美国的企业主管们面对自己的公司喜忧参半，他们的公司在迅速成长，达到了从未有过的规模；然而面对如此庞杂的组织，他们多少感到难以招架。他们受到日本全面质量管理(TQM)计划的影响，采用了团队管理的形式以顺利推广这一计划。这种团队形式包括下列几个步骤：把全部下属分成小规模的团队；为团队设立目标；让工作团队决定实现目标的方式；为团队提供培训；谋求团队成员的合作；以团队为单位的绩效评估；奖赏团队。

20 世纪 70 年代末，团队概念中开始导入"工具箱"的观念，团队成员就像"工具"一样用途各不相同，互相配合才能完成工作。这样的团队就是一些具有不同技能的人的集合，如专案小组，他们在组织中发挥了极大的作用。

20 世纪 80 年代，团队建设在西方得到进一步推广，并取得了显著成效。汉伟公司指定所有的工厂都以团队方式运作；施乐公司鼓励团队每天召开两次讨论会，集体解决问题；富豪汽车公司把传统装配线改为 7～10 个员工组成的自主管理系统，同时在其卡尔玛分厂中创立团队，把不良率降低了 90%；西屋家具系统的团队在 3 年内使生产力提高了 74%；山那多人寿保险公司的人员需求降低了，工作量却增加了 33%；壳牌石油公司给团队赋予一种这样的含义，即"需要相互合作，达到某种成果的一群人"。

在爱德华兹·戴明(W. Edwards. Deming)与约瑟夫·莫西·朱兰(Joseph M. Juran)等质量管理大师提出全面质量管理(TQM)理论后，他们的追随者将团队理论融于质量管理中，通过诸如质量圈、自主管理团队(self-managed team)等形式来实现全面质量管理。戴明的学生彼得·斯考特兹(Peter R. Scholtes)认为，一个成功的组织最重要的因素有三个：产品的质量、科学的方法和团队精神，并依此提出了联合三角理论。

20 世纪 90 年代，佛罗里达电力公司成立了 1900 个品质小组；施乐公司有 7000 多个品质改善小组；公民瓦斯及煤炭公司的团队一年的提案超过过去 34 年的总和；《工业周刊》(Industry week)的调查结果表明，北美 25%的组织都在试行自我督导团队；康宁新型赛璐璐瓷厂的团队把不良率从每百万件 1800 个减少到只有 9 个；通用面粉厂的团队将生产力提高了 40%；丹纳公司的活塞工厂依靠团队管理，把从顾客下单到工厂交货的时间从 6 个月锐减到 6 个星期。1992 年，质量参与学会(The Association for Quality and Participation)委托的一项调查显示，进入《财富》杂志(Fortune)1000 强的企业运用团队管理的比率，已经达到 100%。

21 世纪，国际社会面临着更加复杂的变化，市场突变、技术进步、国际竞争等对企业的发展提出了更加苛刻的要求，企业组织的员工队伍也日趋多元化，素质和能力不断提高，也更希望参与企业的决策。企业中各项工作复杂和综合程度不断提高，问题的难度也在不断加大，靠单个部门或个人的单打独斗已经无法适应客观环境的变化和要求。为了整合各个成员的力量，以适应当前和未来企业竞争的需要，众多企业已开始从原来的以内部为导向、以职务为重心、以管理阶层为主导的方向转变为以顾客为导向、以作业程序为重心、以员工参与为主导。协同作战、联合进攻成为竞争制胜的关键之所在。在这样的背景下，团队管理模式也在管理实践中更多地受到重视与运用。

二、团队管理与职能管理的比较

在组织管理中，我们通常通过组织结构所形成的组织结构图去观察组织内部的结构特征。通过组织结构图，我们可以充分地了解一个组织运作的基本情况。而且组织结构图给我们勾勒出来的不仅仅是一个组织的基本结构，同时通过这个结构，我们可以看到这一个组织里面的责、权、利和各种人员、部门之间的关系。

在一般的组织管理中，我们通常采用职能式的管理模式进行组织管理。职能式的管理模式，以组织的职能为中心，强调组织的职能分工，通过专业化分工提升组织的效率。而以团队管理模式为主导的组织管理，则强调以任务为中心，强调团队合作，通过团队合作提升组织绩效。

下面我们简单地将职能式管理模式和团队管理模式进行一个比较，看看不同的管理模式的特点及其差异。

(一) 职能式管理模式的特点

职能式组织结构起源于 19 纪初，是亨利·法约尔(Henri Fayol)在其经营的煤矿公司担任总经理时建立的组织结构形式，故又称"法约尔模型"。它是按职能来组织部门分工，即从企业高层到基层，均把承担相同职能的管理业务及其人员组合在一起，设置相应的管理部门和管理职务。随着所生产的产品品种的增多，市场多样化的发展应根据不同的产品种类和市场形态，分别建立各种集生产、销售于一体，自负盈亏的事业部。职能式组织管理模式是最基本的，也是目前使用较为广泛的一种组织结构形式，其组织结构图类似于图 1-3。

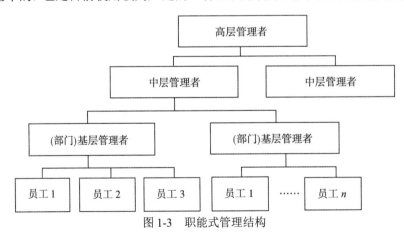

图 1-3　职能式管理结构

从职能式管理模式的结构图中，可以看出它的特点主要表现在以下几个方面：

(1) 垂直管理。垂直管理，也就是说组织的管理是自上而下进行的。高层掌握权力，并向下层发号施令，组织的信息由上至下逐层进行传递。例如，在 1-3 中，组织存在四层结构，在这个层级结构里面，包括高层管理者、中层管理者、基层管理者，以及一线员工。组织的信息传递以及任务分解是按照组织层级逐层进行的，高层将组织目标以及组织信息向下传递到中层，然后再传递到基层，然后再传递到员工本身。

垂直管理有助于强化组织的权力和目标，但随着组织"金字塔"结构层级的上升，管理难度越来越大，管理也很难有效实现目标。

(2) 单向沟通。在职能式管理中，组织中的沟通基本上是上下级之间的纵向沟通，而很少出现横向或者是多向的沟通。这种单向沟通的机制是由组织结构本身的特点所决定的，职能式管理强调的是垂直管理，是上传下达，是上下级之间的沟通，而其他方向的沟通并不重要。

垂直的单向沟通机制，有助于组织对目标和管理的控制，但单向沟通容易引发信息的失真，同时随着组织层级的升高，沟通的效率问题也会显得越发严重。特别是当组织面对复杂的决策环境，要求组织进行快速反应时，这种单向沟通往往很难满足组织管理的需求。

(3) 任务责任到人。在职能式管理模式下，组织将目标和任务逐层进行分解，并分配给每一个组织节点，在分解任务的同时，也将权力和责任分配给每一个人。组织中的每一个人面对的目标是完成自己的任务，并获得利益。在这个过程中，每个人都会为实现自己目标的最大化而努力，但并不是每一个人都能够顺利地完成自己的任务。

任务到人，有助于组织明确责任，最终在奖罚机制中更好地实现激励，但是由于每个人能力上的差异性，可能个体会表现出不同的绩效。面对组织的目标时，过度地强调任务的分解，如果某个节点失败，则无论其他任务完成得多优秀，都有可能导致整个任务的失败。

(4) 强调专业化能力。职能式管理的组织模式，强调专业化分工以及专业化能力的建设。一方面，在组织结构的划分中，职能式管理是按照职能的专业化，将组织类似的职能进行整合形成部门进行管理，通过职能的专业化提升组织部门的管理效率；另一方面，组织分工任务到人的方式，也进一步强化了个体对个人专业能力提升的要求，因为只有个体能力越强才能更好地完成专业化目标，实现个体目标的最大化。

但过度的专业化分工并不利于组织应付复杂的社会环境变化，同时过度强调个体能力，也会形成组织内部的相互竞争，影响组织团结的氛围。

(5) 组织关系紧张。职能式管理强调组织层级关系，强调上下级的分工，这导致组织中很容易形成官僚作风，成员之间很难形成平等的地位；另一方面，由于组织中的任务分解到每一个人，个体之间是相互独立的，每个人的任务可能不同，而且只对上级负责，因此在任务完成的过程中，个体之间无须进行过多的沟通，成员之间的关系比较冷漠；同时，由于强调个体能力和个体绩效，因此也形成了组织内部的竞争关系，让组织成员更多地处于一种彼此竞争的状态。成员之间的关系冷漠、相互竞争、不愿合作，最终导致组织内部成员之间的关系比较紧张，而这种紧张关系又将进一步强化个体之间的矛盾，对个体形成巨大的工作压力。

(二) 职能式管理向团队式管理的转变

对于上述的组织结构模型，我们是否可以通过团队管理的方式对它存在的问题加以改善呢？我们尝试将上述组织结构进行一个简单的重建，在基层形成团队，看看会有什么样的变化。

我们将原有的组织结构进行团队化改造,将原来职能式管理中的基层节点由个人扩大到团队,具体如图1-4所示。从组织结构图的初步变化来看,组织结构已经发生了变化,这些变化最直观的表现就是,组织层级减少了(从四级变成了三级),同时组织的节点从个人转化为了团队。这样的组织结构会带来怎样的管理变化呢?下面让我们从不同的角度进行一番比较。

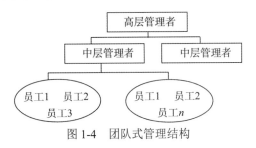

图1-4　团队式管理结构

(1) 管理模式,从职能管理向团队管理转变。职能式管理强调的是上下级的权力关系和专业化分工。而在团队管理中,垂直的上下级关系变成了平等的合作关系,因此在团队中,大家更容易实现合作,也能够更好地沟通。

(2) 沟通模式,从纵向沟通向全通道沟通转变。职能式管理强调的是上下级的纵向沟通,无论是任务的分解还是任务的完成,都是上下级之间协调。但团队管理则强调集体负责,彼此合作。因此,也更强调团队的沟通,团队沟通是全通道的,包括纵向的、横向的等各个方向的沟通,这种沟通方式要求所有成员都能够参与,并且积极提供相关的信息,以便实现最终的科学决策。

(3) 任务和责任,从个人面对向集体承担转变。职能式管理在进行任务分解后,将任务分配给每一个人,并且让他们各自承担责任,这就对个体的能力提出了很高的要求,如果个人能力强,则可能会顺利完成任务,但是如果个人能力弱,则可能无法实现目标,并影响整个任务的完成,个体和集体都将面对巨大的风险和压力。而在团队管理中,我们看到的是由团队共同承担任务,并承担任务的风险和分享任务的利益。在面对任务时,团队通过沟通和合作可能承担更具有挑战性的任务,同时由于风险由集体承担,个体在任务完成的过程中会更轻松、更加专注于工作。

(4) 能力要求,从个体能力向团队能力转变。职能式管理强调个体能力,特别是个人的专业能力,因为只有个体能力足够强才可能更好地完成任务。而在团队管理中,则更强调团队的能力建设。团队的能力来自于团队的所有成员,不仅包括专业能力,同时也更强调综合能力。由于团队管理强调团队合作,通过团队成员的共同努力完成任务,因此在合作中成员之间可以通过互补的技能提升团队的综合能力,以更好地达成团队目标。团队综合能力的强弱比个体能力的强弱更为重要。

(5) 工作氛围,从紧张压抑向和谐轻松转变。职能式管理的层级关系容易滋生腐败并引发紧张的人际关系,过度强调个人的责任以及控制型的管理会让人觉得工作压力无所不在,职能式管理所形成的官僚、冷漠、不合作的组织氛围让人感到压抑,难以轻松的面对工作。而团队管理模式则强调合作、强调平等的交流、强调共同面对责任,基于团队管理所形成的组织氛围更能够凝聚团队的力量,形成和谐共进的组织氛围,也能够让团队成员更轻松的面对工作。

【案例 1-5】

服装店的管理选择

假设有这样的一个场景：在一个服装商店，3 个不同的区域有如下图所示的标识，包括入口、收银台和店内服装的展示区。目前店内有 3 个营业员在工作，职能式管理和团队管理，哪种组织管理模式能够更好地提升店面的营收？

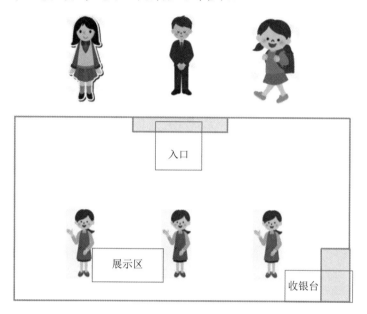

【案例讨论分析】

对于上述场景，我们分别采用不同的管理模式进行分析。

首先，我们对不同管理模式下组织对员工的要求进行比较。

在职能式管理模式中，组织强调权力和任务的分工，会将组织的绩效目标分配给每一个人。按照目前的场景，一般会将绩效任务平均分配，而对于个人而言自然是业绩越好，个人的收入就越高，因此个人会通过提升个人业绩追求自己目标的最大化，同时成员之间为了获得个体更高的业绩存在直接的竞争关系。当所有人都完成了个人业绩，则店面的业绩也就能够顺利完成。

在团队管理模式下，组织强调通过合作实现绩效目标，组织的绩效目标是由全体成员承担的。也就是说组织不会均摊店面业绩目标，而是计算团队所有成员的个体绩效后，算总绩效。对于团队中的个体而言，为了实现个人目标的最大化，首先必须通过合作实现组织目标的更大化。因此成员之间要通过合作、分工、相互学习，提升团队整体的综合能力，才能更好地实现组织的绩效目标，并实现个体的目标。

下面我们对场景中不同的情况下员工可能的表现进行讨论。

1. 只有一名顾客时，谁会成功签单

在职能式管理中，员工之间是竞争关系。当只有一名顾客时，所有人都会积极地"抢客"，积极地为顾客服务，而当所有的员工都围着顾客转时，反而可能会引起顾客的反感，影响顾客购买商品的体验，还可能会吓走顾客，最终得不偿失。另外，尽管所有的员工都努力试图获得签单的机会，但最终只可能有一名员工成功，也就是说只有一个人实现了绩效目标。

在团队管理中，员工之间是合作关系。当只有一名顾客时，员工之间可以分工合作，一个人去服务，一个人去门口招揽更多的顾客，一个人去收银台值守。当然还会是那个销售技能最强的员工为顾客提供主要服务，但是因为在合作的氛围下能够为顾客营造更好的购物体验，有可能创造更高的销售额。此时的销售业绩大家共同分享，尽管个人业绩相对会下降，但整体的工作氛围则会更和谐。同时，大家的分工合作也能够更好地提升工作效率，让目标实现得更加轻松。

2. 有少量顾客时，谁会找到签约客户

当面对少量顾客时，有经验的员工往往能够更好地识别潜在的签约客户，并提供积极的服务，促成交易。

在职能式管理中，员工的经验和能力往往是提升业绩目标的关键，也成为成员之间竞争的重要手段，因此个体会通过不断的自我学习，提升自我能力，并保持自己在组织中的竞争力，从而实现自己的目标。相比之下，技能较弱的员工，很难抢到客户，业绩也会不尽人意，工作的积极性会遭受打击。长此以往，个体业绩之间会出现明显的两极分化，员工之间的矛盾会不断激化，甚至形成对抗，并对组织目标产生负面影响。

而在团队管理中，团队的能力比个体的能力体现得更为重要。当某个员工表现出能够实现绩效目标的更高的能力时，正好成为员工合作的基础，而不是竞争的利器。为了能够让团队绩效更高，员工之间会主动相互学习，促进团队能力的提升，进而提高团队实现目标的可能性。此时，员工之间对个体绩效的关注点在于共同的组织绩效，大家是合作关系而非竞争关系，因此更愿意共享能力和互相帮助。长此以往，组织和员工的能力都会不断提升，组织业绩也会大大提高，并且实现个体目标的更大化。

3. 有大量顾客时，是否需要合理分工

当面对大量顾客时，保持店内的秩序成为组织实现销售业绩的重要基础。

但由于职能式管理关注的是个体的销售业绩，因此无论人多人少，员工都更关心自己是否能够签约成功，至于店内的秩序问题，大家并不关心，因此有可能导致秩序混乱、降低顾客购物体验，甚至出现商品遭到盗窃等现象，造成组织的损失。相比之下，在团队管理模式下，员工会迅速地分工合作，寻找更适合各自的岗位进行合作，让销售活动井井有条，并促成更大的绩效目标。

通过上述比较，可以看到团队管理模式在相应的管理场景中具有一定的优势，因此也成为许多组织选择的管理形式。

资料来源：作者整理编写

三、组织未来发展的趋势

随着社会经济和科学技术的发展，企业组织的结构正在发生巨变，传统的官僚体制结构越来越难以适应多变的市场发展需求，同时现代信息技术提供了更加便利高效的信息沟通手段，对传统的组织结构提出了挑战，组织的边界正变得模糊，而组织结构的发展也出现了各种新的趋势。

（一）扁平化

传统组织结构中的官僚体制以及不断高涨的组织层级，将大大影响组织的管理效率以及沟通的效果。为了更好地适应市场的变化，提升管理效能，对组织结构扁平化改造的呼声越来越强烈。扁平化是指压缩组织纵向的层级，增大组织横向的管理幅度，从而改善组织上下级的结构路径，促进组织中的信息沟通，提升组织管理效率的方法。

一方面，组织扁平化改造，对组织管理者提出了更高的要求，要求管理者能够具备更大的管理幅度，能够同时管理更多的部门和员工；另一方面，扁平化也意味着减少管理的节点，进行必要的节点整合，使组织的结构更加简单明了。

团队管理模式是组织结构扁平化改造的一种方法，通过组织的团队改造，可以将组织结构中的部分节点进行整合形成团队，进而大大减少组织的节点，压缩组织管理的层级；同时，通过组织授权管理，将部分权力授予团队，让团队拥有更大的自主权，能够大大降低管理者的压力，有效的提升组织管理者的管理幅度，使组织的结构更加平缓。

（二）小型化

随着世界进入信息时代，组织面对的外部环境更加复杂多变，外部环境要求组织能够对各种变化作出快速反应。但传统的组织结构过度追求组织规模和制度化的管理，导致组织内部沟通和协调成本过高，运行效率低下，为了更好地适应组织外部的环境变化，组织将会向小型化和柔性化趋势发展。

组织小型化将大大降低组织的规模，让组织更加精练，并能够更好地聚焦组织目标，建立高效的组织内部沟通机制，通过组织合作更好地实现组织绩效。小型化的组织在组织管理中会更加关注个体的不同需求，从而形成更加柔性化的管理制度，让组织能够更好地应对外部多变的挑战。

团队管理模式对管理规模是有一定限制的，要求团队管理的人数不能太多，当组织人数过多时，需要将人员分成不同的团队进行管理，因此团队管理模式更适合小型化的组织管理要求。

（三）虚拟化

相对于实体组织，借助于现代信息技术发展起来的概念组织被称为"虚拟组织"。这是 20 世纪 90 年代末出现的企业组织变革的全新内容。对于组织的"虚拟化"可以从两个层面进行理解。

一方面是组织形式的虚拟化。也就是相对于实体组织而言，虚拟化组织没有固定的办公场所，没有固定的办公形式，甚至没有固定的员工，从形式上看似乎并不存在，但却能够发挥巨大的作用，如现在很多企业都采用了线上办公系统，员工通过手机等移动终端就可以进行相关业务的处理。而根据有关统计，目前很多大型跨国公司的科技人员在家办公的人数已超过 40%，组织形式的虚拟化正在悄然发生。另一方面是组织生产经营的虚拟化。相对于传统的单一组织进行产品生产经营而言，目前更多组织的生产经营方式是通过外包或者以合作的形式进行。特别是在全球化运动的推动下，越来越多的组织通过全球的合作，实现了虚拟与现实的结合，以便更好地实现组织的目标。

虚拟团队是现代团队管理中的一种重要形式，基于团队管理理论对虚拟团队的组织目标、组织授权、组织成员、组织沟通和组织绩效进行管理，能够有效地促进虚拟团队的发展，并实现组织绩效的更大化。

(四) 平等化

随着社会整体经济水平的提升，员工对工作的态度也在不断地变化，以往员工更多的是通过工作获得收入而去满足低层次的生理和安全的需求。而现代组织的员工工作的目的更多的是实现自我价值，他们更愿意积极地参与组织的决策，并希望在组织中获得平等的地位。

传统的基于职能式管理形成的上下级之间的控制型管理模式将越来越不适应未来社会的发展，而让员工积极参与，平等交流的团队管理模式将更容易为员工所接受。通过团队管理营造平等互助的团队环境，有助于员工之间更好地沟通交流，也有助于更好地实现组织的目标。

四、团队的主要类型

现代组织中团队的表现形式多种多样，但从团队存在的目的、方式和拥有自主权的大小来看，可将团队主要分为以下几个不同的类型：问题解决型团队、多功能型团队、虚拟型团队和自我管理型团队。

(一) 问题解决型团队

顾名思义，问题解决型团队的立足点在于解决问题，比如怎样提高生产质量、提高生产效率、改善企业工作环境等。在问题解决型团队中，团队的主要责任是通过调查研究、集思广益理清组织存在的问题，成员就如何改变工作程序和工作方法等相互交流，提出建议，拟定策略或执行计划，交给决策层进行决策，团队成员几乎没有什么实际权利来根据建议单独采取行动，其主要目的是寻找问题所在，并提出解决问题的建议，问题解决型团队模拟图如图 1-5 所示，如一些咨询委员会的设立，就是针对存在的某些问题提出咨询意见，供决策层进行决策。

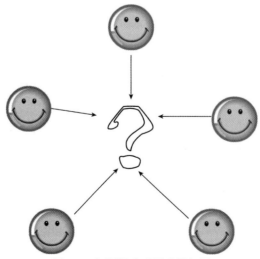

图 1-5　问题解决型团队模拟图

20 世纪 80 年代最流行的一种问题解决型团队是质量圈，它起源于美国，后来传到日本，被看作是日本以低成本生产高质量产品的一种技术，它的构造如图 1-6 所示。

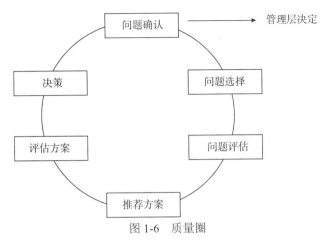

图 1-6　质量圈

质量圈通常由职责范围部分重叠的员工和管理层组成，人数一般在 8~10 人，团队成员定期会面(通常是一周一次)讨论质量问题，他们探讨问题的成因，提出解决方案并实施纠正措施。质量圈的工作可划分为六个单元，分别为问题确认、问题选择、问题评估、推荐方案、评估方案、决策。

质量圈首先要在质量方面找存在的问题，接下来在众多问题中选择一些必须马上解决的，然后进行问题的评估——如果不解决可能会带来怎样的损失？这个问题的等级是重量级的还是轻量级的？评估后要推荐方案，即考虑要解决问题应采取什么方式；接下来是评估方案，即考虑方案是否可行，该方案的成本费用是多少；最后决策选择的方案是否实施。

质量圈的第一部分，即问题的确认是由管理层最终实施的，团队的成员并没有权利来确定问题在哪里，只能提出意见；第二到第四部分由质量圈的成员操作，最后两个部分需要管理层和质量圈的成员共同把握。但在这六个部分中权利其实是被分解的，并不是所有质量团队的成员都有权利或能力完成这六个任务。

(二) 多功能型团队

多功能型团队由来自同一等级、不同工作领域的成员组成，他们到一起之后，加强了组织内(甚至组织之间)成员之间的信息交换，从而激发出新的观点，共同解决所面临的问题，通过协调完成比较复杂的项目任务，多功能型团队模拟图如图 1-7 所示，如针对某些市场及产品的开发，从各部门抽调成员组成团队，对面对的问题进行研究决策。

20 世纪 60 年代，IBM 公司开发了卓有成效的 360° 反馈系统。该系统建立了一种大型的任务攻坚团队，其成员来自公司各个部门，通过各个部门成员的通力合作，以实现单个部门无法完成的复杂任务。由于团队成员知识、经验、背景和观点不尽相同，加之处理的工作任务比较复杂，采取这种团队形式进行管理，需要各方建立有效的合作，这需要相当长的时间，而且要求团队成员具有很强的合作意识和个人素质。

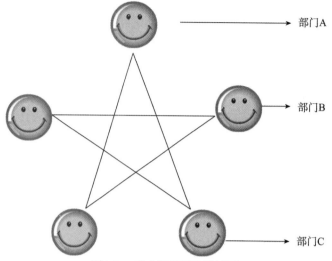

图 1-7 多功能型团队模拟图

【案例 1-6】

麦当劳的危机管理团队

麦当劳有一个危机管理团队，其责任是应对重大的危机。该团队由来自麦当劳营运部、训练部、采购部和公共关系部等部门的一些资深人员组成，他们每季度都会共同接受关于危机管理的训练，甚至模拟当危机到来时怎样快速应对，如广告牌被风吹倒，砸伤了行人时该如何处理。一些人员负责考虑是否把被砸伤的人送到医院，如何回答新闻媒体的采访，当家属询问或质疑时如何对待。另外一些人要考虑的是如何对这个受伤者负责，保险谁提供，怎样确定保险额度。这些都要求团队成员能够在复杂的问题面前做出快速反应，并进行专业化的处理。

虽然这种危机管理团队究竟在一年当中有多少时间能用得上还是个问号，但对于跨国公司来说是"养兵千日，用兵一时"。因为在面临危机的时候，如果做出快速而且专业的反应，危机会变成生机，问题会得到解决，还会给顾客及周围的人留下很专业的印象。

资料来源：[美]乔恩·R. 卡曾巴赫. 团队的智慧：创建绩优组织[M]. 侯玲译. 北京：经济科学出版社，1999.

（三）虚拟型团队

随着现代通信技术的迅猛发展和实际应用，传统的沟通和交流方式发生了本质的变化，团队成员之间的沟通已经可以通过网络及现代通信设备，跨越时空的限制，建立虚拟的对话平台，于是，相应的虚拟型团队应运而生。

虚拟型团队结合来自不同地区的人员，通过网络及现代通信设备，在虚拟的沟通平台中进行交流、决策、管理，以完成共同的任务，虚拟型团队模拟图如图 1-8 所示。

虚拟型团队与一般团队的区别主要体现在

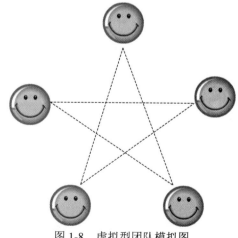

图 1-8 虚拟型团队模拟图

以下几个方面。

(1) 团队组成的成员不受地域、国别的限制。由于团队成员之间主要是通过网络等通信设备进行交流，因此成员所在地域、国别已经不是成员组成的主要问题，团队的组建更关注成员的专业特性。由于一些语言系统软件的应用，成员之间的沟通也更加畅顺，甚至不需要懂得相互的语言，完全可以通过网络自由对话。这样团队成员的招募可以从传统的地区范围扩大到世界范围，使队成员的能力更加强大。

(2) 团队工作的时间不受时区限制。事实上由于人类的生理需要，我们 1/3 的时间是用来休息的，但随着全球化的发展，企业所面对的全球市场是瞬息万变的，在我们熟睡的时候，我们所面对的市场随时都有可能发生巨大的变化，如何应对这样的变化，当然是要求我们的管理团队也不"睡觉"。虚拟型团队的组建，可以跨越不同的时区，形成"不睡觉"的管理团队，通过对组织的任务目标的分解，形成不同时区的管理任务，从而可以轻松地实现对不同时区市场的管理和控制。

(3) 团队合作和信任更加重要。由于时间和空间约束的开放性，使虚拟团队之间的交流更加依赖网络等虚拟平台，而且很多交流不是即时传送的，这就使团队成员之间的合作和交流显得更为重要，如何加强相互间的沟通，增进彼此之间的信任成为虚拟团队得以维系的重要基础。

(4) 团队要求更充分的授权。由于不同时空可能会面对不同的环境，因此会形成不同的决策，在相互信任和合作前提下，对于决策的授权应该更加充分，虚拟团队中的组织成员拥有更大的决策权，以便能够更加快速的对突发事件做出即时的反应。

随着全球化的发展，虚拟型团队已经在许多著名的企业得以成功地实践，并将在未来的国际市场竞争中发挥更重要的作用。

【案例 1-7】

康柏电脑公司的虚拟团队

天腾电脑，1999 年成为康柏电脑天腾电脑分公司。由于一项紧急任务，康柏电脑公司从伦敦、东京和美国一些城市中招募了一批信息系统开发者，组成了一支虚拟型团队，计划将工作从一个时区传到另一个时区，因而程序编码由伦敦的开发者完成，在美国进行测试，又在东京矫正错误。当伦敦开发者着手第二天的工作时，另一个轮回开始了。这种方式保证一天 24 小时都有人在关注这项任务。事实上，对于天腾的虚拟型团队而言，太阳从来没有沉落。

资料来源：何瑛等. 虚拟团队管理[M]. 北京：经济管理出版社，2003.

(四) 自我管理型团队

自我管理型团队是按照一定的工作目标组建的正式组织，该团队被赋予很大的自主权，同时，他们也被要求控制自己的行为，取得重大的成果。集计划、命令、监督和控制行动的授权和培训于一身，使这些团队与许多其他类型的团队迥然有别。他们拥有广泛的自主权。自我管理型团队是一种真正独立自主的团队，他们不仅探讨问题怎么解决，还亲自执行解决问题的方案，并对工作承担全部责任，一般由管理部门批准。这种类型的团队通常由 10～16 人组成，他们的工作是聚集在一起解决一系列的工作问题。一般来说，他们的责任范围包括控制工作节奏、决定工作任务的分配、安排工作休息。自我管理型团队甚至可以挑选自己的成员，并让成员相互进行绩效评估。自我管理型团队是实现团队高绩效管理的基础，其模拟图如图 1-9 所示。

随着社会的发展，组织中知识型员工数量增加，管理部门越来越愿意放松对权利的管制，并把它们转移给员工，越来越多的自我管理型团队成为组织成功的重要因素。事实上，许多公司的成功在很大程度上取决于实施自我管理型团队的转型力度。现在，像我们所熟知的美国著名的通用汽车公司、百事可乐公司、惠普公司等，内部管理都主要依赖于不同的自我管理型团队。美国德州一家汽车公司因推行自我管理型团队而获得

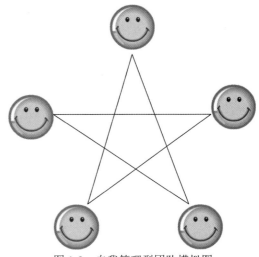

图 1-9　自我管理型团队模拟图

国家质量奖；美国最大的金融和保险机构路得教友互动会也因推行自我管理型团队，在 4 年的时间中减员 15%，而业务量却增加了 50%。

自我管理型团队的影响是巨大的，他们能提高 30% 或更高生产力并且极大地改善产品服务质量。他们从根本上改变了组织的工作方式，使一种更高水平的领导实践成为可能。一种高水平的团队授权经常通过自我管理型团队得到实现。引入自我管理型团队将会减少 1～2 个管理层，因而产生了扁平式的组织结构，极大地提高了工作效率。自我管理型团队也是本书所讨论追求的团队建设和管理的目标。

【案例 1-8】
腾讯的团队管理

腾讯的成功并不是偶然的，马化腾曾经总结：这个市场不是拼钱，也不是拼流量，更多的是拼团队。

在腾讯内部，拥有众多规模不等的团队，主要以产品策划、产品研发和产品运营为核心，它们共同组成了一个从产品策划到上线运营的完整环节。在产品策划团队中，大方向由产品经理把控，具体的工作则交给不同的设计师去完成。在产品研发团队中，项目经理则成为重要的中间环节，在与产品策划团队沟通之后，安排具体的工程师进行研发，其中开发工程师、测试工程师和运维工程师分别负责不同类型的专业工作。在产品运营团队中，运营经理负责整体工作，并与运营专员一起承担产品的用户运营、活动运营和渠道运营。

这种团队运营机制可以很好地将大规模的团队拆分成 10 人或者 20 人的小规模团队，从而在产品生产的各个环节安排合适的团队，而在这些 10 人左右的小团队中，还会从产品策划、产品研发和产品运营等角度进一步细化，完善各个团队的工作目标。团队中既有每个人的独立工作，又有团队成员的互相协作，最终完成产品的策划、研发和运营工作。

这种小团队的运营机制和管理方式在腾讯中发挥着重大的作用，贡献了许多具有创新性和巨大市场前景的产品，比如微信就诞生在这样的优秀团队之中。

资料来源：刘彦君等. 腾讯管理法[M]. 浙江：浙江大学出版社，2018.

第三节　团队与一般群体的关系

根据前面对团队的定义，我们认为团队是由为数不多的、相互之间技能互补的、具有共同信念和价值观的、愿意为共同的目的和业绩目标而奋斗的人们组成的正式群体。从表面上看，团队似乎就是聚集在一起工作的一群人，和我们身边的很多一般性群体没有两样，但当我们深入地分析团队和群体时，发现团队和一般群体存在本质上的区别。

一、团队与一般群体的比较

群体是由具有特定社会关系结构的一群人组成的一个整体。所谓社会关系结构，是指谁和谁发生互动关系以及他们的互动方式的形态。群体成员的互动方式表现出稳定性、频繁性、持续性、目标性、分工和合作的关系明确，沟通具有一定的深度，社会关系表现出结构化的特征。

根据成员互动关系的结构化程度的不同，群体可以划分为正式群体和非正式群体。正式群体的关系结构化程度高于非正式群体。正式群体是为了一个明确目标而正式建立的社会系统。其成员的互动方式更为稳定、更为频繁，互动关系持久，互动的目标更明确，分工和合作的关系更明确，有正式的职位分工，有明确规定的正式的沟通渠道。有的正式群体是一个社会组织，有的是一个组织中的某一部门。非正式群体是人们在社会交往中自然形成的一种社会互动系统，一般没有明确规定的目标，只是由于互动的人们有共同的兴趣和爱好，或者有共同关心的问题，就经常进行沟通和共同参与某些活动，形成了一个关系结构比较松散的群体。这种群体没有正式的分工，也没有正式规定的沟通渠道，成员的互动方式在稳定性、频繁性、持续性、目标性、分工协作方面均不如正式群体，表现出明显的随机性和随意性。

团队是一种特定的正式群体。对于比较小的组织，组织本身就可能成为一个团队。但在大型社会组织如大型公司中，由于职能分工不同，可能存在多个团队。

团队属于正式群体的一种特定类型，具有一般正式群体的基本特征。而一般正式群体往往也需要合作和协调才能实现群体目标和业绩，对于一些合作程度较高的群体而言，它们非常类似于团队。但是团队作为一种特别的群体，与一般的工作群体又有重大的区别。这些区别，有的主要是"有"与"无"的区别，有的则是程度上的差别。

(1) 目标的认同和评价不同。团队目标是团队成员的共同目标，是综合考虑组织、团队、个人的不同需要而形成的目标，团队成员高度认同团队目标。在评价标准中，个体目标的实现往往要通过团队目标的实现而达到。团队目标的成功就是个人业绩的价值所在，如果团队目标没有实现，则任何团队成员个人的业绩就会失去意义。团队的目标是实现个体目标的关键，因此对个体行为具有积极的引导作用。一般群体也有共同的目标，但更强调个人目标的实现，对于共同目标的认同程度比较低，而且共同目标的失败，并不妨碍个人目标的实现，两者之间的关系并不一定是相互成就的。因此群体目标和个体目标之间的关系并不紧密，群体的目标很难对个体产生很强的激励和引导作用。

(2) 领导权力和成员角色不同。团队中存在领导角色，但领导角色比较模糊。高效的团队，领导角色会随着目标的变化而变化，任何团队成员都可能成为团队的领导，带领团队达成目标。组织对团队的授权很多，团队成员享有高度的自主管理权和决策权，团队内的分工具有更大的灵活性，团队内的角色经常转换；而一般群体中因为不存在共同的目标，所以也不需要通过统一的管理去实现目标。因此在群体中不一定存在领导，但有时可能会存在"精神领袖"。这种领袖一般比较固定，很少会发生变化。

(3) 沟通质量不同。团队强调合作意识，相互沟通质量很高，信息高度共享，相互之间高度信任，不同意见可以在团队中得到很好的交流。团队内的成员相互沟通更加真诚坦率。真诚坦率的沟通强化了相互的信任和合作意识。团队中强调全方位的有效沟通。在团队管理中组织会建立各种正式的和非正式的沟通渠道，让团队能够实现全通道的沟通。同时团队也会对沟通效果加以管理和评估，力求在团队中实现沟通的及时有效。一般群体对于沟通的效果没有具体要求，群体中的沟通大多采取非正式沟通方式，随机性较强，沟通中也缺乏反馈，很难保证沟通的有效性。同时，群体中的人际关系较为复杂，相互信任度比较低，合作意识比淡薄，相互戒备的心理也会成为坦诚沟通的障碍。

(4) 相互信任程度不同。彼此信任，共同合作，是高效团队的典型特征。团队管理就是要加强团队信任，并让团队成员通过合作，实现团队绩效的更大化。一般群体内成员相对比较独立，由于群体中沟通不畅，很多人都互相不认识、不了解，更谈不上相互信任了，没有信任为基础也不可能形成很好的合作。同时，群体中的活动也没有要求成员通过合作完成，群体对成员的约束力较弱，成员之间合作的机会也比较少。

(5) 矛盾性质的不同。团队内的矛盾更多的是对事物的看法和处理意见的不同，而一般群体内的很多矛盾属于人际关系紧张的矛盾和个人利益与群体利益的矛盾。团队内部的矛盾可以通过公开争论得到解决，而一般群体内的矛盾很多是不公开争论的。因此可能导致严重的冲突。

(6) 奉献意识不同。团队有成员共同信服的目标和共同的责任感。这个目标可能是"使我们的企业成为行业第一"，或者"提供最优质的服务"，等等。而一般群体虽然也有一个群体目标，但是成员对群体目标的信服和认识未能达到高度的一致，更没有为群体目标奉献的精神。团队中各成员有着强烈的为团队奉献的意识，而一般的群体缺乏这种意识，或者说意识比较淡薄。

(7) 合作程度不同。共同合作是团队赖以生存的基础，团队成员之间有高度自觉协作的意识。在合作的基础上团队形成了强大的凝聚力，增强了团队成员的群体归属感，促进了团队中人际关系的和谐融洽。虽然一般的工作群体成员也可能和睦相处，但对于工作目标却可能缺乏共同协作，即使存在相互的合作，其程度也远低于团队合作。团队中成员不仅要和睦相处，更要共同协作、共同完成团队目标。团队的协作主要是依靠团队精神的促进和团队成员的自主行为，一般群体的合作很大程度上则依靠管理压力来维持。

(8) 个人业绩与群体业绩的关系不同。团队中个体绩效和团队绩效紧密相连，只有实现了团队的绩效，才可能实现个人绩效。正是这种绩效关系，让团队成员能够更好地合作、更好地凝聚在团队目标之下。团队的工作任务和责任虽然也要分解再分散到个人，但这些个人的任务和责任产生的个人业绩没有独立的意义，只是团队业绩的有机组成部分，即团队的个人业绩的意义包含在团队业绩中。而普通群体内成员更多的是各完成各的任务，任务、责任和业绩主要分散计算到个人头上。个体绩效和群体绩效之间，没有必然的联系。所以当群体要完成某项任务时，群体中的个体的积极性不会很高，愿意参与的人也不会很多。

通过上述分析，我们可以将团队和一般群体之间的差异进行比较汇总，具体见表1-1。在表中所列举的相关因素中，除了比较极端的情况外，在大多数情况下，团队和一般群体都存在程度高低的差别。例如，一般群体也有合作，但合作的程度没有团队那样高；一般工作群体也需要沟通，也存在大量沟通，但沟通信息的范围和深度都不如团队。通过与一般群体比较，使我们相信，团队比一般群体的"质量"更高。

表 1-1　团队与一般群体的比较

因素	团队	一般群体
目标及目标评价	明确的共同目标，团体目标高于个人	没有或认同度低，强调个人目标
领导权力和成员角色	分散授权、集体决策，灵活分工、强调支持互补	集权、少数决策，强调完成本职工作
沟通	信息高度共享	信息很少交流
相互信任程度	高度互信	互信程度低
矛盾性质	主要是方法矛盾，可以公开讨论解决	主要是目标利益冲突，难以解决
奉献意识	高	低
合作程度	主动合作	被动合作
业绩关系	强调群体业绩	强调个人业绩

通过前面的分析，大家是否发现，我们身边其实存在很多群体，但真正意义上的团队却并不多，而真正高效的团队更是凤毛麟角。但是当我们看到那些高效团队创造的惊人业绩时，我们也不得不佩服团队管理的神奇。这也是我们不断追求团队高效管理的根本所在。

二、群体与团队的转化

根据上述分析，我们发现团队和群体之间存在一定的共同点，但更多的是差异性。只要我们把握群体和团队管理中的关键要素，就能够将一般群体和团队区分开来。下面我们来看看，以下哪些是团队？哪些是群体？

- 龙舟队。
- 飞机上的乘客。
- 足球队。
- 篮球明星队。

显然龙舟队和足球队是真正意义上的团队；而飞机上的乘客来自五湖四海，他们只是有一个共同的目的地，但没有共同的目标、没有为共同目标进行合作的基础，因此，他们只能是一般的群体。

而篮球明星队是个比较特殊的组织。从组成上看,明星队的成员是来自各个队伍中的优秀队员,各自具备不同的专业技能,符合团组组建的要求;从目标上讲,明星队和其他的球队一样都是为了赢得球赛的胜利,但显然不如其他球队那样,对于获得胜利的目标具有那么强烈的意识并愿意付出全力去争取;从合作的角度看,明星队平时基本上没有合作的训练,所以在比赛中缺乏合作意识。因此在比赛中,我们常常会发现,明星队尽管众星云集,但经常缺乏凝聚力、缺乏团队的核心,往往会输掉比赛。应该说,明星队还算不上真正意义上的团队,但是它却体现了团队建设的一个关键的过程,理论上可以称之为准团队。

事实上一般的群体通过团队建设的改造是可以转化为优秀团队的,群体转化为高效团队需要经历群体、准团队、团队、高效团队等几个阶段,其基本发展过程如图1-10所示。对于如何建设高效团队,我们将在后续的课程中进一步深入探讨。

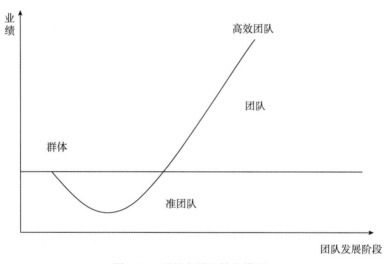

图1-10 群体向团队转化模型

第四节 团队角色理论

在团队管理中,由于团队合作分工的需要,团队成员在团队中会扮演不同的角色,团队正是通过不同角色的团队成员之间的合作,推动和实现团队目标的。高效的团队需要什么样的成员,团队应该如何分配角色,以及个体在团队中可能扮演什么角色,对于团队的发展至关重要。

一、团队中的角色及特征

20世纪60年代末,英国剑桥大学梅雷迪思·贝尔宾(Meredith R. Belbin)博士的研究团队,用了九年半的时间,通过对澳大利亚和英国的几百个团队进行研究观察,提出了著名的团队角色理论。该理论认为:团队中存在多种不同的角色,团队业绩好坏的关键,在于团队成员的角色分布是否均衡。团队中的主要角色包括以下八种，而且各种角色都有各自的特征。

(1) 实干者 CW(company worker)。实干者非常务实、传统，甚至有点保守，他们崇尚努力工作，喜欢用系统的方法解决问题。实干者有很好的自控能力和纪律性，能够让各种工作按照计划，按部就班地不断推进，是团队目标得以实现的重要推动者和实际操作者。实干者典型的特点表现为：保守、顺从、务实可靠。实干者的优势在于，有组织能力、务实、自律而且勤奋工作，能把团队的想法转化为实际行动，推动工作的进展。同时，实干者对团队忠诚度很高，能够以团队整体利益为中心，较少考虑个人利益的得失。他们的缺点主要是比较保守，缺乏灵活性和创新性，可能会阻碍团队的创新改革。

(2) 协调者 CO(coordinator)。协调者能够协调团队中的成员为了共同的目标努力工作。他们充满自信，办事客观，讨论问题不带个人偏见，容易让人信服。他们善于在团队中发现各个成员的优势，积极协调团队成员的关系，而且能够在实现团队目标的过程中积极地促成团队成员合作。在团队中，他们的作用往往体现在明确团队的目标和方向；选择需要决策的问题，并明确它们的先后顺序；帮助确定团队中的角色分工、责任和工作界限；总结在团队的感受和成就，综合团队的建议等。协调者冷静、自信、待人公平。善于协调各种错综复杂的关系，能够平心静气地解决问题，化解各种矛盾。其缺点是，关注协调关系多过关注工作。工作不踏实，个人业务能力可能也不会太强，比较容易将团队的努力归为己有。

(3) 推进者 SH(shaper)。推进者说干就干，办事效率高，主动性强，目的明确，有高度的工作热情和成就感。遇到困难时，总会积极主动地寻找解决办法。推进者大都性格外向且干劲十足，喜欢挑战别人，争强好胜，缺乏人际协调能力，是一个具有竞争意识的角色。在团队中推进者经常是行动的发起者，敢于面对困难，主动寻找和发现团队中可能的解决方案，促进团队任务和目标达成，推动团队达成一致意见，并义无反顾地加速前进；敢于独自做决定而不介意别人的反对，推进者是确保团队快速行动的最有效成员。推进者具有挑战性、高效率、主动性强的特点。他们敢于挑战传统，厌恶低效率，反对自满和欺骗行为。缺点在于争强好胜、比较冲动，不太注重人际关系，做事缺乏耐心，很容易和其他人产生矛盾。

(4) 创新者 PL(planter)。创新者拥有高度的创造力，才华横溢，知识渊博，思路开阔，富有想象力，他们爱出主意，是"点子型的人才"。在团队中经常提出新想法和开拓新思路，特别是在团队任务刚刚起动或陷入困境时，创新者显得非常重要。创新者的典型特征是富有创造力和想象力，同时也比较有个性。创新者好高骛远，不太关注工作细节和计划；他们不愿意受条条框框的约束，经常不守规则；过分强调自我，难以和别人合作，容易引发团队内部矛盾。他们的想法有的时候比较偏激和脱离实际。

(5) 信息者 RI(resource investigator)。信息者反应敏捷、性格外向。他们的强项是与人交往，并在交往过程中积极地获取信息。信息者对外界环境十分敏感，能够较早感受到外部环境的变化。在团队中信息者善于与人交往和发现新事物，善于迎接挑战，能积极参与团队的各种讨论，并能分享外部信息，提出建设性意见。信息者的特点在于，性格外向、热情、好奇、善于交际。他们的缺点主要表现在，难于坚持，喜新厌旧。

(6) 监督者 ME(monitor evaluator)。监督者严肃、谨慎、理智，经常表现得冷漠无情，他们不会过分热情，也不易情绪化。他们会主动与团队成员保持一定的距离，在团队中不太受欢迎。在团队中监督者往往起着分析问题、提出方案的作用；他们面对问题时始终能够保持清醒和理智，能够对繁杂的材料予以简化，澄清模糊不清的问题，善于分析和评价并对事务进行精确判断，善于权衡利弊选择方案。监督者冷静、理智，判断力强；讲求实际；善于权衡利弊、善于决策。但是监督者往往爱挑剔、不易合作。监督者总是以冷眼看世界的姿态出现，以批判的视角对待事务，显得比较高冷。

(7) 凝聚者 TW(team worker)。凝聚者是团队中最积极的成员，他们善于与人打交道，善解人意，关心他人，处事灵活，很容易把自己同化到团队中。凝聚者对任何人都没有威胁，是团队中比较受欢迎的人。凝聚者善于调和各种人际关系，特别是在冲突环境中，凝聚者能够充分发挥其社交能力，让团队快速化解矛盾，走向合作，提高团队士气。凝聚者合作性强，性情温和，能够随机应变，善于化解各种矛盾，促进团队合作。但是他们不愿意得罪人，处理事情优柔寡断，不太愿意承担压力。

(8) 完美者 FI(finisher)。完美者具有持之以恒的毅力，做事注重细节，力求完美；他们不大可能去做那些没有把握的事情；喜欢事必躬亲，不愿授权；他们无法忍受那些做事随随便便的人。团队中他们严格遵守既定的任务目标要求和活动日程，在方案中仔细寻找，并指出错误、遗漏和被忽视的内容，他们的认真会刺激其他人更积极地工作，促进团队目标的实现。当团队面对非常重要且要求高度准确性的任务时，完美者显得更加重要。他们的特点是勤奋认真、注意细节、力求完美。缺点在于，喜欢事必躬亲，不愿授权，经常为小事而焦虑，甚至吹毛求疵。

通过上述分析，我们可以看到，团队中不同的角色具有不同的特征，不同的角色也都有各自的优缺点，具体可见表 1-2。其中，实干者善于行动，团队中如果缺少实干者，则会太乱；协调者善于寻找合适的人，团队中如果缺少协调者，则显得领导力不强；推进者善于让想法立即变成行动，团队中如果缺少推进者，则工作效率就不高；创新者善于出主意，团队中如果缺少创新者，则思维会受到局限；信息者善于发掘最新"情报"，团队中如果缺少信息者，则会比较封闭；监督者善于发现问题，团队中如果缺少监督者，则工作绩效会不稳定甚至可能大起大落；凝聚者善于化解矛盾，团队中如果缺少凝聚者，则人际关系将会变得紧张；完美者喜欢强调细节，团队中如果缺少完美者，则工作会比较粗糙。因此团队应该是具有多种角色特征的成员的综合体，成员在团队中表现出各自的特点，并在相互合作的基础上共同实现团队的目标。虽然团队成员有各自的角色特征，但并不代表他在团队管理中不能担当其他角色。

表 1-2 贝尔宾团队角色特征汇总表

类型	典型特征	优点	缺点
实干者 CW	保守；顺从；务实可靠；计划性强	有组织能力；工作勤奋；团队忠诚度高	缺乏灵活性
协调者 CO	沉着；自信；客观公正	善于协调各种关系；有个人魅力	业务能力弱；自大
推进者 SH	思维敏捷；高效率；主动性强	高效率；主动性强；	冲动；好争斗；缺乏耐心

(续表)

类型	典型特征	优点	缺点
创新者 PL	有个性(内向)；创造力；想象力	才华横溢；富有想象力；智慧；知识渊博	不受约束；不重细节；不拘礼节；不易合作
信息者 RI	性格外向；热情；好奇；联系广泛	善于交际；想象力丰富	难于坚持；喜新厌旧
监督者 ME	严肃；理智；谨慎；冷血	判断力强；讲求实际；善于权衡利弊；善于决策	挑剔；不易合作
凝聚者 TW	擅长人际交往；善于化解矛盾；合作性强	合作性强；善于化解矛盾	优柔寡断；不敢承担
完美者 FI	勤奋认真；注意细节；力求完美	持之以恒；理想主义者；追求完美；不会做没把握的事	吹毛求疵；事必躬亲

对于个体在团队中扮演的角色，我们可以通过贝尔宾团队角色测试问卷进行测试和评估，具体的问卷和测试方法如下：

【贝尔宾团队角色测试问卷】

一、你认为你能给团队的贡献是：

1. 你能够迅速看到并且利用机会；

2. 你非常善于同各种类型的人一起工作；

3. 你能贡献思想、产生主意；

4. 你能说服有价值的人为团队作贡献；

5. 你善于跟进和落实各项工作；

6. 你愿意为团队的目标，做出牺牲和让步；

7. 你能准确地判断什么是现实和可行的；

8. 你善于客观地提出解决问题的方案。

二、你在团队合作方面的缺陷可能是：

1. 开会时，如果会议议程不清楚，你就不愿意参加；

2. 你会更关注团队中持有正确看法，却没受到正确对待的人；

3. 每当团队讨论新想法时，你往往说得太多；

4. 你对团队目标的理解不同，妨碍了你与同事们相处；

5. 你比较强势和专断；

6. 你不太愿意领导团队；

7. 你很容易被各种主意所吸引，却难以做决定；

8. 你比较关注事情的细节，总担心事情会出错。

三、在与别人合作时，你的表现：

1. 你的态度很容易影响别人；

2. 你关注事情的细节，不会粗心和疏忽；

3. 你会敦促人们采取行动，确保工作顺利进行；

4. 你的创意往往是团队成功的关键;

5. 你随时准备支持对大家都有好处的建议;

6. 你总是不断寻找新的思想和新发展;

7. 你相信自己的判断力有助于团队成功;

8. 你能够确保所有工作都得到精心组织。

四、在团队工作中，你的特点是:

1. 你渴望深入了解同事们;

2. 你不怕挑战其他人的观点，也不怕成为少数派;

3. 你经常能找出一大串论点来拒绝没有道理的建议;

4. 一旦实施计划，你能让计划变成现实;

5. 你喜欢追求未知;

6. 追求完美是你的态度;

7. 你乐于动用团队以外的关系;

8. 你能多方面听取意见，并果断进行决策。

五、你在工作中的满足感来自于:

1. 你热衷于分析情况;

2. 你对找出解决问题的方法特别有兴趣;

3. 你喜欢培植良好的人际关系;

4. 你对决策有很大的影响力;

5. 你能结识许多提供新东西的人;

6. 你能让人们同意行动路线;

7. 你喜欢看到工作在你手中最后完成;

8. 你喜欢完成具有挑战性的工作。

六、面对困难任务你的选择是:

1. 你会缩到角落里自己构思，然后再制订行动方案;

2. 你很乐意找那些曾经帮助过你的人合作;

3. 你能够根据团队个人特征迅速地分解任务;

4. 你的紧迫感将有助于工作的顺利进行;

5. 你能保持冷静，发挥自己敏锐的思考能力;

6. 你能始终心怀目标;

7. 你会发挥积极的领导作用;

8. 你会展开讨论，激发新的想法，推动工作的启动。

七、在遇到问题时，你的表现是:

1. 对那些阻碍工作进展的人，你容易表现出不耐烦的态度;

2. 你喜欢做分析，但缺少直觉;

3. 你依然坚持工作程序，尽管可能没有进展;

4. 你很容易厌倦放弃，要依靠团队成员的鼓励;

5. 如果你觉得目标不明确，便很难开展工作;

6. 你很难把问题向其他人解释清楚；

7. 尽管你不懂，但是大家都会求助于你；

8. 当遇到强烈的反对时，你不太愿意表达自己的看法。

【问卷评分规则】

贝尔宾团队角色测试问卷包含 7 个题项，分别表示个体目前在团队中的表现，每个题有 8 个选项。

请测试者按照自己的实际情况，给每个选项打分(0—10 分)，与自己的行为越类似分值越高；打分后将每项的分数填写到统计表格中(见表 1-2)，分数最高的角色将是你目前在团队中所扮演的角色。

表 1-2 贝尔宾团队角色测试评分统计表

	CW	CO	SH	PL	RI	ME	TW	FI
一	7	4	6	3	1	8	2	5
二	1	2	5	7	3	4	6	8
三	8	1	3	4	6	7	5	2
四	4	8	2	5	7	3	1	6
五	2	6	4	8	5	1	3	7
六	6	3	7	1	8	5	2	4
七	5	7	1	6	4	2	8	3
总分								

注：表格中"一"代表题项，"1—8"代表每题的选项，"CW 等"代表角色类型，总分代表通过团队角色测试，我们发现团队中存在多种不同的角色，面对于个体而言，在团队中也可能同时扮演不同的角色，而且在不同的团队环境中，团队成员的角色也可能会发生变化。

二、团队角色理论的应用

通过上面的讨论，我们可以看到一个高效的团队需要不同角色的成员共同工作，同样通过测试，我们也发现团队中的确存在不同特征的成员，那么如何基于团队角色理论更好地管理团队呢。贝尔宾团队角色理论对于团队的角色管理提出了以下几个方面的要求。

(1) 角色多样，发挥各自优势。团队中同时存在多种多样的角色，而且各个角色之间也存在差异性。团队管理要尊重团队角色的多样性和差异性，千万不能只认可或者只培养单一角色，否则会导致团队同质化而引发矛盾冲突，影响团队合作。另一方面，在团队管理中，应该积极地发挥团队不同角色的作用，充分发挥各自的优势，让大家能够为团队实现高效目标而共同努力。

(2) 角色互补，实现均衡发展。团队角色理论让我们认识到团队角色差异性的同时，也告诉我们不同角色之间存在互补性，团队的成功在于各种角色的互补配合，而不是相互排斥。唯有角色齐全，才能实现功能齐全。团队中的每一个角色都是被需要的，也都是非常重要的，"一个都不能少"。正如贝尔宾博士所说的那样，用我的理论不能断言某个团队一定会成功，但可以预测哪些团队一定会失败。所以，一个成功的团队首先应该是实干家、信息者、协调者、监督者、推动者、凝聚者、创新者和完美主义者这八种角色的综合平衡。当团队中同一角色类型的成员较多而其他类型的成员缺乏时，团队管理者要根据实际需要，进行人员的合理调配或培养。要积极培养团队成员的主动补位意识，即当一个团队在上述八种团队角色出现欠缺时，其成员应在条件许可的情况下，增强弹性，主动实现团队角色的转换，使团队的结构从整体上趋于合理，以便更好地达成团队共同的绩效目标。事实上，当同类型的角色人员在一起时，大家也会自动的进行重新定位，寻找更适合自己的角色来参与团队活动，这也是每个人可能会在不同团队呈现出不同的角色特征的原因。

(3) 角色可变，顺应环境需求。每个人在团队中可能会担任不同角色，这是由于多数人在个性、禀赋上存在双重性，甚至多重性所决定的，也就是说个体在团队中的角色是可变的。随着团队目标和任务的变化，个体能力的差异可能导致个体在团队中所扮演的角色的变化。同样，在不同的团队环境中，个体所扮演的角色也可能会不一样。因此对于个体的团队角色，关键的问题并不在于你是什么，而是如何实现团队角色的总体均衡，并通过各个角色之间的配合，实现团队的发展目标。

(4) 角色协同，实现合作共赢。尽管单独凭借一个人或者一个角色难以完成团队的任务，但是如果能将不同角色、不同性格和能力特征的成员融合形成团队，就有可能创造出"奇迹"。团队角色理论的目的是形成角色均衡的团队，实现更大的团队绩效目标。通过团队角色的测试，能够让团队了解每个人可能表现出的角色特点，让团队管理能够更好地协同各个角色之间的关系，做到知人善用，并根据每个人、每个角色的特点，更好地安排工作，并实现更大的价值，进而促进团队的整体合作，实现共同发展。

德国哲学家莱布尼茨说过："世上没有两片完全相同的树叶。"物种是有其多样性的，每个人也有各自的特点，我们应该尊重每个人及每个角色的特点。团队管理就是要发挥每个人的特点，并更好地协同每个人的差异性，提升团队的综合能力。

第五节　团队管理中常见的问题

前面我们对团队角色理论的应用进行了讨论，团队角色理论让我们看到团队角色的差异性，同时也看到了不同角色之间合作的重要性。团队管理的目的就是让这些不同角色的人能够形成合力，产生团队绩效。但团队管理并非那么顺利，我们经常会发现很多问题团队。下面就让我们来看看在团队日常管理中，常见的问题都有哪些。

一、团队管理的基本模型

(一) 内耗型团队

如果团队成员不能认同团队的目标，并采取对抗的形式进行工作，就会出现与团队目标截然相反的工作方向，这种截然相反的力量，就形成了团队中的内耗。内耗不仅无法使团队的绩效更大化，甚至可能出现团队绩效小于个体绩效总和的情况，内耗型团队如图 1-11 所示。

图 1-11 内耗型团队

显然内耗型团队有违组建团队的根本目的，即不能实现 1+1>2 的团队效应，甚至会出现 1+1< 2 的结果。内耗型团队中出现了完全对立的两种力量，使团队无法形成合力，并使力量消耗殆尽。内耗型团队形成的主要原因在于部分团队成员对团队目标的不认同，并采取了对抗(不合作)的做法，这种做法大大削弱了团队的能力，无法实现团队绩效目标，显然这不是团队建设者希望看到的。对于内耗型团队，应该加强沟通，重新审视团队目标的合理性，认真听取团队各成员的意见，对团队目标进行必要的修订，通过团队目标的重塑尽量转变对抗个体的行为。但这并不意味着团队要完全依从于少数成员的需求，团队目标的设定依然要以大局为重，尊重组织和大部分团队成员的需求，对于部分无法改变或满足的个体，应该采取必要的措施，如教育、惩罚甚至开除等措施，最终实现团队目标和团队成员行为的一致性。

(二) 目标不一致的团队

团队是由不同的个体组成的，个体之间的差异性一方面促成了团队的互补性和合作；但另一方面也导致团队中存在很多的不一致，特别是在对团队目标的理解上可能存在差异。如果目标不一致的情况无法解决，在执行任务时，就容易出现资源配置不良，每个人都按照自己的目标和理解进行操作，最终体现为各自为政，无法形成团队合力，共同完成团队任务的情况。目标不一致的团队模型如图 1-12 所示。

目标不一致的团队表现出来的最大特点就是目标方向的多样性，这与团队成员的差异性是息息相关的，每一个人加入团队的目标是不一致的，因此他们在面对团队目标的时

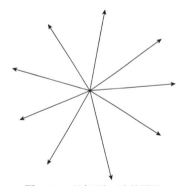

图 1-12 目标不一致的团队

候也可能出现不同的理解和不同的行为方式，容易导致无法形成合力。尽管目标不一致的团队不同于内耗型团队，团队中并没有人刻意抵制团队目标，但是由于目标方向不一致，也无法创造更高的团队绩效。

目标不一致的团队形成的主要原因在于团队目标无法引导个体目标，并规范个体的行为方式，让团队成员形成合力。对于目标不一致团队的改造，首先应该让团队成员更好地理解团队目标的价值，特别是实现团队目标对实现个体目标的价值，当个体理解团队目标和个体目标之间的关联性后，就会更愿意采取一致性行为去达成团队目标。面对目标不一致

的团队，关键在于加强沟通，一方面要更好地了解团队成员的需求；另一方面要更好地宣传团队目标，让成员更好地理解团队的目标；并通过完善激励措施引导成员的行为。通过团队目标引导个体行为，并让成员形成一致行为，从而促使团队合作共进，共创辉煌。

【案例1-9】

目标不一致的鸟

有一个猎人在湖沼边张网捕鸟。不久，很多大鸟都飞进了网中，猎人非常高兴，赶快收网准备把鸟抓出来，没想到鸟的力气很大，反而带着网一起飞走了，猎人只好跟着网在后面拼命追。

一个农夫看到了，笑猎人说："算了吧，不管你跑得有多快，也追不上会飞的鸟呀！"

猎人却很坚定地说："如果网里只有一只鸟，我肯定追不上它，但现在有很多鸟在网里，我一定能追到它们。"

果然，没过多久，网里的鸟就开始各自向着不同的方向飞，结果那一大群鸟和网就一起掉在了地上，被猎人追到了。

资料来源：韩秀景、景鹏. 卓越团队建设研究[M]. 上海：上海三联书店，2020.

(三) 缺乏领导的团队

即使团队成员目标一致、相互认同，但若缺少一个有威望的领导人物，团队成员也可能会陷入盲目状态。如图 1-13 所示，尽管团队成员的目标方向是一致的，但却不能形成合力，导致团队力量的分散。

在缺乏领导的团队中，大家都在积极地为团队工作，但是由于大家在某个任务上能力相当，很难形成领导。比如说在一个 5 人的团队中，5 个人都是独唱的冠军。现在团队要完成一个独唱的表演，就很难选出领导带领大家达到更好的效果，因为大家都一样优秀。如果 5 人中，每人都有不同的技能，有唱歌的、跳舞的、弹奏乐器的等，面对这个任务时，唱歌的自然而然会成为领导，并带领大家完成任务，

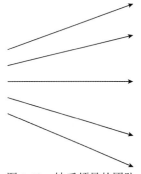

图 1-13　缺乏领导的团队

而其他人也会更愿意接受他的领导，因为他在这方面是最强的。

缺乏领导的团队，形成的原因主要是团队成员的组成缺乏多元化，团队成员之间的技能基本一致，成员之间没有差异性，缺乏互补性。当面对团队任务时，由于成员之间解决问题的能力相当，团队中很难自然形成领导者，因此很难将大家凝聚在一起，尽管大家都希望更好地完成团队任务，但是很难形成合力，从而出现力量发散的状况。要解决缺乏领导的团队的问题，要求我们在团队组建时就要关注团队成员的差异性和互补性，并通过日常的相互沟通，让大家能够更好地相互了解，知道每个成员的优势所在，这样在面对团队任务时，就能够很自然地形成领导核心，并凝聚大家的力量。

(四) 被挖墙脚的团队

在团队建设的过程中，团队中的优秀成员都有可能成为"猎头"公司的目标，被挖走，

尤其是对于一些已经达到高效管理的团队，其成员更是成为当今人力资源市场争夺的目标，有时甚至会出现某个团队集体跳槽的现象，这对于现代的团队建设和管理来说，是不得不面对的考验，其模型类似于图1-14。

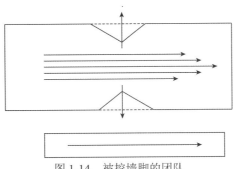

图 1-14 被挖墙脚的团队

被挖墙脚的团队，由于成员的流失，会对团队产生极大的负面影响，会打击团队的士气、削弱团队的生产能力，并使团队成员对团队的目标和规范质疑。尤其是当团队遇到困难，无法整合优势力量攻克难关之时，出现这种现象，更会使团队陷入困境，甚至使团队崩溃。另一方面，被挖走的团队成员，将面对新的环境、新的团队，需要重新进行团队建设，脱离团队的个体能量大大降低，也会给离队的人员带来生活和工作上的压力。

为了防止出现被挖墙脚给组织带来的危险，团队管理中除了强调团队的自我管理以外，还应建立完善的激励机制，对团队取得的成绩进行及时的激励，并通过团队自身和组织采取各种手段吸引和留住人才，尤其是对高层的管理人才，应给予更多的自我实现和自我发展的空间，同时要注重人才的储备，以防万一。

(五) 优秀团队

优秀团队是团队建设的目标，是实现组织目标的最佳选择，优秀团队的模型如图1-15所示。

在优秀团队中，团队成员的组成具有多元化的特点，技能水平各有所长，在面对团队任务时，能够自然而然地寻找到能力最强的人，带领大家完成团队目标。在完成任务的过程中，团队的成员之间能够相互合作、相互沟通，

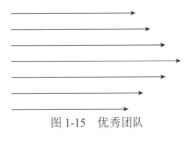

图 1-15 优秀团队

共同为实现组织目标贡献自己的力量。团队能够让团队目标成为大家共同追求的目标，能够聚合大家的力量，并最终实现 1+1>2 的团队绩效。

二、团队建设的四大误区

(一) 团队利益高于一切

团队首先是一个集体，由"集体利益高于一切"这个被普遍认可的价值取向，自然而然地可以衍生出"团队利益高于一切"这个论断。但是，在一个团队里过分推崇和强调"团队利益高于一切"，可能会导致两方面的弊端。

一方面极易滋生小团体主义。团队利益对其成员而言是整体利益，而对整个组织来说，又是局部利益。过分强调团队利益，处处从维护团队自身利益的角度出发常常会打破组织内部固有的利益均衡，侵害其他团队乃至组织整体的利益，从而造成团队与团队、团队与组织之间的价值目标错位，最终影响到组织整体战略目标的实现。

另一方面，过分强调团队利益容易导致个体的应得利益被忽视和践踏。如果一味强调团队利益，就会出现"假维护团队利益之名，行损害个体利益之实"的情况。作为团队的组成部分，如果个体的应得利益长期被漠视甚至侵害，那么他们的积极性和创造性无疑会遭受重创，而没有个性，就意味着没有创造，这样的团队只有简单复制功能，而不具备持续创新的能力。这将大大影响整个团队的竞争力和战斗力，团队的总体利益也会因此受损。团队的价值是由团队全体成员共同创造的，团队中个体成员的应得利益应该也必须得到维护，团队管理的实质不是要团队成员牺牲自我去完成一项工作，而是要充分利用和发挥团队所有成员的个体优势去做好这项工作，否则团队原有的凝聚力就会转化成离心力。

团队是组织的一部分，其目标和利益应该与组织的整体目标和利益相互协调，同时团队强调团队成员个人目标和价值的实现，因此，在设定团队目标和价值时，必须兼顾组织、团队、成员三方的利益，而不是仅仅强调团队的利益高于一切。

(二) 团队内部"不要"竞争

团队管理在很大程度上是为了适应市场竞争的需要而出现并不断完善和发展的。尽管我们在团队管理过程中非常强调团队的内部团结，但事实上，团队内部同样也需要有竞争。

在团队内部引入竞争机制，有利于打破另一种形式的大锅饭。如果一个团队内部没有竞争，在开始的时候，团队成员也许会凭着一股激情努力工作，但时间一长，他们就会发现无论干多干少、干好干坏，结果都一样，每一个成员都享受同等的待遇，那么他们的热情就会减退，在失望、消沉后最终也会选择"做一天和尚撞一天钟"的方式来混日子，这其实就是一种披上团队外衣的大锅饭。通过引入竞争机制，实行奖勤罚懒，奖优罚劣，打破这种看似平等实则压制进取的利益格局，团队成员的主动性、创造性才会得到充分的发挥，团队才能长期保持活力。

在团队内部引入竞争机制，有利于团队结构的进一步优化。引入竞争机制，一方面可以在团队内部形成"学、赶、超"的积极氛围，推动每个成员不断自我提高；另一方面，通过竞争的筛选，可以发现哪些人更适应某项工作，保留最好的，剔除最弱的，从而实现团队结构的最优配置，激发出团队的最大潜能。

(三) 团队内部"皆兄弟"

许多组织在团队建设过程中，过于追求团队的亲和力和人情味，认为严明的团队规范是有碍团结的。这直接导致管理制度建设不完善，或虽有制度但执行不力，形同虚设。团队规范是团队发展的制度基础，是团队胜利的保证，只有做到令行禁止、奖罚分明，团队才会战无不胜，否则充其量只是一群乌合之众，稍有挫折就会作鸟兽散。

严明的规范不仅是维护团队整体利益的需要，而且是保护团队成员根本利益的有效手段。比如说，某个成员没能按期保质地完成某项工作或者违反了某项具体的规定，但他并没有受到相应的处罚，或是处罚无关痛痒。从表面上看，这个团队非常具有亲和力，而事实上，对问题的纵容或施之以宽会使这个成员产生一种"其实也没有什么大不了"的错觉，久而久之，贻患无穷。如果他从一开始就受到严明纪律的约束，及时纠正错误的认识，那么对团队、对他个人都是有益的。通用电气公司的前总裁杰克·韦尔奇(Jack Welch)有这样一个观点：指出谁是团队里最差的成员并不残忍，真正残忍的是对成员存在的问题视而不见，文过饰非，一味充当老好人。宽是害，严是爱，面临竞争的团队时刻对此都要有清醒的认识。

(四) 团队领导"轮流坐庄"

团队管理中领导角色的不确定性，是团队充分授权和自我管理的表现，领导人物是根据团队任务而定的，但这并不意味着团队领导是"轮流坐庄"的，这个任务你领导，下个任务就应该轮到他领导。

团队领导的不确定性是由团队管理本身的特点所决定的，为了追求团队目标顺利达成，团队成员在互信的基础上，对团队任务进行分析评价，并由全体成员共同推选出适合完成任务的领导人物，其目的在于实现团队任务管理的高效率，以及追求团队目标的顺利实现。领导人物产生的民主化，也保证了在任务管理的过程中，团队成员之间能够相互信任，更好地进行合作。

团队的领导人物采取"轮流坐庄"的模式，看似公平合理，使每个人都有机会实现自我管理的价值，但实质上是以牺牲团队目标为代价的，断送了团队的生命。首先，"轮流坐庄"不是以任务为指引，而是以人物为指引，当团队目标不能与轮到的人相匹配时，必然发生领导混乱，出现外行管内行的局面，尽管成员们能够通力合作，但由于领导不力，也必然会影响团队的效率；其次，由于"轮流坐庄"采取的不是民主推荐的程序，轮到的人在管理中不能获得公信，很难很好地团结大家，必将大大打击团队的合作能力；最后，由于每个人的特点和专长都不一样，这就决定了每个人在团队中所扮演的角色是不一样的，有的人适合担任领导者的角色，有的人适合担任执行者的角色，有的人可能只是个谋划者。要实现团队目标，必须因人而异地分配团队成员的角色，只有这样才能使成员充分地发挥其作用，最大限度地发挥个体的潜能，才能发挥团队的最大能量。

三、阻碍团队发展的五类人群

(一) 只扫个人门前雪的人

在职责清晰、分工明确的基础上，相互之间进行协作是一个团队的应有之义。可以说，团队的特征更多地表现在相互协作上，没有成员之间的充分协作，就不能算是一个团队，而且团队的绩效是通过充分协作来实现的。可以说，1+1>2 的团队绩效是通过协作来实现的。

但在现实的组织管理中，很多人会把分工与协作割裂开来，只关注分工，而不重视协作。他们以分工为名，把自己的工作范围界定得很清楚，专注于自己"分内"的事，而对于那些"分外"的事，则不管不问；一旦被吩咐做看似"分外"的工作时，不情愿的心态溢于言表，冠冕堂皇地以不属于自己的工作范围为由加以搪塞或者拒绝。

作为一个团队，要有分工，更要注重协作。而团队中过分强调分工、不愿意多做一点"分外"工作的人，是把自己与团队割裂开来，把自己当成了一个独立的王国，而与团队毫不相干。他们就是那种"各人只扫门前雪，不管他人瓦上霜"的人。

这种观念是团队精神的敌人。有了这种观念，人们就会认为自己和团队只是一种交易关系，一份报酬一份付出，从不愿意在报酬之外多一点付出。这种斤斤计较的人一开始可能只是为了争取个人的小利益，但久而久之，当它变成一种习惯时，这些人就会为利益而利益，为计较而计较，就会变得心胸狭隘、自私自利，从而把团队的协作精神丢到一边，最终把自己和团队割裂开来。

埋头做好自己的工作，"扫好门前雪"是没错的，但如果只局限于自己的门前，而忘掉团队应有的协作精神，那是违背团队精神的。优秀的员工除了做好本职工作外，还要想想在其中工作的团队，不能"各人只扫门前雪"。

每个人都不可能离开他人而独自生存。真爱是需要付出行动的，要愿意伸出自己的双手，去帮助别人成长。这样，自己也会成长。

（二）不劳而获的人

"不劳动者不得食"，这是人类社会永恒的真理。但遗憾的是，在现实生活中，仍然有许多人希望少劳多得，或者不劳而得。如果你有这样的想法，就要警惕：你将会为此付出惨重的代价。

下面这个故事会让我们看到，不劳而获的人将要付出的代价。

很久以前，一个村庄的几头猪逃跑了，逃进了附近的一座山里。经过几代以后，这些野猪变得越来越凶悍，甚至威胁到了经过那里的人。几位经验丰富的猎人很想捕获它们，但这些猪却狡猾得很，从不上当。

一天，一个老人牵着一头拖两轮车的毛驴，走进了野猪出没的村庄。车上装的是木料和谷粒。老人告诉当地的居民说他要帮助他们捉野猪。没有人相信老人能做那些猎人做不到的事。但是，两个月以后，老人又回到了村庄，他告诉村民，野猪已经被他关在山顶的围栏里了。

他向居民讲述他是怎样捕捉它们的。

"我做的第一件事，就是去找野猪经常出来吃东西的地方，然后我就在空地中间放少许谷粒作为陷阱的诱饵。那些猪起初吓了一跳，最后，还是好奇地跑了过来，由老野猪开始在周围闻味道。老野猪猛尝了一口，其他猪也跟着吃，这时我知道我能捕到它们了。第二天我又多加了一些谷粒，并在几尺远的地方竖起一块木板。那块木板就像幽灵一样，暂时吓退了它们，但是白吃的午餐很有吸引力，所以不久以后，它们又回来吃了。此后，我要做的是每天在谷粒旁边多竖立几块木板而已，直到我的陷阱完成为止。每次我加进一些东西，它们就会远离一阵子，但最后都会再来'白吃午餐'。围栏做好了，陷阱的门也准备好了，不劳而获的习惯使它们毫无顾忌地走进了围栏。这时我就出其不意地把它们捕捉了。"

这个真实的故事寓意很简单：动物靠人类供给食物时，就会失去应有的机智，最终会成为人类的俘虏。人也一样，想要不劳而获，等待"免费的午餐"，只会造成一种依赖心理，使自己变得被动、消极，失去创造力，乃至失去生命力，最后无情地被团队剔除。

(三) 喜欢推卸过错的人

人的错误在认识上表现为主观认识与客观现实不相符；在行动中表现为客观效果与行动目标不一致。人都是肉眼凡胎，所以，错误是不可避免的，关键在于我们如何对待错误。在众多不正确对待错误的做法里，最值得注意的就是推卸过错。

在现实生活中，人们总能看到这样的现象：许多人遇到问题时，会把生活中一些灾难归罪于别人和社会，把自己装扮成无辜受害者，并且心安理得地谴责别人，似乎这样就能维护一种虚伪的尊严：你看，错误不在我吧！下面的故事是生活中经常会发生的。

有客人到家里来访，主人安排了一桌丰富的晚宴。客人端起饭碗立刻闻到了一股清香，马上赞叹道："米饭好香啊！"，女主人非常高兴地说道："饭是我做的。"客人吃了一口饭，突然"喀嚓"一声，原来饭里有颗小石头。女主人马上说："米是奶奶淘的。"当饭快吃完的时候，客人又发现饭糊了，女主人立即辩解道："火是小姑烧的。"

在上面的故事中，主人家里的做饭团队实际上已经完成了任务，但是当面对小失误的时候，女主人所表现出来的推卸责任的态度，让我们觉得这个团队的矛盾很大，很难完成更高的目标。作为团队的成员，不仅要接受团队的荣誉，分享团队的成功，同时也要学习如何面对团队的失误，并共同承担团队失败的结果，而不是推卸责任。

在团队中，由于人数较多，个人的错误，哪怕是微小的错误，也会由于管理问题而使错误的结果被无限地放大。可能的情况是，当一个细节或者局部错误发生的时候，其后果当时并没有显现出来，而是过了一段时间之后，通过其他条件的作用，最终导致一个可怕的结果。这种结果最突出的表现，就是蝴蝶效应。

可以说，在一个团队中，个人的错误将导致团队的错误，这都要由团队来承担后果。从团队的建设来说，团队成员应该共同去面对失误，而决不容许推卸责任的情形发生。

推卸责任的人，在错误后果出现时的第一反应就是：这不是我的错。这样想、这样做的人，想以此来摆脱自己与错误的关联。但他没有想过这样做的同时，实际上也把自己与团队割裂开来了。所以，推卸责任是团队建设当中最为有害的一种做法。因为推卸责任不仅意味着这种人承担不起相应的责任，而且会导致有关人员相互指责，制造团队矛盾，使团队朝着有悖于团队精神的方向发展，如不及时制止，必然会给团队建设带来极大的负面影响。

喜欢推卸过错的人，当他推卸责任、表现自己无辜的时候，当事者并没有因此而变得轻松，也没有切断进一步痛苦的根源，摆脱自己所犯的错误。

所以，在团队建设中，一定要营造一种气氛，使团队成员敢于面对错误，勇于承认错误，勇于承担错误带来的后果，这样才能从总结经验教训中切实地明白如何不再犯同样的错误，并尽量减少错误的发生，从而增强团队的执行能力，而且在纠正团队错误的过程中，也可以体现团队成员之间相互帮助、共同进退的团队精神。

(四) 办事拖拉的人

行动是通向成功的桥梁，任何伟大的成就都是做出来的，没有行动就不可能有成功。

许多人往往非常注重计划的制订，但是在执行的过程中，却总是拖拖拉拉，最终没有办法实现目标。拖延是把今天的任务放在明天的肩上，直到不堪重负。

习惯性的拖延者通常也是制造借口与托辞的专家。如果你存心拖延、逃避，你就能找出成千上万条理由来辩解为什么事情无法完成，而对为什么事情应该完成的理由却想得少之又少。许多人平庸一辈子，就是因为被动。

在团队管理中，往往会遇到反复出现的问题或不良现象，如若讳疾忌医或久拖不决，积压下来，必然会阻碍团队的发展，甚至使团队无法正常运作，严重时还会威胁到团队的生存。遇到问题应立即弄清根源，有问题更须立即处理，决不可拖延。所以，对团队管理中出现频率较高的问题，不应回避，而是应抓住苗头，及时调查，追根溯源，及时找出解决的途径和办法。

随着科学技术日新月异的发展，社会前进的步伐在加快，在当今的市场竞争中，除了传统的大鱼吃小鱼之外，快鱼吃慢鱼也成为组织竞争的又一个显著特点。一个人如果不能立即行动，那么所有成功的机会都会溜走；一个企业如果不能顺应时势，因时而变，必将在竞争中遭到淘汰。

所以，立即行动是团队成员的重要素质，也是团队的一种重要能力。一个团队如果不能应对外界发展形势的变化，立即采取行动，就会被迅速变化的世界甩在身后，被无情的市场淘汰出局。

(五) 工作但痛苦着的人

泰戈尔曾说过：如果把人生当作苦役，那人生就无穷地长了。快乐与否是考核我们工作绩效的一个重要指标。一个好员工一定是一个能体验到工作快乐的人。如果你认为所做的工作是乏味的，是一种苦役，就会自然而然地产生抵触的心理，就不会全力以赴地工作，自然就会影响工作的效果。下面是一个关于工作的实验。

心理学家在工地询问敲石头的工人："请问你在做什么？"

工人甲很烦躁："在做什么？你没看到吗？我正在用这个重得要命的铁锤，来敲碎这些该死的石头。而这些石头又特别的硬，害得我的手酸麻不已，这真不是人干的工作。"

工人乙无奈地答道："为了每周 500 元的工资，我才会做这份工作，若不是为了一家人的温饱，谁愿意干这份敲石头的粗活？"

工人丙眼中闪烁着喜悦的神采，说："我正参与兴建这座雄伟华丽的大楼。落成之后，这里可以容纳许多人工作。虽然敲石头的工作并不轻松，但当我一想到，将来会有无数的人来到这儿，快乐的工作，就觉得特别有意义。"

一个人工作得好坏，只要看他工作时的精神状态就知道了。如果你对工作是被动而非主动的，或者你对工作感觉到厌恶，或者你对工作毫无热诚和爱好之心，就无法使工作成为一种享受，只觉得是一种苦役，或者你没有从工作中得到快乐，而认为工作是一种痛苦，那么你绝对做不好你的工作，取得成绩就无从谈起了。不能快乐地工作的人，一定还没有融入整个团队中去，最终会影响整个团队的进程。

有条件的话，一个人要做自己所爱的；如果没有条件选择自己所爱的，那么就要爱自己所做的。热爱自己的工作，才能从工作中得到成功的乐趣、得到人生的乐趣。一个不能快乐工作的人，很难有好的职场生涯。

思考练习

1. 结合理论学习，分析和讨论身边的各种群体，看看哪些群体符合团队理论描述的团队特征。

2. 结合自身所在的团队，看看目前团队中的 4P 要素是否存在，以及各自的特点，你觉得哪个要素对团队的发展更为重要？

3. 利用贝尔宾团队角色测试问卷，对所在团队的成员进行一次问卷测试，并讨论团队角色的差异性，以及团队角色理论对团队发展的作用。

4. 结合理论模型，找出并讨论你目前所在团队存在的问题以及应对策略。

5. 思考个人和团队之间的关系，你需要团队吗？团队需要你吗？为什么？

翻越高墙：建设高效团队

游戏：翻越高墙

【游戏准备】

1. 将所有人员分成若干团队，每个团队不超过15人；

2. 前期进行一些团队游戏，让团队成员具有一定的沟通合作意识和能力；

3. 一面高约4米的光滑墙面；

4. 准备好相关的保护设施设备。

【游戏流程】

以团队为单位，在规定的时间内(一般为30分钟左右)，让团队所有人员翻越高墙，不容许借助任何外力和工具，包括衣服、皮带等，必须沿墙正面上去，若有人没有上去即为失败。

完成任务后进行游戏分享，让大家分享游戏中对高效团队的感受。

【游戏注意事项】

1. 所有人都要去掉身上的一切硬物，如手表、门卡、眼镜、钥匙、戒指、发卡等，硬底鞋、胶钉底鞋必须脱掉。

2. 如果采用搭人梯的方法，必须采用马步站桩式，不要将身体靠在墙上，注意腰部用力挺直，用手臂弯曲推墙固定保持人梯牢固。要有人专门扶持人梯学员的腰，可以屈膝用腿支撑人梯学员的臀部，学员攀爬时不可踩人梯学员的头、颈椎、脊椎，只可以踩肩和大腿。

3. 让学员将衣服扎进腰带，拉人时不可以拉衣服，拉手时要手腕相扣成老虎扣，不可直接拉手或者手指，不可将被拉学员的胳膊搭在墙沿上，只能垂直上提，当肩部以上超过墙沿时可以靠在墙沿上，从侧面将腿上提以帮助其上去。

4. 不得助跑起跳，上墙时不可采用蹬走上墙的动作。

5. 学员应该注意安全垫子的大小和硬度，注意垫子上活动的安全，避免在垫子边缘扭伤脚踝。

6. 攀爬中，承受不住可大声叫喊并坚持一会儿，保护人员迅速解救。所有学员必须参与保护，弓步站立，双手举过头，肘略屈，掌心对着攀爬者，抬头密切关注攀爬者，随时准备接应和保护。

7. 当攀爬者或者人梯跌落，保护人员要在保护自己的同时用掌心对着攀爬者或者人梯将其按在墙上，切忌按头。当攀爬者在较高的地方倒落或者滑落的时候，保护人员应上前托住。当攀爬者从高空向外摔出时，保护人员应迅速顺势接住，轻放在垫子上。

8. 采用倒挂前，一定要采用正确的方法并做好安全防护。面向墙壁倒挂时要提醒学员，腰部以下不得伸出墙外，由专人拉他的双腿，注意监控。面向外倒挂时提示学员动作，如将小腿压在墙头，膝关节内侧卡在外沿，大腿压在墙面上，腿下不得有手臂，后倒动作要慢，压腿的学员不得去拉最后一名翻墙者。

9. 大声讲解，细致强调各种安全问题，鼓励学员参加。解决问题的办法由学员自己想，不用给安全操作规则外的任何建议。

10. 对于身体不适的人员，不要强求参加！

【游戏思考】

1. 如何顺利地完成任务？

2. 高效团队的特点有哪些？

3. 如何实现团队的高效运作？

【游戏讨论】

建设高效团队

"翻越高墙"游戏给我们的最大感受就是一种突破，一种团队的突破和超越。当全体团队成员都完成任务后，会有一种强烈的成功感，成员对团队的归属感和荣誉感大大增强，并且相信团队已经实现了高效运营，而且会越来越高效。

高效团队是我们在理论和现实中的永远追求，但是要真正实现团队的高效运作，并非易事。我们要通过不断地优化团队管理，提升团队管理水平，才能促进团队的发展和高效。通过"翻越高墙"游戏，我们也可以体会到高效团队的一些基本特点。

首先，高效团队中团队成员对团队目标的认可程度普遍比较高。在"翻越高墙"游戏中，游戏的目标就是团队所有成员都要翻越高墙，这个目标是明确而且易于理解的。尽管这个目标对于团队成员来说相当具有挑战性，甚至某些人可能会认为不可实现，但是经过团队集体沟通和讨论后，会形成初步的方案，并且让大家相信，通过团队的力量完成这个任务是可能的。通过沟通和充分的讨论，团队目标被普遍地接受和认可。当团队成员都理解和认可了团队目标后，团队目标便成为凝聚团队力量的方向，团队的工作重点也会从"要不要做"，转向"如何去做"，以及"如何做得更好"。

其次，高效团队中的高效是由制度保障的，高效的团队一定有高效的制度和规范。在团队管理中，对于制度和规范的理解，更加宽泛一些，团队规范不仅是以明文规定的形式呈现的，同时也会以大家公认的团队工作流程方法等形式出现。在"翻越高墙"游戏中，团队成员共同讨论如何完成任务，并且确定了相应的分工和通过的顺序，这也是一种制度和规范。团队规范的作用在于约束和引导团队成员的行为，让团队成员能够更好地为团队目标服务。越成熟和高效的团队，团队规范越不拘泥于形式，会更加灵活多变，也更易于促进团队目标的实现。

高效团队能够实现充分有效的沟通。充分有效的沟通是高效团队运作的基础，没有沟通，团队目标就无法得到团队成员的理解和认可；没有沟通，团队的任务分工也无法进行落实；没有沟通，也没有办法对团队中的各种问题进行及时地讨论和解决。沟通是团队发展的重要基础，充分有效的沟通也是高效团队的重要标志。在"翻越高墙"游戏中，团队的沟通显得非常重要，在开始前，成员之间要进行充分的沟通讨论，让目标、分工、流程和方法等重要的信息能够被团队成员所接受、理解和认可，在执行的过程中也要进行充分的沟通，及时调整各种策略，以保证最终能够实现团队的目标。

高效团队中成员之间相互信任、相处融洽。信任是信任主体之间的相互关系，相互信任决定了信任主体之间的合作关系和合作程度。高效团队中高度信任的基础，促使团队和个体之间，以及个体与个体之间更好地合作，更好地相互支持，并更好地实现团队的目标追求。"翻越高墙"游戏充分体现了团队的信任程度，在游戏过程中，所有的成员都要面对游戏的风险，如果没有信任，游戏就不可能顺利进行；同时，在成员的分工中，更多的体现了成员之间的相互支持，游戏中互相踩踏、互相拖拽等"过分的行为"，都需要充分的信任才能够义无反顾地前进，正是相互的高度信任才最终让所有的成员获得了胜利的喜悦，相应地也进一步促进了彼此的相互信任。

高效的团队能够相互合作，产生巨大的凝聚力。相互合作是团队日常工作的主要形式，团队成员通过分工合作促进了团队的办事效率，提升了团队的综合能力，大大提升了实现团队目标的可行性。团队合作不仅仅是在表面上的工作合作，更应该强调心理上的合作，要让团队成员主动的积极参与团队管理事务，并积极主动地与其他成员合作，只有这样才能让团队发挥巨大的凝聚力，让团队战无不胜，达到更高的绩效。在"翻越高墙"游戏中，没有合作就没有成功，任何一个人不借助外力，单独翻越4米左右的高墙几乎都是不可能的，但是在团队合作的基础上，每个人都可以实现个人能力的突破，实现更高的绩效，这正是团队管理的巨大魅力。

"翻越高墙"游戏让我们看到了团队的成功，看到了高效团队所展现出来的风采，同时也让我们看到了高效团队所需要具备的基本条件，这也是团队建设及管理所要关注的主要内容。团队的高效运作是一个动态的发展过程，成为高效的团队，并非一朝一夕所能够实现的，我们需要对团队进行持续的培养和管理，并结合团队发展的不同阶段及不同特点，对团队成员及团队采取更有效的管理措施。

第一节　雁阵启示

团队管理的价值在于实现更高的绩效，但真正要实现团队的绩效目标并非易事，因此人类在不断的探索建设高效团队的方法。而与此同时，我们身边各种动物群体也展示出了团队的价值，诸如蚂蚁、蜜蜂、大雁、狼群等，尽管动物群体并没有理论的指引，但它们的团队行为却为我们研究团队管理理论提供了大量的启示。下面我们将分析雁阵飞行的团队行为，并探讨雁阵团队对建设高效团队的启示。

大雁，一群迁徙的候鸟。每当秋冬季节，它们就从老家西伯利亚一带，成群结队、浩浩荡荡地飞到我国的南方过冬。第二年春天，它们再经过长途旅行，回到西伯利亚产蛋繁殖。在长达万里的旅程中，大雁不仅要面临猎人的威胁，还要面对狂风暴雨、电闪雷鸣等自然条件的威胁。每一次迁徙都要经过1～2个月的时间，尽管途中历尽千辛万苦，但它们春天北去，秋天南往，从不失信，不管在何处繁殖、何处过冬，总是非常准时地南来北往。大雁们总是以团队的形式出现，当雁阵在空中飞过时，总让人们联想到一个高效的团队，心生敬意。也让我们看到要实现团队的高效运作，需要关注以下几个方面的内容：

一、寻找有共同目标的人同行

大雁的目标非常明确：觅食避寒。为了生存的目标大雁从来不在北方过冬，秋天一到，它们就飞往南方。春天的时候，它们又从南方飞回北方。就算山高水远，也不会忘记归期，就算有莫大的诱惑，也不能让大雁流连忘返。尽管每只大雁对季节和方位都非常敏感，它们能够独立、准确地判定方向和目标。但对于大雁的目标：飞越千山万水、历尽千辛万苦的南北飞行而言，个体能力显得力不从心。要想实现目标大雁必须通过团队合作，通过雁阵集体飞行的方式，才能实现它们的目标。当雁阵集体飞行时，所有的大雁都遵循一条规则，就是领头雁带队前行，其他成员紧紧跟随，也就是说领头雁的目标就是团队的目标，一旦目标确定，雁群就会义无反顾地飞，不再受其他因素的干扰。通过雁阵的集体飞行能够大大提升大雁飞行的效率，能够更好、更快地让雁阵到达目的地。雁阵在共同目标的指引下，也能够更好的实现合作，更快、更高效的完成各项任务。

人们为什么要加入团队？原因也是希望通过团队聚集拥有共同目标的人群，通过与有共同目标的人结伴同行，使自己能更快、更高效地达到目标。因此，在团队管理中应该注重团队成员的选择，同时要注重团队目标的建设，并通过团队目标引导团队和促进团队的发展。

二、建立有效的团队规范

在共同目标的指引下，雁阵的飞行会按照一定的规范进行。通常雁阵都有良好的、保持队形的能力，队形一会儿呈"一"字，一会儿呈"人"字，当它们扇动双翼时，所有尾随的同伴都可以借力飞行。大雁为什么要编队飞行呢？　原来，大雁编队飞行能产生一种空气动力学的作用，一群编成"人"字队形飞行的大雁，要比具有同样能量而单独飞行的大雁多飞 70% 的路程，也就是说，编队飞行的大雁能够借助团队的力量飞得更远，更快的达到它们所追求的目标。

由此，我们发现团队规范能够有效的促进团队目标的实现。因此，对于团队管理而言，制度和规范必不可少，团队规范的目的在于有效的引导团队成员的行为，更好地实现团队的绩效目标。

三、始终与团队保持一致

在与大自然较量中，孤军奋战只有自取灭亡。大雁选择了团队合作以应对外部环境的变化，如果没有团队合作，那么大雁就不可能生生不息，更谈不上繁衍了。但是面对长期、持续的飞行，有时大雁也可能感到厌倦，并且选择离开雁阵，但是当大雁脱队独立飞行时，它会立刻感受到独自飞行的艰难与迟缓，所以它很快会重新回到队伍中去，依靠雁阵所形成的团队力量继续飞行。

在人类社会中，我们同样面对个人和团队的选择。但我们比大雁幸运的是，我们可以选择不同的团队去追求我们的目标。无论个人的能力多么强大，相对于一个团队的力量而言其能力也都是微不足道的。我们要想在社会中取得更大的成功，就必须加入到团队中去，在团队的帮助下，才能更好地实现自己的价值。在团队的发展过程中，可能会存在团队和个体之间的矛盾和冲突，个体可能会出现不适应团队生活的情况。此时，个体要认清自己和团队之间的关系，明确团队是否有助于自己未来的发展，如果没有当然应该选择退出，并加入另外的团队，如果有则应该调整好自己的心态，以实现和团队的最佳配合。无论在哪个团队，我们都应该思考：个体和团队的关系到底是什么？以及如何保持和谐共处？共同发展。只有个体和团队之间保持一致，我们才能更深刻地感受到团队对我们的帮助，更好地实现个体的目标追求。

四、可变的团队领导

在雁阵飞行中，谁会是头雁呢？正如前面所说，每一只大雁都具备辨识方向的能力，也就是说每一只大雁都具备做头雁的基本能力；另一方面，头雁其实是雁阵中最辛苦的位置，它所面对的空气阻力是最大的，飞行中是最累的，没有一只大雁能够在持续的飞行中始终占据头雁的位置。事实上，雁阵飞行时，头雁是不固定的，当一只头雁累了，雁阵会自动调整阵型，让其他的大雁担当头雁的角色，原来的头雁则退回到队伍中去，任何一只大雁都可能成为头雁，带领大家飞行，这并不会影响雁阵的飞行，反而大大提升了雁阵飞行的效率。

在团队管理中，团队的领导并不轻松，领导要带领大家达成目标，常常需要付出更多的努力！对于一个高效的团队来讲，团队的领导角色也是可以改变的，团队中的任何成员在团队需要的时候都有可能带领团队出色地完成任务。团队领导角色变化的目的在于更好地达成目标，因此在团队目标的引导下，在团队成员相互了解和信任的基础上，团队可以自发地推选能够带领团队更好地达成目标的领导。自然而然产生的领导，也要求团队成员具有一定的差异性，特别是在技能上存在互补性。

五、团队成员的鼓励与帮助

大雁的叫声热情十足，能给同伴鼓舞，在雁阵飞行时，后面的大雁经常会用叫声鼓励飞在前面的同伴，使团队保持前进的信心。大雁的鸣叫、振翅和激励所带来的团队合力正是雁阵快速前进的根本。那一声声鸣叫是它们飞行中最好的语言，是最简单、有效的沟通方式，它提升了团队战胜困难的勇气和信心。同时，大雁的南北飞行是非常辛苦的，而且是一件非常困难的事情，途中经常会出现一些危险的状况，比如生病或者受伤，此时大雁团队会安排两只大雁来协助和照料受伤或者生病的伙伴，日夜不分地伴随在它的左右，直到它康复或死亡，然后它们再去追赶前面的队伍。

可以说，为了达成一致的目标和任务，彼此间的沟通是少不了的，团队中沟通的方式有多种，一个眼神、一个动作、一席谈话、一次会议、一次培训，都是沟通的办法。但是对人来说，永远别忘了语言是最直接的方式，如果你不愿意与你的家人沟通，也不愿意与你工作上的下属或是领导沟通，那么，最终受到惩罚的会是你自己。团队同样也需要成员之间的鼓励，尤其是当团队面对困难时，团队更需要成员相互的支持，而不是相互指责，推卸责任。团队可以帮助我们更好地面对困难，同时团队中的成员也需要相互帮助。加入团队本身就是个人寻求帮助的一种表现，通过团队的力量实现自己的目标，在团队中别人也同样需要你的帮助，因此团队成员的相互协助成为团队的一个基本特点。你给别人帮助，当你需要帮助时，别人才会给你帮助，相互帮助实现了团队的协作发展，也实现了团队的价值。

大雁结伴飞行给组织管理者的启示是深刻的：一盘散沙难成大业，握紧拳头出击才有力量。任何一支团队，成员之间必须团结一致，大家心往一处想，劲往一处使，才能无往而不胜。团队行动的速度有多快，并不取决于团队中走得最快的那个人，而是走得最慢的那个人。正如我们所熟知的"木桶原理"一样，一个木桶的容量是由木桶中最短的那块木板的长度决定的。

第二节　高效团队的必备条件

通过前面对雁阵的分析，我们发现，尽管团队的表现形式可能是多样的，但高效团队所体现出来的特点基本上是类似的，高效团队的必备条件主要包括共同的目标、开放的交流、相互信任和尊重、高效的工作规范和自然产生的领导等。

一、共同的目标

对于一个组织来讲，目标存在不同层次的分类。一般来讲，组织中最高、最远的目标称为组织的愿景；中间层的目标称为组织的战略目标；基层的目标称为组织的职能目标。

不同层次的目标存在相互包含的关系，组织的愿景是组织最具包容性的目标追求，也是组织中各个团队的共同追求。

（一）共同愿景的构成

对于一个组织而言，最终形成的愿景往往会精练成为一句话。但实际上愿景的构建是一个完整的体系，愿景的内涵非常丰富，愿景的构成主要包括以下基本内容，具体如图 2-1 所示。

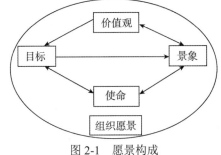

图 2-1　愿景构成

（1）景象。所谓景象就是未来组织所能达到的一种状态及描述这种状态的蓝图、图像。例如，"GE永远做世界第一"，这是通用电气公司希望未来达成的状态，具体描述这种状态则可从产品、市场份额、销售收入、员工收入、利润等方面进行。显然，景象应具有一定的气魄和诱人的特性，它应该给人以希望、给人以激励，而不应该给人空话连篇、永远体会不到的感觉，也正因如此，景象才能够成为全体成员发自内心的共同愿望；才居于全体成员个人愿望之上。

（2）价值观。价值观是指组织对社会与组织的一种总的看法。例如，松下公司认为其企业从不追求利润，利润只是因自己的企业对社会有贡献，社会给企业的一种回报。这就是松下公司的价值观，在这种价值观的引导下，松下公司有不同于其他企业的追求，有不同于其他企业的行为和行为方式。如果这个企业的价值观是个人奋斗第一，那么将会引导员工们互相竞争从而抛弃良好的合作，沉溺于过分斤斤计较的行为方式。显然，价值观与景象有很大的相关性。从某种意义上说，价值观不同，追求的景象就会不同至少具体实现这种景象的方式、途径会不同。

（3）使命。共同愿景的另一个组成部分是使命。所谓使命是组织未来要完成的任务。使命代表了组织存在的根本理由，如宝钢人的使命就是把宝钢建成世界一流的钢铁联合企业，宝钢人就是因这个使命的存在而存在。现代企业的使命与每个企业所处的环境、行业、市场等有关，但有一点是肯定的，这就是只有具有使命感的员工才可能创造出更高的效率和巨大的效益，才可能有持续的内在动力。使命应令人感到任重道远和自豪，而这又与景象和价值观相关。没有良好的景象，使命感会消失殆尽；没有良好的价值观，使命感不会持久。就好像如果把追逐金钱看作是唯一价值追求的话，当金钱很多时，使命感就会淡化。

（4）目标。目标是指组织在努力实现共同愿望或景象的过程中的短期目标，这种短期目标可以说是总的愿望的阶段性具体目标，代表成员们承诺在未来几个月内将要完成的事件。这种目标不仅仅从组织未来发展的角度得出，而且一定从组织员工个人目标中产生，在员工们追求自己目标的同时实现了组织的目标，或在实现组织目标的过程中实现了自己个人的目标。短期目标的不断实现与不断地向共同愿景靠拢也引导成员们持续努力和奉献。

愿景的各个部分是相互关联、互相影响、有机结合的，组织在共同愿景的指导下，带领所有成员为共同的愿景积极地努力工作，并实现愿景设定的目标。

（二）共同愿景的作用

（1）孕育无限的创造力。由于组织的共同愿景是组织全体成员发自内心的愿望，并由此产生了对全体成员长久的激励，如果全体成员真正把这一共同愿望当作自己努力的方向，那么全体成员就会真正产生无限的创造力。彼得·圣吉(Peter M. Senge)博士在其著作《第五项修炼——学习型组织的艺术与实践》中指出："之所以如此，是因为共同愿景会唤起人们的希望，特别是内生的共同愿景。工作变成是在追求一项蕴含在组织的产品或服务之中，比工作本身更高的目的——苹果电脑使人们透过个人电脑来加速学习，AT&T 借由全球的电话服务让全世界互相通信，福特制造大众买得起的汽车来提升行驶便利。这种更高的目的，亦能深植于组织的文化或行事作风之中。愿景令人欢欣鼓舞，它使组织跳出庸俗、产生火花。"

（2）激发强大的驱动力。无数的事实可以证明这么一个真理：如果没有一个强大的拉力把人们拉向真正想要实现的目标，维持现状的力量将牢不可破。事实上，一个共同愿景通常建立在一个高远而又可逐步实现的目标之上，它引导人们一步步排除干扰，沿着正确的方向达到成功的彼岸。正如罗勃·弗利慈(Robert Fritz)所形容的："伟大的愿景一旦出现，大家就会舍弃琐碎之事。"若没有一个伟大的梦想，则整天都是些琐碎之事。好的共同愿景可以产生强大的驱动力，驱动组织的全体成员产生追求目标愿景的巨大勇气，并把这种勇气转化为发自内心的行为动力。

（3）创造未来的机会。共同愿景是全体成员发自内心的未来欲实现的愿望或景象，这种具有未来特性的愿望与景象实际上为组织的未来发展提供了机会。系统科学已向我们证实，许多短期不错的对策或策略，可能会产生长期的恶果，而采取消除组织近期不良症状的对策，可能会导致人们舍本逐末的倾向，就好像如果对产品的价格大战不加以一定限制的话，实际上将导致社会资源配置的低效率和低效益。所以，现代组织的共同愿景实际上是要给定组织一个长远的、经得起推敲的未来，而这种未来应该是充满了挑战、机会和风险的，不是一般的战略规划所给定的那种。

（三）共同愿景的特征

愿景是团队中所有成员共同持有的意愿或景象，是他们共同追求的理想。

愿景是人们所追求的一种梦想，看似遥远，却又触手可及，是一种可以追求并可能实现的梦想。愿景具有强大的包容性，它可以最大限度地包容团队各个层面的目标，可以凝聚团队的力量，指引团队发展的方向，让团队形成合力，共同努力追求愿景的实现。愿景并不是一个短期的目标，它是一个值得所有成员长期追求的理念，而且是团队中每个人都愿意去追求的理念。

共同愿景是团队中所有成员真心追求的理想，它不仅反映出团队的追求，同时也反映和包含团队成员的追求和意愿。共同愿景是团队目标的精神指引，在共同愿景的引导下，成员之间寻找共同的方向，并因此而团结协作，互相支持，最终才能高标准、高质量地完成团队任务。

部分著名公司的愿景

➤ 惠普公司：为人类的幸福和发展作出技术贡献。

➤ 迪士尼：让人们快乐。

➤ 沃尔玛：给普通百姓机会，使他们能买到与富人一样的东西。

➤ 福特公司：使每个人都拥有一辆汽车。

➤ 华为：丰富人们的沟通和生活(原：共建更美好的全联接世界)。

➤ 万科：赞美生命共筑城市(原：建筑无限生活)。

➤ 腾讯：用户为本，科技向善(原：最受尊敬的互联网企业)。

(四) 愿景设定的原则

愿景是描绘组织期望成为什么样子的一幅图景，从广义上讲，就是组织最终想实现什么。在愿景的设定中应该注意以下几个原则。

(1) 结合组织的特点。愿景是组织发展的长期目标，因此必须结合组织的实际情况进行设定，特别是组织生产的产品特点以及组织所在的行业的需求，不能脱离实际异想天开，比如作为娱乐业的迪士尼关注的就是"快乐"，而万科更关注"建筑"。

(2) 愿景是长远的追求。愿景是组织最高的追求目标，具有长期性和理想性的特点，在愿景的设定中应该结合组织的特点并跳出组织的约束进行理想化目标的选择，不能以短期目标代替愿景，更不应该采用一些过于具体的指标代替愿景的设定，否则很难对组织的员工产生引导和激励，比如迪士尼，"让人们快乐"，给人们的印象就是追求一种"快乐"的理念；而万科的"建筑无限生活"，则追求"无限"可能。

(3) 要用精练有力的语言。愿景设定后将成为组织文化的重要内容，并成为引导成员的重要精神，因此必须采用精练有力的语言表述，让人们方便记忆，让企业方便传播。愿景作为团队精神的指引，它会在组织中不断加以传播，让人们理解和接受，并成为人们共同的追求。

(4) 适时进行调整。愿景并非一成不变，在组织发展的过程中，由于组织业务的变化，或者外部社会经济环境的变化，愿景也需要进行与时俱进的调整，比如万科就是由于其业务重点的转移，相应地对愿景进行了调整。从原来重点关注建筑居民住宅为主，转向了以城市建设为中心。

总之，只有想不到的，没有做不到的！团队要结合自身发展的需要设定愿景，并用愿景统领团队中个体的目标，让大家形成共同的追求。只有这样，才能让团队走得更快、走得更远。

二、开放的交流

开放的交流是增进团队成员之间相互了解，增强团队成员之间相互信任、相互合作的基础。

在团队管理中，我们要不断的完善沟通机制，形成全通道的沟通模式，让成员之间能够对于任何问题，毫不隐瞒地分享自己的观点和看法，同时关注和倾听别人的建议，然后在团队内直面和公开处理这些不同的建议，并做出真诚的反馈。在沟通的过程中，团队不仅会通过各种正式方式促进沟通，同时非正式沟通也是团队中常用的方法。团队沟通的目的在于建立一种平等的沟通氛围，让所有人能够主动的分享各自的信息和意见。

随着现代科学技术的发展，团队中相互沟通的方式也在不断的创新，除了传统的 open door、BBS、信箱、会议等，现代网络及通信设备提供的即时交流工具更是打破了时空的界限，真正开创了全范围的开放交流平台，如微信、QQ 等网络即时通信工具，以及网络视频电话等都已经成为现代团队常用的沟通方式。但是现代技术只是解决了沟通的便利性，并没有解决沟通的有效性问题，事实上，我们看到很多团队都能够很快建立基本的沟通渠道，但并没有让这些沟通渠道产生积极有效的作用，很多成员在这些沟通群中都沉默寡言，甚至永不发言，因此让沟通更加有效，并促进团队目标的达成仍然是团队管理中重要的内容之一。

三、相互信任、相互尊重

信任是指相信那个被相信的人能够实现或者已经实现对他的正面期望。信任是人们进行社会交往的基础。成员间的相互信任、相互尊重是团队合作的基础，很难想象一个人会与不信任的人进行合作，缺乏相互信任，将导致成员之间相互猜疑、相互戒备，结果是人际关系紧张，工作效率下降，无法完成组织目标。

在团队中应该营造相互信任的氛围，让团队成员更好地合作。信任的前提是相互了解，因此首先应该加强团队的沟通，让团队成员之间能够更深入的了解，这样才能够让成员们知道哪个人在某方面技能更强，在什么时候能够担负团队领导的责任，被大家信任；同时，信任是一种心理感知的积累，当一个人总是能够给予你正面回报时，你就会更加信任他。因此，团队要通过不断的团队合作，实现团队目标，加强团队成员之间彼此的依赖和信任，越高效的团队越相互信任，同样，越是相互信任，则会让团队更加高效。信任也是促进团队学习的重要力量，为了让别人信任，为了能够更好地完成团队任务，团队成员也更加愿意参与各种学习，提升能力，进而成为更加让人信任的人。

四、高效的工作规范

团队规范是指团队成员所共同遵守的一套行为标准。团队规范让成员懂得自己在一定的条件下应该做什么、不应该做什么。

团队规范是为了更好地实现团队的目标，而对团队成员行为的约束，任何人都不希望被约束，因此团队规范往往会形成对成员的压力，并产生个体和团队的矛盾冲突。为了尽量减少团队规范对个体的影响，在制定团队规范的过程中，应该充分采纳各个成员的意见，让所有成员都参与团队规范制定的讨论，让大家理解规范的重要性，才能够更好地让成员遵守团队规范。同时，团队规范也应该保持一定的灵活性以便更好地适应团队管理的需求；另一方面，团队规范也是团队形成标准化流程的制度基础。通过高效的团队规范，团队可以建立标准化的办事程序，提高团队的工作效率，让团队更好地实现目标；通过团队规范的建立，也可以让成员更清楚地知道，团队对成员的各项要求，并且对成员形成激励作用。

五、自然产生的领导

团队管理的最大特点就是共同面对团队的成功与失败，但这并不意味着团队没有领导，只是团队领导的产生方式并不是由组织任命，而是根据团队的任务自然而然地由团队成员共同推选产生。

由于团队成员各自有不同的特点，当面对不同的任务时，在相互了解、信任和尊重的基础上，大家自然会推选出能够带领大家更好地完成任务的人，这个人将带领团队去完成任务，此时他就是团队的领导。团队领导的产生是根据任务，而不是根据岗位和职权，充分体现了团队自我管理、充分授权的特点，而自然产生领导的基础也是基于团队的沟通和团队的信任，在大家共同推选的领导的带领下，团队成员也更愿意相互合作，共同面对团队的未来。

第三节　团队构建及发展过程

团队的构建和发展过程是一个动态的平衡过程，尽管从不同的角度我们可以将团队构建和发展过程划分为不同的阶段，但从总体上来讲团队发展过程就是团队不断的进行自我完善，并在管理中不断优化发展，最终成为一个高效团队的过程。对于团队的建设和管理者而言，应该遵循团队构建和发展的基本规律，结合团队不同阶段的特点对团队实施管理，以便更好地促进团队的优化发展。

一、团队发展的基本过程

按照团队发展的基本过程，我们可以构建团队发展的简单模型，并将团队发展过程大致分成四个部分，包括团队组建→团队融合→团队优化发展→团队调整。

在团队组建的过程中，主要是邀请人员参加并形成团队。此时组织会赋予团队必要的任务、目标和权力，让它能够吸引成员，形成团队。而团队组成人员，可能来自两部分，一是主动参与，很多人在了解了团队的目标和未来后，会主动申请加入团队，这些人会比较认可团队前期的目标和任务，并能够更好地融入团队管理之中；另一些人则可能是被动加入团队的，他们并不是很了解团队目前的状况，只是受到一些外部因素的影响，而选择了加入团队，他们没有完全认可团队的目标，也不会很积极地参与团队活动。

团队融合阶段，是团队组建后对团队的初步历练，主要目的在于调整团队中的各种关系，特别是团队成员之间以及团队成员与团队之间的关系，通过加强沟通和合作，不断完善和优化团队管理中的各种机制，为团队未来的发展奠定基础。此时组织更加关注的是团队内部关系的协调，对团队目标的要求并不会很高，更多的是通过一些团队活动以及一些比较容易实现的团队任务去磨合团队，让团队成员能够相互融合，能够和团队保持基本一致。

团队优化发展阶段，是团队快速成长的阶段，也是团队能够聚合展现团队合力的阶段。通过前期的内部关系的协调，团队成员基本上能够相互合作，并在团队目标的指引下，形成合力，通过合作的方式完成各种团队任务。此时团队的主要任务就是让团队在各种场合都展现出团队的整体合力，让团队的个体和团队成为一个整体。经过团队优化发展，此时的团队越发高效，能够达到组织对团队的更高要求。

团队调整阶段。团队往往是基于目标而构建的，当完成一个任务后，团队需要进行调整，特别是对团队人员会进行必要的调整。此时会有新的成员加入，也可能会有原来的成员退出，团队再次进入团队建设优化的循环中。

团队的构建就是这样一个不断循环发展的动态平衡过程，通过不断的循环优化，团队会更快地进入高效阶段，并不断的创造更高的绩效，团队发展的基本过程类似图 2-2 中的模型。

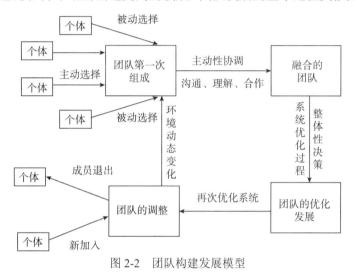

图 2-2　团队构建发展模型

二、团队生命周期的不同阶段

为了更好地理解团队发展的不同阶段，下面我们尝试着引入生命周期理论对团队的发展进行更加详细的分析和讨论。

生命周期理论由卡曼(A. K. Karman)于 1966 年首先提出，后来赫塞(Hersey)与布兰查德(B1anchard)于 1976 年进一步发展了这一理论。该理论将研究对象按照生命体发展的周期进行划分，并进行讨论。生命周期理论以四分图理论为基础，将标准的个体生命周期划分为发展、成长、成熟、衰退几个阶段。目前该理论已经被广泛地应用于各种组织、产品等成长和发展过程分析，是一种非常有用的工具。

参照生命周期理论，团队的发展也可以看成类似于一个生命有机体的发展过程，团队的发展过程可以划分为成立期、动荡期、稳定期、高产期和调整期等五个阶段，团队生命周期发展过程模型如图 2-3 所示。一个团队从成立到消亡的整个过程叫团队的生命周期。在生命周期内，不同的阶段，团队及其成员所表现出来的特点都不一样，相应地，不同阶段的团队管理也呈现出不同的特点。

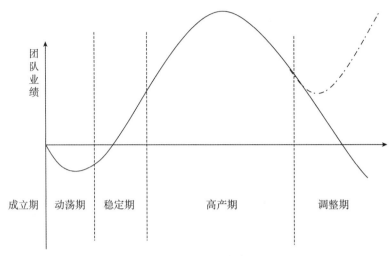

图 2-3　团队发展的生命周期

(一) 成立期

在成立期，团队刚刚组建，团队成员来自不同的地方，大部分互相不熟悉。由于团队成员由不同动机、需求与特性的人组成，此阶段还谈不上拥有共同的团队目标，彼此之间的关系也尚未建立起来，人与人的了解与信任不足，彼此之间谨慎而礼貌。整个团队还没有建立起规范，或者说对于规范还没有形成共同的看法，这时矛盾很多，内耗很高，但不会很明显地呈现出来。此时的团队表面上看似平静，但实际上存在很多问题，尽管矛盾冲突不明显，但是团队的绩效却难以提升。

1. 团队成立期成员的特点

团队成立阶段，团队成员主要有以下特征。

(1) 既兴奋又紧张。无论团队成员是主动加入团队还是被动加入团队，成员加入团队都是为了实现自己目标的更大化，而且他们都预期自己选择的团队有可能实现自己更大化目标的追求。因此当最终被团队接受，成为一名团队成员时，个体会比较兴奋，期待能够更好、更早地实现自己的目标。但面对一个全新的环境，个体也会有一些紧张，毕竟团队环境是否适合自己的发展，目前仍然是个未知数。

(2) 对团队抱有高期望。团队成员选择团队的目的是更好地实现自己的目标，他们也相信自己选择的团队能够带领他尽快实现目标，特别是在团队成立初期，正是这种对团队的高期望吸引他选择团队、加入团队，并试图通过积极地参与团队活动，尽快地实现自己的目标。

(3) 迅速进行自我定位。当成员进入到一个陌生的环境后，他希望尽快地找到自己的定位，因此他会采用各种方法试探和了解自己所处的环境和周边的人。成立期大部分成员都是新进入者，都处于迷茫状态，但仍然会有个别成员不一样，比如组织委派的团队组建者，由于他们掌握着更多的关于团队的信息和成员的信息，他们自然成了团队的核心人物，并受到其他成员的关注，因为可以从他这里获得更多的团队信息，以便更好地进行自我定位。

(4) 焦虑困惑不安。任何人在面对一个新的、陌生的环境时都会出现焦虑不安的状态，更何况个体将个人未来的发展寄托于团队，但此时对团队未来的发展仅仅停留在想象之中，并没有明确的成果。未来是否能够依靠团队实现自己的梦想还不确定，面对不确定的团队环境、面对陌生的成员、面对不确定的未来，个体只有在焦虑不安中静观其变。

2. 团队成立期的特点

对于成立期的团队而言，同样有自身的特点，主要体现在以下几个方面。

(1) 缺乏团队共同目标。成立期的团队缺乏共同的团队目标，这并不意味着团队没有目标，只是说此时的目标并没有形成共识——被所有成员认可。成立期团队的目标往往来自于组织，组织组建团队会对团队有所期望，但对于团队而言，这样的目标是否能够被所有成员所接受和认可，还需要一段时间进行磨合，甚至需要对目标进行必要的调整。

(2) 团队规范不完善。成立期的团队面对的团队规范往往也来自于组织管理的传统制度，团队规范是否能够很好地适应团队管理的需要，是不确定的。此时团队成员对于团队规范的接受程度比较低，由于规范对个体行为具有强制的约束力，因此不合理的团队规范很容易引发个体和团队的矛盾冲突，即使是合理的规范，被所有团队成员所接受也需要时间。

(3) 成员之间缺乏信任。由于大部分的团队成员之间不熟悉，因此成员之间缺乏信任，相应的成员之间也没有办法很好地进行合作。成员之间保持谨慎和礼貌，彼此之间都在相互进行试探和了解，但由于缺乏良好的沟通机制，此时团队成员之间也难以形成良好的交流。

(4) 团队缺乏有效的沟通机制。成立期团队成员之间还不熟悉，所以大家主动沟通的意识并不强，大部分沟通都需要组织进行安排，或者通过正式沟通进行相互的交流。尽管随着现代信息技术的发展，建立电子化的信息沟通渠道非常便利，但是团队中的沟通渠道和沟通方式都还刚刚建立，并没有很好地发挥作用。

(5) 团队意见难以达成一致。由于成员之间缺乏信任，在进行团队讨论的时候，大家都有各自的想法，鉴于礼貌的需要大家不会积极地引发讨论，但在投票要形成意见的时候，依然会各自表述，难以达成一致性意见。

3. 团队管理人员应采取的措施

面对成立期团队和团队成员所表现出来的特征，团队管理者应该尽快推进团队管理的各项工作，初步形成团队内部的基本框架，明确基于团队的各个构成要素的设定，包括团队的目标、定位、职权、人员和计划等，并积极加强团队与外界的初步联系，包括建立起团队与组织其他工作集体及职能部门的信息联系及相互关系；确立团队的权限，如自由处置的权限、须向上级报告请批的事项、资源使用权、信息接触的权限等；建立对团队的绩效进行激励与约束的制度体系；争取对团队的技术(如信息系统)支持，高层领导的支持，专家指导及物资、经费、精神方面的支持；建立团队与组织外部的联系与协调关系，如建立与企业顾客、企业协作者的联系，努力与社会制度和文化取得协调等。团队管理人员必须积极采取相关措施，快速让成员进入状态，降低不稳定的风险。

这些具体的工作措施主要如下。

(1) 宣布团队的目标和方向。正如前面所分析的，在团队成立期，团队的目标往往来自于组织，成员对团队的目标并不清楚，对于团队目标的认可程度也不高。这也导致成立期的团队难以产生高绩效。此时应该尽快以团队的名义，明确宣布团队的目标方向，这将有助于凝聚团队的力量，让团队成员更加清楚地知道自己要做什么以及团队未来要做什么。尽管此时所宣布的团队目标不一定能够很好地满足所有成员的需求，但是有了目标就能够让大家有共同的方向，能够让大家更加积极地参与团队活动，关注团队的发展。

(2) 初步制定团队规范。团队规范是团队发展的重要基石，团队组建后应该积极地结合团队目标以及团队成员的特点，进行团队规范的制定。通过团队规范，明确哪些事情是可以做的，哪些事情是不可以做的，明确引导和规范成员的行为，这样能够让大家更好地和团队保持一致，共同合作。尽管在团队成立期团队规范制定得会有些匆忙，但是有规范总比没有规范要好。

(3) 尽快建立团队的沟通渠道。随着科技的进步，团队沟通的方式和渠道可以有很多选择，但是对于团队管理而言，应该尽快选择一种能够有效地实现团队沟通的方式，并明确它在团队管理中的作用，积极鼓励大家充分地参与沟通。此时沟通的有效性远比沟通的形式更为重要，团队应该鼓励成员之间的沟通，并强调沟通在团队管理中的作用，积极鼓励大家充分参与各种形式的沟通。

(4) 积极收集和分享团队及成员的信息。团队建立初期的很多问题都是由于沟通不畅，信息不充分所导致的。因此应该积极地收集各种信息并及时地进行分享，让团队成员能够更好地了解团队、了解队友，尽快建立起团队成员之间的相互信任，为未来的合作奠定基础。

通过积极的团队管理活动，能够尽快让刚刚组建的团队进入工作角色，让成员之间更好地沟通和合作。但成立期的团队绩效并不会很高，团队更多地在关注、调整内部问题，还没有真正形成合力，去追求团队目标的实现。由于这时的团队成员还难以相互信任，在很多问题上也难以达成共识，因此不能放任团队自由管理，此时团队的管理风格偏向于控制型管理。此时团队的组建者会成为团队的核心人物，并领导团队。对于团队目标和团队规范的制定，一般由领导者提出，经过初步讨论后就可以确定(不需要所有人认可)，通过控制型管理尽快提出团队的目标和规范，此时并不需要追求完美，但需要尽快让团队进入轨道。

(二) 动荡期

团队经过成立期，隐藏的问题逐渐暴露出来，团队内部冲突加剧，虽说团队成员接受了团队的存在，但对团队施加给他们的约束并不能完全接受，成员抵制情绪开始加重，团队进入了动荡期。

1. 动荡期团队的主要问题

处于动荡期的团队，不仅不能完成团队绩效目标，各种矛盾冲突产生的巨大负面影响，还会导致团队绩效大大下降。动荡期的团队局面似乎每况愈下，一系列的问题开始暴露出来，团队成员从开始的彬彬有礼、互相尊重，到逐渐地发现每个人身上所隐藏的缺点，看到了团队当中一些不尽如人意的地方，期望与现实之间的距离不断拉大。在这一阶段，热情往往让位于挫折和愤怒，各种矛盾冲突成为团队的日常，这些矛盾冲突加剧了团队的动荡不安。

动荡期团队的问题主要体现在成员与成员之间、成员与环境之间、成员观念与现实之间的冲突和动荡。

(1) 成员与成员之间的冲突。团队成员的差异性在团队成立期体现得并不明显，而且在团队成立期大家都以礼貌的方式保持相对克制，但随着时间的推移，经过一段时间的相互了解后，成员之间开始感受到成员差异性带来的矛盾，成员之间由于个性、观念、方法、行为等方面的差异必然会产生各种矛盾，并有可能产生冲突行为。此时，团队的人际关系陷入紧张局面，甚至出现了敌视、强烈不满的情绪以及向领导者挑战的情况。

(2) 成员与团队环境之间的冲突。团队管理会对个体的行为进行约束，并对个体产生压力形成矛盾。这种矛盾主要体现在团队的目标和团队规范对个体的影响方面。个体加入团队是为了实现个体目标的更大化，但是加入团队后首先要完成团队目标才能实现个体目标，在这个过程中，很多人都不理解团队的目标是什么也不知道怎么实现，进而对个体目标的实现失去了信心，并开始质疑团队的目标，甚至反对团队目标。另一方面，由于成立期所制定的团队规范并没有得到充分的讨论，因此有些规范对某些个体行为会形成较强的约束，而遭到个体的强烈反对，并有可能引发冲突。

(3) 成员观念和现实之间的冲突。个体加入团队是希望获得更大的个体绩效，他们希望通过团队的力量完成自我价值的更大化，这是每个人的理想追求。但在现实中，要实现个体目标的更大化，首先要能够融入团队，要能够接受团队成员的差异性特征，要能够和团队成员合作，并按照团队的规范要求完成团队的任务。对于很多人而言，大家更多的关注的是理想目标，而忽视了实现目标的前提条件，因此当面对现实环境时，会产生迷茫，担心无法面对现实的困难，自然无法实现目标，理想和现实的冲突会给很多人带来困扰。另一方面，加入团队是为了能够平等地交流和工作，而成立期控制型的管理也让人们无所适从，难以接受。

2. 动荡期团队成员的特点

动荡期对团队和团队成员都是巨大的挑战。从团队目标、团队价值标准、每个人所扮演的角色、工作任务，到团队规范的内容等似乎都存在冲突的可能，此时所有成员都希望把这些问题说清楚，围绕这些问题展开的讨论常常会引发争论，并导致更加激烈的冲突。这时团队的管理者不需要粉饰太平或否认危机的存在，而应该以一种更加开放的态度引导和面对冲突，并结合动荡期团队成员和团队的特点，采取积极的应对措施解决冲突，快速度过动荡期的煎熬。

动荡期团队成员所呈现出的特点主要表现如下。

(1) 质疑团队目标和规范。团队对个体的压力主要来自于团队目标和团队规范，但对于个体而言，他们刚加入团队时，并不会太在意团队的目标和规范，而是更多的关注自身的目标，因此也不会积极参与团队目标规范的设定。在团队成立期，为了能够让团队尽快的进入状态，团队得宣布团队的目标和规范，但是由于团队成立期成员之间互相不了解、互相缺乏信任，因此大家对于团队目标和规范制定的讨论并不会很在意。而经过一段时间后，特别是团队进入动荡期后，个体才逐渐发现团队目标和规范对自己的约束，并感受到这种约束带来的巨大压力，此时个体会质疑团队的目标和规范，并强烈要求进行修改。

(2) 紧张的人际关系。人际关系矛盾是动荡期的一个典型特征，这些矛盾主要来自于团队成员的差异性。成立期成员之间互相不了解，同时成员之间会尽量地克制和包容，大家之间的合作也比较少，因此大家能够和平相处。但是在动荡期，团队成员们发现，要实现团队目标就必须和其他成员合作，成员之间的交往开始频繁，而成员之间的差异性矛盾也开始显现，而且成员在不断的了解中，使这种差异性显现得更为明显，甚至引发人际关系的矛盾，并形成了人际关系的紧张状态。团队成员之间，不愿意合作、无法合作的情况时时发生，致使整个团队都笼罩在动荡冲突的氛围之中。

(3) 强烈的挫折感和焦虑感。动荡期团队成员会有强烈的挫折感和焦虑感，这主要来自于个体对团队的期望和现实之间的差距，导致自己对目标追求的挫败，同时，团队中的各种矛盾也让人感到不安，看不到希望。个体的挫败和焦虑反过来也会影响个体的行为，让成员更加不愿意参与团队的活动，也不会积极主动地改善团队存在的问题，个体更多地会选择逃避，甚至可能离开团队。

3. 动荡期团队的特点

动荡期的团队绩效大幅度下滑，甚至出现了 1+1< 2 的状况，整个团队处于矛盾和混乱之中，其主要特征表现如下。

(1) 团队目标、规范受到质疑和挑战。和成立期的团队目标及规范不同的是，动荡期的团队是有自己的目标和规范的，这是在成立期提出的属于自己的团队目标和规范，但是由于成立期团队的状况并非高效，大家对目标和规范缺乏讨论，因此所提出的目标和规范通常存在很多问题，而这些问题在动荡期集中地爆发出来。由于团队的目标和规范是与个体息息相关的，因此会对个体产生直接的影响，因此团队目标和规范也成为个体和团队矛盾的焦点，团队目标和规范受到成员们的广泛质疑。

(2) 团队内部冲突加剧。尽管在团队管理的各个阶段都可能存在冲突，但是在动荡期的冲突表现得更为明显，大部分冲突都会表现出强烈的冲突和对抗行为，包括对团队目标任务的抵制，团队成员之间的争执等。这些冲突行为对团队的管理和发展极为不利，也导致团队整体绩效大大下降。

(3) 团队沟通不畅。尽管在团队成立期建立了沟通渠道，但是团队沟通的效果不佳，也会导致动荡期的矛盾增加，同时由于沟通机制无法很好地发挥作用，团队的矛盾冲突也不能很好地解决。事实上，很多矛盾冲突是可以在有效沟通的基础上得到解决的，因此有必要加强团队的沟通，特别是强调实现团队的有效沟通。

(4) 团队缺乏信任。此时的团队矛盾重重，大家相互之间的抵触情绪也比较严重，成员之间人际关系紧张，导致成员之间难以相互信任、难以达成共识，并形成合作；同时，由于团队环境动荡，也导致团队目标难以实现，团队无法给成员更大的信心，让成员信任团队。无论在个体层面，还是在团队层面，此时的团队都缺乏信任，难以凝聚和合作。

4. 动荡期团队应注意的问题

动荡期的团队对于个体和团队的发展来说都是噩梦，大家都希望尽快地度过动荡期。好在所有人还对团队抱有希望，相信团队存在的价值并非动荡不安，而是合作共赢。动荡期的团队也应该采取更加积极果断的措施，尽快解决大家的矛盾冲突，让团队得以发展。此时的团队最重要的问题是如何安抚人心，同时做好以下工作。

(1) 重塑团队目标。团队目标是动荡期团队成员和团队之间冲突的主要来源之一，这可能是由于团队目标的设置不合理，导致成员对团队未来的发展看不到希望，以至于对实现自我目标失去信心所导致的。此时应该重塑团队的目标，即重新提出团队新的发展目标。对于团队目标的提出，应该充分听取团队成员的意见，并且积极了解团队成员的需求，让团队目标能够更好地和个体目标相互结合，同时通过成员的积极参与，让大家能够更好地理解团队目标，以便更好地参与并实现团队目标。这个时候的讨论和成立期的讨论会大不相同，成立期大家更多的是礼貌和谦让，不愿意表达自我的意见，但经过动荡期的折磨，大家意识到不合理的目标会对自己产生压力，因此这个时候大家会更加积极地参与讨论，甚至可能出现较大的争议，积极的沟通是解决矛盾的主要手段，平等的交流是化解矛盾的重要方法，通过讨论沟通重塑团队目标将有利于化解团队中因团队目标而带来的矛盾，助力团队更好地发展前行。

(2) 完善团队规范。团队规范会对成员的行为形成约束，合理的团队规范有助于完善团队的工作流程，而不合理的团队规范则会对团队行为产生过多的干预，反而影响团队的合作，并产生矛盾。成立期的团队为了尽快让大家投入工作，会制定大量的团队规范，但是在团队成立期形成的团队规范由于缺乏讨论，在执行的过程中容易引发个体的冲突，而这种冲突在动荡期显得更为明显。成立期的成员并不愿意积极参与团队事务的讨论，这也导致成立期所形成的团队规范存在大量不合理的隐患。动荡期，个体发现很多行为都被团队规范所约束，甚至难以开展正常的活动，因此强烈要求对团队规范进行完善，也更愿意积极参与团队规范的讨论和制定。团队规范的完善，改善了制度对成员的束缚，大大地减少了团队对个体的压力和冲突，使团队成员能够更加轻松的面对团队活动，并开始相信团队能够关注和实现个体目标。

(3) 加强有效沟通。沟通对于团队管理而言至关重要，特别是在动荡期，所有的矛盾冲突的解决都要依赖良好的团队沟通。成立期建立的沟通机制，是否能够发挥作用，特别对是否能够实现团队的有效交流至关重要，此时需要进一步加强沟通平台的建设，鼓励大家积极地参与到平台中进行沟通和交流，对任何问题都鼓励大家提出自己的意见，形成沟通的反馈机制，让沟通实现有效的目标。通过公开、平等的交流，大家会将各自面对的矛盾冲突问题坦诚以待，共同去面对和解决，在有效沟通的基础上，大部分问题将找到解决的办法。

(4) 转换领导风格。成立期控制型的领导风格，在动荡期也成为矛盾的来源，团队成员希望能够更好地参与团队活动，希望团队能够更加重视个人的意见，因此在动荡期团队的领导应该加强民主参与，让团队成员能够更好地表达个人意见，并参与团队决策。民主参与型的领导风格有助于在动荡期带领团队直面各种冲突，有助于各种冲突的妥善解决。团队成员在民主管理下，会更愿意积极参与团队事务，并逐渐地将个人的关注点从个体转向团队、从矛盾转向发展，为团队未来的发展奠定良好的基础。

动荡期的团队，生产力遭受严重打击，团队的整体绩效跌入谷底，团队会面对各种冲突和矛盾。尽管会面对各种问题，但这也是团队发展不可回避的必然阶段，因此团队应该积极面对问题，并争取在大家共同参与下妥善解决各种矛盾，最终带领团队走向正确的方向。

(三) 稳定期

经过动荡期的调整，团队将会进入稳定期，所有的事情似乎在这个阶段都有所改善，团队发展逐渐步入正轨。

1. 稳定期团队成员的特点

稳定期的团队成员开始将工作重点转向团队，团队成员的特点也出现了新的变化。

(1) 合作意愿提升。团队成员的人际关系从动荡期的矛盾冲突转向合作，通过动荡期的沟通了解，团队成员之间更加熟悉，也更加清楚各自的特点，尽管个体的差异性依然存在，但这种在动荡期被视为矛盾焦点的差异性在稳定期反而转化成了成员之间互相学习，以及互为补充的特点，逐渐被大家所接受。在良好的沟通机制下，成员之间的交流也日益频繁，成员之间的合作也逐渐加强，团队中逐渐形成了合作的氛围，这为未来实现团队目标奠定了基础。

(2) 开始适应团队环境。在稳定期，个体逐渐从动荡期的对团队管理的各种不满中走了出来，逐渐开始适应团队环境，并开始发现和认可团队的价值。同时，由于团队目标和团队规范的调整也让个体感觉到团队环境的改善，使个体可以更加轻松的面对团队的环境。

(3) 开始关注团队工作。动荡期团队成员共同制定团队目标和规范，让团队成员认识到团队目标的重要性，以及团队目标和个体目标之间的相互关系。此时，团队成员逐渐从原来只关注自己的目标，转向关注团队的工作目标和工作，同时，团队环境以及团队成员之间的关系的改善，也使得团队成员能够更好地面对团队工作，团队的凝聚力逐步建立起来，团队合作成为团队绩效迅速提升的催化剂。

2. 稳定期

稳定期的团队绩效快速提升，团队蒸蒸日上，整个团队充满欢声笑语，此时的团队正在大踏步地向着高效团队迈进，团队的高效特征也越发明显。

(1) 对共同目标逐渐达成一致。从成立期由组织设定团队目标，到动荡期不断地优化和调整团队目标，再到稳定期团队逐步认可团队的目标，团队经历了一个目标逐渐完善的过程，在这个过程中，团队目标和个体目标之间的联系更加紧密，团队成员也越来越认可团队目标，并逐渐和团队融为一体，并为共同的团队目标而努力工作。

(2) 团队规范比较完善。团队中规范的发展也经历了不断完善的过程，从成立期通过制度规范个体行为，到稳定期规范更关注优化组织流程，团队规范越来越人性化，逐渐从约束人的行为转变为支持人的行为，越来越多的团队规范在相互信任的基础上成为一种团队的自然行为，团队规范逐渐形成团队的自我特色，成为团队发展的竞争优势。

(3) 团队能实现有效沟通，相互信任加强。团队全通道式的沟通网络基本建立，并能够实现有效的沟通，只要有需要团队讨论的事务随时都能得到沟通，并能够及时得到大家的反馈。在积极有效的沟通下，成员之间的相互关系不断加强，彼此之间相互了解、相互信任，也进一步形成了团队的信任氛围，并逐渐成为促进团队进一步优化的基础。

3. 稳定期团队的主要管理措施

尽管稳定期的团队已经实现了团队绩效的大幅度提升，但仍然没有达到团队的最优化状态，这主要是因为团队刚刚经历动荡期，而动荡期团队的矛盾冲突对大部分人而言，仍然会有所顾忌。因此，此时的团队在讨论问题时，很多成员为了避免团队冲突，仍然不愿意表达自己的意见，整个团队显得比较沉静。同样为了避免让团队再次退回到动荡期，团队成员们做事也会缩手缩脚，经常会依赖于团队的领导，而难以形成完全的自我管理。此时的团队仍然需要进行必要的优化，特别是激发个体的积极性，让他们无所顾忌，真正地投身于团队的事务之中。此时团队的主要管理措施如下。

(1) 进一步完善目标和规范。让团队目标能够更好地融入团队成员的目标，让团队成员能够意识到团队目标的实现能够更好地实现个体目标，让团队目标成为团队成员共同追求的方向，用团队目标引导团队成员的行为。此时的团队更多的并不是制定新的规则，反而应该减少规则对成员的约束，充分地信任团队成员，相信团队成员的行为是为了更好地实现团队目标而采取的必要措施，并加以鼓励。

(2) 鼓励成员相互沟通，发挥成员的主动性。经过动荡期的洗礼，很多成员会比较沉静，这并不利于团队的优化发展，因此应该鼓励大家主动进行交流，让所有人敞开心扉，消除顾虑，更积极地投身于团队事务。当大家关注的重点都在团队时，任何客观的意见都将被大家所接受，而不会引发矛盾。

(3) 更加广泛地授权，让个体敢于承担责任。充分发挥团队成员在知识、技能和经验方面的优势，鼓励团队成员的自主创新，充分授权团队实现自我管理，相信团队能够在团队成员的合作下完成各种任务。通过积极的鼓励和引导，让团队中的任何成员都能够更积极主动的承担责任，让每个人都有可能成为团队的领导，并带领大家完成任务。

(4) 优化团队环境，促进团队发展。不断地优化团队环境，建立团队文化，促成团队共同价值观的形成，让团队能够形成共同的愿景目标；调动个人的活力和热忱，增强团队的凝聚力，培养成员对团队的认同感、归属感、一体感；加强成员之间的沟通，鼓励针对工作中的流程和方法进行深度讨论，求同存异，形成具有特色的团队工作方式，并不断优化团队沟通机制，加强团队成员全方位的沟通，形成互相信任、互相合作、互相帮助、互敬互爱、关心集体、努力奉献的良好氛围，促进团队的进一步发展。

通过动荡期的磨合，团队进入稳定期后，团队成员的注意力开始转向团队任务和目标，在相互信任和相互帮助下，人们的工作技能大幅度提升，团队的工作规范和流程也得到优化，团队的特色逐渐形成，团队成员对团队的归属感和荣誉感越来越强。此时的团队正走向高效，团队的管理风格依然保持民主管理的特色，但此时的民主参与的重点，不是让大家发表意见，而是充分授权，鼓励大家承担责任，让每个人都能够展示自己的特点，并有可能成为团队的领导。

(四) 高产期

稳定期的团队业绩稳步提升，一切逐渐走向正轨，但仍然没有实现理论上的高效团队的终极目标，团队管理的各项内容仍然需要不断地优化，在优化发展的过程中，团队将步入高效的高产期阶段。

1. 高产期团队成员的特点

在这个阶段，团队结构已经开始充分地发挥作用，并已被团队成员完全接受，团队成员的注意力已经从试图相互认识和理解转移到充满自信地完成手头的任务。此时，团队成员之间已经能够实现充分的合作，整个团队也已熟练掌握了各种管理技巧，团队上下一心，能够共同去面对各种挑战。此时团队成员的特点主要表现如下。

(1) 相互信任。团队成员高度互信、彼此尊重，大家都相信团队的成员们正在为努力实现团队目标而努力付出，也相信通过团队的合作能够更好地实现团队的目标，并完成自我目标的突破，经过多次的成功合作，团队成员之间已经融为一体，相信团队能够接受一切挑战，并能够创造各种奇迹。

(2) 相互合作。此时的团队合作已经成为一种常态、一种团队处理事务的习惯，任务目标一旦确定，成员之间就会以合作的方式去应对。在执行任务的过程中，团队成员也加深了了解，增进了友谊，团队成员能够充分地分享信息和观点，在相互合作的基础上，团队成员之间也不断的相互学习、相互帮助，不断提升能力，并最终实现团队绩效目标。

(3) 积极奉献。高产期团队成员的焦点在于团队，此时大家都以团队目标为重，以团队合作为先，并积极地为实现团队目标而努力奉献。团队目标成为引导团队成员的指路明灯，凝聚所有成员的力量，让大家充分地展现出团队精神的力量。

(4) 对团队强烈的归属感和荣誉感。高产期的团队达到了团队绩效的顶峰，团队在成功的同时不断成长，团队的成功更加激励成员对团队的信任，以及对团队的归属感和荣誉感。

2. 高产期团队的状态表现

高产期的团队能够不断的创造奇迹，挑战更高的绩效目标，真正实现了团队管理的高效追求，团队在各个方面都实现了理论上的最佳状态。

(1) 高度认可的团队目标和团队规范。在团队建设过程中，团队一直在追求能够形成大家共同认可的团队目标和团队规范，但由于个体的差异性以及个体需求的多样性，要想寻求一个共同目标是十分困难的，同时让团队目标同时兼顾组织目标和个体目标也困难重重，因此对于团队目标的设定，需要不断的优化，并不断的进行宣传和解说，让人们理解团队目标能够兼顾个体目标，并能够实现个体目标的更大化，进而让更多的人认可团队目标。高产期的团队找到了团队的共同目标，并在团队共同认可的目标引导下，能够更好地凝聚在一起，实现团队绩效的突破。

(2) 无障碍地全通道式沟通。高质量的沟通是实现高绩效的基础，高产期的团队沟通实现了无障碍的全通道式沟通，成员能够在团队中平等地进行交流，大家会积极提出各自的意见，并共同参与讨论，在积极沟通的前提下形成更加科学的决策，推动团队绩效的达成。

(3) 自然而然产生的领导。高产期的团队是一个以团队目标为中心的整体，此时大家都追求如何实现更大化的团队绩效。此时团队的领导已经不是一种权力的象征，而是一种更好地实现团队绩效的方法，因此面对团队目标任务，团队会自然而然地推选出更加适合带领大家完成任务的领导，在大家公选的领导的带领下，大家也能相互信任、相互合作，共同去实现团队目标。

3. 高产期团队管理应注意的问题

对于高产期的团队，组织希望能够延长其寿命，以便为组织作出更大的贡献。在此期间对团队的管理应该注意以下几个方面。

(1) 随时优化团队的工作方法和流程。对于高产期的团队而言，通过固定的规范性的行为和流程进行约束和引导已经没有太大意义，此时应该根据团队发展的需要随时调整工作方法和流程，只要是能够适应团队发展，并能够更好地实现团队绩效的方法都可以尝试。在团队不断的学习和创新的过程中，不断的完善团队的规范，并发展形成团队自身的特质。

(2) 不断赋予团队更有挑战性的目标。高产期团队是一个高效的集体，团队成员具有强烈的归属感和荣誉感，愿意为团队付出一切，团队展现出敢于挑战一切目标的愿望和能力，此时组织应该积极赋予团队更具有挑战性的目标，让团队尝试不断突破自我、不断实现更大的绩效。当然在目标的选择和设置上，依然要结合团队的实际情况，量力而行、循序渐进，要充分信任团队并接受团队可能的失败。

(3) 加强团队激励，激发所有人的潜能。个体的潜能是无限的，需要通过各种激励手段不断的去引导和激发，让个体敢于承担更大的责任。通过对个体的激励和能力的挖掘，可以更好地提升团队的整体能力水平，并进一步促进团队实现更高的绩效水平。加强团队激励、加强对成员的行为引导，特别是结合团队目标给予及时和更大的激励，能够有效的强化团队的相互信任，提升团队的整体实力，让团队更加优秀。

(4) 让领导角色融入团队。高产期的团队是一个集体，大家为团队目标而努力奉献自我，在团队管理中，一切以团队目标为重。此时团队的领导是由团队目标而定的，每一个成员都有可能领导团队，成为团队的领导。

高产期的团队绩效达到了团队的顶峰，是高效团队的典范，但同样也是一个动态的过程。团队在高产期依然要进行团队的管理和优化，此时团队的领导风格强调平等，在团队里所有成员都能够成为团队的领导，所有成员都能够平等地进行沟通交流，所有成员都能够平等地参与团队的决策。

（五）调整期

"天下没有不散的宴席"，任何一个团队都有自己生命终结的时候，高产期团队不断地实现更高的绩效，顺利地完成组织目标后，团队也可能面临调整。团队的调整主要有几种可能，包括团队解散、团队休整和团队整顿。

(1) 团队解散。团队解散并不一定是因为团队管理得不好，有时更多的是因为团队目标的终结，随着团队任务的完成，团队的使命也将结束，面临解散。或者是团队发展到一定阶段，需要进一步扩大团队规模，而需要以现有的团队为基础，进行拆分扩建。此时成员的反应差异很大，团队的士气可能提高，也可能下降。有的人很悲观，因为大家组合在一起，彼此间都形成了很好的印象，共同分享了成功的喜悦，共同分担了失败的痛苦，却不得不面临解散的结果；也有一些人保持乐观的心态，他们认为已经达成了既定的目标，还将有新的目标等待自己去实现。

(2) 团队休整。团队的某一任务完成了，新的任务尚未来到，这时团队进入休整时期。这时团队主要是对团队以往的工作进行总结分析，同时加强人际关系的沟通，团队成员通过度假旅游等进行适当的休息和调整，准备进入下一个工作周期。在新的工作周期中，由于目标任务的不同，团队的成员有可能出现变化，可能原来一部分成员要离开，新成员要加入。团队休整是为了更好地发展，希望在原有高产期团队的基础上实现更高的目标。

(3) 团队整顿。对于发展过程中表现差强人意的团队，组织可能提前勒令其进入调整期，提前结束团队生命周期进行整顿，整顿的重要内容是优化团队的人员结构和重塑团队的目标和规范。因无法推动团队向更高的目标发展，动荡期的矛盾冲突无法解决，导致团队长期身处动荡无法实现高效目标。团队对于相应的矛盾冲突要采取积极的措施加以应对，比如对不符合团队要求的人员，在调整期应该进行鉴别和剔除；对于不符合团队发展的目标和规范应该及时进行调整，只有卸下包袱，团队才能真正地走上正轨。

以上五个阶段反映的是团队建设发展的一般过程，在实践中团队发展的过程有可能出现各种变化，团队建设发展过程可能会出现跳跃现象或是出现各个阶段的融合，如在团队发展的前期和后期也可能产生动荡，在前期出现动荡的原因可能是团队成员定位之前的混乱思想，而后期出现的动荡可能是奖酬分配过程中出现了"不公平"的现象导致的。同时，各阶段发展的时间长短在不同的团队中也不尽相同。当然对于组织而言，都希望将团队的高产期尽量延长，而减少团队动荡期的时间，以使团队的效益得到更大的发挥。

总的来说，如果团队建设发展过程顺利，通常会表现出如下发展的特征：团队目标方面，从缺乏目标，到不断完善，将组织目标、团队目标和个体目标相互融合，并得到全体成员的认可；在团队规范方面，不断地优化调整，逐渐形成团队自我的特征，为所有成员所接受并遵守；在团队沟通方面，不断加强沟通，促进了解，实现沟通的有效性；在团队信任方面，从不了解、不信任到相互信任，并相互依赖，实现共同合作；在团队领导方面，从控制型领导向民主型再向平等型领导转变，最终能够根据团队目标自然而然地产生领导。团队生命周期各个阶段的特征对比情况见表 2-1。

表 2-1　团队生命周期阶段特征对比

	目标	规范	沟通	信任	领导
成立期	缺乏	不完善	不健全	礼貌	控制型
动荡期	质疑	冲突	不沟通	矛盾	民主型
稳定期	逐渐一致	比较完善	比较顺畅	依赖团队	民主参与型
高产期	认可	接受	顺畅	完全	平等型

第四节　创建高效团队

前面我们讨论了高效团队需要具备的一些基本条件，主要包括共同的团队目标、开放的团队沟通、相互信任的团队氛围、高效的团队规范和自然而然产生的团队领导，等等。结合团队发展不同阶段的特征，团队管理的实质就是对相关要素进行不断地优化调整，以促进团队实现高效的目标。随着社会的发展，一些特殊的团队类型也在不断出现，并成为团队建设所关注的重要对象。

一、学习型团队的创建及管理

1965 年，美国麻省理工学院佛瑞斯特(J. W. Forrester)教授发表了一篇题为《企业的新设计》的论文，提出了学习型组织的初步构想。他运用系统动力学原理，对未来企业组织的理想形态进行了构想，认为：层次扁平化、组织信息化、结构开放化，员工逐渐由从属关系转向为工作伙伴关系，组织会不断学习，不断重新调整结构关系，将是未来组织的特点。

1990 年，佛瑞斯特教授的学生，美国麻省理工学院教授彼得·圣吉(Peter M. Senge)，出版了《第五项修炼——学习型组织的艺术与实践》，认为许多企业因为无法有效学习，所以缺乏系统思考的能力，难以成功，他认为未来最成功的企业将是学习型企业，并提出学习型组织的五项修炼：建立共同愿景、团队学习、改善心智模式、自我超越、系统思考。彼得·圣吉在书中写道："在全球的竞争风潮下，人们日益发现，21 世纪成功的关键与 19 世纪和 20 世纪成功的关键有很大的不同。在过去，低廉的天然资源是一个国家经济发展的关键，而传统的管理系统也被设计用来开发这些资源。然而，这样的时代正离我们远去，发挥人们的创造力现在已经成为管理系统努力的重心。创新能力从何而来？当然要从实践中来，但仅靠单纯的实践摸索已远远跟不上时代发展的步伐，那就必须另辟蹊径，这就是学习，它不仅指个人的学习，而且指整个组织的学习。学习型团队就是指通过培养弥漫于整个团队的学习气氛、充分发挥员工的创造性思维能力而建立起来的一种有机的、高度柔性的、扁平的、符合人性的、能持续发展的组织。"

【案例 2-1】

学习的意义

20 世纪初，英国的乡村有一套牛奶配送系统，将牛奶送到顾客门口。由于牛奶瓶没有盖子，山雀与知更鸟常常毫不费力的在顾客开门收取牛奶前，先一步享用。后来，厂商加装了铝制的瓶盖，山雀与知更鸟便不再拥有这"免费早餐"了。但到了 20 世纪 50 年代初期，当地的所有山雀(约 100 万只)居然都学会了刺穿铝制瓶盖，重开"免费早餐"的大门。反观知更鸟，却只有少数学会了，始终没有扩散到大多数。

很明显，山雀经历了组织学习的过程，借助个体的创新技能，传送给群体成员，成功增加了族群对环境的适应力。但问题是，为什么山雀可以，而知更鸟却不能呢？

生物学家发现，山雀在幼年时期，就已习惯和同类和平相处，甚至集体生活。而知更鸟则是排他性较强的鸟类，势力范围内是不允许其他雄鸟进入的，同类之间基本上是以敌对的方式沟通。因此，虽然两者同属鸟类，但和谐相处的山雀，比起互相敌视的知更鸟，更能学习互助，特别是通过有组织的学习，促进了族群的进化和发展。

资料来源：[美]罗伯特·赫钦斯. 学习型社会[M]. 李德雄等译. 北京：社会科学文献出版社，2017.

(一) 学习型团队的特征

学习型团队具有以下几个方面的特征。

(1) 具有强烈的学习欲望与能力。整个团队具有浓厚的学习氛围，学习成为团队工作的重要内容，也成为评价和激励团队成员的重要指标。团队成员愿意积极地参与各种形式的学习，通过自主学习和相互学习，个体能力得到不断地提升，并不断地改善个体和团队的思维能力，团队绩效不断提升。学习给个体和团队带来的价值，不断得到反馈并形成正向激励，促使人们更积极地投身学习，并强化和提升了各种能力。

(2) 团队具有高度的柔性。学习型团队追求变革，鼓励创新，同时也能够容忍变革中的失败。团队内部具有和谐的工作环境，高效、快捷的信息交流渠道，学习已渗透到团队的每个环节，人人参与管理，每个成员都有机会参与讨论团队的战略、目标、规范等制定和管理过程，能够形成更合理的、以人为本的管理制度。通过强化个体学习和团队学习，团队能够不断调整、更新和优化，以适应环境的快速变化，大大提升了学习型团队的适应能力。

(3) 具有强大的团队精神。学习型团队以团队目标为中心，每个成员都能够参与团队目标的制定和管理，不断学习并不断的寻求变革优化和发展团队目标。团队的目标成为团队成员的共识，并成为凝聚团队成员的强大的团队精神力量，每个成员都为实现团队目标而积极奉献，并在实现团队目标的过程中，不断的实现自我目标。

(4) 具有优秀的业绩表现。学习型团队通过学习不断提升个体和团队的能力，大大提升了实现高绩效的可能性。同时，在学习过程中，不断的强化成员之间的合作和交流，大大促进了团队协作，形成了强大的团队力量，提升了团队的运行效率。在团队的学习中，始终能够以团队目标为中心，不断的优化调整实现团队目标的路径，为实现优秀业绩奠定基础。

(二) 学习型团队的"学习"

相对于学习的一般意义而言，学习型团队所谓的"学习"有其特定的含义。

1. 强调在所有层次上的学习

在组织中，学习向更复杂的共享性的水平推进。也就是说：个人、团体、更大的业务单位和网络、组织本身和用户以及供应商之间的网络，然后扩展到其他社会集团。在学习型团队中的学习是非常社会性的。

(1) 强调"全员学习"，即企业组织的决策层、管理层、操作层都要全身心的投入学习，尤其是经营管理决策层，他们是决定企业发展方向和命运的重要阶层，因而更需要学习。学习型团队往往会从一个人的言行开始连锁反应。别人对此马上作出反应，然后另外一个人对这一反应作出反应。随后集团成员，开始用各自不同的方法对事物赋予意义。最终他们通过和其他成员的交流，逐步取得一致。人们的知识，通过这一过程而急速变化。

(2) 强调"团体学习"，即不但重视个人学习和个人智力的开发，更强调团队成员的合作学习和群体智力(组织智力)的开发。人们在工作中向着实现明确的目标而学习，个人帮助别人学习，集团在相互作用的状况中学习，其结果就是把彼此的了解联结起来。

(3) 强调"全过程学习"，即学习必须贯穿于组织系统运行的整个过程之中。在组织层次上的学习，恰似原子核的连锁反应那样，通过复杂的相互作用迅速发生。通过各个阶段的学习，团队成员之间逐渐形成集合性的相互依存关系，在集体进行系统思考的作用下，学习型团队黏结成一股结实的绳索，成为获取成功的利器。

2. 强调与工作相结合的学习

学习型团队强调"干中学"，工作就是学习，学习就是工作，工作与学习密不可分。

(1) 工作学习化。就是把工作过程看成是学习的过程，将学习设定为每天工作的一部分，安排到日常的作业中。团队成员不仅要学习与自己职务有关的技能，还要学习与团队目标相关的其他技能，同时团队还应鼓励成员学习其他有助于提升自身素质的各种知识和技能。

(2) 学习工作化。和工作一样，对学习提出要求，进行规划、检查、考核。我们正处于知识经济时代，知识更新和发展的速度惊人，如果不能持续的学习，个人的知识和技能很快就会淘汰。对于团队而言，如果不拥有具备先进技术的成员，其发展也岌岌可危。因此现代社会不仅强调个人的学习，组织也会向个人提出学习的目标和任务，并像工作一样进行考核，将个人学习的能力和效果作为绩效考核的重要内容。学习工作化在学习型团队中显得更为突出。

3. 强调产生变革的学习

学习型团队学习的目的本身在于变革。学习型团队强调"学"后必须有新行为。通过团队学习、个人学习的融合和连接，以及由此获得的新的信息、知识和技能，必然导致团队成员产生新的行为，从而带来变革。几乎所有的学习型团队，都追求某种变革，甚至有不少团队认为只有通过改变，才能克服其所面临的问题。通过鼓励成员学习和团队集体学习，让团队具备新的能力，使组织更加适应当今竞争多变的时代。

学习型团队学习的目标一般聚焦于组织战略的变革。学习型团队让学习聚焦组织战略的发展。作为对照，也可以对焦点用改革的方法以及用不同的意义来重新理解当前的组织和工作，把焦点放在重新构筑组织战略上来进行学习和讨论。把现有的战略具体化，包含有效的学习，但单是渐进式的学习是远远不够的。只有用新方法理解组织和工作、重新构筑战略的学习，才能给组织带来新的能力。通过学习不断对组织战略提出优化的建议，通过新的方法理解组织和工作、重新构筑组织战略等，持续为组织带来新的生命力。

【案例 2-2】

华为的学习

任正非多次在员工教育大会上强调，我们要赶超发达的资本主义国家，就应向他们学习长处，任何一个人在新事物面前都是无知的。要从必然王国走向自由王国，唯有学习—学习—再学习，实践—实践—再实践。

学习，是华为的生活方式。华为提倡员工学习，即使是贵宾餐厅的服务人员或司机都会接受专业培训，不仅是本职工作所需的技能，还需要学习公司的文化、服务礼仪、沟通艺术等。服务人员需要学习对贵宾楼里每幅画的欣赏与讲解、各大菜系的特点；司机需要学习英语口语等。正是因为华为如此注重学习、关注每一个员工的素质提升，才有了每个环节的五星级服务。

华为也非常重视团队学习。华为的团队学习体现在四个方面：一是提倡老员工做讲师，教学相长；二是华为的导师制，每个新员工都有自己的导师，如果学员成长优秀，导师还会被授予优秀导师奖；三是华为将团队成员的成长列入对团队领导的绩效考核，激励领导用心培养下属；四是华为提倡研讨式学习，甚至邀请合作伙伴共同就某个课程进行分享与研讨。华为这种相互学习、共同成长的团队氛围促成了整个团队的快速成长。

资料来源：吴建国. 华为团队工作法[M]. 北京：中信出版集团股份有限公司，2019.

(三) 创建学习型团队的方法

(1) 创造不断学习的机会。团队应该积极地改善团队学习环境，通过安排各种形式的学习，培养团队成员的学习兴趣，提供学习机会，并引导学习行为，同时也应该让团队成员认识到，学习对个体和团队的重要性，从而鼓励团队成员形成良好的学习习惯，并将工作和学习相互融合，让成员感受到学习的快乐和收获。

(2) 促进学习交流和深度探讨。如果仅仅是简单的个体学习，就无法将个体学习的成果转化为组织的学习成果，也难以改善组织的思维模式，促成个体学习和团队学习之间联系起来——就是"交流"和"深度讨论"。通过"交流"和"深度讨论"让个体的学习变成团队的学习，并能够更好地促进个体之间的交流与合作，同时通过对问题的交流和讨论也能够进一步将个体的知识融入团队执行当中，促进团队绩效的提高。

(3) 鼓励共同合作和团队学习。鼓励团队学习，通过团队学习促进团队成员之间的相互学习和共同合作。通过团队学习能够更好地将个体的知识和技能在团队中进行传播，让团队同时具有相应的能力，提升团队的执行力，团队学习是改善团队思维，创造团队技能的关键。团队学习将个体的学习行为转化为团队的学习行为，进而转化为团队的系统能力，这将大大提升团队实现目标的可能性。

(4) 建立学习共享系统。创建学习型团队，需要建立团队学习的共享系统。通过学习共享系统，一方面可以更好地组织团队成员的学习，并通过系统记录个体学习的状况及个体技能的特点，以便更好地了解和掌握每个人的学习情况；另一方面，通过学习系统的建立，可以提供更好的团队学习共享平台，促进成员之间的交流和知识共享，更好地实现团队学习和团队提升。

(5) 促使成员迈向共同愿景。学习型团队，在整个学习过程中，都将以团队的共同愿景为指导，促进成员学习、加强团队的学习，提升团队实现共同愿景的能力，同时在不断学习的过程中，不断地丰富和完善团队的共同愿景，从而提高团队成员对团队共同愿景的认可和支持，促使整个团队为实现团队的共同愿景而努力奋斗。形成共同愿景的过程也是个体目标和团队目标不断融合的过程，团队通过学习让个体理解团队目标对个体目标的重要性，通过学习以及不断的提升，对个体目标和团队目标的实现予以应有的激励和引导。

(6) 使组织和环境相结合。学习型团队重视组织和它的内部及外部环境的相互依存关系，并由此发挥作用。要产生这种统一和结合，需要有系统的观念。所谓与内部环境相结合，就是要求组织成员与他们劳动生活的需要相适应。并且，不能把组织外部顾客的需求与内部环境割裂开来。外部环境则包含了直接或间接的竞争同行以及立法机关等其他外部集团。

【案例 2-3】

微软学习型团队的创建

为了建立学习型团队，微软提出了自己的学习理念，即"通过不断的自我批评、信息反馈和交流共享而力求进步"。这三个理念又化为四个原则，实际上是四大"学习系统"。

1. 从过去和当前的工作中学习

(1) 事后分析活动：20 世纪 80 年代后期以来，微软公司有一半至 2/3 的项目都写了事后分析报告，其他项目大多也举行过事后分析讨论会。事后分析报告在自我批评方面非常坦率，这是微软文化的一部分，是对所作所为不能尽善尽美的永不妥协。各个小组一般 3~6 个月汇总一次事后分析文件，最常见的模式是对最近项目中哪些做得好、哪些做得不好以及本组在下一个项目中应如何改进展开讨论。事后分析的研究结果由职能组开会讨论。这些研究得出的某些项目的技巧或经验教训，在全公司内广为宣传。

(2) 过程审计活动：过程审计活动是微软公司引导学习过程，是进行交流、反馈的重要活动。因为微软公司的项目是高科技性质，开发过程中难免遇上困难，面临危机，这种过程审计活动极有利于上下层的沟通，改变心智模式，达到团队学习的功效，引导团队朝着更好的做法迈进，如 Visual C++语言产品就是在过程审计的帮助下，克服了原有的危机，顺利推出的。

(3) 休假会活动：微软公司对其主要成员每年至少组织一次休假会，目的是促成不同部门就手头工作交换信息，并解决一些工作中出现的难题。最著名的是 1989 年 5 月的一次休假会，集中讨论减少错误、提高质量的技术和工具，实现"零缺陷"。微软公司坚持每年就不同问题召集休假会，比如如何迎接挑战、改进相互配合、相互依赖等问题。休假会有助于发布信息，促进高层之间的信息沟通。

(4) 非正式沟通：微软公司鼓励中层经理和其他人员在不太正式的场合经常交流各自所知。相同职能部门内经理们的午餐会，已经成为一种固定的机制。程序经理们在所谓的"蓝色托盘午餐中定期会晤，交流经验，沟通信息。某些小组的开发员也定期聚会，比如 Excel 开发员每周一次"自带酒食"的午餐会，促进了相互之间的交流和互动。此外，员工可以通过电子邮件进行联系，还可以带着各自的好主意在公司内转来转去。这些非正式沟通有利于组织成员之间的知识共享和思想碰撞。

(5) 自食其果活动：即开发出来的新产品首先在自己组内使用。如果性能不好，构造者和其他组员将不得不"自食其果"。这一机制的更广泛应用是微软公司各个开发小组在工作中均使用微软自己开发的工具和产品，通过亲身体验，见客户之所见，并向相关小组不断反馈信息。"自食其果"的另一项内容是要求开发员使用普通客户所用的计算机，而不用高性能计算机，这样才能真正反映客户所面临的情形。通过"自食其果"活动，可以在新产品正式推出前发现问题，降低返工率。

2. 通过量化的内部标杆而学习

微软公司在产品开发管理活动中，创造了数量化的测量标准和衡量基准，并把它作为一种信息反馈系统用以帮助项目组之间共享信息，一起改进，达到共同学习的效果。微软公司的测量标准包括质量、产品、流程三大类。在每一个项目中，经理们自始至终运用这些测量标准进行预测、过程控制及信息反馈。项目完成后，又用这些标准来进行评估，发现技术的有效性，探索多元化项目的趋势，并发现可改进的机会。利用数量化的测量标准，微软的经理们创造了一套在全公司范围内通用的衡量基准(内部标杆)，并以此确定最佳开发方案，便于各个团队展示各自的技巧并互相学习。通过标杆学习，各个团队能持续地从不同的项目中学习，并制定一套标准流程让他们一起工作，共同改进。在进行信息反馈、交流和共享组织学习的过程中，人们较容易形成共识，并找到问题的根源。

3. 在客户服务中学习

(1) 电话信息分析：微软公司每天大约会收到 6 000 个"故障"咨询，微软公司通过特意设计的 PSS 工作台可以进行客户的电话分析，从而更好地改进公司产品和服务。为了尽量用好客户的信息反馈，微软成立了一个产品改进组，他们建立了两种客户信息分析机制。一种是电话分析月报，其中包括每种产品与全球各地的 PSS 联系的"十大"原因一览表，并包括每种产品的 15 条主要建议，公司把电话分析通过电子邮件传送到各产品组的个人和经理处，鉴定的问题和建议在公司内广为传看；另一种是独立的客户建议数据库，可供全公司使用，确保开发员对仍存在的问题加以解决。这些措施都促使相关工作人员进一步改进公司的产品质量和服务，提高顾客的满意度。

(2) "情景屋"电话会议：开发员每推出一种新产品后，要花一些时间在 PSS 进行现场答疑。这既能培训和帮助 PSS 人员，也能使开发员接触到那些颇为受挫而给微软打电话的客户，从而获得第一手资料。微软公司每周两次把整个开发组的开发员和测试员们，以及不同支持领域的支持人员，都安置在 PSS 的热线电话旁，参加"情景屋"电话会议。公司还将会议记录分送到各个开发组，使他们也能从中得到反馈。

(3) 最终用户满意度调查：微软公司每年就产品支持服务和客户满意度开展市场研究。每年一次的最终用户满意度调查，覆盖面超过 1 000 个用户，按微软公司用户和非微软公司用户粗略分成两组。对微软公司用户的问题要分析他们对微软产品、微软公司及微软产品支持的满意程度。另一个主要调查项目是向公司打来电话的用户的满意度调查。PSS 人员请一小部分打进电话的人参加一个 20 分钟的调查会议，通过每月分析这些资料，预判趋势，从中反映微软公司产品在客户中满意的程度。

(4) 产品使用研究：微软公司就产品在客户中的使用情况研究可谓是孜孜不倦，如 20世纪 90 年代早期对 Word 加以改进时，公司挑出了 200 名客户，通过每月采访对他们进行了一年的研究。微软还在美国不经常地做"分割式研究"，即从全国不同地区随机选择电话号码，挑出 800 名左右愿意回答 20 分钟调查问卷的用户，这可以就某种特定产品提供有关典型用户情况的信息。微软也研究过各种产品的用户登记库，营销部门还对特殊用户做了详细的个案研究，从而收集用户需求方面的信息。信息的另一个来源是微软的产品工具版。可以记录用户每一次按动鼠标或敲下键盘，以及每个动作所花的时间。微软公司将这些特殊版本交给那些愿意作为试验点的公司，然后研究收回的数据，各产品组利用这些数据对产品加以改进并对下一版本重新设计。信息反馈的另外一条渠道是 β 测试员，β 测试员的用户主要提供有关哪些错误要在产品最终发布前修改，并对产品下一版出谋划策。微软的可用性实验室为新产品的信息反馈提供了另一条渠道。微软请到可用性实验室测试产品的可以是任何人，比如用户组人员或从街上随机拉过来的人。PSS 的数据表明，实验室在使产品易于使用和易于支持方面收效显著。

4. 在团队间的知识共享中学习

如何使团队学习上升到组织学习，不同的产品组要学会如何作为一个完整的公司成员共享构件和一起工作。微软在各产品组之间建立了一系列联系、交流网，方便了各产品之间的构件共享和标准化。除了对设计和代码明确进行重复利用外，微软还开发了"以构件为基础的整齐化设计"方法。为了达到学习共享的目的，微软公司的措施之一就是建立共同操作组。其工作就是让独立应用软件组采用普通用户界面，然后在主要产品上使普通功能同一化。共同操作组从研究中发现大约 85% 的用户操作集中在大约 35 种特性上，把这35 种主要特性实行共享，则可使用户操作更为方便。微软推出的 Office 成套产品，就是共享性的主要应用软件的集成品，而这得益于各个开发组之间的资源共享。因此，微软各组现在正在学习更多地分享他们的成果。

资料来源：[美]奇普·R. 贝尔等. 成为学习型管理者：赋能组织[M]. 周迪等译. 北京：电子工业出版社，2019.

二、虚拟型团队的创建及管理

20 世纪末，以电脑和互联网通信技术为主的现代信息技术革命使世界进入了信息技术时代。现代信息技术改变了传统的通信方式、生产方式、经营方式、消费方式、管理方式，组织活动方式的改变也引起了组织结构和组织行为方式的变化。以现代信息技术为背景，组织结构扁平化和虚拟化、组织传播和人际沟通的网络化等成为现代组织发展的趋势。与此同时，生产、经营、管理的全球化发展，也进一步推动了全球组织之间的联合，促使跨组织、跨地区的合作成为组织发展的重要组成形式。基于现代信息技术的发展，以及全球化的背景，虚拟团队日益成为一种重要的组织形态。

（一）虚拟团队产生的背景

虚拟团队是一种新型的工作组织形式，是指由不同地域、空间的个人通过各种各样的信息技术进行合作，完成共同的目标任务的组织。团队成员可能来自同一个组织，也可能来自多个组织，甚至成员之间可能从未见过面。虚拟团队，是随着时代的发展而产生的，其产生的背景主要体现在以下几个方面。

(1) 全球化的发展。全球化的发展，强化了全球化的合作。传统组织以地域为中心的形式受到全球化发展的挑战，越来越多的组织需要同时面对全球市场的变化，相应地，他们的人员组成也需要来自全球不同的地方，在不同的时段共同工作。

(2) 现代科技发展。现代科技的发展为虚拟组织的实现提供了可能，特别是现代信息技术的发展，使网络通信可以实现不同区域的互通，可以实现跨区域的及时有效沟通，这使组织沟通不再局限于某个时空。

(3) 组织小型化需求。组织结构正在向小型化方向发展，小型化的组织比大规模组织能够更好地适应未来外部环境快速的变化。当小型化的组织面对全球化的大市场时，组织成员的结构会更精简，也更多元化，会有更多的成员来自于不同区域，构建形成新型的虚拟组织。

(4) 合作共赢的目标。合作共赢是组织的最重要的追求，也是组织成员的共同目标，当共同目标一致时，组织的结构形式不再重要，重要的是如何更好地实现共同目标。因此，在共同目标的引导下，虚拟组织也越来越多地出现在各个场景之中。

(二) 虚拟团队的特征

在上述时代背景下，虚拟团队正日益成为现代组织的重要形式。相比于传统的团队形式，虚拟团队具有非常鲜明的特点。

(1) 空间位置的(虚拟化)离散性。虚拟团队最为典型的特点就是地理空间的离散性，也就是说，虚拟团队成员来自于不同的地理空间。由于虚拟团队成员的组成不受空间限制，同时其工作时间也不受时间限制，所以虚拟团队需要得到更充分的授权，让每个成员在自己的时空中能够充分地发挥自主权，但同时也要兼顾团队的总体目标。在这种情况下，仍然沿用传统的成员定位是行不通的。在虚拟团队中，需要对成员重新定位，把他们从"劳动者"角色转变为"会员"角色。作为会员，他们需签订会员协议，享有相应的权利和责任，最重要的是参与管理。成员归属的对象也不应是某个"地方"，而是由所有团队成员组成的一个虚拟"社区"。在对团队成员的管理与协调中，还需要注意营造团队的"社区"氛围，使成员产生归属感，增强群体意识。在虚拟社区内，允许成员自由交流，使他们彼此成为朋友和伙伴。此外，还要注重增加成员之间面对面交流的机会，如定期会晤、组织培训、相互走访等。

(2) 沟通方式电子化。信息沟通是团队之间相互合作、建立互信的基础，也是实现团队目标，进行科学决策的重要保证。虚拟团队虽然也利用传统的面对面沟通方式，但更多的是采用电子化的沟通方式，尽管随着现代信息技术的发展，电子化沟通能够保证沟通的及时有效，但这种沟通方式比较单一，而且缺乏人际之间的联系，对团队成员之间相互的信任会造成一定的负面影响。

(3) 团队成员具有共同的目标。对于任何类型的团队而言，目标都很重要，对虚拟组织和团队而言，尤为关键。在传统组织里，权利系统、规章制度对规范成员的行为具有重要作用，但在虚拟团队中，共同的战略目标替代了传统的组织领导关系，明确的目标成为成员协同工作的基础，共同目标对于虚拟团队来讲具有特别重要的意义。虚拟团队成员之间是以目标相互联系的，因此团队具有较为明确的共同目标。尽管如此，随着目标任务在实现过程中的变化，团队目标仍然存在变化的可能，因此在团队管理中，团队目标仍然需要进行不断的沟通、理解和认可，让共同的目标能够凝聚不同时空人们的力量，最终共同实现目标。

(4) 组织边界的模糊性。在传统团队中，组织界限比较明显，团队作为组织的正式群体，有明确的隶属关系。但在虚拟团队中，由于团队的组成不受时间和空间的限制，团队的协作主要以共同的目标为基础，而不受传统组织层级限制，因此团队的界限也没有限制。团队会根据团队的目标要求，随时增加或减少成员。

(三) 虚拟团队的优势

虚拟团队适应了时代发展的需要，相应地也结合了时代发展的特点，比传统的团队在某些方面具有更强的优势。主要表现在以下几个方面。

(1) 人才优势。虚拟团队的人员可能来自于世界各个地方，这使得虚拟团队可以面向全球获取人才，并且可以利用不同区域的人才优势，形成更有竞争力的团队。同时，虚拟团队的工作地点一般以成员所在地为主，这样就大大减少了人才的迁移成本，减少了人才的流失。

(2) 信息优势。虚拟团队成员来源区域广泛，能够充分获取世界各地的技术、知识、产品信息资源，这为保持产品的先进性奠定了基础。同时，成员可以采集各地顾客的相应信息，反映顾客的需求，并能及时解决客户的相关问题，从而能够全面地了解顾客，有利于组织尽快设计和开发出能满足顾客需求的产品和服务，建立起良好的顾客关系。

(3) 竞争优势。虚拟团队聚集世界各地的优秀人才，他们在各自的领域内都具有知识结构优势，众多单项优势的联合，必然形成强大的竞争优势。同时，通过知识共享、信息共享、技术手段共享等，优秀成员好的经验、灵感等能够很快在数字化管理网络内得以推广，实现优势互补和有效合作。网络内良好的知识采集、筛选、整理、分析工具和机制，使众多不同渠道的零散知识可以迅速整合为系统的集体智慧，转化为竞争优势。

(4) 效率优势。团队是高效组织应付环境变化的有效手段之一，而虚拟团队利用最新的网络、邮件、移动电话、可视电话会议等技术实现基本的沟通，在技术上的竞争力更是显而易见的，团队成员之间可以及时地进行信息交流，防止信息滞留，从而缩短了信息沟通和交流所用的时间，确保及时作出相对正确的决策。

(5) 成本优势。虚拟团队打破了组织的界限，使团队可以充分地利用全球的人力资源优势，大大降低了团队的人工成本压力。在此基础上，组织可以大大精简机构，重新设计组织构架，促使组织结构更加扁平化。此外，团队柔性的工作模式也减少了成员的办公费用、为聚集开会而支付的旅行费用等，从而降低了管理成本。

(四) 虚拟团队的管理

尽管虚拟团队与传统团队相比具有一定的优势，但要想实现高效团队的目标，仍需要加强管理，并注意下面几个问题。

(1) 明确团队目标。虚拟团队是以目标为中心的，团队的目标对团队的凝聚和发展具有重要的作用。对于虚拟团队来讲，在团队建立初期就应该确立明确的团队目标，并让所有的成员都积极地参与团队目标的讨论，尽可能地让成员在执行之前真正地理解和认可团队目标。在目标执行的过程中，应该对目标随时进行跟踪和评估，如果环境发生变化，也应该及时对目标进行优化和调整，当然这也应该经过团队成员的讨论和认可。

(2) 精选团队成员。虚拟团队的成员来自于不同的时空，成员的差异性可能会非常大，选择成员既要保证能够实现团队目标，又要保证能够与其他人合作，遵守团队的规范要求。这就要求在进行团队成员的招募时，要尽可能明确团队的目标，同时也要明确岗位分工，并对成员提出规范性的要求。

(3) 加强管理和监督。虚拟团队的管理在很大程度依靠成员的自主管理，但同时也应该加强团队的集中管理和监督。由于团队成员之间存在一定的时空差异，很多时候工作无法同步，因此要加强沟通、加强衔接，对于工作计划和安排要有制度要求，并相应地给予奖惩的激励，同时也应该采取多角度的监督机制，让团队目标实现的过程能够控制有序。

(4) 促进沟通效率。虚拟团队的一大特点就是拥有先进的现代化信息技术，能够保证沟通的有效性。但这只提供了一个技术基础，沟通的关键在于沟通的主体之间，能够主动参与沟通，及时地进行信息的反馈。因此，要促进团队成员在信息技术下实现有效沟通，而且要鼓励大家参与沟通，促进了解，增进信任，真正实现沟通的有效性，促进团队目标的实现。

(5) 创建互信的氛围。虚拟团队中个体行为的独立性非常强。由于成员分属于不同的时空，大家的工作和交流可能存在不同步的情况，尽管存在团队的监督和管理，但对于不同成员的监管可能也存在不同的制度。面对多元化的成员和差异化的管理制度，团队必须形成互信的氛围，才能不断实现团队目标。团队应该加强沟通，增进成员之间的相互了解，同时团队的监管应该更加关注目标的达成，而不是个体行为。

虚拟团队是我们未来不可忽视的重要团队类型，我们只有充分地发挥虚拟团队"虚"的优势，才能把虚拟团队打造成优秀的团队，才能真正实现团队高绩效"实"的目标。

【案例2-4】

太阳公司的虚拟团队

太阳微型系统公司自 1982 年开始进入计算机领域，出厂的第一台计算机就具有互联网通信功能。

太阳微型系统公司一直保持着一个庞大的信息架构，以支撑这个拥有 37 000 名员工的公司，当然其他公司的员工可能更多，太阳公司竭尽全力去运用更快、更好的信息技术，以至于有些太阳公司的员工说他们根本不再需要用纸了。

在20 世纪90 年代中期，网络技术得到了快速发展，太阳公司立刻就在公司的各个部门使用这种先进的技术。在短短的几个月内，公司就拥有了几千台网络服务器，同时，公司也开始实施一个大型方案，组建跨公司的团队来解决客户问题。

1993 年，公司的总裁，也就是公司的创办人之一斯考特·迈克里尼(Scott McNealy)，与公司的高级员工召开了一系列会议，会议有两项主要议题：每个总裁都强调团队的重要性，并建议让员工直接参与满足客户的要求。如果太阳微型计算机系统公司能够利用自己杰出的科技力量解决质量问题，那么就为 21 世纪的到来做好了充分的准备。这意味着公司必须把以团队为基础的驱动力，朝着顾客满意以及过程改进的方向引导。

1995 年2 月，斯考特·迈克里尼授权吉姆·林奇(Jim Lynch)带领员工组建了公司的第一个太阳团队。

要成为一支太阳团队，必须做到：找出一位带有重要问题的客户(来自组织内部或者外部皆可)；确保一位来自管理高层的发起人；赞同太阳团队的方法论。遵守共同的方法论，尽管不同团队的项目有所不同，但是他们仍然能够齐心协力地工作。

当某个人向其他人提出新的创意时，太阳团队就会产生，正式注册后组建，获得所需的资源支持，并引人注目。他们集中精力工作 6～9 个月，有时候长达 1 年，完成既定的任务之后便宣告解散。对于有些太阳团队来说，有自己的子团队也不足为奇。

几乎太阳公司所有的团队都在某种程度上以虚拟的形式运作，团队成员分散在不同地点和时区。实际上，他们并不按照地理位置来称呼，而是按照时区来称呼(例如，澳大利亚时区)。每支团队通常由 10～15 人组成，人员包括来自各个领域的、与所需解决的问题相关的专家，当然也可能来自公司外部，供应商、经销商和客户是大多数团队的成员。

太阳公司每年召开 3 次面对面的会议，将位于 12 个不同地区的 5 个主要的太阳团队的成员聚集在一起，第一次是在团队开始组建时召开，目的是建立信任，并对接下来的工作如何进行达成一致，另外两次是在团队运行的关键时期召开。团队有时会进行细分以应对面临的不同问题。

每个星期他们至少会通过电话进行长达 1～2 个小时的交流。在召开电话会议期间，他们会交叉使用电子邮件、一对一的电话以及电子白板。他们的所有工作都会在共享的网站上公开，网站作为团队的主要基地形成了以网络为基础的工具，即 WebEsc。

埃德•霍夫(Ed Hoff)是太阳团队第二代领导者，他认为太阳团队项目成功的主要原因在于团队成员的互相信任，高层管理者的充分信心以及中间管理层的消失。

自组建以来，太阳团队已经解决了 1000 多个由客户提出的问题，主要包括从提高利用率和降低客户投诉率到重新设计内部流程和报告系统。太阳团队一般都是针对公司的关键问题而组建，目前每年都能为公司节约上百万美元。自从 1995 年开始组建团队以来，到现在为止太阳团队已经拥有包括公司的 1/3 员工在内的成员。斯考特•迈克里尼带领团队在挑战、速度、竞争三方面获得了成功。

资料来源: [美]杰西卡•利普耐克等. 虚拟团队理论与案例[M]. 何瑛译. 北京: 经济管理出版社, 2003.

思考练习

1. 结合理论学习，分析和讨论身边的团队，看看他们是否能够高效运作，为什么？
2. 结合自身所在的团队，思考团队高效运作的基本条件是否达到，你觉得哪些条件对团队的高效发展更为重要？
3. 结合生命周期理论，分析你所在的团队的发展情况，看看你的团队处于哪个发展阶段，制定团队发展管理的策略。
4. 如何理解学习型团队中的"学习"，你所在的团队是如何进行团队学习的？
5. 思考个人和团队高效发展要素之间的关系，说说个人如何促进团队的高效管理。

信任背摔：打造高品质团队

游戏：信任背摔

【游戏准备】

1. 将所有人员分成若干团队，每个团队的人数不超过 15 人；

2. 前期进行一些团队游戏，让团队具有一定的信任基础；

3. 一个约 1.5 米高的背摔台，一条束手绳；

4. 准备好相关的保护设施设备。

【游戏流程】

以团队为单位，每个成员轮流从背摔台上，背摔下来(每人可以体会两次，看看前后的区别)。背摔台上由培训师控制节奏，其他成员在背摔台下面用手组成保护垫，接住摔下来的成员。

完成后进行游戏分享，让大家分享游戏中的感受。

【游戏注意事项】

背摔队员的注意事项：两臂肘弯处向里收紧，教练用扁带将学员的手捆绑，倒下时肘关节收紧贴在胸口不要打开，大腿不要发力登板、不要抬小腿、两脚并拢、笔直倒下，要控制自己的双脚不要上下摇动、弯曲或者打开，腰挺直，头向下勾，倒下时保持头部不动、不要回头看，不要突换动作以免给下面的队友带来伤害。

搭人床的队员按照背摔队员的身高进行调整，一般中间受力可能最强。每组队员的肩膀应紧密相连勿留空隙；人床形状应保持由低渐高的坡状，剩下的队员要用双掌推住最后一组队友的肩膀处，以保证人床的牢固，所有队员在任何时候都不可以撒手或撤退；当听到背摔队员的询问："准备好了吗？"时，头要向后仰同时侧向队友的背部，当队友倒下来后一定遵守"先放脚后将身体扶正"的拓展安全第一原则；另外，做保护的队员不要迅速撒手或鼓掌，以免发生其他意外。最后搭人床的队员在承接几名队员后要互相交换组位以免疲劳(培训师须知：在背摔队员平安倒在人床之前，在任何情况下都不得松开手中的束手绳)。

所有人都要去掉身上的一切尖锐硬物，如手表、手机、手链、门卡、眼镜、钥匙、戒指、发卡，等等。

对于身体不适的人员，不要强求参加！

【游戏思考】

1. 如何顺利地完成任务？
2. 你相信你的团队吗？
3. 你被你的团队信任吗？

【游戏讨论】

信任团队

"信任背摔"是常见的户外拓展活动，这个活动具有一定的危险性，所以在开展活动的过程中一定要注意安全，而且每个人都要按照要求做好规范动作，否则很容易引发各种安全事故。

可能也正是因为"危险"，所以"信任背摔"游戏也会给大家留下更深的印象，这些印象主要在于对于"信"的理解，这里面包括两方面的"信"，一个是自信，一个是他信(信任)。

任何人站在背摔台上，都会犹豫，因为如果没有防护，个人背摔下去一定会有危险，个人是没有办法安全地完成"背摔"任务的，那么面对这种复杂任务时，我们一定需要团队的帮助和支持，正是因为拥有团队的支持，个人才会更加自信地走上背摔台，并毫不犹豫地倒摔下来。这时的自信来自于团队，一个值得信赖的团队能够提升个体的自信，能够让个体获得更大的能力，突破个体自身条件的束缚，实现更高的目标。

那么什么样的团队能够让个体信任呢？首先我们应该了解信任是什么？信任是指相信那个被相信的人(或组织)能够实现或者已经实现了对他的正面期望。也就是说对于团队的信任，是因为团队能够实现个体的正面期望。对于每一个加入团队的人来讲，大家都是抱着对团队的正面期望而来的，都希望团队能够给个体带来更大化的目标价值。当团队通过各种团队活动，不断的实现团队目标，并实现个体目标后，个体对团队的信任就会不断的增强。也就是说信任是在团队不断的实现个体目标的过程中得到加强的。因此，对于团队来讲就需要不断的提升团队实现团队目标的可能性，包括提升团队精神、增强团队能力、规范团队制度、促进团队信任和合作等，通过不断的完善团队的管理，打造高品质的团队，让团队更值得信赖。

从另外一个角度看，一个高品质的、值得信任的团队源于团队中的每一个高品质、值得信任的成员，也就是说作为一个团队成员，当你身处团队之中时，你也要思考如何成为让别人、让团队信任的人。同样根据上面关于信任的定义，个体也需要不断的学习，提升个体能力，同时也要加强和其他人的沟通和合作，积极努力地参与团队事务，尽心尽力地为团队奉献自己的力量。

在个体和团队的共同努力下，我们才能真正实现团队的超越，才能培养出真正高品质的团队。

品质是对事务本质的一种认识。在市场竞争中，品质是质量、信誉、责任和文化的集合。团队品质是确立团队优势，建设高效团队的基础和保障。养成团队品质的基本内容包括打造团队精神、发展团队能力、制定团队规范、营造团队信任氛围。团队精神是团队工作和团队合作的心理驱动力，是团队品质的心理基础。团队的工作能力则关系到团队能否高效率完成团队的目标和任务，是团队效能的基础。团队规范是保证团队精神的积极作用和团队的工作能力得到稳定、有效发挥的制度基础。团队的信任气氛则是团队合作的社会关系基础。

第一节　打造团队精神

团队精神是团队的精神追求，是团队工作和团队合作的心理驱动力，是凝聚团队力量的核心，成为评价团队品质的心理基础。没有团队精神的团队，犹如没有灵魂的人。团队要想取得成功，在未来的竞争中立于不败之地，就要在团队中形成强大的团队合力，积极进行团队精神的培养和建设。

"精神"指意识、思维活动和一般心理状态。团队精神是团队成员关于团队的意识和与团队有关的一般心理状态，指团队的成员为了实现团队的利益和目标而相互协作、尽心尽力的意愿和作风，实质上就是对团队事务积极奉献的态度。从内容来看，团队精神的主要构成要素包括成员对团队目标和团队核心价值观的认同、为团队奉献的意识、合作的意识以及最终形成的团队凝聚力。

团队精神是团队所表现出来的集体现象，但团队精神的本质来自于每一个团队成员。团队成员是否能够在团队中表现出为团队无私奉献的精神，决定了整个团队最终的表现。从上述定义中可以看出，团队精神实际上是一种心理状态，也就是说对于每一个人而言，都可能具备这样的心理状态，也就是说每个人从本质上来讲都是有团队精神的，但事实上，在管理实践中我们经常发现很多成员在团队管理中所表现的状态是不尽人意的，因此一个管理者，关键是让成员能够表现出团队精神，而不是指责个体是否具有团队精神。

【案例3-1】

蚂蚁的故事

有位英国动物家把一盘点燃的蚊香放进一个蚁巢。刚开始，巢中的蚂蚁惊恐万状，约20秒钟后，许多蚂蚁见难而上，纷纷向火冲去，并喷射出蚁酸。可一只蚂蚁喷射的蚁酸量毕竟有限。因此，一些"勇士"便葬身火海。但它们前仆后继，不到一分钟，便将火扑灭了。存活者立即将"战友"的尸体移送到附近的一块"墓地"，盖上一层薄土，以示安葬。

一个月后，这位动物学家又把一支点燃的蜡烛放到原来的那个蚁巢进行观察。尽管这次"火灾"更大，但蚂蚁这次有了经验，调兵遣将迅速，协同作战有条不紊。不到一分钟，烛火即被扑灭，而蚂蚁无一遇难。动物学家认为蚂蚁创造了灭火的奇迹。蚂蚁面临灭顶之灾时的非凡表现，尤其令人震惊。

在野火烧起的时候，为了逃生，众多蚂蚁迅速聚拢，抱成一团，然后像滚雪球一样飞速滚动，逃离火海。那"噼里啪啦"的烧焦声，是最外层的蚂蚁用自己的躯体开拓求生之路时的呐喊，是奋不顾身、无怨无悔的呐喊。

资料来源：李慧波. 团队精神[M]. 北京：机械工业出版社，2015.

一、团队精神的主要内容

（一）对团队目标及核心价值的认同

团队有明确的共同目标。共同目标是成员发挥个人积极性集中指向的焦点。共同目标将成员个人的努力转化为集体共同的努力，将个人成果转化为团队的成果。共同目标使成员看到个人努力的方向，成为凝聚成员力量的"路标"。没有团队的共同目标，成员就不知道该怎样做，就谈不上协作。合作者首先需要知道自己为什么而合作。

价值观则是社会成员用来评价行为、事物以及从各种可能的目标中选择自己合意目标的准则。价值观通过人们的行为取向及对事物的评价、态度反映出来，是世界观的核心，是驱使人们行为的内部动力。它支配和调节一切社会行为，涉及社会生活的各个领域。团队的核心价值观是团队成员对社会事务的评价、态度的一致反映，是支配和调节团队社会行为的根本准则。团队的核心价值观是团队宗旨、协作精神和凝聚力的基础。核心价值观关系到团队成员对团队根本目标的价值判断。如果团队成员对团队的核心价值观不认同，其行为和价值取向，就会和团队不一致，甚至可能发生冲突。

团队成员赞成团队的共同目标，认可团队的核心价值，才可能愿意为团队的共同目标贡献自己的力量，才会以团队为中心，与其他成员共同合作，争取实现更高的团队目标。对团队目标及核心价值的认同，是团队存在和发展的基础，是形成团队精神的前提。

（二）为团队奉献的意识

奉献，是一种真诚自愿的付出，是一种高尚的情操、表现和行为，更是一种高尚的品质和修养。在团队中，团队成员的奉献精神更多地体现为团队成员和团队目标的实现做出自己最大的贡献。团队成员通过奉献自我，来实现团队目标，并成就自我、实现个人价值。

奉献精神是团队精神的基本要素，对其他要素的形成起着重要的促进作用。弘扬奉献精神，有利于培养良好的人际关系，营造团结协作的氛围。奉献精神是一种为他人服务、为他人提供方便的利他行为，在一定程度上体现了"和谐思想"。弘扬奉献精神，会使人们更加尊重他人，与他人建立相互关心、相互支持、相互帮助、相互合作的关系，营造团结互助、亲密友爱的和谐局面；弘扬奉献精神，有利于增强人们的竞争意识和创新意识。知道奉献，懂得付出，才会使人们更加尊重他人的生命和利益，更加重视个体的自由发展。弘扬奉献精神，将会在更高层面上使人们明白自己的价值，尊重自己主体性尊严，从而充分发挥自己的主动性和创造性，进一步提高自己的竞争意识；弘扬奉献精神，更有利于培养人们踏实做事的实干精神。在一定程度上，奉献精神其实就是艰苦奋斗、兢兢业业、埋头苦干的实干精神，强调的是"做"。诚然，不同的时代对奉献有不同的理解和要求，但是，有一点是共通的，那就是要求人们踏踏实实地做事情。这一点对于建设一个团队而言尤为重要。团队成员通过奉献自我，实现了团队更大化的目标追求，同时也成就了自我、实现了个人价值的更大化。

(三) 与团队成员合作的意识

合作是指两个或两个以上的个体为了实现共同目标(共同利益)而自愿结合在一起，通过相互间的配合和协调(包括语言和行为)而实现共同目标(共同利益)，最终使个人利益获得满足的一种社会交往活动。合作意识就是个人对与其他人合作的必要性和合作价值的认识和赞成。有合作意识的人，能够认识到人们合作的必要性并愿意与别人合作。合作意识必然表现在合作行为上。彼此合作的行为将加强团队内的合作意识。由于合作，人们工作得更加愉快、更有成效，心理上得到了更大的满足。这种心理满足就是对人的一种奖赏。社会心理学研究表明，我们会更加喜欢一个奖赏我们的人。就合作的情况来说，人们会更加喜欢一个合作的人，而比较不喜欢一个不合作的人。而这种喜欢伙伴的态度使我们更愿意与伙伴合作。

建立团队就是为了通过合作，更好地完成共同的目标，因此团队成员之间应当具有明确的合作意识。同时团队也要鼓励团队成员之间的合作行为，这也将进一步增强成员的合作意识。

(四) 凝聚力

团队的凝聚力是团队成员在团队精神的引导下所表现出的对团队强烈的归属感和一体性的结果。在具有凝聚力的团队中，每个团队成员都能强烈地感受到自己是团队当中的一分子，把个人工作和团队目标联系在一起，对团队表现出一种忠诚，对团队的业绩表现出一种荣誉感，对团队的成功表现出一种骄傲。团队中的成员也能够相互信任、真诚沟通。并共同合作创造更高的绩效。团队的凝聚力具体体现在以下三个方面。

(1) 对团队的归属感。团队成员感到自己属于这个团队，感到这个群体是"我的"团队，而"我"是属于这个团队的一分子。成员对其他成员有一种"我们"的认同感。群体归属感和相互的吸引是团队凝聚力在心理上的反映。

人们要合作和为团队奉献，必须有一种"我是属于这个团体的"心理。"我们是一个整体"与"我们是一个一个个体的聚合"是不同的情感的表达。如果团队成员没有"我们是一个整体"的感觉和情感，是无法很好合作的。如果人们相互戒备，把精力消耗在提防同伴上，合作怎能有成效？相互戒备必然导致沟通不顺，相互封锁信息，造成相互误解，最后同盟关系瓦解。因此，团队建设的第一项任务是树立对团队的归属感。

团队归属感不是凭空出现的。归属感也不是一旦建立就永久存在的，归属感的产生和维持是动态的。因此，团队应当提供一种维持归属感的环境。

维持个人归属感的团队环境因素包括：①团队是成功的，取得成就并且有发展的前景。成功的团队会激发成员的自豪感。成员为团队感到自豪。对个人的团队成员身份感到满意；②分享成功的喜悦。团队的成功给每个人带来实实在在的利益，包括物质利益和精神奖励以及心理上的满足感；③相互支持的氛围。无论谁有困难，都能得到其他人的关心和支持。

团队成员之间相互信任、真诚沟通，心理满意度高，相互吸引力强。强凝聚力的群体对成员具有强吸引力。成员喜欢这个群体，为自己是这个群体的成员而感到自豪，不愿意离开这个群体。

(2) 相互喜欢。凝聚力强有助于团结和协作。在一个凝聚力很强的群体中，成员在情感上相互吸引，彼此喜欢，也不愿意失去其他成员对自己的喜欢。团队内部人际关系融洽和谐，沟通顺畅，很少误解，管理成本下降，合作更加有效。团队成员的心理满意度高。

(3) 相互信任。凝聚力也体现在成员之间的相互信任上。相互信任才有牢固的团结。如果相互猜疑、相互防备，当然就谈不上什么凝聚力。

团队精神的各个要素具有一种协同功能。团队精神的各个要素都倾向于使人们更加愿意合作，而合作有助于提高工作效率，使人心情愉快，这对合作者是一种心理奖赏。因为受到奖赏的行为和观念得到强化，所以合作给人们带来的愉悦感和更高的工作成效，强化了人们的合作意识。可以说，合作能够自我强化；另一方面，合作行为使人感到满意，让人们心理上得到奖赏。人们倾向于喜欢对他们施加奖赏的人。因此，团队精神的这些要素还会强化成员彼此喜欢的情感。人们倾向于喜欢目标、观念与自己一致的人，喜欢与自己合作的人，喜欢不自私自利的、有奉献精神的人，喜欢那些对自己表示喜欢的同事。因此，团队精神的其他要素会强化成员之间的凝聚力。同时，凝聚力也强化了团队精神的其他要素。彼此喜欢、彼此吸引的人们更加容易认同共同的目标和价值观，更加愿意合作、更加愿意为这个团体贡献自己的力量。

团队精神要素的协同作用使得团队精神成为一个系统。其中任何一个要素的变化，都会对其他要素和整个团队精神造成影响。

【案例 3-2】

情景面试

假设有这样一个场景：一群人在面试室等待面试，突然有工作人员进来说，由于公司有个紧急会议，需要大家帮忙搬凳子。

这时你的选择是什么？

去，而且尽可能多地帮忙。

去，但是不积极地帮忙。

去，但是只是看看，尽量不帮忙。

不去，等着面试。

对于上述行为，哪一种会体现出团队精神，在团队中应该如何理解团队精神？

资料来源：作者整理编写

【案例讨论分析】

对于上述面试场景，可能很多人都遇到过。这也是我们目前在人力资源招聘测试中常用的一种场景面试题。那么对于这道题目，你会作出什么选择？

先让我们看看是否要参与搬凳子，这对于个体而言会产生什么影响。

如果去搬凳子，显然可能会导致一身大汗，还有可能弄脏衣服，影响个人的形象，甚至有可能因为搬凳子导致迟到，对即将进行的面试产生负面影响。

如果不去搬凳子，依然在面试室等待面试，可能从表面上看并不会对面试产生什么影响。但是如果这是企业的情景面试题呢，那么不去搬凳子显然会导致面试失利。

接下来，我们再讨论一下，我们为什么要去搬凳子，以及如何去搬，为什么？

"搬凳子"在这个案例中，实际上是公司的一个工作任务，工作任务的完成是有利于企业完成组织目标的。如果作为公司的一员，面对公司的任务，你应该展现出什么样的态度和行为，如何体现你的团队精神？

我们先回想一下团队精神的定义：团队精神是指团队的成员为了实现团队的利益和目标而相互协作、尽心尽力的意愿和作风。实质上就是对团队积极奉献的态度。从内容来看，团队精神的主要构成要素包括成员对团队目标和团队核心价值观的认同、为团队奉献的意识、合作的意识以及最终形成的团队凝聚力。下面我们按照团队精神的内容对上述案例进行分析。

首先，当你给公司投递简历时，就应该假设你愿意进入这个企业，并接受和认可企业的目标；其次，当企业发生任务指令的时候，如果你已经接受和认可了组织的目标，你就会积极地参与企业任务的完成，并为实现企业目标而贡献力量；最后，在完成任务的过程中，你当然会和其他人共同合作，并在互相帮助的基础上完成任务，实现组织目标。而在积极参与的过程中，你具有的团队精神也得到了充分的体现。

二、团队精神的作用

团队精神可以凝聚团队员工的合力，使其有强烈的归属感和一体感，并且由衷地把自己的命运与团队的前途联系在一起，愿意为团队的利益与目标尽心尽力。具体来说，团队精神的作用主要体现在以下几个方面。

(一) 有助于提升团队成员的综合素质

团队精神促使团队成员更积极主动地参与团队活动，并积极地奉献自己的能力，与其他成员共同完成团队的目标。为了能够更好地奉献自己，真正帮助团队目标的实现，成员会积极主动的进行学习和提升，不断的完善个体的知识技能，提升自己的综合素质。通过对团队精神的培养，能够促进团队成员进行自我学习和自我提升。与此同时，团队精神倡导合作意识的提升，也会促进团队中的相互学习，并形成团队学习氛围，这也是团队成员个体提升综合能力的有效途径。团队精神的培养，让团队成员拥有了更明确的学习目标，让成员能够更主动的参与个体学习、更积极地参与团队学习，最终大大提升团队成员的综合素质，为实现团队的共同目标奠定基础。

(二) 增强了团队成员之间的合作关系

一个具有团队精神的团队，成员之间往往相互信任，更具有合作意识。团队精神所强调的奉献意识，鼓励团队成员为团队目标奉献、为他人奉献，这种奉献精神有助于增强团队成员之间的彼此合作，奠定良好的合作基础。团队精神中所强调的合作意识，也需要团队成员之间拥有良好的人际关系，促进团队成员之间的合作。具有团队精神的团队能够形成共同的价值观、高涨的士气以及团结友爱、合作共赢的团队氛围，有利于激发员工工作的主动性，也有利于强化团队成员之间的合作关系，促进团队的共同发展。

(三) 营造了良好的团队工作氛围

一个令人愉快的工作氛围是高效率工作的重要基础。团队精神强调在团队中形成共同目标，通过共同目标的引导，团队成员能够更清楚地知道自己在团队中如何定位和工作，这样减少了工作的盲目性以及分工不明确造成的不必要的矛盾，通过团队共同目标的指引，大家能够更专注于工作。团队精神中所强调的奉献意识，则要求团队成员能够保持利他的行为，尽量奉献自我，这样能够促进团队中成员之间的相互帮助，促进团队中和谐氛围的形成。团队精神的合作意识则能够鼓励团队成员之间的相互合作、相互信任，以及通过合作而实现团队和个体发展的目标。团队精神所蕴含的凝聚力，更提升了团队的和谐氛围和合作精神，让团队能够体现出高度的一致性，让团队成员对团队更有归属感和荣誉感。最后，团队精神的培养，还有利于提高团队管理的领导艺术，实现领导方式从监督和控制转向参与和平等，让每个人都可能成为团队的领导。

(四) 提高了团队整体效能

任何组织群体的发展都需要凝聚力，传统的管理方法是通过组织系统自上而下的行政指令，淡化了个人感情和社会心理等方面的需求。而团队管理则强调成员团队意识的培养，通过长期培养成员在工作生活中形成良好的信仰、动机、习惯等，来引导人们产生对团队共同的使命感、归属感和认同感，反过来逐渐强化团队精神，产生一种强大的凝聚力。团队精神有助于形成有凝聚力的团队，有助于提高团队的整体效能。形成强大的团队合力，提高团队整体的竞争实力。

(五) 推动团队高效发展

组织中的个体行为需要规范和控制，组织中的群体行为也需要协调，团队的运作和发展需要一整套协调和控制机制。团队精神所产生的控制功能，是通过团队内部形成的一种观念的力量、氛围的影响，去约束和规范行为，控制团队成员和团队的行为方式。这种控制不是传统的自上而下的硬性强制力量，而是让成员认可团队目标后产生的自发控制，是由硬性控制向软性控制的转化；由控制成员行为，转向引导员工的意识；由控制成员的短期行为，转向对其价值观和长期目标的影响。在团队精神的管理和引导下，更容易激发个体内心的自我管理意识，让个体行为能够和团队行为保持一致，对团队的运作和发展能起到积极的推动作用。

三、培养团队精神的方法

团队精神不是凭空树立的，必须建立在对团队的价值判断和与团队相关的利益关系认知的基础上。积极的情感建立在对对象的"有正面价值"的判断上，而消极情感建立在对对象的"有负面价值"的判断上。而所谓正面价值或者负面价值的判断，是认知主体根据对象与自己或者与人们的利害关系做出的。因此，团队精神的培养实际上是让成员认同团队正面价值的过程，并通过团队目标和价值的实现，实现自身的价值和利益。团队培养团队精神的方法主要包括以下几个方面。

(一) 通过组织传播活动来促进人们对团队精神价值的认同

团队精神是人们精神领域的需要和追求。由于人们价值观形成的非自发性，决定了人们不可能完全通过自发的方式，而必须通过学习、教育、宣传等多种方式形成自己的价值观。要在团队中树立团队精神，必须让团队成员对团队精神的价值有正确的认识。团队通过适当的组织传播可以揭示和传递团队精神的价值信息，可以让团队成员形成共同的团队精神。人们对团队精神价值的认知过程如图 3-1 所示，包含下面这样几个主要环节：

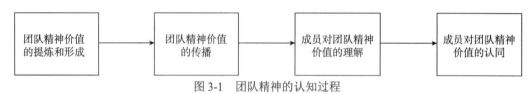

图 3-1　团队精神的认知过程

(1) 团队精神价值的提炼。团队精神是人们在精神领域的追求，体现了团队的价值取向，和追求团队目标的方式方法。尽管社会有普适的价值观，但不一定适合团队的发展需求，团队应该结合自身发展目标的需要，结合团队精神追求的方向，提炼和形成自己的团队精神追求。通过对团队精神价值的提炼，能够更好地传播团队精神，让成员更清楚团队的追求。通过明确的团队精神指引，能够更好地凝聚团队的力量，更好地创造团队的未来！

(2) 团队精神价值的传播。团队精神价值提炼总结后，需要进行广泛的传播，才能让成员更好地理解和认可。团队可以采取多种传播活动，宣扬团队精神的价值，并积极对团队成员进行团队精神的教育，如张贴标语；邀请专家或适当的人发表有关团队价值的专题演讲；组织小组对团队的价值进行讨论；通过公开表彰等活动，强化团队的价值取向；通过组织内部的简报、历史资料、团队故事等印刷品宣扬团队精神。

(3) 成员对团队精神价值的理解。个体都有自己的价值观，因此在面对团队精神教育的时候，并不是简单地被动接受，而是会带着自己过去的经验和自己的理解来认识团队精神。在接受团队精神的各种信息的时候，人们的经验和理解影响对这些价值信息的解释。每个人都有自己特殊的生活经验和知识结构。这些个人的经验和知识结构都对个人处理信息和解释信息会产生重要的影响。团队应尽量按照不同的人群，采取不同团队精神的传播方式，以便获得更好的传播效果。同时应该鼓励成员进行讨论和相互学习，以便增进对团队精神的理解。

(4) 成员对团队精神价值的认同。通过对团队精神价值的提炼、传播和理解，最终要实现团队成员对团队精神的认可。只有认可团队的精神价值，团队成员才能将自己的追求和团队的追求合二为一，才能为团队的事务无私地奉献自我。

而当每个成员都能够认可团队精神并无私奉献的时候，团队将展现出超强的合作意识和凝聚力，并体现出高效团队的团队精神！

（二）通过体验，感受团队精神的价值

对于团队精神的理解不能够仅仅停留在理性的认识上，还应该让成员参与各种活动，亲身感受团队精神的价值，这样才能更好地调动成员的积极性，更好地认可团队精神的价值。通常对于团队精神的体验方式主要有两种。

一种是实际情境的体验，即在实际的团队工作中的体验；另一种体验发生在模拟情境中，如组织团队进行户外拓展活动。在团队拓展活动中，组织者结合自身的需要将团队精神的要素分解在不同的活动和游戏之中，让参与的成员通过游戏去亲身感受团队精神的价值。一般来说，虽然模拟体验不如实际情境中的体验那么真切，但是设计得好的模拟情境也能生动地展现团队合作的价值。模拟情境的体验费时不多，容易控制活动过程，是一种帮助人们认识和体验团队价值的辅助手段。

通过亲身体验，成员可以更加深刻地感受到团队精神的价值所在，也可以通过亲身体验，判断自身价值追求和团队精神价值之间的差距。在组织情境活动的过程中应该注意以下几个问题。

(1) 要结合团队自身的特点和需求。

(2) 要进行深度的讨论和团队学习。

(3) 要进行学习效果的跟踪和反馈。

（三）通过团队目标的实现，完善和提升团队精神

团队精神价值的最好的体现往往出现在团队目标完成的时候。此时，团队通过长期的合作和努力，最终实现了目标，并共同分享成功的喜悦和成果。通过团队目标的实现，利益的分享，人们也切实感受到了团队带来的客观价值，并重新审视团队精神，希望通过完善和提升团队精神，获得更大的成功。因此，组织应该不断给团队挑战性的任务并不断的完善和提升团队精神。

【案例 3-3】

情景讨论

团队户外拓展活动是否真的提升了团队精神？

【案例分析和讨论】

先让我们回顾一下关于团队精神的定义：团队精神是指团队的成员为了实现团队的利益和目标而相互协作、尽心尽力的意愿和作风。表现为对团队事务积极奉献的态度。团队精神所包含的主要内容包括团队共同的目标、团队的奉献精神、团队的合作意识、团队的积极态度以及团队的凝聚力。

对于上述团队精神的内容，通过团队拓展活动，很容易让团队成员理解、接受并认可。也就是说通过团队拓展活动能够大大提升团队成员的团队精神。在此需要强调一下，精神是个体的心理状态表现，团队精神是团队所有成员共同呈现的精神状态。也就是说，我们关注的是：

个体团队精神的获得是否能够有效的转化为团队的团队精神？

如果能够有效转换，说明拓展活动是有效的；如果不能转换，当然可以认为拓展活动是无效的。为什么会导致无效呢？我们从下面几个方面来讨论一下：

首先，我们看一下组织内部和户外拓展活动所处的环境差异。

先看一下组织中的环境：对于很多组织来讲，都有非常严肃的办公环境。很多办公室都采用卡位管理，每个人都有自己固定的位置，人与人之间大都相互隔离。每个人上班坐进自己的卡位，就看不到其他人了。这种环境是一种封闭的环境，这种物理环境的封闭，导致个体在团队中相对独立，缺乏团队氛围的支持，就连基本的团队沟通都很难实现，这会严重影响团队管理的效果。

而在户外拓展活动中，我们看到的环境和办公场所完全不同，户外拓展的环境打破了办公室的封闭和隔阂创造了完全开放的环境，这种开放的环境要求成员必须面对面，从而增进了成员之间的交流，相互的交流会产生信任并促进合作。开放的环境也能够让成员之间感受到团队的存在。这种团队的氛围是激发团队精神的基础。

显然对于这两种环境而言，我们认为开放式的环境能够改善团队氛围，为提升团队精神奠定基础。因此，仅仅组织团队拓展活动，而不改善团队自身的办公环境，是无法实现团队精神的提升的。事实上，目前很多大型组织也正在创建更开放的办公环境，比如取消卡位，在办公区建立休闲区域等，目的是希望能够为团队创建一个更加宽松、开放的环境，能够更好地展现团队精神的价值。

其次，我们再看看户外拓展活动和团队日常管理内容上的差异。

在团队目标方面。日常管理中，团队目标的管理是一个非常复杂的问题。我们一直强调团队目标要符合组织发展的要求，又要能够包含个体发展的要求，因此要形成团队共同的目标需要一个复杂的过程，同时团队目标确定后，还需要得到全体成员的认可，才能够更好地实施。而在拓展活动中，大家会发现，目标非常清晰而且很容易理解。所以大家参与和实现的可能性很大，这就大大激励了大家参与的热情。对此，我们认为，要想实现团队精神的转化和提升，也应该改变日常管理中团队目标的制定方式。要让团队目标更加清晰、更容易理解、更加具有包容性。同时，还要加强沟通，让成员能够更积极地参与目标的制定。

团队规范方面。日常管理中，团队中往往存在大量的规章制度。团队规范是对团队成员行为的约束，往往会对成员造成压力，影响成员工作的积极性和主动性。而在拓展活动中，基本上对成员没有过多的规范约束，反而能够激发成员的创新思维，创造出很多新奇的想法，让团队更容易实现目标。因此，在团队规范的制定中，应该更加灵活，更多地考虑团队成员的实际需求。让规范成为引导成员积极主动参与团队活动的利器，而不是阻碍团队发展的绊脚石。

团队沟通方面。日常管理中，尽管团队的沟通机制比较容易建立，但是团队沟通的有效性却比较难以保障。如果遇到团队环境障碍，团队沟通就会更加无效。团队管理需要全通道、全方位、全员参与的沟通，无效的沟通将严重影响团队成员对团队目标的理解、对团队任务的参与，以及团队精神的发挥。而在拓展活动中，团队成员之间的沟通十分畅顺，沟通效果良好，良好的沟通也保证了团队在拓展活动中能够更高效地实现团队目标。对于日常团队沟通的管理，重点在于对沟通主动性的引导和效果的评估。要让成员愿意沟通、无话不说，充分地分享个人的信息和建议，同时对沟通的信息加强多向的交流，保证信息沟通的有效性。

团队信任方面。日常管理中，由于团队目标不清晰，团队沟通不畅，容易导致团队成员之间产生误解，造成彼此的不信任。团队成员的不信任将导致团队无法合作、无法实现团队的目标。而在拓展活动中，由于存在充分有效的沟通，成员之间能够更好地了解彼此，几次小活动的成功，成员之间能够快速建立信任关系。在拓展活动中，经常会在最后让大家做一个"背摔"的游戏，就是让大家体会信任带来的团队凝聚力。对于日常团队信任的管理，同样要加强团队的沟通，并且要加强团队的合作，让团队成员之间能够通过合作走向成功，建立相互的信任。团队信任的不断提升，将大大提升团队的合作基础，体现出强大的团队精神。

团队领导方面。尽管我们强调高效团队的领导是由于任务目标的不同，自然而然产生的。但是在日常管理中，大部分的团队依然强调团队管理者的核心地位，始终对团队管理采取控制的领导。这将严重影响团队合作意识的形成，并不利于团队凝聚力的形成。而在拓展活动中，成员之间的平等关系，让团队氛围更加和谐，在充分沟通、相互了解的基础上，自然而然产生的领导能够更好地带领团队完成团队任务。对于日常团队领导的管理，要充分的授权，相信团队能够在良好的团队氛围和充分的沟通信任下，自主地选择适合自身目标的领导者，并在团队相互合作的基础上，实现团队目标的更大化。

随着团队管理理论的不断推广，越来越多的人已经具备了个体的团队精神。通过团队拓展活动也能够有效的提升个体对团队精神的理解，但是要想将个体的团队精神转化为团队的团队精神，还需要结合团队自身的实际情况对团队管理进行不断的完善和优化。否则团队拓展活动也只能是一场游戏。

资料来源：作者整理编写

四、培养团队精神的路径

(一) 结合个人愿景，形成组织共同愿景

愿景是组织发展的蓝图和理想，是团队中每一个人都很乐意去追求的使命，是通过大家的努力可以实现的梦想。愿景是人们追求的一种梦想，看似遥远，却又触手可及，是一种可以追求并可能实现的梦想。愿景可以凝聚团队的力量，指引团队发展的方向，让团队形成合力，共同努力追求愿景的实现。对于一个组织而言，组织的愿景是组织追求的最高目标。而对于团队而言，作为组织的正式群体，团队的目标来自于组织，但同时也要符合团队成员的发展需要。团队精神塑造的目的是实现团队目标，因此塑造团队精神，应该设定好团队的目标，并让团队目标能够得到成员的认可。

个人愿景是个人对自己未来发展的一种愿望，通常包括对家庭、组织、社区、民族甚至世界未来的看法以及自己的个人利益和未来。个人愿景根植于个人价值观、关切与热望、利益之中，它是个人持续行为的内在动力。并不是每个人都有自己的愿景，有的人可能整天浑浑噩噩、饱食终日，今朝有酒今朝醉，而有的人则可能为自己未来构想的目标而努力奋斗、竭尽全力，正是如此，社会和组织中才会有各类不同成就的个人。另一方面，所有

有个人愿景的人也会由于其个人价值观等的不同，导致个人愿景不尽相同，正因如此，社会和组织中才会有在不同领域获得不同成就的许多个人。

共同愿景虽不等同于个人愿景，却是由个人愿景汇聚而成的。借着汇集个人愿景，使组织的共同愿景获得能量和培养行为，因为别人的愿景有时对你并不重要，唯有你自己的愿景才能够激励你自己。所以，彼得·圣吉指出："有意建立共同愿景的组织，必须持续不断地鼓励成员发展自己的个人愿景。如果人们没有自己的愿景，他们所能做的就仅仅是附和别人的愿景，结果只是顺从，绝不是发自内心的意愿。另一方面，原本各自拥有强烈目标感的人结合起来，可以创造强大的综合效益，朝向个人及团体真正想要的目标迈进。"

组织在构建自己的共同愿景时要把握这一共同愿景的方向，即组织未来究竟向何处去、会达到什么状态。这种方向既可以指示组织将成为什么样的组织，也可以指示组织未来将从事什么产业，更能指明组织未来在市场、在顾客、在同行中的地位。显然，这些方向如果比较明确的话，共同愿景中的景象也就比较鲜明了，可以让员工清楚地看到组织的未来，从而起到应有的内在激励作用。

在方向明确的条件下，如何结合个人愿景来塑造整体图像是一项十分重要的工作。首先，我们在塑造组织共同愿景这一整体图像时应明白，这一整体图像是"全息"性的图像，即它能够全方位地展示组织未来的景象，当组织的员工在分享组织的某部分景象时，在他的脑海中就会显现出一幅最完整的组织景象，从而使每个组织成员尽管在各自具体的专业性工作岗位上工作，也自始至终知道他在为组织整体尽责，而不是仅知道其所属部门或小团体的利益。这一点非常重要，因为只有这样，组织上下才能真正以组织整体利益为重，才能克服小团体狭隘的利益观念，才能团结一致，争取组织美好的未来。

结合个人愿景来塑造共同愿景，树立整体图像时，应该将每个人的愿景分解成一些片段，在这些片段中寻找能够反映组织方向、整体利益、长远可能的东西，然后再在此基础上进行拼接、提炼、加工。一方面使个人愿景中闪光的东西保留下来让其继续发光；另一方面使个人愿景中不够清晰的图像在整体图像中清晰起来、完整起来、生动起来、使得共同愿景成为员工们的共同创造物，使员工们真正感到这愿景是我的，也是你的，我们都有责任为之奋斗，而不是将愿景的实现仅仅看作是组织领导的事。

（二）提炼核心价值观，形成共同使命

团队共同的核心价值观，并不排斥成员在次要的边缘价值观上的差异。边缘的价值观关系到群体次要的问题，经常涉及对解决问题的方法、手段的看法。边缘价值观也涉及对比较小的分目标的看法和评价。对于更大的目标来讲，分目标也是手段。因此，边缘价值观的分歧常常引起人们对于解决问题的方法、手段、途径的看法产生分歧。一个群体内部在次要问题上和关于方法问题上的见解差异是难以避免的，而群体却只能以容忍和相互沟通的方式来处理这种差异。实际上，如果成员在核心价值观上保持一致，在次要问题上的见解存在差异，虽然一时难以达成一致，但从根本上看，则大大丰富了团队的思想资源，对团队科学决策很有帮助。

共同愿景中含有组织价值观，价值观不同，组织的共同愿景也会有所不同。由于组织的价值观是组织关于对自己、未来、社区、社会等各方面的完整看法和价值取向，所以它

是一个完整的体系，尽管许多组织并不很清楚自己的价值观是什么。我们说共同愿景中含有组织的价值观，实际上它并不能全面包含组织的价值观体系，而只能是含有这一价值体系中的核心部分，这个核心部分我们叫作组织价值观。一个组织若没有清晰的价值取向，说不出什么是核心价值，那么构建共同愿景只能是一句空话。所以，构建共同愿景的一种方式就是要从发展组织的核心价值观着手。

实现共同愿景导致员工们及组织拥有共同的使命，即实现这一共同愿景的使命。所谓使命宣言是指把组织与员工们拥有的使命用一些简练、明了，带有激励性的文字加以表达，形成格言、座右铭等。使命宣言是共同愿景实现的一种要求或一种必然选择。使命宣言本身应具有这么一种魅力，即当员工们想起或读这一使命宣言时，就能产生一种神圣的使命感、自豪感，产生一种努力工作、积极创造的强烈欲望。使命宣言能做到这一点才算得上是好的使命宣言。使命宣言与一般组织的口号不同，如"资源有限，创意无限"是一条非常好的组织价值口号，但它与使命宣言仍有一定的差距，因为高尚不能产生使命感。

使命宣言不应该是组织领导的一种说教。它绝不应该是组织请来的顾问或咨询公司帮助写下的豪言壮语，虽然词句漂亮，但是苍白无力，变不成员工们的使命，也不能使其产生使命感。因为这些人通常只对组织有一个浮光掠影式的了解，以最高领导的意愿为马首，所作的使命宣言并非从个人愿景中产生。这种宣言即使写成，往往也会因缺乏员工基础，而无法孕育出能量与真诚的投入。事实上，有时它甚至无法在建立它的高层管理团体中激起一丝热情。

使命宣言作为使命的一种表达形式，是共同愿景构建的一个方面，有其必要性，只是它的制定需要认真的工作才行。

(三) 开展深入讨论，促进沟通学习

在明确团队的愿景、价值观和使命之后，需要通过学习和讨论，让团队的成员不断的理解团队的愿景，并能够更好地认同团队的价值观和使命，形成团队精神。

在学习和讨论的过程中，要多听团队成员的声音，要让大家更多地讨论个人的愿景和追求，并建立个人愿景和团队愿景之间的关系，让成员充分了解团队共同愿景的价值，认识到通过实现团队的共同愿景能够更好地达到个人愿景。从而形成为团队奉献的精神。

通过团队的讨论和学习，有助于让成员更好地理解各自的目标任务，更有针对性地学习，提升各自的能力；通过加强团队成员的合作和交流，也有助于加强团队的合作意识和团队的凝聚力，提升团队精神。

(四) 加强团队建设，实现自我超越

自我超越是指不断突破自己的成就、目标、愿望。能够给自己定以新目标、愿望并实现自我超越的个人并不是很多。这种人首先要有自己的目标、愿望或愿景，然而他还必须有不满足现状，永远追求新目标的动力，只有这样，这种人才具有自我超越的前提。自我超越对于组织构建共同愿景来说是非常重要的，只有组织的员工都具有一种不断自我超越的欲望，产生于个人愿景之中的共同愿景才有激励动力；相反，员工们都没有自我超越的欲望，安于现状，则不但共同愿景不可能构建，即使有了也将失去它巨大的激发能量。

实现自我超越需要团队整体环境的配合。首先，组织在设定团队目标的时候应该实事求是，根据团队的实际能力设定合理的期望目标，通过目标的不断实现和提升，可以促进团队对更高目标的追求和自我超越；其次，要培养合作的团队氛围，团队成员之间各有所长，通过团队合作可以达到的目标往往比个人所能达到的目标更长远。因此，通过团队的合作，可以使成员敢于尝试更高的挑战，一个合作的团队会给人们更大的信心，突破自我，实现更高的目标追求；最后，团队的互信和沟通也是团队实现自我超越的关键。良好的沟通可以帮助成员充分地了解团队共同愿景实现的可能性，了解各个成员技能之间的差异，了解团队所面临的困难和机遇。相互的信任可以增强彼此之间的信心，大大提高团队的战斗能力，实现自我超越。

第二节　培养团队能力

能力是指达成一个目标或者任务所具备的条件和水平。在日常的讨论中我们经常会提及能力，但由于能力涉及的范围非常广泛，因此对于能力而言，更关注能力所指向的目标或任务，并根据实现目标和任务的种类对能力进行划分，如观察能力、表达能力等。同时对于能力的评价，一般会有一些标准和条件，以便于判定能力的强弱。

在团队管理中，团队能力是团队的效能基础，是对实现团队目标的条件和水平的评价，是团队的效能基础。没有团队能力，即使每个人都积极地努力奉献，呈现出较高的团队精神，团队也难以实现团队目标。因此加强团队能力建设，对于团队的发展具有重要意义。

在团队能力建设中，要关注两个层面的能力建设，包括个体能力和团队能力。

团队能力是团队整合各种资源完成团队目标的水平。对于团队能力的评价一般要从硬件条件和软件条件两个方面进行综合评价。通常来讲，团队管理的各种资源，主要包括人、财、物等，这些都是实现团队目标必不可少的硬件条件，这些硬件资源的数量和质量决定着团队能力的强弱。另一方面，在各种硬件资源汇集后，还需要对这些资源进行整合和管理，才能实现这些资源的价值，并产生绩效。主要通过团队的高效管理、团队良好的工作氛围，以及团队成员的合作等软件条件，促进这些资源能够有效的得到利用，并转化为团队实现目标的能力。因此团队的软件条件对团队能力的强弱同样具有重要的意义，有时甚至可能超过硬件条件的影响。通过对团队的软件和硬件条件的综合评价，才能形成对团队综合能力的评价。

个体能力是针对团队成员的能力培养，是指团队成员掌握和运用知识技能的水平，是个体在完成任务中表现出来的直接影响目标实现的一种状态。

相对于团队能力而言，团队个体的能力是团队能力的重要组成部分，这不仅仅体现在团队中人的数量和质量的价值上。团队成员同时也是团队的管理者，他们也是团队软件条件的参与者和缔造者，团队个体能力对团队的软件条件的影响也是巨大的。因此可以说团队个体能力是团队能力的核心，团队个体能力的强弱会直接关系到团队整体能力的强弱。

一、个体能力的培养

（一）培养的动机

随着社会发展对个体能力要求的不断提高，个体能力的培养已经不仅仅是个体自身的需求，社会、团队等都在不同层面对个体能力的提升提出了要求，并激励个体不断地进行个体能力的培养。

(1) 社会层面。随着全球化的发展，人才的竞争已经从单个区域、单个国家，发展到全球竞争，在全球人才竞争市场中，如何保持个体的竞争优势，发挥个体人才的价值，成为当代社会对个体能力提出的新要求。目前全社会都在不断的营造学习氛围，推崇知识和学习的价值，促进学习型社会的建设，不断鼓励个体提升能力以适应社会发展的需要。另一方面，随着科学技术的快速发展，人工智能普遍得到发展，未来越来越多的职业将逐步被机器所替代，个体需要不断的提升个体能力才能更好地适应未来职场的需要，实现自我价值。

(2) 团队层面。团队能力是个体能力的综合体现，团队能力的发展需要不断的提升团队成员的个体能力，因此团队会积极的激励个体提升能力水平。通过鼓励个体学习，加强团队学习等方法，加强团队能力的提升。另一方面，在团队生活中，个体为了能够更好地参与团队工作、成为团队成员信任的对象，也会积极地参与各种学习活动，不断提升个体能力，提升让其他成员信任的可能性。

(3) 个体层面。个体对自我价值的不断追求，要求个体不断的提升自我能力，以实现个体的目标。特别是当面对现代生活中的各种竞争压力时，个体会面对来自各个方面的能力提升要求，只有不断的提升个体能力，才能更好地应对竞争、实现自我。

（二）培养的内容

团队成员能力的培养主要关注两个方面，一方面是基于认知层面的知识技能的培养，也就是我们通常所说的理论知识的内容，通过理论知识的学习，让个体知道事物运行的原因和基本规律；另一方面是基于操作层面的知识技能培养，更注重实践操作，让个体通过模仿一些行为实现既定的目标。

认知层面的知识培养涉及各个方面的理论基础和理论体系，具有长期性和系统性的特点，认知层面的知识培养要求个体具有自我学习的能力并保持持续的学习状态，在学习中应该注意以下几个问题：

1. 明确知识培养的目标和动机

心理学有关研究成果告诉我们，人们对目标追求动机的强弱直接影响其行为和结果，感兴趣的事、乐意做的事，往往动机会更强、行为会更加主动。

知识的培养具有长期性，没有一个明确的目标和强烈的动机，很难让人坚持下去。特别是对于一些较为复杂的理论知识的学习，可能还会涉及许多前期知识的基础学习，大量的学习以及收效甚微的感觉经常会让人及早放弃学习。因此，为了能够更好地实现提升个体能力的目标，在展开学习之前，应该首先解决个体的目标和动机问题，知道要学什么、为什么学，希望达到什么目的。有目标的学习能够让人更轻松的面对学习中的各种困难，也能够让人持之以恒，并最终实现目标。

2. 具备良好的学习能力及学习习惯

知识的学习是一个漫长的过程，在这个过程中个体需要具备良好的学习能力和良好的学习习惯。学习能力是指人们顺利完成学习活动所必需的个性心理特征。它是学习过程中各种具体能力的综合概述，如观察能力、记忆能力、思维能力、实验能力，等等。学习能力的大小、强弱直接影响学习的效率，也决定着学习目标的完成，同时影响一个人的各种潜能的发挥。

良好的学习习惯是提升学习能力，实现学习目标的关键，比如养成制订学习计划的习惯。制订日学习计划、月学习计划、学期学习计划，明确每天什么时间干什么、做到什么程度，心中有了数，学起来主人翁的意识也就强了；学会记忆，养成及时主动消化和收集的习惯。没有记忆就没有学习，没有主动消化和收集就没有巩固和提高。心理学有关记忆研究的结果表明，人的记忆有效有个三时间段，一是休息了一晚上，清晨起床后，一般在6：00—8：00；二是早饭后的这段时间，也就是 8：00—10：00；三是晚上睡觉前的那段时间，即 20：00—21：00。准确把握记忆的特点才能使思维力得以提高、学习能力得以培养、知识能力得以提升。

3. 坚持不懈地持续学习

知识学习要学深吃透，才能真正地掌握知识，这就需要坚持不懈地持续学习，面对学习中的困难也不要轻言放弃，要保持坚定的信念，要相信一分耕耘一分收获，只有坚持学习才能够取得成功，实现自我认知能力的提升。

操作层面的技能一般是指为了完成某项工作而需要完成的一套动作体系，或者称为职业技能，它是由个别动作构成的系统，它是在学习中形成和发展起来的，职业技能的形成一般要经历三个阶段，职业技能在形成的各个阶段会表现出不同的特征。

(1) 认知——定向阶段。人在开始掌握一种职业技能之前，要形成掌握这种职业技能的动机，学习与它有关的知识，在头脑中形成这种技能的最一般的、最粗略的表象，这就是职业技能的定向阶段。例如，在教学生学习蛙泳时，首先应向学生示范蛙泳的连贯动作，并将动作切分开来进行讲解，使学生全面了解关于蛙泳的知识，形成蛙泳的动作表象。

动作表象的形成在技能学习中有重要的作用。正确的表象能帮助人们顺利地掌握各种职业技能，相反，一个人错误地想象自己要完成的动作，技能的学习就会出现偏向。

在认知——定向阶段，人的动作显得呆板、迟缓、不稳定、不协调，多余的动作较多，对动作需要有意识地进行控制。在这个阶段，清晰而精确的动作表象，依赖于训练者的示范动作以及学习技能的人对示范动作的正确感知。因此，示范者在每个动作上的示范表演对人们学习技能有重要的意义。人们主要靠把自己的动作与示范者的动作进行对照，来校正自己的错误。

(2) 动作系统初步形成阶段。在掌握局部动作的基础上，人们开始把个别动作结合起来，以形成比较连贯的动作，或在了解一种技能的大致特征之后，对其中的个别动作进行更多的练习。这时，他们的注意力从认知转向运动，从个别动作转向动作的协调与组织，这是把个别动作连成动作系统的关键。

由于这时技能还处在初步形成的阶段，人们常常忘记动作之间的联系，在动作转换和交替的地方，会出现短暂的停顿；练习者完成动作的紧张度已大大缓和下来，但没有完全消失，稍微分心，还会出现错误的动作；同时，在前一阶段经常出现的多余动作也逐渐不见了。此时练习者的头脑中已形成了比较清晰而牢固的动作表象，他们能够评价自己的动作，并根据自己的动作表象来校正自己的技能。

(3) 动作协调和技能完善阶段。这是技能形成的最后阶段。在这个阶段，人们学习的各种动作在时间和空间上彼此协调起来，构成一个连贯、稳定的动作系统。他们在完成动作时的紧张状态和多余动作都已完全消失，意识对动作的控制作用减小到了最低限度，整个动作系统从始至终几乎是一气呵成的。由于技能已经完善，人们就能熟练地运用这种技能去完成自己所面临的各种任务。以后，随着新任务的出现，又会产生掌握新技能的要求，人的技能便从一个水平向另一个更高的水平不断发展。因此，技能的完善是相对的，而不是绝对的。

职业技能在工作中往往表现为一种自然流露的习惯行为。习惯行为的关键是习惯，而不仅是你是否知道，所以培训习惯行为就必须反复演练，使它成为操作中的无意识习惯。职业技能的提高可以大大提高个人的工作效率，从而提高整个团队的工作能力。

常见的职业技能培养方法包括以下几种。①实物直观教学法。在教学过程中涉及具体实物时，均准备真实物品，辅以授课，以增强学生的感性认识。②演示教学法。在教学过程中涉及有关业务操作技术时，教师可采用在实训室逐项演示，用真实物品操作的方法引导学生演练，让学生在教师指导下进行实际操作，以使其掌握操作要领。③模拟教学法。指教学过程中教师可有意识地选用类似于某一单位经营活动全过程的系列资料，在模拟实验室中，让学生扮演某一岗位的工作人员进行业务处理，以增加其真实感与新鲜感。④案例教学法。指在教学过程中通过选用部分有典型意义的案例进行剖析后引导学生讨论的方式，帮助学生灵活地吸收消化所学知识，这种方法在专业课的授课过程中应用很广。⑤现场教学法。指教学过程中有选择地将学生带到有关单位的相关部门，让他们现场观摩工作人员处理的实际程序和方法，以缩短他们理论上的操作技能与实际做法的距离。

二、团队能力的培养

（一）团队能力培养的动机

(1) 有助于促进团队目标的实现。通过对团队成员能力的培养，能够有效的提升团队个体的能力和团队的能力，大大增强团队应对工作的各项能力，使团队能够更好地面对团队任务，促进团队目标的实现。

(2) 有助于建立团队文化和形象。团队能力的培养过程也是团队传播团队文化的过程，通过团队能力的培养，团队将团队文化及团队的价值观融入培训内容，能够让团队成员更好地了解团队的需求，同时随着团队能力的提升团队的文化也在不断的完善和发展，并逐渐形成良好的团队形象。

(3) 有助于吸引和留住人才。团队能力的培养为团队成员提供了更多完善和提升自我的机会，使个体能力得到大幅度的提升，满足了现代人对个体能力发展的需求。同时，通过团队能力的培养，也进一步促进了团队内部的合作，能够更好地发挥个体和团队的作用，大大提升了团队的凝聚力，增强了团队成员对团队的归属感。

(4) 有助于创造竞争优势。通过对团队能力的培养，在团队中营造团队学习的氛围，能够让团队保持持续学习的动力，通过持续的学习，能够让团队能力得到不断的提升，并让团队在竞争中保持持续领先的优势。

(二) 团队能力培养的内容

团队能力的培养主要着眼于团队的发展以及团队目标的实现，团队能力的培养应主要关注两个方面：团队硬件条件的提升和团队软件环境的建设。

1. 团队的硬件条件

团队的硬件条件主要是指团队中的各种资源，通常包括人、财、物等，随着科学技术的快速发展，越来越多的任务需要现代化设备才能完成，现代化的硬件设施不仅是现代团队能力提升的基本要素，同时也成为团队管理目标得以实现的基础。这些资源的数量和质量决定了团队能力的大小。因此要提升团队能力，首先应该提升这些硬件条件，主要包括团队成员能力的培训与开发和优化，整合团队资源的配置。

基于团队层面，对团队成员能力的培养主要在两个层面，培训和开发团队成员的能力。培训是通过教学和实验的方法，使成员在知识、技能和工作态度等方面有所改进，达到团队工作的要求，培训强调即时成效；开发则是增进成员综合性的知识和能力，以满足团队目前和将来的工作要求，发展强调为团队长远目标服务。

团队成员的培训开发，主要是使团队成员的工作态度、知识、技能等因素得到改善和提升，在对团队成员培训开发中主要关注五个方面的内容：

(1) 知识培训，主要是通过培训能够让成员更好地掌握相关工作的知识理论体系，能够实现"知道做什么"的目的。

(2) 技能培训，主要是让成员尽快地进入工作角色，并能够参与和完成工作内容，重点在于实际操作的职业技能，解决"知道怎么做"的问题。

(3) 态度培训，要让团队成员更积极主动地参与工作，激发他们内心的动力，让成员能够"愿意去做"。

(4) 思维培训，要不断的培养和激发成员的创造力，让他们在工作中能够多思考，能够提出各种创新的方法"创新去做"。

(5) 观念培训，帮助成员拓展观念、调适心态，让团队成员能够和团队形成共同的价值观，并不断地调整自我找到团队中自我的定位，让团队成员能够通过团队"共同去做"。

总之，通过团队的培训和开发，最终不仅是通过提升个体的能力改善团队能力，还会让团队产生更强大的凝聚力，让团队能够发挥更强大的合力，以促进团队目标的实现。

团队成员能力的培训与开发是一个系统工程，必须坚持一定的原则才能达到培训开发的预期目的。这些原则主要包括学以致用原则，就是要求在培训开发过程中，将培训开发的内容与培训开发后的实际应用相结合。培训开发是为了更好地提升团队成员的个体能力，使被培训者通过培训提高团队工作能力和业务水平，更好地满足团队发展的需要。如果培训开发不以应用为基础，那培训开发在某种程度上就失去了意义。被培训者不能学以致用，势必造成人力、物力、财力的巨大浪费，也将挫伤被培训者的积极性；知识理论和专业技能并重原则，知识理论更多的是个体认知层面的能力，主要是工作原理和知识体系等，主要是让受训者知道现象背后的形成原因。而专业技能则强调具体的操作，主要在于实践和执行。这两者之间缺一不可，都需要进行学习，才能够真正地提升能力水平；全员培训和重点提高相结合原则，团队个体能力的培养，必须以面向全体成员为基础，并重点培训关键人才。团队成员是团队存在和发展的基础，对团队成员进行培训就是为团队发展提供支持和保障，但也要突出重点。要按照团队发展的需求和岗位职责以及分工的需求对不同的成员进行不同的培训，发展不同的能力。只有做到既全面又有重点的培训，才能更好地满足团队发展的需求；严格考核和择优奖励原则，对于团队的培训，在制订计划的初期就应该制定严格的考核标准，在完成培训后要对团队成员培训的效果进行评估，并进行择优奖励，这样才能激励成员积极地参与培训，并实现团队培训成员，提升团队能力的目标。

包括人在内的各种资源，形成了团队的硬件条件，但是资源只是一种现象，仅仅靠资源本身，并不能为团队带来竞争优势。团队能力通常表现为对这些资源的整合、管理和优化配置的水平，比如通过人力资源管理可以更好地激励和开发团队成员的能力，从而提升团队总体的能力；通过物流管理，能够大大降低产品的仓储数量，降低团队的经营成本，提升团队的盈利能力；通过生产管理，可以提升生产的效率，实现及时生产，加快生产物料的及时周转；通过资本运作管理，能够提升团队的风险控制能力，等等。通过对管理各个环节的优化，可以实现团队资源的更有效配置，使团队中的各种资源发挥更大的效用，促进团队能力的大幅度提升。

2. 团队软件环境

团队的软件环境，主要是指团队为团队成员所营造的工作和生活环境，这些环境因素对于个体能力的变化有巨大的影响作用，特别是对成员的工作态度和思想会产生重大影响。这些环境主要包括团队文化、团队制度、团队信任以及团队学习环境等。

由于团队文化、团队制度、团队信任等内容在本书的其他章节已有表述，在此我们仅对团队学习环境的营造进行简单的分析。

团队学习是指，团队成员不断获取知识、改善行为、优化团队体系，以在变化的环境中使团队保持良好生存和健康、和谐发展的过程。随着社会的发展，人们已经越来越认识到团队学习对于提升团队整体能力的重要性。因此也越来越注重营造团队的学习环境，主要体现在以下几个方面：

(1) 建设团队的学习文化，引导个体学习。团队应该以报销学费等方式，鼓励成员参加各种形式的学习，包括理论知识方面的也包括技能操作方面的，甚至包括生活常识等方面的学习。通过建设团队的学习文化，使成员愿意主动的更新自己的知识，通过学习成员不仅丰富了自身的知识，并将其转化为生产管理行为，会更好地为团队目标服务。

(2) 建立良好的沟通平台，促进集体学习。通过沟通交流，促进成员之间的知识碰撞，有助于提高成员之间的学习能力和知识的掌握，通过集体的学习交流，也能够加强成员之间的沟通，增进成员之间的互信。

（3）要善于不断学习，强调终身学习、全员学习、全过程学习、团体学习。对于团队面临的一些问题，进行共同的讨论也是团队学习的一种方式，在讨论中应该畅所欲言，形成民主气氛，通过讨论学习，各自发挥所长，有针对性地提出问题的解决方案，有助于增强团队的信心，增强团队的执行力。

三、团队能力培养的方式

在团队中个体能力培养的方式主要包括两个方面，一是通过团队组织的各种培训，对个体能力进行的提升；另外就是个体自发地进行能力提升。

（一）团队培养

团队培养的目标在于促进团队目标的顺利实现，因此相关能力的培养要更贴近工作要求，更多的是关注职业技能培养，培养方式也主要以工作场所和环境相结合，主要形式包括在职培训、脱产培训和团队学习。

1. 在职培训

在职培训是指在不影响日常工作的前提下，团队组织的、由熟练员工培训其他员工掌握他们所需工作技能的培训方式。在职培训是最常见的团队培训方式之一，经常应用于新成员的工作培训。它的内容主要是间断或是连续的工作指导，包括详细的辅导和对基本技能快速增强的反馈。在职培训采用一对一的、师生互动的方式，这种方式关注帮助工作者将理论应用于实践，通常在具体工作环境中实现。在这种培训方式中，教练需明确所有需要新技能或知识的相关工作岗位和可能的问题，提供应用机会，并在员工学习后要提供正面的反馈意见。通过在职培训，能够让成员尽快学会当前任务所需的常规知识、惯例和其他一般规律的应用，还包括获取和特殊工作相联系的独特信息，比如技术系统、惯例和机构程序等。在职培训可使成员在知识、技能、工作态度等方面不断提高，最大限度地使成员的知识、技能和素质与现任或预期的岗位相匹配，进而提升成员工作绩效。

在职培训的特点：

（1）不耽误工作时间。在职培训是让成员在工作中学习，对日常工作的影响较小，尽管在培训过程中可能会降低工作效率，但不会对工作的连续性造成重要影响，是能够兼顾工作和培训的一种方式。在职培训让教练和学员之间能够在工作之间产生互动，能够让学员在工作中获得更有价值和实际意义的技能提升。

（2）培训内容与工作紧密结合。在职培训将培训和工作紧密结合，让学员能够通过学习迅速掌握应对工作的各种技巧和能力，并对在工作中发现的问题及时反馈并加以解决，通过学习能够让成员更好地掌握工作技能，尽快融入工作。

（3）培训方式灵活。在职培训以解决实际工作中常见的问题为目标，由于每次面对的工作场景不同、面对的工作人员不同，所以面对的培训内容也会有所不同。对于不同的人，由于基础技能水平不同，即使面对同样的问题需要培训和补充的技能也不一样。因此，在职培训的形式和内容都更灵活，不一定强调集体集中培训，也不一定强调具体内容，而是发现问题，立即解决。

（4）培训成本较低。在职培训采取的方式是边工作，边学习的方式，目的主要在于工作，对于日常工作的干扰比较小，因此对于因培训而造成的工作损失形成的成本也比较低；在职培训多以老成员带新成员的方式进行，很多时候这也是团队促进团队成员沟通和合作的一种方式，通过沟通、交流和合作也促进了成员技能的提升和成长，这对于成员来讲，尽管增加了部分的工作内容和责任，但也是工作的一部分，所以也无须单独增加预算。相对于其他需要单独组织、需要停工停产的培训而言，在职培训的成本更低。

尽管在职培训有诸多的好处，但是要让在职培训真正地发挥作用，也必须有良好的学习氛围以及培训师的人才储备。在职培训需要及时地发现问题和解决问题，这需要团队能够实现有效沟通，成员之间能够更主动的通过沟通解决问题，并且能够相互的合作和学习。在职培训中对于培训师的要求比较高，既要经验丰富，又能够善于沟通和合作，这样的人才对于很多团队而言，比较难找，特别是对于一些新组建的团队，大部分成员都缺乏相关工作经验，很多问题的学习都难以在工作中得到解决和提升。

2. 脱产培训

脱产培训是指参加培训的员工暂时脱离岗位或部分时间脱离岗位参加团队组织的培训学习。脱产培训以提高成员的理论知识为主，在培训形式上以讲授为主。这种培训方式的优点是学习时间集中、精力集中、人员集中、培训内容集中等，能够较快地让成员对工作中涉及的理论知识有所认知。

脱岗培训与前面介绍的在职培训最大的不同是，接受培训的员工需要暂时脱离工作岗位。也就是说，参加培训的成员要有足够的时间，专心进行培训，类似于到学校上课的学生一样，唯一的任务就是学习——接受培训。它的特点表现为：

（1）暂时脱离工作岗位参与培训。参训者需要脱离工作岗位是脱岗培训与其他培训的最大不同。脱产学习的目的在于更好地对相关的知识进行系统的了解和掌握，特别是对于认知层面的理论知识的学习。脱产培训期间，组织为成员保留职位和薪酬，并提供相应的福利待遇，让成员能够专心学习，快速的提升个体的能力。

（2）培训时间、人员和内容集中。脱产培训是由组织安排的集中学习，为了提升学习的效率，一般会对时间、人员、内容等做具体的安排，这样能够更有针对性地讲授相关知识，让参训的成员能够更好地接受培训，更深入地学习知识。

（3）投资回报率较高。脱产培训会导致成员脱离工作岗位，造成组织的经济损失，培训所需的费用一般也由组织支付，因此，脱产培训的成本比较高。但是脱产培训能够让成员更好地理解相关工作的操作原理及背景，让成员了解"为什么做"以及"如何创新"，而不仅仅停留在如何做的层面，能够对工作的改革创新提供更大的帮助，培训结果有可能转化为创新方法，大幅度提升组织绩效。

（二）个体培养

个体能力的提升不仅是团队的需求，同时也是个体发展的需求，因此在个体成长的过程中，个体也会不断的采取各种方法去提升自身的能力。个体能力的培养主要包括以下几个方面。

（1）设定目标，开启能力培养计划。

个体能力的培养首先应该设定培养的目标。个体能力的培养不一定以团队目标为方向，可能会更多地根据自我评估进行能力的补充和学习，因此要结合自身的特点思考能力培养要解决什么问题，比如个人的兴趣是什么？个人需要的能力是什么？以及个人的职业发展方向是什么？等等，并兼顾未来的发展趋势。有了明确的目标，就能够更好地进行具体的规划。在明确了培养能力的目标之后，应该进一步对实现目标所需要的能力进行评估，并结合自身的实际情况看看需要补齐什么短板，如何更好地实现目标。按照目标和能力发展需要，做好个人能力培养的规划，并尽快付诸实施。

(2) 辨识能力，寻找核心。

个体能力的种类繁多，区分个体能力的方法也很多。通常我们可以从个体能力对个体的作用的角度将能力划分为：底层能力、通用能力、专业能力和通用常识等。其中底层能力是指一个人解决问题的基础能力，是支撑一个人发展的最基础的能力，主要包括思考力、学习力、决策力、自控力等；通用能力是指个体所具备的用于任何组织的基本技能，主要包括写作、沟通、演讲、计算机能力等；专业技能强调知识和能力的专业化程度，往往是针对某一个专业或者是针对某个行业所具有的独特的专业技能；通用常识是指个体在日常生活中对社会经济环境的认知和分析能力，包括生活常识，法律常识，经济常识等。

上述这些能力对于个体的发展具有重要的作用，但是由于个体成长背景不同，所形成的能力特征也会有所不同，对于个体而言，应该对自身进行评估，特别是应该结合个体能力发展的目标，对个体能力的需求进行评价，确定要发展的核心能力的方向。

(3) 多渠道、全方位、针对性学习。

学习是能力培养和提升的基本方法，在确定了个体要发展的核心能力之后，个体应该有针对性地、积极主动的进行学习，以便实现能力的快速提升。现代社会，获取知识的渠道、方式、方法越来越多样化，其中最直接和最简单的方法就是读书，通过有针对性地对相关能力书籍的系统阅读，可以快速获取相关的知识体系；但是对于知识的理解并不能仅仅依靠自己的阅读，特别是对于一些比较困难的知识体系，通过交流和讨论的方式，能够更好地提升个体的认知，让个体更好地掌握知识和技能；个体在面对各种知识的学习时也要学会多思考，并将学习的知识技能和自身的实践相互结合，才能真正地发挥知识的作用，将知识转化为个体的能力。

(4) 打造学习闭环，实现能力的升级。

从知识到能力实际上是从认知到实践的过程，对于学习和能力之间的关系也应该形成这样的转换才能真正的实现个体能力的升级。通过打造理论学习→行动实践→积累经验→反思总结→行动调整→理论学习的知识和能力的转化闭环，让知识能够结合实践，也让个体能够从实践中发现个体能力的不足，更有针对性地进行知识的学习和补充，通过持续不断的学习和实践，个体能力才能得到提升和固化。

【案例 3-4】

华为的人才培养

2011 年，任正非在华为大学干部高级管理研讨班上讲话时表示，华为的人才培养要从"培养制"转变为"选拔制"，要从过去的培养制和苦口婆心的培育方式，转变成你爱学就学。"我们不搞培养制，我们没有责任培养你，我们是选拔制，选拔更优秀的人上来，在全公司和全世界范围内选拔优秀者，落后者我们就淘汰。"

华为鼓励干部员工通过有偿学习，自我提高。"你想读书你就来，不想读书你就不要来"，他认为：交学费不吃亏，为什么不吃亏呢？因为学好了能力就提升了，出绩效和被提拔的机会就多了；即使没学好被淘汰了，说不定是现在退一步，而将来能进两步呢？所以学习的投资是值得的。

任正非表示，华为这样做是为了增进三个造血功能："一是学习提高了你的能力，就好像是你增加了健康血液；二是华为大学有了收入，会办得更好，它的血液循环更厉害、更优秀；三是公司得到了大量的后备干部，增进新鲜的血液。这三种造血功能的自我循环，华为就会长治久安。

资料来源：田涛. 华为访谈录[M]. 北京：中信出版社，2021.

第三节　制定团队规范

团队规范就是我们通常所说的团队中的各种规章制度，它是团队品质的制度保障。团队规范是指团队成员所共同遵守的一套行为标准。团队规范让成员知道自己在一定的环境条件下应该做什么、不应该做什么。从个体的角度看，团队规范意味着在某种情境下团队对一个人的行为方式的期望。团队规范被团队成员认可并接受之后，就成为团队以最少的外部控制来影响团队成员行为的手段。

团队规范在团队中的存在方式有很多种，从其表现形式来看主要是规章制度(明文规定)。通常来讲，最常见的规范表现形式就是团队中的各种规章制度，这些制度一般是通过明文规定的形式呈现的，并对团队成员的行为做出了各种具体规定。方法流程(操作流程)。另外，在团队合作的过程中，团队会形成自己做事的方法流程，形成团队自身的特点，这些方法流程虽然不一定会形成明文规定，但是会形成固定模式，而这种模式也是一种规范的形式。共同的行为方式(心照不宣)。团队成员之间在长期的合作中会形成默契，当面对不同的目标时，会自然而然地形成一些方法去应对任务，形成心照不宣又共同认可的行为方式，这些行为方式的表现也是团队规范的一种形式，只是这种形式一般会在团队比较成熟的时候才出现。从团队的发展过程来看，团队越成熟，团队成员之间会更加信任，团队管理中通过明文规定的制度规范的管理会越少，反而会形成更多具有特色的共同行为和共同流程。

一、团队规范的特点

(一) 团队规范具有普遍适用性

团队规范一旦确定，则对于团队中的每个成员都会产生约束。作为团队规范而言，它是针对团队制定的规范，而并非针对某个个体制定的规范。尽管团队规范可能并不一定适合所有人，或者对不同的成员所产生的压力不同，但它对团队中每个成员都具有普遍适用性。

同时，它也只针对这个团队的成员适用，脱离团队后的规范并不适用于其他团队的成员。

(二) 团队规范具有强制性

规范本身就是对个体行为的强制约束，希望通过这种约束引导个体的行为方向，让他能够更加符合团队发展的要求，比如日常的考勤制度，要求大家不要迟到、早退，对于这些规范是要求强制执行的，一旦有成员违反规定就会受到惩罚。当然规范不仅仅是惩罚，有时也会有正面的鼓励，比如对于一些团队在长期实践中形成并被全体成员认可的好作风、好经验，也会通过规范的形式成为团队的根本行动准则和依据，并对每一个成员有约束力。

强制约束带来的结果会让个体做出选择，要么改变自己的行为与团队保持一致，要么离开团队，通过团队规范的强制约束，团队成员的行为会更加符合团队发展的需求，并逐渐形成团队自身的特点，更好地为团队目标服务。

(三) 团队规范具有稳定性

团队规范的形成、修改和废除都有严格的程序。团队既定的规范大都是在实践中逐步形成的，并经过一定的程序和组织制定颁布或者是在成员中以心照不宣的方式存在，都是团队成员所共同认可的，在没有修改和废除之前，所有的团队规范和团队规范条文都对团队成员具有约束力。团队规范比个人的民主作风、习惯、经验更稳定，一旦形成，便不会轻易变动。它也不会因团队中某个个人的更迭而废止，不会因为某个个体的看法和注意力的改变而改变。

稳定的团队规范能够给团队成员更加清晰的行为指引，让团队成员知道自己在团队中应该做什么、不应该做什么。如果团队规范总是朝令夕改，就会让团队成员无所适从，不知道如何做事情，也就不可能按照规范的要求去实现团队发展的目标。

当然规范的稳定性也是相对的，如果在团队管理中发现团队规范不适合团队的发展时，也应该及时地按照相关的程序对规范进行调整和优化，以便让规范能够更好地体现实现团队目标的发展要求。

(四) 团队规范具有连续性

经验是宝贵的，要使它流传下去，就要借助团队规范，因为团队规范可以保存、传递和再现经验。随着团队的发展，团队规范也在不断地进行优化和调整，团队规范能够把优秀的团队管理中的好经验、好传统用条文的形式保存下来，以指导和规范新团队的组织和建设，使组织的事业不断延续和发展。

二、团队规范的作用

团队规范既是对团队个体行为的约束，也是形成团队标准行为的基础。在不同的层面，团队规范对于个体和团队存在不同的影响和作用。

(一) 团队规范对个体的影响

(1) 对个体行为的约束和引导。团队规范是团队成员在团队中的一套行为准则，这些规范对个体的行为一方面进行约束，也就是会禁止一些可能破坏团队发展的行为出现；另一方面，也是对团队成员行为的引导，也就是说会鼓励一些有利于团队发展的行为。通过对个体行为的约束和引导，使成员能够更好地为团队发展服务，为实现团队目标而努力。

(2) 有助于个体的角色定位。通过团队规范的指引，团队成员能够很快地寻找到各自在团队中的角色定位，知道自己在团队中应该做什么，以及如何做事情。稳定的团队角色定位，有助于团队成员更快地进入团队角色，也有助于促进团队成员之间的合作分工，促进实现团队的绩效目标。

(3) 促进成员的合作意识。在团队规范的要求下，团队沟通和团队规范成为团队日常的基本工作内容，团队规范将促进成员采取更加积极主动的沟通和合作行为，弥补个体在个性方面的一些缺陷，促进团队成员之间的合作。

(4) 影响成员的工作氛围。团队规范是团队氛围形成的基础，有什么样的规范要求就有什么样的团队氛围，而团队氛围则是团队成员日常工作的环境，通常会对团队成员的身心产生巨大的影响。和谐轻松的团队氛围会让个体感到愉悦，会促进团队成员之间的合作，并提升团队的绩效，而紧张压抑的团队氛围则会让个体抑郁，影响个体的身心健康，并影响团队目标的达成。

(二) 团队规范对团队的影响

(1) 规范行为，统一行动。团队规范是对所有团队成员行为的一整套标准要求，这些要求会引导和规范团队成员的工作态度和工作行为，让他们更加符合团队发展的要求。在团队规范的引导下，团队成员的行为方向会趋向一致，更容易形成统一的合力，实现团队统一行动、共同完成对团队目标的追求。

(2) 规范流程，提升效能。团队规范不仅会对个体行为产生约束，同时也会形成团队的办事流程和办事方法，这些流程和方法经过团队的不断磨合，逐渐完善并成为团队规范制度的重要组成部分，并指引团队快速的应对各种问题。一个成熟的团队面对一个复杂的新问题时，自然而然会形成分工合作，并迅速地分解任务、推进任务的完成，这都依靠团队规范。高效的团队规范，为团队提供了快速解决问题的程序和方法，提供了常规性问题解决的规则，大大减少了团队决策成本，提升了团队管理的效能。

(3) 规范关系，明确定位。通过团队规范的约定，团队成员之间的沟通和互动关系会逐渐明确化，每个人的角色定位也会逐渐得以确认，在良好的沟通互信的基础上，成员之间能够更好地了解，增强信任和合作。当团队遇到任务时，在团队规范的指引下，团队成员会迅速地进入各自的角色，并形成有效互动，对于任务完成的程序、步骤、方法、分工和合作进行有序沟通，避免行动的盲目性。

(4) 形成团队压力。团队规范对个体的行为方式和方法进行约束，并强制执行，无疑会给团队成员造成巨大的心理压力，特别是对于一些经常触犯团队规范的成员，这种来自于团队的压力会显得更为明显。团队压力会导致个体紧张不安、做事谨小慎微，而长期生活在压力之中的人，更会影响其身心健康，使其无法专注于工作目标。

(5) 引发矛盾冲突。团队规范是团队和个体之间矛盾冲突的重要来源之一，团队中的个体通常认为，团队规范的目的在于规范个体行为，追求团队目标，而不是追求个体目标，因此符合团队规范并不一定会更好地实现个体目标。对于个体而言，个体目标的更大化才是最重要的，因此团队规范可能会成为影响个体目标实现的制度，并引发团队和个体之间的冲突。

(6) 抑制创新。在团队规范的引导下，团队成员的行为，或者团队的流程会趋向一致，这种标准化倾向在一定程度上提升了团队工作效率，但是也会抑制团队的创新，大家认为只要按部就班按照规范要求就能够实现高效的工作绩效，各种创新的方式方法可能会受到抵制，丧失创新能力长此以往团队将难以面对多变的环境。

【案例 3-5】

和尚分粥

有七个和尚住在一起，每天共喝一桶粥。由于僧多粥少，难以满足每个人都吃饱的要求，于是怎么分配这桶粥就成了一个令人头疼的问题。

一开始，他们商量确定轮流分粥，每人轮流一天。结果每周下来，他们只有一天是饱的，就是自己分粥的那一天——负责分粥的和尚有权力为自己多分一些粥。

大家对这种办法不满意，于是推选出一个公认的道德高尚的和尚负责分粥。权力导致腐败，大家开始挖空心思去讨好他、贿赂他，最终搞得整个小团体乌烟瘴气。

大家对这种办法也不满意，经商量后组成了三人分粥委员会及四人评选委员会，结果互相攻击扯皮下来，粥吃到嘴里全是凉的。

最后大家又确定了一个方法：轮流分粥，但分粥的人要等其他人都挑完后吃剩下的最后一碗。结果为了不让自己吃到最少的，每个负责分粥的人都尽量分得平均，就算不平均，也只能认了。于是大家快快乐乐、和和气气，日子越过越好。

资料来源：李慧波. 团队精神[M]. 北京：机械工业出版社，2015.

三、制定团队规范的原则

通过"分粥"的问题，我们可以看到，在团队中很多事情都需要通过"规范"去解决，团队规范是团队发展的基础，"无规矩不成方圆"，没有团队规范，团队也寸步难行。但并不是所有的规范都适合团队发展的需要。

因此，在团队规范的制定中也应该遵循一定的原则。这些原则主要包括以下几个方面。

(1) 规范的制定要经过组织成员广泛的讨论。团队希望通过规范，引导成员的行为，让团队成员能够形成一致的团队行为，以促进更好地实现团队目标。团队规范所规范的是所有团队成员的行为，一旦形成规范，将对所有成员都具有强制性，并对个体产生压力。因此，团队规范的制定必须通过组织成员的广泛讨论，在讨论中要充分发挥民主，让成员对规范的各项条款进行分析、解释、修正，尽量让团队规范能够为更多的人所接受，尽量减轻对个体造成的压力。充分参与和讨论也能够让成员更加认可团队规范，并落实团队规范。团队成员对团队规范的认可是团队规范得以实施的基础，如果团队规范不能得到成员的认可，团队规范就是一纸空文，不能达到规范成员行为的目的。

(2) 规范的有效性必须经过实践和时间的考验。团队规范的制定，必须经过实践和时间的考验，才能证明它是正确的以及有效的，只有经过考验的规范才可能得以延续和保留。

团队规范的制定是为了解决团队中的各种问题，面对这些问题可能存在各种不同的解决方法，到底哪种方法更适合现有团队的环境，是不确定的，必须经过实践和时间去验证，最终形成自己的规范方法。如果简单地照搬其他团队的规范而不加实践，往往会导致团队内部矛盾，形成团队冲突。例如，对于虚拟型团队，如果像一般团队一样制定很严格的考勤制度，显然是不切实际的。

（3）团队规范要根据环境的变化及时进行修订。团队规范制定后并不是一成不变的，而是应该随着团队面临的内外部环境的变化及时进行调整。团队规范本身就是在不断地调整中得到完善的，而且随着团队所面对的环境的变化，以及所面对的问题的变化，规范还有可能进行修改。尽管团队规范一旦形成，会具有稳定性的特征，但是与时俱进符合团队发展的需求才是团队规范的终极目标，因此，当团队规范不能够满足团队发展的要求时，就应该及时地进行修订，当然团队规范的调整应该遵循相应的程序，同时也要进行广泛的讨论，征求团队成员的意见。

（4）团队规范的制定要满足各方对目标的追求。团队制定规范的目的在于更好地实现团队目标，但这是否能够实现个体目标更大化是不确定的，对于个体来讲更关心是否能够实现个体目标的更大化，特别是在团队规范的约束下。如果个体行为受到了约束，而目标又不能更大化，个体一定不会认可规范，也不会去配合规范的执行。因此团队的规范制定，既要考虑团队目标的实现，也要考虑个体目标的实现，要能够满足各方对目标的追求。

（5）团队规范的制定要考虑灵活创新。规范设计的目的在于更好地达成团队的绩效目标。在规范设计中并不是死板地照搬别人的规范来用，而应该结合团队的发展需求，对条款进行灵活和创新的设计，灵活性的设计能够避免因为规范定得过于具体，而对个体造成不必要的压力；而创新性的设计，则能够让大家看到更大的目标追求，而放弃对一些小问题的斤斤计较。

第四节　营造团队信任氛围

信任是指相信那个被相信的人能够实现或者已经实现对他的正面期望。例如，我们期望某个人说实话，如果我们相信他能够说实话或者实际上说了实话，我们就在"说实话"这一点上是信任他的。又比如，我们期望一个人帮助我们，如果我们相信他能够帮助或者已经帮助了我们，我们就在他是否能帮助我们这一点上是信任他的。总之，信任就是相信别人将来能够实现我们对他的正面的期望或者相信他的行动已经证实他实现了我们对他的正面期望。

一、信任概述

信任是人类社会交往的基本准则，是社会秩序的基础。信任作为一种复杂的社会心理现象，是信任者对被信任者表现出的心理预期。在信任构成的关系中主要涉及三个重要的构成要素，即信任者、被信任者和环境。

信任者指的是信任行为的发出者，它可以是个人或组织群体。在信任的过程中，信任者表现出的心理特征主要为信心、期待和脆弱性。信心是指信任者对于自己的判断具有一定的信心，相信自己对于被信任者的信任是正确的；期待是指对被信任者持有的正面期待，即认为被信任者不会伤害自己；脆弱性则体现了信任的风险，也就是说即便你信任被信任者，但依然存在被信任者伤害的可能性。

个体为什么信任他人的程度不同，原因在于信任者在信任他人的信任倾向性上存在个体差异。有些人在大多数场合下都愿意信任他人，而有些人则恰恰相反，在大多数场合总认为他人是不可靠的。尤其当面对的对象完全陌生，比如，双方第一次接触时，或者没有很多可利用的信息(也即很难了解对方的可信因素的程度)，那么首先起作用的是信任者本人对他人的信任倾向。它决定了在给定的背景下，个体对他人的信任程度。

被信任者指的是信任者信任行为的指向，它可以是个人或组织群体，还可以是抽象的制度或系统。其主要的心理特征是能力、可靠性、善意和行为的可预期性。其中能力是指个体具有完成特定领域或情境中任务或工作的技能和胜任力素质，通常信任者都期待被信任者能够实现更高的目标，这对于被信任者的能力或胜任力提出了更高的要求；可靠性是指被信任者能够恪守信任者所重视或关注的某些准则，如：可靠、公平、公正等；善意是指被信任者能够关心和保护而不伤信任者的幸福或利益，并会采取有利于信任者的行动；行为的可预期性是指被信任者的行为体现出的一致性和惯常性，能够让信任者预期被信任者的行为对目标实现的影响。

作为第三个要素的环境指的是前面两者所处的具体情节或事件，其主要特征是不确定性和风险性。信任者对被信任者的信任往往产生于历史事件，也就是通过以往的事例建立了信任关系，但是当面对现实的事件和环境时，由于事件受到的影响因素诸多，所以环境因素无法控制，存在不确定性，也就是说在现实环境中是否能成功的不确定性；同时，这种不确定为信任的结果带来了风险，如果被信任者能够实现期望则信任得到进一步的加强，反之信任可能面临崩塌的结果。

信任在本质上是一种心理态度，这种心理态度的广度和强度是通过具体的活动体现出来的，在互动过程中信任主体之间通过不断的完成事件，而去增强信任感。信任的实现主要包括以下三个方面的要素。

(1) 是目标事件。一方不可能随意的信任另一方，信任建立的基础在于某些活动或者事件的发生，这些事件让信任者看到被信任者能够给予正面期待，从而形成信任。

(2) 在于被信任者具有可能实现目标的能力。要实现信任，被信任者应该具有可以完成事件目标的能力，而且这种能力越强越好。这种能力可能是在事件开始前就已经被发现，也可能是在事件发展的过程中逐渐显现出来的。

(3) 能够实现目标并兑现正面期望。通过目标事件的完成，被信任者不仅完成了目标，而且对信任者实现了正面的期望，此时信任者就会对被信任者产生信任。

二、信任的作用

信任对于任何组织而言都是十分重要的，有关研究结果表明，信任与许多组织变量：

沟通质量、绩效、行为、合作、问题解决等都有显著关系。信任不仅对参与者，而且对信任得到普及的更广大的共同体同样有重要的作用。

（一）强化了相互依赖的社会关系

任何个体的行动和实践一定是在社会中的实践，不可能脱离社会单独存在。绝大多数人都不是自给自足的，几乎每个人都生活在人群中，共同生活，任何人的互相往来都是极其自然的。生活在社会中的个体，他人的行动构成了我们工作和生活的重要场所，构成了我们共同的世界，我们必须与他人共同生存。信任能够营造一种安全的社会环境，因为信任本身就包含有安全的内涵。由于人们彼此之间的信任，我们在社会活动中，会向对方友好地开放而不是充满敌意地防御，就社会整体来说，信任营造的是一种和谐、安全的氛围。通过信任他人才能满足自己的绝大部分需要，信任使得生活在社会中的个体的行动和实践得以可能，信任激励了个体的社会属性和与他人一起参与各种形式的联合，开发了个体活动可能的社会空间，强化了个体之间相互依赖的社会关系。

（二）信任促进了团队成员的沟通和相互支持

信任能促成彼此间坦诚的沟通并促进相互支持。若个体认为对方可信赖，就会更多地与对方分享个人的思想、情感或意见，增进彼此的了解，提升沟通的有效性。反之，不信任则对沟通会产生不良的影响。与不被信任的人互动时，沟通的目的就变成了保护个人的利益、降低个人的焦虑，而不是准确地传递想法。在与不被信任的人交往时，人们会感到想要逃避或者被迫歪曲态度或信息。

我们对他人越坦诚，与他人交往就越容易，并能维持更持久的关系。信任的程度还会影响相互的支持，当双方有高度的信任时，会比较相信来自对方的信息，更愿意支持对方提出的意见和建议。

（三）信任提升了团队合作的效率

合作是一件有风险的事情，它是一种联合行动，在这个联合行动中，每个人的行动都不可能在他人的控制下，因为合作行动是同时实施的，甚至先于他人的行动实施。在合作的时候，行动者是不可能知道他人是否会叛变或将合作转变为统治的。在合作的过程中，行动者形成了关于他人未来行动的一种期待，这种期待就是信任，信任以及被信任成为影响合作行为的关键。当组织中的信任氛围形成后，交易成本被显著降低，而合作的机会被显著地提高了。信任使得团队内的分工和合作得以顺利进行，而且提升了成员行动的能动性，提升了团队的活力，有利于团队的繁荣发展。

信任降低了监督和控制的成本，提高了合作的效率。在信任度高的组织中，人们的行为更加高效畅通，对于团队的发展常会起到积极的促进作用。相反，在不信任的氛围中，由于不断警戒的需要所花费的监督和控制成本显著提高了，而合作的机会则受到了阻碍。

（四）信任营造了良好的团队环境

信任还鼓励对他人的宽容和接受，鼓励把个体、文化和政治的差异看作是合法的。因为它允许以一种没有威胁的方式看待它们，用这种方式，信任抑制了团队内的敌对和对陌生人恐怖症的表现，并缓解了矛盾和冲突的发生。信任的氛围会让成员对团队的发展充满信心，并积极参与团队的各种事务，产生积极的工作绩效。正如凯恩斯所说："很多积极的行为都建立在一种积极的充满信心的期待之上。"信任使得团队成员能够更加自由、灵活地在团队中交往和行动，信任所营造的和谐、安全的共在是所有人所期待的，信任是团队稳定、有序、合作和发展的根本条件。

在团队管理中，信任的作用更是不可替代。人们相互信任是团队凝聚力的构成要素。团队运行的一个基本支撑点就是人们相互信任。团队信任气氛是团队凝聚力无形的胶结剂。缺乏相互信任将导致相互猜疑、相互戒备，结果是人际关系紧张，管理成本急剧飙升，工作效率下降，组织成员身心疲惫。因此，发展信任是建设团队品质的一项重大任务。

三、互信团队的特点

信任不是无缘无故产生的，信任需要一些基础要素。互信团队的基本特点主要表现在下面六个方面。

(一) 目标更容易达成一致

合作总是为了达成一定的目标。合作者可能追求各自的目标。如果合作能促进合作者各自目标的实现，则合作者之间就会形成较强的依赖关系，各自都感到有合作的必要，并通过不断的合作促进彼此信任感的加强，在共同目标的指引下，合作关系会更加牢固。

假设两个人没有共同的目标，他们能不能合作呢？市场上的买者和卖者的目标是不一样的：买者想买到物美价廉的产品而卖者想以比较高的价格尽快地卖出产品。买者希望价格低，而卖者希望价格高；买者要获得产品，而卖者想尽快推出产品。买者和卖者的目标是不同的，但他们的目标基本上是互补的，因此能够合作。市场中的交易双方的合作关系正是建立在双方目标互补的基础上。目标互补的合作程度是比较低的。因为双方的目标毕竟不同。他们的合作关系除了互补关系的一面，还有互相竞争的一面。如果竞争的一面超过互补的一面，合作就要泡汤。因此市场上的交易不一定成功。相反，具有共同目标的合作者，合作的基础将变得十分牢靠，会形成更高的合作绩效。

在互信的团队中，团队与成员、成员与成员之间更愿意相信来自对方的信息，更愿意支持对方提出的意见和建议，因此成员也更容易达成一致性的目标，并以此为共同的目标追求。同时，共同的目标也进一步促进了团队成员之间合作和信任关系的建立。

(二) 价值观更容易形成共识

任何组织都有自己最重要的价值观，即核心价值观。所谓核心价值观，是对基本事物价值的看法。例如，团队对社会的使命，对社会发展的责任、基本的经营道德、合作精神、管理的基本观念等价值的看法，都属于核心价值观。例如，柯达公司奉行一套员工应该怎样做人的价值观。公司的文化推崇尊重个人、正直诚实、相互信任、信誉至上、精益求精、论绩奖励等价值观。

在互信的团队中，成员彼此之间的信任正是建立在彼此对价值观追求的共识上。信任者相信具有共同价值观的被信任者会表现得更加可靠和善意，可能会给自己带来预期的正面结果。因此互信团队中成员之间往往比较容易形成共同的价值观，而对于团队所形成的共同价值观也更容易达成共识。团队的核心价值观是成员信任的基础要素之一。价值观是目标的基础，人们的目标都是建立在特定的价值观之上的。成员有一致的价值观，会增强凝聚力和彼此的信任感。

团队的价值体系就像一个多层次的同心圆，最内层的价值是团队的核心价值，而团队的宗旨则表达了团队的核心价值。团队要求成员承认和尊重组织的核心价值。团队不会容忍核心价值观被破坏。但是，团队相对能够容忍他们的边缘价值观受到成员的质疑，容忍边缘价值观的内部分歧。因为，要求人人在细小事物的价值观方面都高度一致是很困难的。边缘的价值观是对于一些非原则的事物的价值的看法。

(三) 团队沟通更加畅顺

互信的团队能够促进团队中的相互交流，让团队成员更愿意发表各种意见，而不担心这些言语会受到指责。在互信的团队中，团队沟通更加畅顺，没有人会刻意隐瞒信息或者浪费时间去猜测他人的话语中是否隐藏着什么观点，大家能够敞开心扉，充分地表达自己的意见、分享自己的观点。在团队的多渠道沟通机制下，互信的团队将有效沟通的效果体现得更加充分，团队能够充分的利用各种沟通渠道获取信息，成员之间能够更加平等地进行交流，团队中的各种信息也能够获得充分的反馈和更有效的利用。互信在促进团队沟通的同时，团队充分的沟通也进一步强化了团队中的互信，成员通过沟通更加了解了团队目标和团队成员，也更加清楚地了解了团队和成员能否给与自己更多的正面预期，实现自己的信任。

(四) 团队学习氛围更加浓厚

互信的团队更容易形成学习的氛围，通过团队的学习促进团队能力的快速提升。团队互信的基础在于团队具有实现被信任的能力，也就是团队能力的不断提升，而团队能力的提升在于不断的进行学习。在互信的前提下，团队成员会更加积极地参与到各种学习当中，不断的提升自我能力，以便增强实现别人信任的可能性，而个体能力的不断提升，也促进了团队能力的提升，进而增强了团队实现目标的可能性。

(五) 团队管理更趋平等

互信的团队强化了成员之间的相互依赖关系，在相互信任和相互依赖中，只有相互平等才能保证信任的持续性，如果成员之间关系不平等，在信息沟通和事务决策中，始终存在等级关系，成员之间就会觉得个人的意见和能力得不到团队的公平对待、得不到大家的认可，会逐渐对团队失去信任，最终选择脱离团队。尽管在团队管理过程中，在不同时段面对不同任务，可能会有不同的团队领导者出现，但并不代表成员关系的不平等，反而应该更加强调沟通和决策的平等性，充分地让团队和成员在互信中不断的成长。

(六) 团队关系更加和谐

互信的团队会对团队中的差异化和多元化保持更大的宽容，让人们更加自由的在团队中进行交流和行动，通过团队中的沟通机制和平等对话，不断促进团队成员的相互认识和了解，从而大大减少了团队中的矛盾和冲突，为团队营造了更为和谐的氛围。而这种和谐的氛围也进一步促进了团队中的合作，并推动了团队的稳定发展。

互信的团队能够更好地实现团队绩效，这主要是由于互信所形成的团队环境和团队的人际关系有助于团队目标的实现。在互信的环境下，团队更容易形成一致的目标，并基于共同的目标引领团队成员共同前进；在互信的环境下，团队成员也能够形成共同的价值观，并积极地参与合作，共同地对团队目标进行追求；在互信的基础上，团队沟通更加畅顺，成员之间能够平等交流、相互学习，不断的提升团队的能力，不断的挑战团队的绩效目标。同时，在团队不断成功的过程中，团队也不断的加强团队的信任关系，让团队的信任关系更加牢固，使团队发展迈向高效之路。

四、培养互信团队的措施

(一) 明确团队核心价值观，合理制定团队目标

组织的目标是一个体系。目标体系从最抽象的组织愿景，具体化为比较具体的使命和价值观，进一步具体化为更为具体的战略和战术目标，然后进一步具体化为任务(细分子目标)，最后通过实际执行过程转化为具体成果。所有成果最后综合成组织的总成果，为组织服务。在组织目标管理过程中，组织将自己的愿景逐层分解，形成不同的任务目标，作为组织的正式团体的团队正是为组织的各个目标而服务，为了完成目标而设置的。明确团队的核心价值观，合理制定团队目标是团队建设的首要任务，也是提升团队信任，促成团队合作的基础。

团队的核心价值观是指引团队行为的基础，对于组织合作和发展会起到重要的作用。团队必须明确提出团队的核心价值观，并在团队中进行广泛讨论和宣传，在团队成员都认可团队核心价值观的基础上，团队成员之间才会放弃争议、相互信任，在共同的核心价值观的指引下进行合作。

在团队核心价值的指引下，团队应该制定合理的团队目标。团队目标价值和团队实现目标的能力与团队成员的信心有密切关系。团队目标价值越大和实现的可能性越大，成员就越能够认同团队目标，同时对本团队就越有信心，相互之间的信任感也越强。

团队的目标价值主要体现在两个方面，一方面是团队目标的制定，即为未来团队设定追求的方向，团队目标代表了团队未来可能取得的业绩和创造的价值，是团队荣誉的体现。业绩优异的团队往往比业绩平庸的团队更具有凝聚力，因为人们不愿意把自己的前途托付给一个没有前途的组织，对团队目标的美好展望将鼓舞员工对团队的信任。一旦成员认同团队目标，他会愿意"预支"对团队的信任。因此在制定团队目标时，应该根据目标本身的特点和团队自身的能力制定明确可行的团队目标。明确清晰的目标能使组织成员看到自己努力的方向，方向不明的目标，会使人们对团队的发展失去信心，同时怀疑领导人的能

力；另一方面是实现目标的可能性。目标只有具有实现的可能性，才会对团队的成员起到激励的作用，因此制定目标时必须考虑团队经过努力实现的可能性，不切实际的目标将导致失败和失望。同时目标还应该具有挑战性。这要求目标有相当的难度，没有一定难度的目标只能带来小的成果，在与其他团队竞争中将会处于不利的地位。一个在竞争中总是处于劣势的团队，员工们会对其失去信心。在制定目标的过程中，应该鼓励团队成员参与团队目标的决策过程。这样有助于充分发挥团队成员的智慧和积极性；有助于成员获得较高的心理满意；有助于得到员工的认同和支持。

（二）加强学习，提高团队目标实现的能力

团队的目标制定后，需要团队所有成员的合作，才能最终实现目标，团队目标的实现能力越强，越能够增加成员之间的信任。人们之间的信任，往往是建立在对方能够满足自己期望的基础上的，因此在团队合作关系中，合作者相互对对方都有特定的期望，期望合作者能够满足自己认为合理的需要。期望不完全是正式的、书面的契约、规定，有的期望是非正式的，只是深藏在关系伙伴的心里。如果合作者没有满足伙伴的期望，就会使伙伴失望和感到心理挫折。严重者可能产生抱怨、愤怒等不良情绪。重复的失望将导致不信任感，一次一次地不能满足合作者的期望，将不断打击合作者的信任，人们不信任一个总是不能满足自己期望的伙伴，这是很自然的心理。相反，人们会对能够满足自己期望的人给予更大的支持和合作，相互的支持和期望形成了合作的基础，为实现团队的目标奠定了基础。但是期望不能仅仅停留在想象当中，要能够满足期望就必须不断的提升成员和团队的能力。如前所述，需要不断改善团队的硬件设施，并创建团队的学习环境，营造团队的学习氛围，并加强成员自身学习能力的培养，不断提高成员的各种职业技能水平，通过积极地培养成员的个体能力以及营造团队的学习氛围，促进成员及团队能力的提升，进而让成员和团队能够给信任者以更好的期望，提升团队的信任。

（三）加强沟通，促进交流

相互信任的前提是相互了解，人们往往会对更熟悉的人形成更高的信任。对于熟悉的人，可以更清楚地判断他在什么方面具有更强的能力，能够对于自己的期望值给予正面的回报；同样熟悉的人的预期行为也更容易判断，让信任的风险大大降低。人们相互熟悉往往需要一个过程，而在这个过程中，需要进行不断的沟通，通过沟通增进彼此之间的相互了解，进一步确定相互信任的关系。因此对于互信的团队，加强沟通促进交流是重要的手段之一。在团队建设过程中，全面的沟通机制是团队发展的基础，但这只是在硬件方面的建设要求，互信团队对于团队沟通机制的良好运作的要求更为苛刻，需要团队沟通能够真正地发挥其效用，能够在团队中促进团队成员之间的信息交流，以及平等对话，促进团队成员的相互了解，在相互了解的基础上，形成互信和合作，共同实现团队发展的目标。

（四）加强参与，形成民主管理

加强团队成员对团队事务的参与，在团队决策中发挥成员的作用，实行民主管理有助于增进成员之间的相互沟通和相互信任，有助于成员对团队目标的认可，有助于团队目标

的实现。对于个人而言,参与团队事务是个人自我成长和自我实现的需要,参与是实现信任的基础。通过对团队事务的参与,个体可以向团队其他成员充分展示自己的才能,提高个体期望值、增加信任感。对于团队而言,任何团队目标的实现都是基于每个成员的参与和努力,因此在团队管理中必须积极地鼓励成员对团队事务积极参与的热情。同时对于团队规范和团队的决策,也必须实行民主管理,只有在团队成员共同参与和协商下进行,团队的规范和目标才能更好地为团队成员所接受,在团队管理的过程中才会减少冲突,加强合作,最终形成互信环境,促进团队目标的实现。

(五) 培养团队成员诚信的品质

诚信是历史上各个时代的人们共同赞赏的美德,是一种道德规范。"诚"不仅是德、善的基础和根本,也是一切事业得以成功的保证。"信"是一个人形象和声誉的标志,也是人所应该具备的最起码的道德品质。诚于中而必行于外。一个人心有诚意,口则必有信语,身则有诚行。诚信是实现自我价值的重要保证,也是个人修德达善的内在要求。团队成员如果缺失诚信,不仅难以形成内在统一的完备的自我,而且无法获得他人的信任,难以与人和谐相处,很难发挥自己的潜能和取得成功,并最终影响团队目标的达成。通俗地讲,诚信就是说老实话、办老实事、做老实人。

随着社会的发展,诚信的内涵外延都扩大了许多。首先,它是一种道德行为规范,是协调人际关系的一种基本要求;其次,它是一种制度,作为一种价值观念,它要求社会群体建立公正合理的制度,是市场经济的产物;最后,诚信是一种品格,要求人们自觉守法、真诚守信,树立起适应社会发展的道德观。总之,诚信并不仅仅是一般地要求人们诚实守信,表里如一,它是与公平、正义、爱国守法等道德规范紧密结合在一起的。它不仅是一种社会公德,也是一种职业道德。

诚信原则是人际交往关系发展的必要前提。人是社会的人,每个人的一切活动都处在政治、经济、文化相互交织的一张社会大网之中。随着社会的发展,人与人之间的交往更加频繁,人际因素成为社会生活中不可分割的重要组成部分。建立良好的人际关系是生活在其中的人们全面发展的重要原则。对于人际交往而言,诚信无疑是其首要原则,也是最为根本的原则。

【案例 3-6】

惠普公司的零件管理

惠普创始人戴维·帕卡德(David Packard)在其创业生涯的早期,就懂得一个公司缺乏对员工的信任会造成一些问题。20 世纪 30 年代末,帕卡德就职于通用电气公司,该公司非常重视公司的安全,特别重视保管工具和零件贮藏箱,以防止员工偷走东西。面对公司的不信任,许多雇员决意对着干,只要有机会就把工具和零件带走。结果是通用电气公司的工具和零件散落在全城各地,包括帕卡德居住的房子顶楼上。

当帕卡德和威廉·休利特(William Redington Hewlett)创办惠普公司时,他们从通用电气公司的做法中吸取了教训。因此,帕卡德决定,惠普公司的零件箱和贮藏室始终开放。但是并非每个管理者都照这个指示办。在某一个周末,休利特来到工厂想干点活,他在公司的贮藏室外面停下脚想用一用显微镜，可是他发现放器材的地方已经上了锁，他便砸开门闩，留了一张纸条，坚持要求员工不要把贮藏室上锁。

帕卡德在《惠普之道》里写道："保持贮藏室和零件箱开放，在两个重要的方面对惠普公司有利。从实际工作的观点看，容易拿到零件和工具对产品设计者和其他一些希望在家里或在周末谋求使新的设想取得结果的人有帮助。第二个不那么摸得着、看得见，但却很重要的理由是：开放零件箱和贮藏室是一种信任的象征，这种信任对惠普公司办事的方式是至关重要的。"帕卡德指出，在惠普，开放贮藏室的政策一直持续下来。虽然生产存货有限制，但是实验室存货却仍然开放。

惠普公司信任员工的态度还显著体现在公司实行灵活上班时间的政策上。最初是1967年在德国伯布林根的惠普工厂实行灵活工作时间制。现在灵活工作时间制已经在整个惠普公司和整个行业广泛应用了。在惠普公司，个人可以在上午很早来上班，在干完规定的工时后离开。帕卡德说，这并非对所有的工作适合，但肯定对大多数工作合适。帕卡德说："在我看来，灵活工作时间是尊重人、信任人的精髓。它表明，我们既看到了我们的职员个人生活很繁忙，同时也相信他们能够同其上司和工作群体一起制定一个既方便个人，又公道合理的时间表。"

资料来源：[美]戴维·帕卡德. 惠普之道：美国合伙人的创业思维[M]. 周钱等译. 重庆：重庆出版社，2016.

思考练习

1. 结合理论学习，分析并思考如何评价一个团队的品质。

2. 结合自身所在的团队，以及团队品质的四个基本内容，看看目前团队中的相关内容建设是否完善，你觉得哪方面的内容对团队的发展更为重要。

3. 你是否参加过户外的拓展活动，户外拓展活动是如何激发团队精神的，这种活动是否真的对团队日常工作产生了巨大的影响？

4. 你觉得什么样的团队规范能够更有效的实现团队的管理目标？明文规定式的，还是心照不宣式的，为什么？

5. 站在不同的角度(个体和团队)，是否会对团队品质的四项内容有不同的看法？为什么？

道听途说：团队沟通的技巧

游戏：道听途说

【游戏准备】

1. 邀请全体同学参与，将参与的同学分成若干小组，每组20人左右；

2. 按小组数量准备几段文字(可以选择不同类型的信息，如公文、故事等)。

【游戏流程】

1. 给每组发放一段文字；

2. 每组的第一位同学将文字向下一个人进行口头传递(耳语，小声说);

3. 后面的人依次用口头方式传递听到的话，每次只说一遍；

4. 请每组中间的一个人，和最后一个人用笔记录自己所说的话；

5. 将每组的3条信息进行比较、讨论。

【游戏思考】

1. 信息沟通是否准确？

2. 为什么会出现沟通信息的偏差？

3. 如何实现有效的沟通？

4. 在团队中应该建立什么样的沟通机制？

【游戏讨论】

实现有效沟通

沟通是人们进行信息交流的重要方式，沟通对于个体和团队来讲都具有重要的意义。对于沟通的重要性大家都认为是毋庸置疑的事情，但是很多人却往往会忽略沟通的有效性。

有效的沟通是指信息接收者接收到并且理解信息发送者的信息的过程。在这个过程中，我们强调两项内容，一项是接收到；另一项是理解，而且这两项内容是同时并存的，缺少任何一项沟通都是无效的。在很多沟通场景中，大部分人都只强调信息的发送和信息的接收，而忽略了信息的理解，从而造成了信息沟通的无效。

"道听途说"游戏正好完美地演示了信息沟通过程中存在的问题。

第一，信息在沟通的过程中，可能会出现信息遗失(也可能增加)，或信息出现偏差。对比每组"道听途说"所传递的信息，你会发现大量的信息可能会遗失，保留下来的信息也会出现很多偏差。这些"错误"并非传递者故意造成的，而是信息沟通过程中必然会存在的问题。

第二，个体在信息沟通中，可能会出现对信息理解上的差异。在"道听途说"游戏中信息在传递的过程中，个体会根据自身的理解对信息进行加工处理，而形成新的信息，这些新的信息可能成为信息出现偏差的主要来源。这说明个体的差异性，可能会带来沟通的障碍，导致沟通的无效。

第三，外部沟通环境对信息的传递会造成干扰，影响沟通的有效性。在"道听途说"游戏中，通过口口相传的形式进行信息传递，在这个过程中，如果外部环境嘈杂吵闹就会影响信息沟通的效果，导致很多信息听不清，道不明。

第四，不同的信息传递的媒介和方式不同，可能会带来不同的结果。对于"道听途说"游戏中的信息，最好的方式可能就是将信息打印出来，用纸质文件的方式进行传递，这样传怎么都不会出错。所以对于不同的信息，选择不同的信息媒介和传递方式，会促进信息的有效沟通。

第五，信息的价值性，也会影响信息传递的效果。信息的价值性主要基于信息接收者对它的判断，如果信息接收者认为信息是有价值的，他就会更加积极地获取信息，并积极地进行信息的反馈，反之，则可能对信息无动于衷，最终信息发送者只是在"对牛弹琴"。

"道听途说"游戏告诉我们，在信息传递的过程中，信息可能会受到干扰，而造成信息的遗失、失真等情况。事实上，无论你用什么方法传递信息，信息都存在遗失，或失真的可能性。导致信息失真的干扰因素可能来自于信息发送者、信息接收者、信息的传播媒介，以及信息传播通道，等等。对于信息的沟通来讲，要实现有效性，就必须建立信息沟通的闭环，也就是建立信息的反馈机制，当信息接收者接收到信息，与信息发送者进行及时反馈比较后，就可以知道信息是否存在遗失情况，以及信息理解是否准确无误。而对于一个团队来讲，信息的沟通不仅仅存在于两个个体之间，同时还存在于多个个体沟通和交流的过程中，要想实现信息沟通的有效性会面临更大的困难。团队信息沟通的有效性是实现团队科学决策的基础，也是保证和促使团队实现团队目标的基础，因此要不断的完善团队沟通机制，加强团队沟通的管理，并且鼓励团队成员更加积极主动地参与团队的沟通，努力实现团队沟通的有效性。

第一节　沟通的基本概念

孔子认为"巧言令色，鲜矣仁"，主张"君子欲讷于言而敏于行"。这虽然与我们今天谈的沟通是两个层面上的事，但至少认为"多做少说"比"少做多说"要好。而在团队建设中，有利于沟通的多说则是达到团队默契的重要一环，一个团队如果沟通不好，不仅达不到默契，无法做到协调一致，达不到预期的效益，甚至可能造成负效益的情况。请看下面这个故事：

【案例4-1】

小明的裤子

小明第二天就要参加小学毕业典礼了，为了把这一美好时光留在记忆之中，他高高兴兴地上街买了条裤子，可惜裤子长了两寸。

吃晚饭的时候，趁奶奶、妈妈和嫂子都在场，小明把新买的裤子长两寸的问题说了一下，饭桌上大家都没有回应。饭后大家都去忙自己的事情了，这件事情就没有再被提起。

妈妈睡得比较晚，临睡前想起儿子明天要穿的裤子还长两寸，于是就悄悄地一个人把裤子剪好叠好放回了原处。

半夜里，狂风大作，窗户"哐"的一声把嫂子惊醒了。嫂子醒来后，突然想到小叔子新买的裤子长两寸。自己辈分最小，不能让老人们费心，怎么也得自己去做，于是披衣起床将裤子处理好后才安然入睡。

老奶奶觉轻，每天早起给上学的小孙子做早饭，早上起床也想到孙子的裤子长两寸，于是趁水未开的时候将小明的裤子做了处理。

结果，第二天早晨，小明只好穿着短了四寸的裤子去参加毕业典礼了。

资料来源：惠亚爱等. 沟通技巧与团队合作[M]. 北京：人民邮电出版社，2019.

一个团队仅有少说多做是不够的，还要进行充分的沟通，在沟通的基础上明确各自的任务和职责，然后才能分工协作，才能把大家的力量形成合力。否则的话，团队成员只管低头拉车，各走各的路，永远也不会形成团队合力，也就无所谓效益，甚至有可能形成负效益，就像上述小明的故事一样。

一、沟通的含义

沟通是指可理解的信息或思想在两个或两个以上的人群中传递或交换的过程，在这个过程中，人们通过书面语言、口头语言和行为语言等方式，进行信息交流、获取信息、解释信息、共享信息的活动。

沟通的含义主要体现在以下几方面。

(1) 沟通的对象是人，且必须涉及 2 人以上。我们在这里强调的沟通是人们之间的信息交流，信息交流的主体是人本身，因此沟通的对象是人，而不是其他的物体。沟通必须有信息发送者，也必须有信息接收者，仅仅有信息的发送者，而信息没有被接收，就不能实现信息的共享，沟通就是无效的，比如团队领导者在前面讲述工作的内容，而团队成员却在台下打瞌睡或看报纸，这时的信息接收者显然是虚置的，这样的沟通显然是无效的、没有意义的。

(2) 沟通必须借助于一定的媒介才能进行。沟通的信息是通过一定的媒介进行传播的，不同的沟通方式，会有不同的媒介参与，比如说话的信息是通过空气进行传播；写信的信息是通过纸张或者电线(电子信件)等媒介进行传播；肢体语言则往往是通过光线进行传播，总之，信息发送者，将要沟通的信息置于某种媒介之上，通过媒介信息接收者获得信息。媒介承载信息的过程是信息受到干扰，发生损耗的过程，选择适当的传播媒介能更加有效地实现沟通。

(3) 沟通必须要有有价值的信息在传递。信息传递是沟通的实质所在，如事实的描述、情感的交流、价值观的分享、意见观念的陈述等，都是信息传递，如果没有信息的传递，则意味着沟通没有发生。但是对于信息传递的双方，对于信息价值的认识却不一样，信息的发送者只有发送了有价值的信息，才能与信息接收者，形成有效的沟通，否则只能是单纯的发布信息，得不到信息接收者的反应，信息沟通就是无效的。因此，要实现信息的有效沟通，在沟通行为发生之前，信息发布者必须对信息接收者希望获得的信息有所了解，并对信息进行筛选。

(4) 信息只有被接收到和理解了，沟通过程才算完成。信息只有被接收和理解了，沟通过程才算完成，如果信息仅仅是接收了而不能被理解，那么就需要进行信息的反馈和反复沟通，最终实现信息的理解，实现沟通的有效性。完美的沟通，应该是信息经过传递后被接收者感知到的与发送者发出的信息完全一致。但现实中，沟通不一定要接收者的信息完全和发送者一致，但必须经过反馈，保证接收者对接收到的信息在理解上的一致性。

二、沟通的基本过程

当人们之间有进行沟通的需要时，沟通的过程就开始了。人与人之间的沟通是通过信息的互相传递及了解进行的，因此沟通实际上就是人们互相之间的信息交流。根据信息沟通的过程，我们可以将信息沟通的过程构建一个基本模型，如图4-1所示。在这个模型里主要包括信息沟通的主体：信息发送者和接收者；信息沟通的通道：也就是信息沟通所采用的媒介方式；信息的编码和解码方式等。在沟通模型中，我们也发现在信息传递的每个节点都有可能受到外界的干扰，因此要保证信息沟通的有效性，就必须进行信息的反馈。

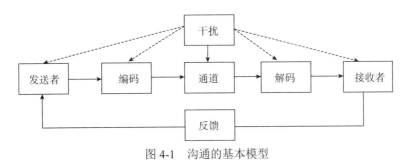

图 4-1　沟通的基本模型

(一) 信息发送者

信息发送者即需要沟通的主动者，他希望将自己的某种思想或想法(希望他人了解的)能被接收者理解。信息发送者又称信息源，是指拥有信息并试图沟通的人。他们处于沟通的起始点，决定沟通的目的，选择沟通对象，并启动沟通活动。作为信息发送者，其主要任务有信息的收集、加工、传递和对反馈信息的再沟通。此外，发送者的态度、技能、情绪状态等都可能影响沟通效果。

信息发送者通过编码，将相关信息转换为信息发送者自己与接收者双方都能理解的共同"语言"或"信号"，编码是发送者把需要沟通的各种信息根据一定的语言、语义规则转化成可以传送的信号，促成信息沟通和交流的重要手段，没有这样的编码，沟通是无法进行的，就像中国人不会讲英语就无法与只会讲英语的人进行沟通一样。一个组织中，如果组织的成员没有共同语言，也就使组织成员之间的有效沟通失去了良好的基础。

（二）信息传递渠道

编码后的信息必须通过一定的信息传递渠道才能到接收者那里，没有信息传递渠道，信息就不可能传递出去，沟通也就成了空话。信息传递渠道通常由不同的媒介组成，通过各种媒介，信息从发送者向接收者进行传递，如书面的备忘录、计算机、电话、电报、电视、互联网，等等。选择什么样的信息传递渠道，既要看信息的内容、沟通的场合、互相同意和方便、沟通双方所处环境拥有的条件等，也与渠道成本有关。各种信息沟通渠道各有利弊，信息的传递效率也不尽相同。因此，选择适当的沟通渠道对实施有效的信息沟通是极为重要的。

（三）信息接收者

信息接收者是指发送者的信息传递对象，是信息接收和理解的一方。信息接收者个人的知识、经验、心态、倾听技巧等，对所接收的信息具有筛选、过滤和加工的作用。由于沟通是一个轮回反复的过程，因此在大多数情境中，发送者与接收者会在同一时间段内既发送又接收信息。

信息接收者接收到传递来的"共同语言"或"信号"后，需要用一定的方法将信息还原为自己所能理解的语言即"解码"，这样就可以进行信息的理解了。在接收和解码的过程中，接收者的教育程度、技术水平、解码的方式和技术以及当时的心理活动等，均可能导致在理解信息时发生偏差或疏漏，也会导致在解码的过程中出现误差，这会使信息的理解发生一定的偏差，不利于有效的沟通。实际上，在信息沟通的过程中，影响信息有效接收的因素不仅包括接收者的个人因素，而且在整个传递过程中还存在各种干扰而导致理解信息发送者真正想法的误差。

（四）干扰与反馈

在信息产生和传递的过程中，信息会受到各方面的干扰，这些干扰包括正面的也包括负面的，正面的干扰对信息起到强化的作用，使信息在传递的过程中得到加强，避免失真，比如在口头信息的传递过程中，增加书面信息的记录，虽然会减慢信息传递的速度，但却可以增强信息传递的准确性。负面的干扰则对信息的传递常会起到弱化作用，使信息加速衰减，甚至出现对信息的误判，比如在嘈杂的环境中，很难准确地听清楚别人说的话。为了保证信息传递的准确性，我们希望信息的接收者能够将接收到的信息向信息的发送者进行反馈、对比，以证实信息是否被正确、有效的接收。反馈是检验信息沟通效果的再沟通。反馈对于信息沟通的重要性在于它可以检查沟通效果，并迅速将检查结果传递给信息发送者，从而有利于信息发送者迅速修正自己的信息发送，以便达到最好的沟通效果。信息的反馈是信息有效传递的重要保证。

三、沟通的障碍

无论是组织正式的还是非正式的内部与外部的沟通，如果希望达到预期的效果，那么克服沟通中存在的障碍就尤为重要。沟通中的障碍可能存在于信息发送者方面，或存在于传递过程中，或在接收者方面，或在信息反馈方面。沟通过程中一旦出现障碍，就会使沟通成为空话，甚至造成双方的误会。

（一）发送者方面的障碍

发送者方面出现的沟通障碍也称为原发性障碍。这类障碍一般是由于信息发送者对信息表达不够清楚、编码失误等造成的。信息发送者可能用了不恰当的符号来表达自己的思想，或者在将思想转化为信息符号时出现了技术上的错误，或者使用了矛盾的口头语言和形体语言致使别人误解等，这些都会造成信息传递困难，或译码困难或理解困难，从而造成人际信息沟通的障碍。

有时，即使信息发送者把要表达的意思变为明白易懂的信息，环境中仍可能会出现各种干扰因素，使正常的沟通发生困难。犹如无线电通信中受到诸如电源、电磁波的噪声干扰一样，最终使正常的通信中断。此时尽管发送者尽了力，但结果却是一样的。作为信息沟通的发出者，要达成沟通的目的，如何降低自己沟通的障碍是很重要的，有时甚至还要克服自己的心理障碍。

（二）信息传递过程中的障碍

信息沟通一定要通过媒介，在一定的传递渠道中进行。因此，沟通过程中出现的障碍可能是由于媒介选择与信息信号选择不匹配而导致无法有效传递；或信息传递渠道过于差、负荷过于重等导致信息传递的速度下降，以致丧失了迅速决策的时机；或因为传递的技术有问题导致信息传递失误，等等。如果沟通过程中出现了这些障碍，信息沟通就会有问题，有时甚至会出现"差之毫厘，失之千里"的重大问题，这将给组织带来巨大的损失。除了媒介以外，信息沟通的环境和组织本身也会对信息沟通过程产生影响。例如，政治、文化、社会、法律等环境因素就影响着组织成员之间的沟通，如不同信仰、不同文化背景会使沟通难以进行。而沟通双方地理上的距离、时间分配等也会影响对沟通渠道、沟通方式的选择。另外，像组织内的文化氛围、管理方式、组织结构安排等均会影响组织成员的沟通。

（三）接收者方面的障碍

接收者在接受信息时会因为自己本身的问题造成沟通中的障碍。例如，接收者在接收信息的过程中心神不定，导致接收的信息不完整；又如接收者自身的价值观、理念不同于他人，导致对信息意思的不准确理解；此外，像接收信息的技术失误、接收者的心理状态、行为习惯等，均有可能导致信息沟通过程中出现这样或那样的障碍。意识到自己在沟通过程中可能会带来沟通上的困难，有利于逐步增进有效沟通。

（四）反馈过程中的障碍

反馈在沟通的有效性中扮演着极为重要的角色，因为沟通过程中不可能完全没有障碍，故而沟通双方或诸方需要建立一个信息反馈渠道，以便修正大家的行为，从而使沟通向更有效的方面转化。反馈过程中可能出现的障碍有：设置的反馈渠道无法有效运作等，如有的企业设置了领导信箱，但从来不打开，这样的反馈渠道还不如不设；反馈过程中还可能出现信息失真，传递技术和编译码存在问题等，如有人利用反馈渠道反馈虚假信息，会造成许多麻烦，现实中的"诬告"就是典型的例子。

第二节　团队沟通的主要模式

组织内成员间所进行的沟通，可因其途径的不同分为正式沟通与非正式沟通两种系统。正式沟通是通过组织的正式结构或层次系统运行的；非正式沟通则是通过正式系统以外的途径来进行的。不同的沟通方式所采用的沟通模式不同，产生的沟通效果也不一样。

一、正式沟通模式

正式沟通一般是指在组织系统内，依据组织明文规定的原则进行的信息传递与交流，如组织与组织之间的公函往来、组织内部的文件传达、召开会议、上下级之间的定期情报交换等。正式沟通的类型有三种：下向沟通、上向沟通和横向沟通。下向沟通一般以命令方式传达上级组织或其上级所决定的政策、计划、规定之类的信息，有时颁发某些资料供下属使用，等等。上向沟通主要是下属依照规定向上级所提出的书面或口头报告。除此以外，许多机构还采取某些措施以鼓励向上沟通，如意见箱、建议制度，以及由组织举办的征求意见座谈会或态度调查等，如有时某些上层主管采取所谓的"门户开放"政策，使下属人员可以不经组织层次向上报告。横向沟通主要是同层次、不同业务部门之间的沟通。在正式沟通系统内，横向沟通机会并不多，往往采取委员会或举行会议的方式来进行。

正式沟通的优点是：沟通效果好，比较严肃，约束力强，易于保密，可以使信息沟通保持权威性。重要的消息和文件的传达、组织的决策等，一般都采取这种方式。但其缺点在于层层传递的沟通渠道过于刻板，沟通速度很慢，此外也存在信息失真或扭曲的可能。

正式沟通模式一般有五种：链型沟通、环型沟通、Y 型沟通、轮型沟通和全通道型沟通。

（一）链型沟通

链型沟通又称为直线型沟通，是指若干沟通参与者，从最初的信息发送者到最终的信息接收者，环环衔接，形成信息沟通的链条。这是一个平行网络，其中居于两端的人只能与内侧的一个成员联系，居中的人则可分别与两人沟通信息，具体如图 4-2 所示。在一个组织系统中，它相当于一个纵向沟通网络，代表一个五级层次，逐层传递，信息可以自上而下或自下而上进行传递。链型沟通传递信息的速度较快，适合于解决简单问题。但是在链型沟通中，信息经过层层传递、筛选，当信息沟通的链条过长时容易失真。信息沟通强调层级和权力关系，让人们感觉不平等，所以沟通的满意程度不高。但对于某一组织系统过于庞大，需要实行分权管理的，那么，链式沟通网络则是一种行之有效的方法。

图 4-2　链型模型

（二）环型沟通

环型沟通也称圆周式沟通，类似于链式沟通，但信息链首尾相连形成封闭的信息沟通的闭环，具体如图 4-3 所示。此形态可以看成是组织成员之间依次联络和沟通，形成的一个封闭式控制结构。其中，每个人都可同时与两侧的人沟通信息。这个网络类似于组织中同层级的横向沟通机制，尽管看似有平等交流的机会，但由于沟通渠道单一，组织的沟通并不充分，同时，由于缺乏信息最终的汇总与决策，也就难以形成共同的意见和建议。

此种沟通模式，更多的是用于鼓励组织内部加强横向沟通的手段，用以提升组织成员对沟通的满意度，但对于组织内部的沟通效率的提升帮助并不大。

（三）Y 型沟通

这是一个纵向沟通网络，其中只有一个成员位于沟通的中心，成为沟通的媒介，具体如图 4-4 所示。在组织中，这一网络大体相当于组织领导、秘书班子再到下级主管人员或一般成员之间的纵向关系，类似于组织中，领导获得信息后，进行决策的过程。

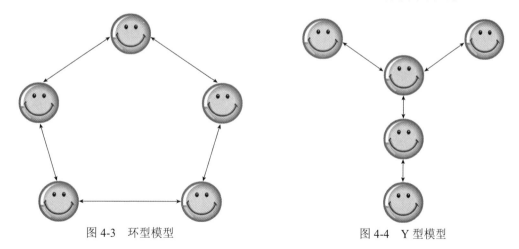

图 4-3　环型模型　　　　　　图 4-4　Y 型模型

这种沟通网络的优点在于集中化程度较高，较有组织性，信息传递和解决问题的速度较快，组织控制比较严格。但是由于组织成员之间缺少直接和横向沟通，除中心人员外，全体成员的满意程度比较低，组织气氛大都不和谐。同时，信息采用上情下达和下情上传的逐级传达的形式，信息经过层层筛选，信息容易被中间环节控制，并出现失真。这种沟通网络适用于规模较大而管理水平不高的组织。

（四）星型沟通

这是一个控制型的沟通网络，其中只有一个成员位于沟通的中心，成为信息控制中心。沟通网络的沟通是通过中间人进行的，其中只有一个成员能够与其他人交流，其他人也只能与中间人进行交流，中间人是各种信息的汇集点与传递中心，他起着一种领导、支配与协调的作用。在组织中，相当于一个主管领导直接管理几个部门的权威控制系统，具体如图 4-5 所示。

它的优点在于集中化程度较高，解决问题的速度很快，主管人的预测程度很高。有利于组织领导及时地掌握各种信息并迅速进行决策。缺点在于沟通渠道过少，导致组织成员的满意程度很低，组织的士气低落。同时，组织对中心控制者的依赖程度较高，控制者的管理能力决定了组织的效率，对组织的发展而言具有一定的风险，而过度集中的信息沟通，也可能形成专制。星型网络是加强组织控制、争时间、抢速度的一个有效方法。如果组织接受紧急攻关任务，要求进行严密控制，则可采取这种网络。

（五）全通道式沟通

全通道式沟通是指所有沟通参与者之间穷尽所有沟通渠道的全方位沟通。全通道式沟通网络并不依靠中心人物来集中和传递信息，每个成员之间都有一定的联系，是一个开放式系统，具体如图 4-6 所示。该网络是高度分散的，组织内的每一个成员都能同任何人进行直接交流，没有限制。所有成员都是平等的，人们能够比较自由地发表意见，提出解决问题的方案。这种网络代表一个民主气氛很浓的组织或部门，其成员之间总是互相交流情况，通过协商进行决策。

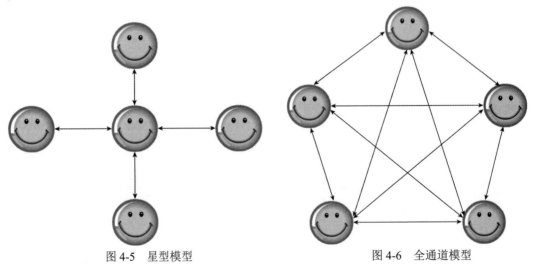

图 4-5　星型模型　　　　　　　　图 4-6　全通道模型

全通道式沟通是一个开放式的网络系统，其中每个成员之间都有一定的联系，彼此了解。此网络中组织的集中化程度及主管人员的预测程度均很低。由于沟通渠道很多，组织成员的平均满意程度很高，所以整体的士气高昂，合作气氛浓厚。但是，由于这种网络沟通渠道太多，沟通成本过高，费时费力，而且容易造成混乱，影响工作成果。这种沟通网络对于解决复杂问题、增强组织合作精神、提高士气均有很大作用，但对于较大的组织并不适用，因为大型组织中难以实现多渠道的沟通要求，它比较适合于小型团队的沟通管理。

以上就是正式沟通的常用模式，通过上述分析，我们可以看到各种模式在不同的方面存在各自的优势，各种模型的比较汇总见表4-1。在管理实践中，要进行有效的信息沟通，就需结合组织发展的需要，发挥其优点，避免其缺点，使组织的管理水平逐步提高。

表 4-1 五类沟通模式的比较

网络类型 评价标准	星型	Y 型	链型	环型	全通道型
集中程度	很高	高	中	低	很低
通道数	很低	低	中	中	很高
领导能力	很高	高	中	低	很低
成员满意度	低	低	中	中	很高

二、非正式沟通模式

所谓非正式沟通是指通过正式组织途径以外的信息流通程序，它一般由组织成员在感情和动机上的需要而形成。非正式沟通和正式沟通不同，因为它的沟通对象、时间及内容等各方面，都是未经计划和难以辨别的，而且途径也繁多且无定型。非正式沟通的途径是通过组织内的各种社会关系来实现的，它们超越了部门、单位以及层次。非正式途径具有更大的弹性，它可以是横向流向，或是斜角流向，一般以口头方式为主，不留证据、不负责任，也比较迅速。例如，同事之间任意交谈，甚至通过家人之间的闲聊等，都算是非正式沟通。

非正式沟通的优点在于：不拘泥于沟通形式，直接明了，速度很快，容易及时了解到正式沟通难以提供的"内幕新闻"。非正式沟通能够发挥作用的基础是组织中良好的人际关系。但其缺点在于：沟通信息难于控制，传递的信息不确切、不权威。同时，非正式沟通容易形成小圈子文化，影响组织团结。

非正式沟通无所不在，对于现代组织管理而言，既要利用好正式沟通，也应该管理好非正式沟通，以便更好地实现组织目标。目前非正式沟通的主要模式包括单向传递、闲谈传递、随机传递和群体传递等。

（一）单向传递

单向传递是指一个人将信息传递给后一个人，后一个人再传给另外一个人的单向传递形式，具体如图4-7所示。

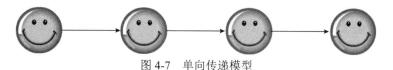

图 4-7 单向传递模型

这类渠道传递的信息往往无法确认信息来源，信息在层层传递过程中很容易失真，最适宜传递那种不宜公开的信息或机密的信息。常见的特工组织中的单线联系，采用的就是单向传递，所不同的是沟通双方只知道自己的上家和下家，不知道这一单线中还有其他人，从而可保护组织一旦被发现不至受到大的损害。

（二）闲谈传递

非正式组织常常有各种非正式的聚会，在聚会中往往通过闲谈的方式进行沟通，这就形成了闲谈式传递。闲谈式传递中有一个信息发送者，多个不确定的信息接收者，信息发送者不一定是该非正式组织的领导，可能只是率先获取了信息者或喜欢传递各种消息的人，具体如图 4-8 所示，比如在朋友聚会中的聊天内容，这些信息可能是真的也可能是假的，而且每个听者的理解也有可能不同。

（三）随机传递

随机传递是指信息在传递时没有被刻意安排、完全是随机的，碰到谁就将信息传递给他，具体如图 4-9 所示，如鲁迅先生的短篇小说《祝福》中的"祥林嫂"逢人便讲儿子的死和自己的遭遇，就是一种随机传递。这种模式的信息接收者是随机产生的。信息发送者见到不同的人可能会说不同的信息，信息接收者对于信息的兴趣也有所不同。

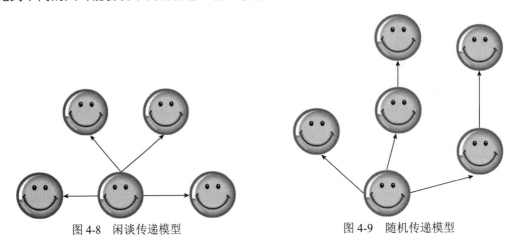

图 4-8　闲谈传递模型　　　　　　图 4-9　随机传递模型

（四）群体传递

群体传递又称集束传递，是非正式沟通中小圈子传递的典型表现。是一个人在自己的小群体(圈子)中传递信息，圈子中的人同样在自己的小圈子里进行信息扩散的方式。结果一传十、十传百，最后是组织内外几乎所有的人都知道了此信息，具体如图 4-10 所示。群体传递的速度极快，俗话说"好事不出门，坏事传千里"，这坏事如何能一下子传千里呢？主要就是群体传递的缘故。在群体传递渠道中，处于不同群体直接的连接点的传递者被称为联络员，他起着连接有消息的人和无消息的人的作用。联络员对他们所选择的渠道是非常挑剔的。他们把信息传递给某些人，而对另一些人则回避不谈。对所回避的人而言，这并不是不信任他们，而是认为该信息不应该让他们知道而已。非正式组织中的成员经常在一起且在某些方面有共同点，故对彼此的特点、习性互相较为熟知，如有的人乐于传递各种消息，此时把其作为需要迅速传递信息的群体渠道中的关键点就非常合适。

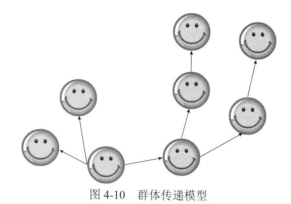

图 4-10 群体传递模型

三、正式沟通与非正式沟通的比较

团队管理的目的在于通过团队成员之间的合作实现更大的绩效目标，团队合作的基础是成员之间的相互信任，而相互信任的前提是相互了解，团队成员的相互了解是建立在良好的沟通基础上的，因此团队沟通对于团队管理和团队发展至关重要。由于团队组成人数不多，团队管理要求成员之间加强沟通，在团队管理中无论是正式沟通还是非正式沟通，都是团队中重要的沟通方法，正式沟通和非正式沟通之间也存在着不同的差异性，这些差异主要体现在以下几个方面，具体汇总见表 4-2。

表 4-2 正式沟通和非正式沟通的比较

	沟通原因	组织形式	信息准确	参与人员	沟通效果
正式沟通	组织	正式	准确	有规定	有效
非正式沟通	情感	非正式	不确定	随机	不确定

(1) 沟通的原因。正式组织沟通的原因在于组织需要，为了更好地完成组织的目标，组织需要进行沟通，为了获得更好的沟通效果，组织会积极地开展各种形式的沟通，促进组织实现有效的沟通，并最终能够更有效的达成组织目标。非正式沟通的目的基于人类情感，也就是说人类个体本身需要和其他人交流，因此交流这种行为本身最为重要，至于交流什么、怎么交流并不是关注的重点。

(2) 组织形式。正式沟通是在组织制度规定下进行沟通的形式，因此正式沟通是由组织按照要求进行组织的，包括人员、内容、信息沟通方式等都由组织规定；非正式沟通，则是以非正式的形式存在的，组织沟通的人员和形式都不确定，非正式沟通的时间、地点、人物、内容都存在一定的随机性。

(3) 信息准确性。正式沟通所沟通的内容是由组织明确规定的，沟通过程中大家会在明确的目标下进行相互的交流和讨论，并最终形成必要的沟通结论，最终的沟通结论具有权威性；而非正式沟通，所沟通的内容是不确定的，大家在沟通的过程中，随时可能转换话题，而对于沟通过程并不做任何限制，也不需要形成共同认可的沟通结论，由于每个人对在沟通过程中交流的信息的理解不同,可能会存在不同的结论,致使信息的权威性受到质疑。

(4) 参与人员。正式沟通的参与人员是由组织根据讨论的信息安排的,对于不同话题会设定不同的讨论小组,人员相对比较固定,参与人员对所讨论的信息有一定的认知;非正式沟通的参与人员是随机的,不确定谁会参与信息的讨论,这些人是否对讨论的话题感兴趣,或者有一定的认知,也是不确定的。

(5) 沟通的效果。正式沟通要求实现沟通的有效性,因此会强调沟通中的反馈,也就是说正式沟通都是双向或者多向的沟通,重点在于沟通真正地让沟通的主体能够理解和接收到全面的信息;非正式沟通对于沟通信息是否能获得有效的理解并不关心,非正式沟通中的沟通往往是单向的,更多的是由发布者随机地进行信息发布,接收者随机地进行接收,尽管一些非正式沟通存在一定的反馈,但并不强调反馈的效果,也不注重信息是否能够被接收者理解。

正式沟通和非正式沟通都能够促进团队成员之间的沟通,并增强团队成员之间的相互了解和合作,它们对于团队的发展都非常重要。在团队管理中,应该积极地组织、管理好各种正式沟通,同时也要鼓励团队成员之间的非正式沟通,并积极地利用非正式沟通促进团队的发展。由于非正式沟通不受规定手续或形式的种种限制,因此在团队成员的日常生活中,往往比正式沟通在管理中显得更加灵活和重要。团队应该对团队内部的非正式沟通网络加以了解和引导,帮助团队获得更多无法从正式网络取得的信息,在达成理解的同时解决潜在的问题,从而最大限度地提升组织或团队的凝聚力,发挥整体效应。

【案例 4-2】

华为的多渠道沟通

华为的各业务单位和部门实践出了很多正式和非正式的沟通渠道,建立起了公司和员工之间的桥梁。基于员工成长的沟通:新员工大会、新员工座谈、绩效辅导与考评沟通、调薪沟通、任职资格沟通等;基于管理改进的沟通:经理开放日、开放日(openday)、工作外露会(workout)、民主生活会等;基于氛围建设的沟通:年终晚会、家庭日(famly day)等。

员工可以向自己的直接主管提出自己的意见和建议,也可以按照公司的开放政策,向更上一级的领导提出他们的问题。

华为还利用类似《华为人报》一样的内部报纸,及时传递来自基层的信息,这是从微观层面实现企业与员工待续沟通的有力工具。应该说,报纸是企业内部最便利的沟通渠道,它的作用在于实现企业与员工之间,员工与员工之间持续不断的沟通。

《华为人报》很有特点,基本上都是员工自己写身边的人和事,写他们自己的感悟,可以让人感受到华为人的精神风貌,以及他们顽强拼搏、奋力进取的精神。这是实现员工内部互动、良性沟通的有效方式,也是最便捷的一种沟通渠道。

资料来源:王伟立. 华为的团队精神:从优秀到卓越的中国式狼性团队精神[M]. 深圳:海天出版社,2013.

第三节　实现有效沟通

在团队中,沟通是维护其整体性的一项十分重要的工作,也可以说是一门艺术。如果说纪律是维护团队完整的硬性手段的话，那么沟通则是维护团队完整的软性措施，它是团队的无形纽带和润滑剂。

团队有效沟通的作用体现在以下几个方面。

一、团队有效沟通的意义

(1) 促进团队内成员间的相互了解。沟通可以使团队中下情上达、上情下达，促进彼此间的了解。无论是在人们的日常生活还是工作中，人们相互沟通思想和感情是一种重要的心理需要。沟通可以解除人们内心的紧张和怨恨，使人们感到精神舒畅，而且在互相沟通中使双方产生共鸣和同情，增进彼此的了解，改善相互之间的关系。如果一个团队信息沟通的渠道堵塞，成员间的意见难以沟通，将使人们的心理产生压抑、郁闷感。这样，不仅影响成员的心理健康，还会严重影响团队的工作。因此，团队领导者必须保证团队内部上下、左右各种沟通渠道的畅通，以利于提高团队内部成员的士气，增进人际关系的和谐，为团队的顺利发展创造"人和"的条件。

(2) 增强团队凝聚力。有效的团队沟通可以让成员更清楚组织的目标，更清楚自己如何促进组织目标的实现。在团队目标的引导下，团队成员之间能够更好地凝聚在一起，形成合力，实现组织目标。有效的沟通不仅可以优化团队的管理，还可以激励团队成员的工作热情和积极性，提升团队成员的信心，更积极主动地为团队的发展献计献策，增强团队内部的凝聚力，使管理工作更富成效，组织蓬勃发展。

(3) 保障团队目标顺利实现。团队运作的目的在于达到团队的共同目标，而达到目标的关键在于同事之间的交流和相互理解。如果是一个人单独工作，就没有交流的必要，但是团队目标只有通过大家的分工合作才能达成，因此团队成员之间的相互交流和相互信任就不可或缺了。

一个团队只有通过沟通才能成为一个有机的整体。通过团队沟通，每位团队成员才能清楚地看到自己和别人的目标、位置，能够做更好的联系与互动，从而贡献自己的力量。如果沟通环节出现问题，团队就会失去其应有的生机和活力。沟通并不是单纯地表达想法，它是一个双向交流的过程。沟通双方要相互了解，达成共识，共同为达到团队目标而努力。

在某种程度上可以说工作的成果在很大程度上取决于意见沟通的效果。

(4) 提高团队决策水平。实现科学决策的基础在于有足够有效的信息可以进行筛选，特别是对于目前信息大爆炸时代，如何做到信息数量多，而且信息质量高，是影响团队决策水平的关键。团队沟通，可以充分利用"集体智慧"，发挥团队成员各自的优势，从不同的角度获取不同的信息，并通过团队沟通的共享平台进行分享和分析，最终形成具有价值的方案，为团队的科学决策提供帮助。在团队共同决策的过程中，团队成员的积极参与也有助于团队决策的进一步落实。因此当团队要进行重大决策时，团队必须做好良好的沟通工作，通过积极的团队沟通让目标更加清晰，让决策的方案更加合理，让决策的实施更加可靠。

(5) 增强团队的创造力。沟通和交流有助于促进团队学习，并促进团队创新。我们每个人都有自己的思想、价值观、信念，对于同样的事情可能会有不同的想法，但大部分人不会轻易表达自己的意见。在团队沟通中，团队会鼓励成员表达各自的想法，提出各自的意见，无论对错都会要求成员积极参与沟通和讨论，当众多团队成员之间的想法碰撞在一起的时候，就有可能创造出很多新的想法，成为团队创新的源泉。

(6) 加速问题解决。通过团队沟通，团队成员知道在特定的项目中，每个人的任务是什么，也知道怎样把别人的经验为我所用。每一位成员都小心谨慎，会不时地做出调整，这使团队整体的工作得以迅速而平稳地推进。这种调整最终影响到整个企业，推动着企业的发展。

二、团队有效沟通的原则

要进行有效的团队沟通，必须掌握以下几个原则。

(1) 进行有针对性的沟通。人们对信息的接收具有个人喜好性，对不熟悉或具有威胁性的信息他们往往会排斥。有针对性地沟通指在传递信息时要具有目的性及保密性，同一信息对不同的人具有不同的价值。因此，要注意信息传递的目标，确保信息的效用。要研究不同对象的不同需要，追踪信息接收者的视线所向，保证信息传递的质量，减少无效劳动。

(2) 对信息量要有所控制。不同的信息沟通方式能够有效传递的信息的数量和质量是不同的，但从总体上来讲，信息数量越少，传递的效果越好，在团队信息沟通中，为了更好地实现团队沟通的有效性，要根据团队信息传递方式的特点控制好信息传递的数量和频次，并加强信息的反馈。

(3) 要保证所提供的信息是有价值的。信息时代的特点就是信息量巨大，无论在日常生活中，还是在管理活动中，我们都会面对大量的信息，但是对于信息的取舍每个人都会有自己的标准，对个体有价值的信息，会被个体所接收，没有价值的信息对个体产生不了任何作用。在团队沟通中，同样面对大量的沟通信息，特别是对于团队沟通我们强调通过多种方式、多种途径进行全通道的沟通。此时团队同样存在大量的信息资源，但也并不是对个体都有价值，因此个体同样会进行信息的取舍，作为团队管理而言，应该尽量保证基于正式沟通的团队信息是有价值的，并要求团队成员能够积极地加以反馈，保证团队沟通的有效性。

(4) 保证沟通信息的质量。沟通的信息要多，即在单位时间内传递的信息数量要多；信息要快，即信息传递要迅速、及时，一条很有价值的信息，如果传递速度过慢，就可能变得毫无价值；信息要好，即要消除信息传递中的种种干扰，保持信息的真实性；信息要有效益，即在较短的时间内，花费较少的费用，传递尽可能多的信息。在信息传递中，这几方面互相联系、互相制约，要加以协调。

(5) 及时反馈。在团队沟通中，反馈是保证信息沟通有效性的关键。反馈要求双向交流，即信息的发送者和信息的接收者之间为了保证信息理解的一致性而进行的交流，反馈也是一种沟通。

由于信息在传递过程中存在诸多的干扰因素，因此信息在发布后可能会存在失真和遗失等情况，信息接收者获得信息后有可能无法正确理解信息。信息的反馈能够纠正信息传递中的错误，并使接收者能够获得真实可靠的信息。通过不断的反馈，也加强了信息的解释，使一些信息更加容易被理解和接收，同时信息反馈的过程，也是信息发送者和信息接收者之间交流的过程，会促进彼此之间的相互了解，为未来更好地进行信息沟通奠定基础。

(6) 控制非正式沟通。在团队管理过程中，应该充分利用各种沟通模式促进团队沟通，以实现团队绩效。无论是正式沟通还是非正式沟通都对团队沟通具有重要的作用。事实上，在一些情况下，非正式沟通往往能够达到正式沟通难以达到的效果。但是，非正式沟通也可能成为散布谣言和小道消息的渠道，产生不好的后果。所以，团队管理要控制和引导非正式沟通，让它能够更好地为团队管理服务，而不是给团队管理添乱。

第四节　沟通技巧

有效沟通对于团队的发展至关重要，尽管我们一直努力实现团队沟通的有效性，但现实中沟通是一件非常复杂的事情，要实现沟通的有效性非常困难，因此在团队管理中还需要运用相应的沟通技巧，才能更好地提升团队的沟通效果。

一、营造有利于沟通的氛围

我们发现，在许多企业和事业单位，当组织部门或人事部门要征求普通员工对中层管理干部的看法时，常常不得不采取"背靠背"隐蔽性的谈话方式。常常是在一个关上门的会谈间并且不记名时，员工们才愿意说出对本部门管理者的批评想法。为什么同一个组织内的成员不能放心地批评自己的管理者和领导者呢？这表明组织成员还缺乏足够的相互信任，组织缺乏积极的沟通气氛。与上面描述的情况相反，一个成熟的团队是可以在内部公开相互批评的群体，当然，礼貌地面对批评总是必要的。公开批评也要讲究礼貌和场合，也要考虑时机和方式，公开批评不等于粗鲁和肆无忌惮。团队良好的沟通不仅体现在成员的坦诚批评，还体现在沟通的各个方面，这主要得益于良好的团队沟通气氛。

良好的沟通气氛主要体现在以下几个方面。

（一）良好的沟通环境

沟通环境主要包括沟通平台的搭建，沟通渠道的畅通，沟通信息的有效传递等因素。团队应该开辟不同的沟通平台，使成员之间可以自由选择，并且可以在各种平台中自由的交流，传统的沟通平台包括会议、演讲、企业报纸与杂志、信函等。随着现代技术的发展，越来越多的电子信息技术平台成为现代团队沟通的主体，如 QQ、MSN、E-mail、BBS 和局域网络等，为成员之间的交流提供了更加便利的条件。沟通平台只是信息传递的载体，在这个载体上，信息是否能够被正确地进行编码和传递，主要依靠信息沟通渠道的顺畅，这就要求团队对信息沟通的渠道进行维护，对于信息要进行必要的整理和分析，提高信息的质量和信息传递的有效性。信息传递的有效性关键是看信息是否被有效接收并进行反馈，因此信息接收后的及时反馈相当重要，很多组织虽然建立了信箱、网站等平台进行信息的收集，但是对接收到的信息，没有反馈任何消息，致使信息沟通渠道丧失了效力，达不到信息沟通的效果。

（二）成员的互信和平等

在团队沟通气氛中，信任因素成为人们坦率沟通的基础因素，没有信任人们彼此之间就不会进行主动的沟通。在相互信任的基础上，人们才会主动将自己的想法表达出来，才会将自己的信息资源提交给团队进行共享。相应地，因为团队对成员的信任，团队才会相信成员提供的信息。团队沟通的另一个因素是：沟通者是平等的。沟通者不论职位高低，都有平等的对话权，沟通者处在平等对话的地位，每个团队成员都有充分的发言权。同时，团队成员的意见也都同样受到重视。在平等沟通的基础上进行交流和讨论的信息能够普遍为团队成员所接受和认可，在团队管理的过程中显得尤其重要。信任与平等成为团队坦率沟通的基础因素。沟通者相互信任和平等进一步推动了成员之间的相互善意和宽容，为团队沟通营造了良好的气氛。

（三）信息公开和信息共享

团队沟通是高度公开的，团队鼓励成员对各种信息—进行公开的交流，并实现信息的共享。良好的团队沟通的一个外显特征是信息在团队内得到高度分享，团队中团队成员之间分享信息资源在广度和深度上大大超过了非团队组织。随着信息时代的发展，信息作为一种有价值的资源越来越受到人们的重视。团队中，团队信息资源是团队共同的资源，而得到共同分享，而不像非团队组织中经常发生的那样，成为某些个人夺取私人利益的一种资源。团队信息高度分享，不等于团队信息是绝对分享的。团队也有业务机密。在特定的情况下，有些信息不能随时对任何成员公开，而有的信息公开则可能对团队不利。但总的来说，团队信息是高度分享的。

信息的公开和共享有助于成员对团队目标及工作的理解和认可，有助于成员明确自身的责任和义务，有助于成员更加关注团队变化。这种信息的公开和共享促进并加强了团队的信任基础。由于相互信任，在团队里沟通者的互动动机是善意的，即使是提意见，提意见的动机也是为了促进合作而不是为了个人的私利，更不是为了打击对方。听取批评意见的人对提出善意批评的人也怀着虚心听取意见的善意，完全没有报复的不良动机。

（四）非正式沟通的处理

非正式沟通是团队沟通中的一种方式，它对于团队的沟通的有效性产生了重要的影响。营造良好的团队沟通气氛，必须对团队的非正式沟通进行必要的引导，避免非正式沟通对团队沟通产生负面的影响。

(1) 非正式沟通的产生和蔓延，主要是因为得不到所关心的信息，因此管理者越封锁，则背后流传的谣言越多。团队管理中，应该加强和疏通正式沟通渠道，使团队沟通系统更为开放或公开，在不违背组织原则的前提下，应尽可能通过各种正式渠道把信息准确地传递给团队成员，避免由于信息在非正式传递中的不真实或不准确，导致的种种不实谣言。

(2) 闲散和单调乃是造谣生事的温床。要避免发生这些谣言，扰乱人心影响士气，组织应该使团队始终保持积极的工作热情，赋予团队具有挑战性的工作目标，激励团队成员对目标积极追求，这样团队成员在日常的沟通中，会更加关注团队目标的信息交流，而不是漫无目的的人际关系讨论。

(3) 通过沟通环境的打造，为人们实现有效沟通创造了可能性；团队成员间的互信和平等激发了人们沟通的主动性；信息沟通和共享的实现促进了人们信息沟通的积极性；对非正式沟通的引导和控制保证了团队沟通的有效性。良好的沟通氛围，最终实现了团队的有效决策，促进了团队目标的实现。

二、选择有效的沟通方式

在一次有效的沟通中，内容固然重要，但是我们首先要考虑的是沟通的方式，沟通方式的选择先于信息内容的传递。只有用情感进行沟通，真心诚意地去沟通，大家在心理上才能愉快地接受你，才能收到事半功倍的效果。因此，沟通也是一个方式和技巧的问题，只有从心开始，才能有效地进行沟通。所以，要使沟通的双方相互理解、相互信任、相互认同，就要认真地考虑以最佳的方式来进行沟通。常用的沟通方式主要有以下几种。

(一) 笔头沟通

笔头沟通作为一种传统的沟通形式，一直作为最可靠的沟通方式为大家所采用，每一个人在工作中都不可避免地要运用文字来沟通信息。正如在现在的商业活动中，商务函件、协议、单据、申请报告等，都要以笔头记录的方式加以认同，并成为约束大家行为的手段。"口说无凭，落笔为准"充分说明笔头沟通在现实生活中的重要作用，而且以文字作为表达方式，是最有效的整理思路，建构严密信息逻辑的手段。根据沟通渠道的不同，笔头沟通可以分为纸张沟通(包括正式和非正式报告、信件、商务函件、备忘录等)、传真沟通、电子邮件沟通和电子会议系统沟通等。其中前面两种方式以纸张为媒介，后面两种方式以机器网络为媒介。

1. 笔头沟通的特点

笔头沟通的特点，主要表现在以下几个方面：

(1) 沟通的信息容易记录，并能得到永久保存。

(2) 由于其保存性强，容易复制，且不易被"污染"，可以保证在信息扩散的过程中，使不在沟通现场的受众(读者)能够得到真实的信息。

(3) 对读者来说，笔头沟通的信息传递方式速度快(因为阅读比倾听更快)——当然对整个沟通系统来说效率却不一定高(因为这还涉及信息发送者的沟通效率问题)。

(4) 四是笔头沟通可以特别关注问题的细节，而且就读者来说，也可以更多地获取细节方面的信息。

(5) 比口头表达采用更为精确的用词。但对于笔头沟通而言，由于受到篇幅限制，沟通的信息可能会表达不完整；同时，由于沟通缺乏及时反馈，可能会对沟通的有效性产生影响；另外，由于词语词义的多样性，在书面表达中对于同一个词的理解可能存在多种释义，在缺乏及时反馈的情况下，可能会对信息的理解产生歧义。

2. 笔头沟通应注意的问题

笔头沟通作为管理沟通中的一种常见的沟通形式，必须从受众导向去收集信息、组织信息和编辑信息，为此，对受众的分析成为笔头沟通的重要前提。如果对受众了如指掌而且语言能力较强，对受众的分析过程完全是下意识的；但如果对受众了解不多或所提供的信息十分重要，就要花一定时间去分析受众，并根据受众特点来组织文字信息。一般来说，要实现笔头沟通的有效性应该注意以下几个方面。

(1) 要明确定位。明确定位是笔头沟通中的重要环节，就像建筑师运用蓝图，旅行者借助地图一样，任何一份文书都是根据工作中的实际需要来拟写的。因此，在动笔之前首先要弄清楚发文的主旨，即发文的主题与目的，包括文件的中心内容是什么？比如相关工作的改善，目前情况如何、存在哪些问题、有哪几种解决方式、需协助的事项，再如请求事项，拟请上级机关答复或解决的问题等；采用什么文种？比如汇报工作情况，是写专题报告还是写情况简报；针对下级来文所反映的问题，是写一个指示或复函，还是一个带规定性质的通知等；有发文的具体要求吗？例如，是否要求对方答复；是供收文机关贯彻执行，还是参照执行、研究参考、征求意见等。

(2) 要换位思考，也就是站在信息受众的角度去思考信息内容的安排。试想，如果你是一名读者，你想从这个文本中得到什么？你想收获什么有价值的信息？反之，这也正是撰写者写作的突破口。从读者角度组织写作思路及语言，选择易被他们接受的方式，这样才能使沟通更有说服力。换位思考中首先要考虑受众对所要讨论的主题知道多少。根据约翰·洛克(John Locke)的观点，受众对于主题的了解程度往往很容易被高估，因此如果你所提供的信息完全是新的内容，就必须对信息的表述进行清楚的界定。包括通过下定义、概念解释、举例子等方法将主题表达清楚；将新的信息与受众已有的常识相联系：通过分段或加小标题的方式使信息易于理解；用文件草稿在传递对象的抽象人群中进行试读，看他们是否领会和运用你所写的内容。其次是让受众对信息发生兴趣。这份报告是否值得看？如果受众认为这份报告对于自身事业的发展很有用，他们不但会认真地看，而且会积极采取行动。但如果受众在看到报告后，第一反应是似乎与自己没有关系，或者对报告没有兴趣，就向我们提出了挑战：如何才能让他们感兴趣呢？首先要突出重点，吸引眼球。在内容的显要位置或者第一段向受众昭示该信息的重要性以及与受众的相关性；对内容的表达要简单明了，尽量用简单的话语对所要表达的内容进行分类总结；对需要提出建议的内容，建议要具有可操作性，并设定一个可行的截止日期。在信息表达方式上，要能引导受众产生对信息的好感，尽量避免用词傲慢、粗鲁、含敌意、冷漠或像家长一样的教训；通过强调积极面来减少对方原有的敌意；要充分表现逻辑和对方能感受到的好处。

(3) 文字表达要准确到位，其中包括①要能够提炼出核心观点。抓住提议或信息的精髓是一种有价值的技能。试想，当你费力地用长篇大论进行论证的时候。你的读者会耐心地通篇看完吗？这种可能性很小，你需要把事情归纳起来，从而使读者能够领会你的用意所在。这就是需要概述的地方。当撰写摘要的时候，要尽量传达高潮或什么行为结果将要发生了，我们现在要做什么？为什么会产生这种结果？你想从我们这里得到什么？我们之间的利益契合点是什么？等等。②要尽量使用直观的表述形式。在进行书面沟通前，如果主要采用对比或类比的思路，将平铺直叙的文字换成各种图示的形式，如曲线图、图表、矩阵、清单、饼图等，那么将是明智的选择。③要使用清楚、熟悉的词语。为了方便读者阅读，同时也为方便撰写者自己写作，应尽量使用准确、清晰、熟悉的词语和修辞手法。特别要注意在使用技术性、专业性术语时，应分清受众的接受程度，不要为了与众不同而频繁使用专业性过强的术语，因为这样常会产生适得其反的效果。④要尽量用简短的句子表述问题。在保证句子完整的基础上，还要考虑句子的长短。过长的句子会给人以形式上的压抑感，要将比较长的句子拆分成几个较易理解的句子，让读者能够直截了当、明确地读懂每个分句。在修改文章时，可分析较长句子的逻辑关系，利用不同的主语、主被动形式的不同来分解句子。

(4) 合理地编排信息。在笔头沟通过程中，如何减少受众的抵触情绪，消除受众的负面反馈可能给沟通带来的困难，是使信息有效传递的关键。为此，要站在受众的立场上给他们提供积极的信息。例如，把好消息放在第一段；把受众可能得到的好处甚至放在好消息之前；开头先讲你们之间的共同点和一致之处，讲双方之间的一致之处时，不妨向受众提供你们共同的经历、兴趣、目标和价值观，因为一致的感觉有时比文件的内容更能说服对方；观点要清晰明确；不要使用煽动性的言论；减少说明或提出要求等内容的篇幅，如若可能，在下次沟通时再提出此类内容；说明你的建议是现有最好的解决办法，当然这也不是十全十美的。写作风格应尽量友善、非正式，文章结束语和敬称等要让信息接收者感觉到在这个正式或非正式群体中的归属感。

(5) 要反复检查、认真修改。初稿写出来后，要认真进行修改。无论在什么情境下，作者都不应该认为一次写出的材料就是最后的定稿，即使是很有经验的作者，也很难一次完成写作任务，写文章需要下功夫。好文章都要经过反复修改，尤其是重要的文件，往往要经过几稿才能通过。"错误"在所难免，诸如标点、排版、拼写、语法、遗漏、置换及重复等。一般来讲，检查和校对工作主要围绕以下几个方面进行：首先，要提炼校正文章主题。主题是文章的灵魂。通过对主题的校正，可以使主题更加正确、鲜明、集中、深刻和全面，避免读者走入误区，会错意。其次，要注意增删、更换材料。材料是主题的载体。材料的质量如何，影响主题的表现。因此修改时，必须认真分析材料的精彩程度、可靠程度，结合文章内容适当删减材料。再次，要进一步调整结构安排。文章要做到言之有序，必须有严谨的结构安排。因此，在修改文章时要注意对组织构造做细致的坚定分析，以便重新调整组合，使结构达到最佳。最后，要不断的推敲润色语言文字。语言是否能准确、生动、传神地表情达意，是笔头沟通的重要特色。文稿能够修改也是这种沟通方式的巨大优势，因此要把握好修改的机会，让文字的内容能够更加清晰、准确地表达出信息发送者的意图。

(二) 倾听

在每天的沟通过程中，倾听占有重要的地位，我们花在倾听上的时间，要超出其他沟通方式如读、写、说许多。美国明尼苏达大学尼科尔斯(Nichols)教授和史蒂文斯(Stevens)教授认为，一般人每天有70%的时间用于某种形式的沟通。在他们的报告中，还特别提到，在我们每天用于沟通的所有时间中，45%用于倾听，30%用于交谈，16%用于阅读，只有9%用于书写。

通过倾听可以获取重要的信息。交谈中有很多有价值的信息，有时它们常常是说话人一时的灵感，而自己又没意识到，对听者来说却有启发。实际上就某事的评论、玩笑、交换的意见、交流的信息、各自的需求，都是最快的信息。有人说，一个随时都在认真倾听他人讲话的人，在与别人闲谈中就可能成为一个信息的"富翁"。此外，通过倾听我们可了解对方所要传达的消息，同时感受到对方的感情，还可据此推断对方的性格、目的和诚恳程度，并增加彼此之间的情感和信任。倾听始于注意，好的倾听者能够更好地保持注意力于谈话。在交谈过程中，不时地注视一下对方，对方的谈话有时会发出反馈信息，如"嗯""是的"，有时插入简短的评语等，都有助于保持注意力并让对方察觉自己在专注地倾听，启发对方提供更完整的资料。倾听可以训练我们以己推人的心态，锻炼思考力、想像力、客观分析能力。有时候，倾听还可以掩盖自身的弱点。俗话说"沉默是金""言多必失"，如果你对别人所谈问题一无所知，或未曾考虑，保持沉默、注意倾听反而是最好的选择。

1. 有效倾听

倾听是团队沟通的重要手段，要做到有效倾听，必须做到以下几点。

(1) 认真对待倾听。许多无效沟通的原因是倾听者无法专注于听。不专注，常常使倾听者漏听有用的信息，或者没有真正理解话语的含义。如果说话人发现倾听者没有专注地听，就会失去说的兴趣，或者说了等于没说。倾听中的行为表象会体现出倾听是否专注，不专注的倾听方式还会给人留下"不尊重说话人"的消极印象，倾听中好的行为见表 4-3，不好的行为表现见表 4-4。

表 4-3　倾听中好的行为

形体语言	语言
全神贯注 不时点头，表示同意对方的观点 微笑且和蔼 周围发生骚动时，依然不受影响 眼睛温和地看着对方 不用动作打断对方谈话	偶尔重复对方精彩的谈话部分 用简短的语言表示同意对方的意见："是的""确实如此" 不时轻声称赞对方的分析 对方被周围环境影响时，轻声对他说："没关系，我们继续。" 出现不同的意见时，不要争辩，可以说："让我想想，也许我错了。" 不用粗鲁的或不礼貌的语言

表 4-4　倾听中不好的行为

倾听者的行为	倾诉者可能的反应
用心不专、注意力分散、缺乏耐心	可能走神或打断话
虚伪地附和	不再说真话
频繁看手表	提醒你是否该结束谈话了
左瞧右看	可能借故走开
接听手机或拨打手机	对周围的环境比倾听表现出更浓厚的兴趣
经常打断对方谈话	露出无可奈何的笑
脸上刻板无笑容	严肃而且忧郁

改进倾听习惯的第一步是培养自我意识。分析自己作为一个倾听者的短处，并下定决心改正这些错误。好的倾听者并不是天生的。他们想办法学会如何有效地听讲。好的倾听者并不是非得要有很高的智力和教育水平及社会地位。跟其他任何一种技巧一样，良好的倾听习惯来自实践和自律。

应该把倾听看作是一个主动过程。现代生活从许多方面鼓励我们要被动地倾听。我们学习的时候听"收音机"，或者从一个房间到另一个房间的时候"听电视"。这种被动倾听已经成为一种习惯——但主动的倾听也一样。我们要学会辨别在哪些情形下主动倾听是非常重要的。如果真心投入成为有效倾听者的练习活动，你会在学业、人际和家庭关系以及事业当中收获这种练习的回报。

培养良好的倾听行为。包括倾听中保持良好的精神状态，在与别人交谈时要排除有碍于倾听的环境因素，如尽量防止别人的无谓打扰及噪声打扰，用各种对方所能理解的动作与表情，表示自己理解的情况，如微笑、皱眉、迷惑不解等表情，给讲话人提供准确的反馈信息以利其及时调整，还应通过动作与表情，表示自己的感情，表示自己对谈话和谈话者的兴趣等。

(2) 敏感把握倾听获得的信息。一般来说，人对于自己感兴趣的话题往往比较敏感，对于自己不感兴趣的话题自然会比较迟钝。在一次谈话的过程中，内容跌宕起伏，倾听者很少能够一直保持同样高度的兴趣，因此，走神有时是难以避免的。在人数较少的人际沟通中，一旦发现刚才走神漏听了一些比较重要的信息，应该及时设法补救。如果是倾听演讲，可以在演讲结束后请教演讲者。在谈话的过程中，倾听者要善于捕捉与自己感兴趣的话题间接相关的线索，当说话者的谈话散漫不着边际时，适当地引导说话者转回主题。用心的倾听者能够找到各种各样的线索，掌握谈话者要传达的真实信息，尤其是对自己感兴趣的话题。

(3) 及时整理和反馈信息。倾听者不仅要关注谈话的内容，还应对谈话者的情感和需要保持敏感，确实理解谈话者的需要和情感。对于谈话的内容，倾听者应该及时给予说话者适当的反馈，如对说话者点头示意或发出表示自己在倾听的简短声音，同时适时适度的提问也是一种有效的反馈方式，适时适度的提问有利于你把自己没有倾听到的或没有倾听清楚的事情彻底掌握，同时也有利于讲话人更加有重点地陈述、表达，但是提问也需要注意提问的技巧，要学会避开提问的禁区，通常提问的问题可以参考表 4-5 中的内容。反馈的信息使得说话者有机会了解输出的信息是否被理解以及被理解的程度。对于刚刚结束的谈话，及时理清说话人的观点和所说的重要事实，对于过后保持准确的长时记忆是非常重要的，对于重要的内容事后还应及时记录。

表 4-5 提问的技巧

可以提问的问题	不宜提问的问题
1. 对身边某事的看法	1. 对身边某人的看法
2. 让人快乐的事情	2. 涉及他人隐私和隐痛的问题
3. 随意的无主题的问题	3. 带有知识性或要求解答的问题
4. 对中外历史上某事某人的看法	4. 他人的家庭问题
5. 流行音乐和电视等	5. 有关领导的问题

（4）加强记忆。对于一些时间较长，信息量较大的谈话和研究，仅仅依靠倾听很难掌握和理解谈话者的意思，要想实现有效的沟通，为了加强记忆和增强信息的有效性，在倾听的过程中往往需要采取不同的记忆方法，增强记忆效果。常用的方法包括录像、录音、做笔记等。

做笔记，是改善注意力和跟上谈话人思路的绝好办法。但不幸的是，许多人不会做笔记。有些人费尽力气想把谈话人说的所有话都写下来。他们把记笔记当作一种竞赛，看书写速度赶不赶得上演讲人说话的速度。演讲人开始说话以后，记笔记的人立即就开始书写了，但过不了一会儿，记笔记的人就开始乱划一通，记下的都是一些不完整的句子和简化的字眼。哪怕这样还不够。讲话的人已经走到前面很远的地方去了，记笔记的人永远也赶不上他。最终，记笔记的人就承认失败，余下的时间就在那里自怨自艾了。有些人又走到了另外一个极端。他们来的时候带着笔、笔记本和最良好的意愿。他们知道自己不可能把所有内容都记下来，所以也并不关注谈话者的谈话内容，因此就舒舒服服地坐在椅子里，等着演讲人说点什么让他们感兴趣的话。可到谈话结束，却连谈话者所说的重要的话一句也没有记下来。要想做好笔记，首先，应该对即将谈话的内容有一定的了解，这样有助于倾听者理清思路，更加关注自己所关心的信息；其次，应该注意先记录谈话者的重点问题和重要观点，而不事先判断这些观点是否正确、是否会被自己接受。

2. 不良倾听

在倾听的过程中，不良的倾听习惯往往会影响沟通的效果，为了维持和发展团队沟通气氛，必须警惕和消除五种不良的倾听行为方式。这些不良的倾听方式分别为自我辩解的倾听者、自我中心的倾听者、被动的倾听者、奉承的倾听者和挑剔的倾听者。

（1）自我辩解的倾听者。如果一个人知道自己的行为是错误的或者是不成功的，心中会感到不安。怎样消除这种不安呢？纠正错误行为或者继续行动直至成功就会消除原来的不安。如果无法改正自己已经犯下的错误或者无法补偿自己不成功的行动后果，人们往往试图通过为自己的行为寻找某些理由来减轻或者消除这种不安。不少人往往不是通过承认错误和纠正错误的途径来消除心中的不安，而是选择为自己寻找某些理由来消除心中的不安，这就是自我辩解的行为倾向。

许多人在一定程度上都具有自我辩解的倾向。自我辩解倾向阻碍人们倾听批评意见或不同意见。喜欢自我辩解的人，常常为自己的错误行为和错误的后果寻找辩解理由。

自我评价高的人，假如对自己的不当行为没有充足的理由，在心理上是很难接受别人对他的批评意见的，因此有时倾向于自我辩解，试图为自己的行为寻找理由。自负的人很不愿意倾听对他的批评意见。人们也不爱听对自己尊重的人的批评意见。当批评意见与倾听者原来的认识、信念是对立的时，往往会被忽略。一个好的倾听者必须硬着头皮倾听批评意见，因为那些"逆耳之言"很可能是大有价值的。

（2）自我为中心的倾听者。有人总是喜欢说，"不愿意听。"他们对倾听似乎没有兴趣，但自己一说话，就滔滔不绝。他们的谈话往往没有主题，即使有主题，也常常跑题。他们很少关注别人是否对他们的谈话感兴趣。别人说话时常常会被他们打断。他们是一些喜欢控制谈话的人。他们喜欢输出信息，但不喜欢输入信息，而且不太注意自己输出的信息是否为别人所需要，也不太在意别人的反应。由于他们常常打断别人的话头，因此很少能得到足够的反馈。与自我中心的倾听者的沟通缺乏双向交流。

(3) 被动的倾听者。被动的倾听者对听到的信息很少深入思考，也很少给予说话者反馈。他们静静地听，几乎不提问，更不会打断别人的话。从表面上看他们是好的倾听者，但实际上他们并不关心说话人的话语的内容。与被动的倾听者的沟通很难深入。

(4) 有意奉承的倾听者。以奉承他人为主要特征的倾听者很注意谈话人提及的自夸性内容，有意忽略涉及对方缺陷的信息。当谈话人说到得意之处时，倾听者常常会不失时机地表示自己的钦佩或羡慕。奉承的倾听者很注意与谈话人的关系，不愿意得罪谈话人。奉承的倾听者不会给予对方任何真实的批评性的反馈。

(5) 急于挑剔的倾听者。挑剔的倾听者没有耐心听完对方的话语，常常打断对方的谈话。他在倾听的时候似乎主要注意对方话语中的毛病，而不是注意谈话人话语中所包含的有价值的信息。挑剔的倾听者好表现自己，一旦发现对方话语中的毛病，就急忙提出自己的见解。虽然挑剔的倾听者也常常能够贡献自己的"高见"，但他们却缺乏听完对方陈述的耐心，常常误解对方的意思，引起不必要的争论。

上述五类不良倾听者的倾听方式与团队沟通是格格不入的。团队成员可以对照这五类倾听者的特征，自我检查，看看自己在多大程度上远离这些特征。如果你不幸有其中的不良倾听习惯，就应该有意识地自我训练，纠正不良的倾听习惯。

(三) 诉说

诉说即陈述和说服。陈述事实和观点，影响听者，是诉说者的目的。

有效沟通不仅要求有效倾听，而且要求沟通者进行有效的诉说。有效的诉说取决于三方面的因素：诉说者、倾听者和谈话的情境。

1. 有效诉说的基本要求

(1) 适应倾听者的特点。说话要看对象。说什么和说话的方式都要考虑对象是否能够理解。沟通对象的接受能力、需要、情感、已有的相关经验都在考虑范围之内。

(2) 适应沟通情境。信息的含义是在具体情境中被理解的。情境条件改变，对同样的信息的含义的理解也会发生变化。

(3) 表达清晰。发出明确的信息，避免含糊。

(4) 传递实情。传递实情应当成为沟通的基本原则。

(5) 双向沟通。注意倾听者的反馈。最后被传播的信息是倾听者所理解的信息，从倾听者反馈的信息中可校验自己的信息是否能被对方准确的理解。

沟通的效果最终体现在发出的信息与被接收和理解的信息的一致性方面。真正被传播的不是发送出去的信息，而是被接收到并且被理解的信息。这说明传播效果最终体现在接收者这一端。当然有效的诉说者应适应倾听者的特点。

2. 诉说的基本策略

(1) 分析听者和沟通环境。在诉说之前应先分析听者和说话的情境因素，使得诉说的内容和诉说方式能够适应听者和沟通环境。

(2) 明确沟通目的。明确自己诉说的目的和听者的目的，寻找自己的目的与听者的目的的一致性与差别。

(3) 明确提出最核心的观点。使用简短的语句突出最核心的观点，加深听众的印象。最核心的观点是诉说的主题。

(4) 开场白要设法激起听者的兴趣。以介绍一个好奇的事实或提出一个能引起听者思考的问题开场，直接提出最主要的观点或要求，直接告诉听者你要谈什么问题。不要作无谓的道歉，如"我没有什么准备"或"我只是随便讲讲"。

(5) 用充实的论据支持观点。根据谈话内容的具体需要，可以采用以下这些方式支持自己的观点：引用权威部门的统计数据，引用专家的观点，使用实际案例，使用自己亲身经历的事实。

(6) 使用譬喻和图解来解释观点。用人们熟悉的事物来比喻抽象的概念和道理，听众就比较容易理解。此外，用图解的视觉方式呈现抽象的概念和道理，具有直观、简明的效果，还能够加深听众的印象。

(7) 简短清晰的总结主要观点和事实。比较长的谈话，最后需要对主要观点和结论进行总结，以加深听者的印象，比如使用"总的来说""总之"等引导性词语，提醒听者你要开始总结了。如果你诉说的目的是要求听者采取实际行动，应在谈话即将结束时明确要求听者采取行动。

3. 诉说的辅助性技巧

(1) 使用视觉辅助工具。必要的话，诉说时可采用视觉辅助工具。鲜明生动的视觉刺激可使抽象的概念和观念通过图形得到直观的表达，使人们更容易理解。视觉刺激还能够维持比较长久的兴趣，增强人们的记忆。

一张幻灯片只能呈现一个中心内容，如一个主要观点或意见，一个主要事实，或一个主题。不要在一张幻灯片上同时呈现两个主题的内容。

在一张幻灯片上，不要罗列太多的要点。一般来说，不要超过 5 点。心理学关于记忆的研究结果告诉我们。人们的短时记忆一次平均只能记忆 7 个意义单位。有的人只能记忆 5 个。

不应照念幻灯片的内容，而应该生动地解释幻灯片上的内容的含义。

在放映每一张幻灯片的时候，留下一点时间先让听众看清内容并有一点思考的时间，然后你再开始解释。解释的速度不能太快。比较难理解的内容，解释的速度应该更慢。

(2) 目光的交流技巧。面对一群听众。讲话人在讲话前，花了几十秒的时间用平静的眼光慢慢扫描每个听众所在的空间，眼光交流告诉听众：你注意到他们了，同时暗示他们：你准备开讲了。眼光不能越过人们的头顶。

回答问题时，眼光先注视一下提问者。

(3) 处理提问的技巧。首先，讲话人应该仔细听提问。没有听清楚前不要回答。没有听清楚可以有礼貌地表示自己没有听清楚，请提问者重复问题。如果不理解问题，就请提问者换一种提法。

其次，如果场所空间较大，而提问者的声音又比较小，估计有的听众没有听到所提的问题，那么讲话人在回答问题前，先向全场听众说明问题是什么。

最后，回答问题简明扼要。回答完毕，眼光注视一下提问者。然后准备回答下一个问题。

(4) 如果无法回答提问，讲话人应诚恳地表示自己对这个问题暂时无法回答，表示可以在会后进一步探讨。千万不能勉强回答自己不知道的问题。

(四) 交谈

面对面的交谈是指任何有计划的和受控制的、在两个人之间(或更多人)之间进行的、参与者中至少有一人是有目的的，并且在进行交谈的过程中互有听和说的谈话。面谈既可以是沟通者和沟通对象之间一对一进行的，也可以是以一对多的口头沟通形式进行的，它是人际沟通的重要形式。

1. 如何交谈

面对面的交谈对于发展人际关系是一种很重要的渠道。交谈是人们相互谈话，是双向的沟通，而不是只有一个人在讲。但是在生活中常常有一个人不断讲话而其他人很少讲话的情况。这不是交谈，至少不是好的交谈。

交谈是"你来我往"地交换意见。怎样才能做到"你来我往"地交谈呢？这就涉及一些因素。影响交谈的因素包括交谈者的个性特点、交谈的情境、交谈的话题、交谈者对交谈过程的控制。

有的交谈者一贯话语很多，如前面说到的自我中心的倾听者；而有的人一贯话语不多，如被动的倾听者。一个自我中心的倾听者与被动的倾听者在交谈时，必然是前者滔滔不绝而后者缄默不语。这种一边倒的谈话不是好的交谈。有自我中心倾向的人或有被动的倾听倾向的人，都要注意克服自己的缺陷，使得交流更加平衡。

交谈的具体情境会影响一个人的交谈表现。例如，一个在朋友中间高谈阔论的人，在自己公司的老总面前可能就会变得很拘谨。不论交谈的具体情境怎么样，要使人们愿意讲话，这个情境的气氛必须是轻松的。人们在组织中的地位高低有别，往往成为轻松交谈的障碍。有的领导人善于制造轻松的交谈气氛，如一句幽默的话，就会消除部属人员的紧张心情，为交谈开一个好头。

对话题的兴趣和熟悉程度影响交谈。人们对自己感兴趣的话题和熟悉的话题总是话语较多；相反，对不感兴趣的话题或不熟悉的话题，人们的话语自然就少。因此，充分的双向沟通的话题必须是交谈者都感兴趣的或熟悉的。

2. 交流时应注意的话题

在交谈的过程中，当一个人提出一个话题时，人们围绕这个话题发表自己的见解，在适当的时候，其中一个人开始转向另一个话题。这种话题转换的过程继续下去，于是交谈不间断地继续下去。要使交谈顺畅，话题必须是大家感兴趣的，或者是大家所熟悉的。我们与陌生人交谈时，有时感到无话可说，其中一个很重要的原因就是很难找到彼此熟悉的话题。但是即使在彼此有共同经验的同事中间，如果话题选择不当，也会使交谈陷入困境。

注意以下的一些话题在许多时候是不恰当的：

(1) 自我中心的话题。谈话者总是谈论自己，特别是自己感到自豪的私事和家庭中的事情，而听者未必有兴趣。

(2) 别人禁忌的话题。人们总有自己禁忌的话题，如自己的收入、失败的婚姻、家庭矛盾等。

(3) 总是围绕肤浅的话题。有的话题没有实际意义，如没有目的地说"今天天气很好"，对方觉得没有什么意义，话题就中断了。不过我们必须注意，很多有意义的交谈往往是以肤浅的话题开头的。在肤浅的话题之后，交谈者将转入正题。如果总是围绕肤浅的话题打转，交谈就难以进行下去。

总之，话题应能激起对方交谈的兴趣并且是对方在一定程度上所熟悉的。如果你对一个计算机程序一窍不通的人大谈编程，可能就要吃闭门羹了。

3. 交谈还应注意的问题

为了使交谈能够顺畅进行，还应注意如下几点。

(1) 注意把发言机会传给别人。当自己讲完一个"意义块"后，有意停顿一会儿，让别人有机会接话；或者以目光暗示对方发言，或者直接问对方有何见解。千万不能滔滔不绝地讲话而没有留下时机让别人讲话。

(2) 注意倾听。对重要的内容没有听明白时，应有礼貌地请对方重述一遍，避免误解。

(3) 不要随意打断对方的话。只有当你觉得实在需要中断某个话题时再寻找机会有礼貌地打断对方的话题。例如，可以说："对这个问题，我们就谈到这里吧。"或者直截了当地说"我不想谈这个问题。"或者以缄默的方式暗示：你不想谈论某个话题。

(4) 有必要询问对方行为的原因时，一般应注意避免使用"你为什么……"或"为什么你……"的问句，而不妨采用"是什么事情/原因使你……"的问句。前者更容易让人觉得是在责问人，而后者让人感觉到责问的是事，而不是人。

(5) 自己行为受到责疑或询问的人，应耐心解释有关事实和原因，而不应把问题简单地踢回去，如简单地反问："我为什么就不可以……"或"我为什么要……"简单地踢回问题必然引起询问者的反感甚至愤怒。

交谈较笔头沟通有更高的技巧性要求。交谈作为面对面的口头沟通，在信息组织和表达(信息编码技巧)方面，与笔头沟通相比，更有技巧性。这一方面是由于面谈的即时性特征，它更需要快速的反应、灵活的信息组织技巧、及时的受众分析技能；另一方面，是因为在我们在日常的沟通中，口头沟通的可能性和发生的频率要比笔头沟通高得多，正如我们可以一月不动笔，但不能一天不开口讲话一样。

（五）非语言沟通

美国学者米迪•C.皮尔(Middy C. Pierre)经研究认为，即使是最保守的看法，在某一交往过程中，35%的社会信息是通过语言传递的，其余65%的信息是由非言语手段传递的。

非语言沟通是指不通过口头语言和书面语言，而是借助于人们的语音、语调、表情、肢体语言、空间距离等形式来进行信息传递的沟通。在人们的日常沟通中，非语言沟通常常被错误地认为只是沟通过程中的辅助性角色。事实上，非语言沟通是沟通的重要形式，它不但起着支持、修饰或否定语言行为的作用，而且在某些情况下，还可以直接替代语言行为，甚至反映出语言沟通难以表达的思想情感。著名的电影明星卓别林在他的无声电影中，就充分地展示了非语言沟通的魅力。

1. 非语言沟通的特点

非语言沟通具有鲜明的特点，主要体现在以下几个方面。

(1) 普遍性。语言沟通具有不可避免的局限性，婴幼儿、语言功能丧失者以及不同语言背景的人都难以利用语言这种方式同别人进行交流。而非语言沟通则能有效摆脱这种局限，具有普遍性。几个月大的婴儿已经能用表情清楚的表达他的喜怒哀乐，聋哑人能够借助手语等肢体语言与人进行交流，语言不通的双方同样也可以依靠非语言沟通的形式进行有效互动。

(2) 文化性。非语言沟通的形式是在人类漫长的历史长河中逐步形成的。各个民族在其发展过程中形成了自己独特的非语言沟通体系。在不同的文化背景下，相同的非语言沟通方式代表的含义可能完全不同。此外，非语言沟通还带有亚文化的特征。例如，在我国，东北人相较于南方人显得更为豪爽，身体动作幅度相对较大。而在欧洲国家，亲吻方式也有差异。在熟悉的异性脸颊上亲吻，最常见的是左右脸颊上各一次，但在法国南部一般是两次。

(3) 模糊性。非语言沟通具有模糊性，它所传递的信息相较于语言沟通而言是模糊不清的。因为个人的非语言行为虽然可以有意识地传递某种态度和信息，但非语言行为更多的是无意识的，所以人们对相同的行为也可能会有不同的理解。例如，对"双臂交叉站立"这一姿态，在不同的情境下理解也不尽相同，可能是表示紧张、害怕，也可能是故作姿态，对某一问题不肯让步，或者还可以表示坚定的信心。再比如，同样是拍桌子，可能是"拍案而起"，表示怒不可遏；也可能是"拍案叫绝"，表示赞赏至极。所以必须结合特定的时间、地点、背景等情境加以判断。由于非语言沟通具有模糊性，这就需要我们运用非语言沟通时，确保采用正确的形式准确传达信息，避免产生歧义，造成麻烦。

(4) 时代性。非语言沟通根植于本国的历史文化，不同时代的生活风貌和习俗也会对非语言沟通的形式产生影响，使非语言沟通带有很强的时代烙印。希腊历史学家希罗多德(Herodotus)在其《历史》一书中，曾描述古代波斯人接吻的习惯，如果是身份相称的人，他们则不讲话，而是相互吻对方的嘴唇；如果一个人比另一人身份稍低，则是吻脸颊；如果二人身份相差很大，则一方就俯拜在另一方的面前。而现在这些体态语都成为了"历史"。在我国封建时代，"三跪九叩"被视为最敬重的行礼方式，但是到了现在也已难觅踪迹。相反，随着时代的进步，出现了一些新的非语言沟通形式，加击掌、拥抱等。在运用非语言沟通时一定要紧跟时代潮流，选择合时宜的表现方式。

(5) 无意识性。大多数非语言沟通都是在无意识中进行的，发自内心深处，自然流露出来并且直接给予对方相应的理解性刺激。正如德国哲学家 A. 斯科芬翰尔(A. Skoffenhal)所说："人们的脸直接反映了他们的本质，假如我们被欺骗，未能从对方的脸上看穿别人的本质，被欺骗的原因是我们自己观察不够。"在现实生活中随处可见这种无意识的无声语言，比如当你身体不适时，会很快被周围的同学发现，但你并没有告诉他们，原因是他们从你脸上的痛苦表情中读到了信息。人们快乐时会喜上眉梢，忧愁时会愁眉紧锁，这些无意识的表情流露往往能够产生更强烈的心理刺激，比有声语言更容易得到理解。

2. 非语言沟通的形式

非语言沟通是我们在日常生活中常用的信息沟通方式，常见的非语言沟通形式主要包括以下几种。

(1) 面部表情。比起其他类型的非语言沟通，面部表情提供的非语言线索最多。它是最易于理解的非语言沟通。大多数人通常都能够通过他人的面部表情觉察出这个人的基本情绪，如生气、悲伤、快乐或惊奇等。

(2) 眼神接触。眼神接触可以传递大量关于团队成员态度的信息。来自倾听者的眼神接触通常代表关注和兴趣。而说话者的眼神接触则表明他非常自信，鼓励他人倾听。此外，眼神接触还可以影响讨论的时间。许多人都会用眼睛来提示他人开始或结束讲话。

(3) 姿态与手势。姿态与手势表明团队成员之间的合作程度。开放式的身体语言如打开的双臂等，表示积极地参与和投入；而封闭式的身体语言如双臂交叉，则可能表示没有兴趣或没有跟上节拍。

(4) 辅助语言。辅助语言是由口头语言的有声暗示组成的。辅助语言包括速率(说话的速度)、音调(声调的高低)、音量和音质等声音特点。当这些因素中的任何一个或全部被加到词语中时，它们就能修正其含义。

(5) 空间关系。空间关系研究的是人们在与他人交往的过程中如何运用空间以及如何对空间做出反应。这里的空间是指让个体感到舒适所必需的个人空间。与沟通对象的关系以及情境会影响个体所需的个人空间。

3. 非语言沟通与语言沟通的差别

非语言沟通与语言沟通作为沟通的两种强有力的方式，它们相互包含、相互渗透、结伴而生，可谓你中有我，我中有你。但是，语言沟通和非语言沟通是两种不同的沟通形式，在以下几个方面存在很大差别。

(1) 沟通环境。语言沟通需要沟通双方面对面地进行直接交流，且必须是有声的，而非语言沟通可以不必和对方直接接触就可以获得很多信息，且大部分是无声语言。例如，当你走进一个人的房间，通过他家中的装饰就可以判断主人的生活品位和质量；通过他的着装、举止可以判断他的喜好与性格甚至职业；通过他的面部表情也可以看出他对朋友的关心程度等。

(2) 连续性。语言沟通以语句为表达载体，从语句开始，并以语句结束，但是中间可以有很多停顿。而非语言沟通却是连续的，无论对方说话与否，只要在我们的视线范围内，他的一举一动都在向我们传递某种信息，比如书店中的学生不时地询问参考资料的情况，但是好几次拿起几本参考书又放下了，这表明他一时拿不定主意；一个在火车站买票的人跟同伴聊天，但看着一眼望不到头的排队长龙，他不停地把口袋里的硬币弄得"叮当"响，表示他很不耐烦。所有人都在用无声语言向我们传递完整的非语言信息，且这种传递过程是连续的，直到他们从我们的视线中消失。

(3) 传递渠道。很显然，语言沟通中信息的传递利用的是语言这一条渠道，而非语言沟通可利用的传递渠道却远不止一条。例如，在校际篮球对抗赛中，任何人都知道你所支持的球队，因为你所穿的校服、代表队颜色的衣服或者手上举着的牌子都传递着信息。当该队得分时，你会跳起来大声呼喊。这样，在你的非语言沟通中，既使用了视觉渠道，又使用了听觉渠道。又比如一次会议，会议地点安排在五星级酒店，席间酒食非常昂贵，出席的都是高级别领导，这些渠道都说明本次会议非常重要。

(4) 可控程度。在语言沟通中，语句是进行信息传递的载体，人们可以对语句进行组织加工，所以可控度高，是结构化的。而大多数的非语言沟通都是本能的一种无意识的表现，很大程度上是无结构的，所以很难控制。例如，人们高兴时会不由自主地眉开眼笑，气愤的时候却暴跳如雷。这些非语言行为很难控制，直接将一个人的内心世界表露无遗。

(5) 学习途径。语言沟通具有很多规则，如语法、格式等，但是语言沟通通常是结构化的，所以可以在正式的环境(如学校)中经过系统的学习获得和掌握。而很多非语言沟通毫无章法可言，不能通过正式传授习得，主要是通过模仿学到的，比如小孩子模仿父母、兄弟姐妹的表情动作，追星族模仿明星的穿着打扮等。

有关研究表明，在人们实际沟通过程中，超过50%的沟通信息是由非语言线索来解释说明的。人们可通过非语言线索了解说话者的可信度、态度以及自信程度。在实际沟通中，非语言沟通与语言沟通密切相关。当语言信息与非语言信息互相不一致的时候，人们往往会更加相信非语言信息。

4. 非语言沟通的功能

非语言沟通形式是无言的心声，是沟通双方心理状态和思想情感的自然流露。人们可以通过非语言表现形式表达自己的态度、观点或者情感，也可以观察、分析对方话语的潜台词，从而达到有效的交流和沟通。相对于语言沟通来讲，非语言沟通具有补充、代替、强化、否定和调节等功能。

(1) 补充。补充是非语言沟通最基本的功能。现实生活中语言沟通和非语言沟通相辅相成，通常都是结伴出现的。非语言沟通形式多样、生动活泼，对于语言信息的传播与交流具有明显的补充作用。人们常说的"听其言，观其行""行为表率""儒者风范"等，都是根据沟通对象的动作、表情、仪态、装束等非语言符号传递的信息所形成的判断。例如，在沟通过程中，虽然双方可能没有谈到彼此的关系，但是细心的旁观者可以从他们的行为举止轻而易举地识别互动双方的关系以及身份地位。补充性的非语言信号便于我们更好地理解语言信息，也使得语言信息更易于记忆。

(2) 代替。在交流过程中，常常会碰到一些不能使用语言交流的场景，这就需要采用非语言沟通的方式代替语言沟通进行交流。例如，在需要噪声的环境下可以使用手势传递信息、用表情表达情绪、用服饰体现身份、用舞蹈展示内容。这样既可以"不费口舌"，又能达到"只可意会，不可言传"的沟通效果，所以在特定场合即使对方没有说一句话，但我们也能通过他的表情了解对方的意思。此外，当沟通的一方具有听说障碍时，非语言沟通更是语言沟通的良好替代品。但值得注意的是，这种替代必须具备一定的前提，即沟通双方具有相同的文化背景，否则因为非语言沟通具有文化性，这种替代很容易引起误解。

(3) 强化。非语言沟通不仅可以在某些情况下代替有声语言，发挥信息载体的作用，而且在许多场合，非语言沟通还能起到强化语言沟通的作用，使信息内容更富感染力。例如，在口头表扬的同时伴以鼓掌，就是用非语言信号加以重复的一个例子。通过非语言信息的展示，语言信息在传递过程中进一步得到强化，方便对方的理解和接收。

(4) 否定。非语言沟通在绝大多数情况下都是无意识的，是内心情感的自然流露，这与经过组织加工的语言相比，所传递的信息往往更具有真实性。否定是非语言沟通的一个重要功能，是指当非语言形式与有声语言共同使用时，独立传达出的与有声语言完全相反的意义，比如在用言语肯定的同时而非语言则传达出否定的含义，使人们对言语信息产生怀疑。现实中"言行不一"的情形比比皆是，比如当一个人撒谎时，尽管他嘴上极力争辩，但是眼神却飘忽不定，不敢正视对方。正是由于非语言沟通的这一功能，当要判断一个人的真实想法和心理活动时，人们一般更关注身体语言所传达的信息，而非口头语言。

(5) 调节。在沟通交流时，非语言行为还可以维持和调节沟通的进程。点头和竖起大拇指表示对对方的肯定；睁大眼睛表示对谈话内容的兴趣，希望进一步了解；抬眉和挠头表示有疑问；眼睛左顾右盼，则意味着谈话该结束了。总之，这些非语言行为都在传递信息，可以帮助交谈者控制沟通的节奏，有效调节沟通。

5. 非语言沟通应遵循的原则

在沟通的过程中应该巧妙地运用语言和非语言两种沟通形式，并将二者有机结合起来，在传递基本信息的同时还能使对方获得丰富多彩的视听体验，达到意想不到的效果。要想在团队内进行积极有效的非语言沟通，还应该遵循以下几个原则。

(1) 保持语言沟通和非语言沟通的一致。这样可以确保我们向他人传递的信息清楚明了。

(2) 保持眼神接触。谈话时和听者保持眼神接触可以起到鼓励对方倾听的作用。倾听对方说话时，保持眼神接触能够表达你对相关话题的关注。

(3) 表示兴趣。在团队会议中，我们应当对所讨论的话题表示出兴趣，如用点头来表示已理解了某个观点。

(4) 要求澄清。提问是防止团队沟通中产生误解的一个最简便的方法。如果感到某一名团队成员向你传递的语言信息和非语言信息相互矛盾，可以向他提问并要求澄清，这是一个促进沟通顺利进行的有效工具。

三、实现团队有效决策

团队沟通的目的在于实现团队的有效决策，最终实现团队共同的目标。

(一) 决策的含义

决策是为了实现一定的目标，提出解决问题和实现目标的各种可行方案，依据评定准则和标准，在多个备选方案中，选择一个方案进行分析、判断并付诸实施的管理过程，即决策是针对问题和目标，分析问题、解决问题的过程。决策的含义包含以下一些内容。

(1) 决策针对的目标必须明确、详细。决策前必须明确所要达到的目标，并仔细辨清组织的整体目标体系中包含的多个具体小目标，也应明确所要解决的问题。如果一开始就缺乏明确的目标，将会导致整个决策过程偏离方向，最终导致不正确的决策结果。

(2) 决策必须在两个以上的备选方案中进行选择。如果只有一个方案，那就不用选择.也就不存在决策。这些方案应该是平行的或互补的，能解决设想的问题或预定的目标，并且可以加以定量或定性分析。

(3) 决策是对方案的分析、判断。决策面临若干个可行方案，每个方案都具有独特的优点，也隐含着缺陷，有的方案还带有很大的风险。决策的过程就是对每个可行方案进行分析、评判，从中选出较好的方案，进行实施。管理者必须掌握充分的信息，进行逻辑分析，才能在多个备选方案中选择一个较为理想的方案。

(4) 决策是一个整体性过程，决定采用哪个方案，不是个短暂的时段，而是一个连续、统一的整体性过程。从初期搜集信息—分析—判断—实施—反馈，没有这个完整的过程，就很难有合理的决策。实际上，经过执行活动的反馈又进入了下一轮的决策，决策是一个循环过程，贯穿于整个管理活动的始终。在整个决策过程中，应随时重视决策的有效性。随时纠正偏差，以保证决策的质量。

（二）决策的有效性

决策的有效性是指整个决策过程的有效，包括以下方面。

(1) 决策结果必须有效，这就要求在整个决策过程中，目标明确，问题清楚，信息情报搜集完整、充分，有合理的决策评判准则。

(2) 决策过程必须有效，在拟定和分析方案、确定和实施方案，以及贯穿于整个决策过程的追踪和反馈，都需要保证落实，这涉及决策的成本和经济性。

在追求有效化决策时，值得注意的是，合理的决策是有限的。按照西蒙(Herbert Alexander Simon)满意模型，在现实生活中，人的理性是完全理性和完全非理性之间的一种有限理性。决策的结果要求合理、圆满，但不可能绝对化。一个正确合理的决策至少要考虑各种因素，如掌握相关的信息，正确预测各种变化，决策者训练有素，在时间和成本上有较大的余地等。显然，对于现实的决策而言，不能要求面面俱到。根据有限理性决策理论，决策者永远只能得到一个较优的方案，而不可能得到最优方案。有效的、合理的决策评定思路，是选择相比较而言更好的可行方案。

（三）有效决策要经过的步骤

通常来讲，要作出一个有效的决策需要经过七个步骤。

(1) 确定决策目标。决策要解决的问题到底是什么？这是在决策过程中首先要明确的，也就是说决策应该先明确目标，并且清晰、具体地陈述通过决策最终希望获得的结果。通过系统地分析目标和预期结果，才可能在备选方案中进行有目的的选择，才可能确定决策目标。

(2) 确定一个决策方法。如何做出决策？都有哪些可能的方案供你选择？你会采取哪一种方法去应对局面？又会采取什么不同的步骤进行决策？在试图做出决策前建立一套行动方案是必需的。这听起来很简单，但是人们常常在还没有弄清如何决策时，就匆匆忙忙地做出了决策。事实上，制订一套潜在方案的决策方法的确能够为选择备选方案做好铺垫，以免被表面现象迷惑。

(3) 确定备选方案。决策实际上是指有多个可供选择的备选方案。在任何情况下，任何问题都不可能只有一种解决办法，那是罕见的并且是极不正常的。那些只考虑一种可能性或者解决方法的人，常常面临的是失败，成功的概率很低。通常最先提出的解决方案并不是最好的。最好的决策通常是在不同备选方案之间深思熟虑的结果。尽可能地通过团队讨论收集尽可能多的备选方案或解决方法，以便促进团队最终实现科学的决策。

(4) 充分讨论、调查备选方案。对于所有的团队或组织来说，在决策制定过程中对备选方案进行充分讨论和深入调查是非常关键的一步。通常导致我们无法进一步做出决策的一个原因是我们根本不知道哪个方案更好，所以无从对备选方案进行选择。此时，应该对备选方案进行充分的讨论，让团队成员积极地参与并发表各自的意见，同时也应该积极地进行调查分析，特别是对方案中的信息进行进一步的收集和研究，通过讨论和研究才能真正的理解方案的价值，才能真正地作出正确的方案选择。

(5) 评价备选方案。一旦客观地确定了几个备选方案，并且收集了关于这些备选方案的资料，那么你就有了评价备选方案的基础。此时，你需要进一步地评估每个备选方案的利弊，同时，考虑其他因素对决策可能产生的影响。此时依然要以决策的目标为指引，排除各种干扰因素，基于目标最优化的原则进行方案的选择。大多数时候，当我们对各种备选方案进行评价时，都会面临同样的困境，比如没有一个方案是十全十美的，每个方案满足的需求都不一样，此时就应该学会放弃完美主义，追求最佳原则，否则将永远都在选择中徘徊不前；同时也可能面临一些必然的风险，比如由于信息的不完全或不准确，无法对未来的预期进行准确评估，此时也应该勇于面对未来，勇于面对可能的失败，要做好失败的各种相应准备。如果要选择风险较大的方案，也应该准备好应对风险的措施。

(6) 选择决策方案。一旦所有的信息收集齐，并且经过团队成员的共同讨论，并对各个备选方案权衡利弊后，就得做出一个决策，判断哪一个备选方案能够最大限度地满足需要并决心实施该方案，在进行决策并投入实施之前，必须将方案可能带来的各种后果也一并考虑进去。为了确保决策的科学合理性，在此阶段应该更多地听取大家的意见，避免因为个体主观的经验而影响决策。事实上，通过团队沟通机制，可以更好地分享团队成员的各种信息，通过团队成员的共同参与可以提供更多的意见，能够促进团队的决策方案的科学选择。同时，通过集体讨论的决策方案，在未来实施的过程中也能够得到团队成员的认可，促使大家能够积极地参与实施，并共同努力去实现决策目标。

(7) 实施并监控决策。一旦做出了决策选择，就到了实施决策并监控它的时候了，对决策进行监控是确保决策成功的关键。监控决策的实施是为了保证更好地实现决策目标。制订一个实施和监督计划，详细列出决策实施的具体步骤、时间表以及关键人物，然后进行实时监控，看看它是否沿着目标方向进行，是否需要进行及时的调整。同时，为了保证决策的实施，还需要观察外部环境的变化，如果外部环境出现了重大的变化，并可能影响决策目标的实现时也要及时地调整决策的实施。

(四) 团队决策的优点

团队决策就是在和团队成员的沟通下，对于团队需要决策的问题进行分析、提出解决方案、解决问题的过程。实践证明团队决策往往比个体决策具有更大的优势，能够对组织目标的实现起到更大的作用。团队决策的优点主要体现在：

(1) 团队中拥有更完整的信息。由于团队成员构成的多元化，成员具有不同的背景、专业和知识等，成员对于同一个问题所掌握的信息会有所不同，团队中由于存在良好的沟通环境，团队成员之间彼此相互信任，愿意将自己拥有的信息提供给团队进行共享，这使团队在进行决策时，比某个单独的个人或者一般群体拥有更多和更完整的信息。信息是使决策有效的基础，拥有的信息量越大，就越有可能做出正确的决策。

(2) 团队决策便于产生更多的备选方案。通过团队决策，团队成员可以对问题提出各自的解决方案，这些从不同角度提出的方案成为团队决策的备选方案，使团队在决策时有更大的选择空间。

(3) 团队决策能够提高团队成员的积极性与决策方案的可接受性。许多组织决策在做出选择后却以失败告终，主要原因是组织进行决策时闭门造车，组织成员对于决策方案的参与较少或者根本没有参与，成员对于决策方案并没有真正的接受，成员在决策执行的过程中只是盲目地跟从而不是主动的执行。如果让组织成员参与决策的制定过程，可以大大提高成员对方案的接受性；同时，参与决策也会提高人们在决策执行中的积极性，大大提高决策执行的可行性。

(4) 团队决策更具合法性。个体决策往往被认为是独裁或武断，而团队决策的制定过程则与民主的思想是一致的，因此一般人认为团队决策比个体决策更科学、更具有合法性。

（五）团队决策应注意的问题

团队决策过程需要充分利用团队成员集体的智慧，在团队决策中应该注意以下几个问题：

(1) 鼓励团队成员高度参与决策过程。团队决策虽然不必凡事请每个成员都参加，但是相关的成员都会得到邀请。尤其是相关决策的利益人员必须参加，这样才能够获得更加准确的信息。

(2) 承认团队内部不同意见的价值，鼓励不同意见。为了避免决策过程中的思维狭窄化，团队应该鼓励不同意见的存在。对于不同意见，团队内部可进行公开讨论。对不涉及隐私的、有争议的问题，在时间允许的前提下，应对问题进行充分的公开讨论，而不是简单否定。

(3) 不轻易否定似乎不合理的建议和见解。不嘲笑提出"荒谬"意见的成员，是鼓励人们继续提出见解的必要因素。即使对于明显荒谬的意见，团队成员也要给予尊重。因为有时看起来荒谬的意见也可能包含合理性，可能突破陈旧的思维，应该认真寻找发生这种情况的根源。

(4) 意见以事实为根据。任何人的意见都要经受事实的检验。

(5) 避免一体化思维。如果团队成员人人思维一致，多个头脑像一个头脑那样运转，或者团队中只有个别"首脑"在思维，其他的头脑似乎一律停止了思维，其决策结果就会出现"一体化思维"。导致一体化思维可能的原因包括团队成员的能力水平比较差，不能对新的目标提出准确的理解和合理的解决方案；团队在长期的工作中形成了某种固定的思维方式，误以为对事物的见解只有他们习惯了的一种；团队中沟通存在障碍，成员之间彼此相互不信任，信息沟通不平等。针对群体一体化思维的原因，应从以下几方面避免团队一体化思维方式：认识一体化思维的危害；鼓励团队成员不断学习新事物，创建学习型团队的环境；充分发挥民主，培养相互信任的沟通环境。

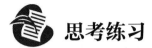 **思考练习**

1. 结合理论学习，分析和讨论团队沟通中遇到的问题，你觉得主要的沟通障碍是什么造成的？

2. 结合自身所在的团队，讨论如何构建团队的全通道沟通机制。

3. 举一个例子，讨论团队中常用的正式沟通和非正式沟通模式，你觉得哪种沟通模式对团队管理更有效？

4. 你是否能够有效的获得团队传递的信息？你所在的团队沟通是否有效？

5. 你在团队沟通中主要扮演的角色是什么？你会怎样提升沟通的效果？

表扬：善用团队激励

游戏：表扬

【游戏准备】

邀请全体同学参与，将参与的同学分成若干个团队，按照游戏流程进行。

【游戏流程】

1. 全体同学参与，将所有人员分成若干团队，每个团队的人数不超过15人；
2. 每个团队选一个人，作为被表扬的对象；
3. 其他人轮流表扬他，但是不能重复表扬内容，持续5分钟；
4. 讨论和分享感受。

【游戏思考】

1. 表扬的人的感受；
2. 被表扬的人的感受；
3. 激励中应该注意什么问题？

【游戏讨论】

善用团队激励

"表扬"是我们日常生活中经常使用的一种交流方式，同时在管理中"表扬"也是一种重要的管理手段。受到"表扬"的人往往会表现出开心、愉悦的心情，以及更积极的工作态度，并创造出更好的工作绩效。"表扬"可以看作是一种激励手段，它影响着个体的行为方式。

从人类行为的过程来看，人的行为是为了满足自身的需要而产生的，在人们实施行为的过程中，由于需要而产生了行为的动机，行为动机促使行为被激发，并获得行为的结果，当行为结果满足人们的需要后，行为就会终止。在组织中，为了规范个体的行为方式，让个体的行为能够更好地促进组织目标的实现，组织会采取各种激励措施，对个体的行为进行引导，让他们的行为更有利于完成组织目标。这些激励措施从不同的角度对个体的行为方式进行了研究，并形成了激励的相关理论，包括内容型激励理论、过程型激励理论和行为改造型激励理论等，成为组织激励管理中的重要依据。在团队的激励管理中，基于不同的激励理论关注的激励内容和重点都不尽相同，但激励最终的目的都是一样的，都是为了更好地实现团队目标、更好地实现个体的目标。

"表扬"是一种非常有效的而且成本较低的激励措施，但是在日常管理中我们却经常会忽略这个重要的手段。通过"表扬"游戏，也可以让我们发现激励中需要注意的问题。

首先，让我们回想一下，你是不是已经很久没有表扬别人了？是不是已经不知道该如何表扬别人了？当让你表扬团队成员时，你是不是完全不知道他的优点、不知道该如何下手？事实上，表扬不仅仅是一种激励，也是人与人交往的一种方式。任何人都希望得到别人的表扬和赞赏，也更愿意和表扬自己的人一起共同工作。当一个团队，大家都以一种欣赏和表扬的方式去看待问题和别人时，团队一定会形成更好的沟通和合作的环境，团队的凝聚力也会更强，能够更好地面对复杂的团队任务。也就是说，表扬是促进团队实现有效沟通，促进形成团队和谐互信氛围的有效手段。

其次，作为一个被表扬的人。当你刚开始听到大家的表扬时，你的心情如何？你对团队的感觉如何？是不是有一种飘飘然的感觉？好像自己都不知道自己有那么多优点，而且大家竟然发现了并且认可了你这些优点。这个时候，你一定会很热爱你的团队，热爱你团队的成员们，也希望为这个团队奉献更多的力量。此时个体的团队精神、团队的归属感和荣誉感都被激发了出来。如果能够让你持续的保持这种状态，你一定会成为非常优秀的团队成员，这也是团队所期待的，也是团队激励的目的所在。如果游戏继续，也就是说持续表扬5分钟，此时会发生什么变化呢？你会发现从一开始大家都由衷地表扬你的优点，让你热泪盈眶；到最后敷衍甚至虚构一些优点，让你觉得似乎大家都在说反话了，表扬变成了批评，甚至可能引发矛盾。尽管表扬是一种很好的激励手段，但是过度使用也可能会造成负面的影响。因此，在激励管理中对于激励措施的使用应该结合实际、实事求是，要结合团队成员的实际需求，结合相关事件，进行及时适度的激励，让团队成员真正感受到团队的激励，并成为引导团队成员行为的重要手段。

最后，作为一个表扬人的人，在这个游戏中又会有什么变化呢？一开始，你可能还能说出被表扬人的一些优点，但是经过一两轮后，你会发现你似乎找不到什么好的方向或好的词语进行表扬了。在这个过程中，你是不是才真正开始仔细思考被表扬人的优点，甚至才真正地开始观察被表扬的人，尽管可能你们已经共事多年。任何一个人都有优点，任何人都希望获得表扬和赞赏，特别是在团队中，团队成员都希望受到其他成员的表扬和认可，但是我们经常会忽略身边的人，特别是忽略发掘身边人的优点。说不出来，一方面是缺乏了解；另一方面是没有关注、没有重视。激励不一定要有巨大的场面，也不一定要有丰厚的奖金，只要你真心去发现，有的时候一句表扬的话，一个支持的动作就可以产生巨大的激励效果。同样，让游戏持续一段时间，你会发现，大家表扬的话语会越来越言不由衷，而且会张冠李戴，比如将你的优点，也表扬给他。这时，你的感觉是什么？一定会很失落、觉得不公平，甚至开始出现不满的情绪，这也是日常激励管理中经常会出现的问题。激励要讲求客观、公平、公正，不能故意偏袒任何人，因为激励的目的在于激发和引导对团队有利的行为，当激励不公平时，就会给成员一种误导，将团队成员的行为引向一个错误的方向，从而影响团队目标的实现。

"表扬"游戏让我们感受到了激励的价值，同样也让我们发现了无效激励所带来的负面影响。激励对于团队发展至关重要，在日常的团队激励管理中，我们要结合团队的实际情况善用各种激励措施，让这些措施能够真正地发挥正面的作用，而不出现反面的效果。

第一节　激励的基本概念

纽约伯纳德·M.巴鲁克学院经济学和金融学教授弗朗西斯(C. Francis)曾经说过："你可以买到一个人的时间，你可以雇一个人到固定的工作岗位，你可以买到按时或按日计算的技术操作，但你买不到热情，你买不到创造性，你买不到全身心的投入，你不得不设法争取这些。"

对于团队管理来讲，团队成员的工作行为固然重要，但更重要的是让团队成员充满热情，树立积极奉献的工作态度，这就需要通过团队激励改善团队成员的行为，并激发团队成员的热情。

一、激励的定义

对于激励概念的理解，让我们首先看看人类行为模型。

人类的行为是为了满足自身的需要而产生的，在行为的过程中，由于需要而产生行为的动机，行为动机促使行为被激发，并获得行为的结果。行为的结果有可能满足需要，也可能不能满足需要，对于不能满足需要的行为，行为人可能改变行为方式，重新追求需要的满足，也可能放弃需要，停止相应的行为。人类行为的模式如图 5-1 所示，从行为模式图中可以看出人类行为的几个特点。

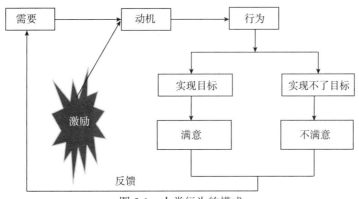

图 5-1　人类行为的模式

(1) 行为是因需要而产生的。人类的行为是有目的的，是为了满足自身需要而选择的一种方式，如果没有需要就没有行为。对于同一个目标，行为人可能存在多个行为选项，人们会选择成本最低，而且最有可能实现目标的行为方式去实现自己的需求。

(2) 行为是有方向的。行为的方向指向需求，没有需求的指引也就不会有行为的选择。尽管有的行为看似和需求没有直接的关系，但是通过一些转换同样可以实现需求的满足，比如工作可以满足吃饭的需求，工作本身并不能满足吃饭的需求，但是工作后获得的收入可以买东西，从而满足了吃饭的需要。

(3) 行为的终止在于需求得到满足。当需求得到满足后，人们的行为就会终止，进而为了满足新的需求而去选择新的行为；当然有的时候尽管需求没有得到满足，但是动机减弱了，也会影响人们对这项需求的追求，也可能会停止新的行为。

(4) 行为可能被引导和改变。只要能够掌握人的需求，能够影响需求的动机，就有可能引导和改变人的行为。

广义上的激励是指通过激发和鼓励，调动人的热情和积极性。用诱因和强化的观点来看，激励是将外部适当的刺激转化为内部的心理动力，从而增强或减弱人的意志和行为。从心理学角度分析，激励是指人的动机系统被激发后，处于一种活跃的状态，对行为有强大的内驱力，促使人们向希望和目标进发。在管理学中，激励是指组织通过设计适当的外部奖酬形式和工作环境，以一定的行为规范和惩罚性措施，来激发、引导、保持和规范组织成员的行为，以有效地实现组织及个人目标的过程。

二、激励的内涵

通过激励的定义，我们看到组织中的激励主要包含以下几个方面的内容。

(1) 激励是外部措施。激励是组织为了改变和引导个体行为而采取的相关措施，这些措施包括工作环境的改善，奖惩措施的实施，等等。通过这些措施，组织希望通过引导个体行为，而实现组织的目标。

(2) 激励的核心在于激发动机。激励的核心问题是动机是否被激发。通常来讲，人的动机被激发得越强烈，激励的程度就越高，人的行为就会持续按照组织发展的方向进行，也就是表现出更好的工作状态。

(3) 激励需要引导行为。激励需要达到引导和改变个体行为的效果，组织的激励，要能够激发、引导、保持和规范成员的行为，让他们能够和组织保持一致。这种行为方式并不是个体的首要选择，而是在激励措施的引导下的行为选择方式，有时这些行为方式也不能直接满足个体的需求，可能需要通过转换才能满足个体的需求。

(4) 激励的目标是实现组织目标。激励是组织管理的一项措施，它的目标在于实现组织目标。当然在这个过程中，对于个体而言他们关注的依然是个体目标的实现与否，所以有效的激励措施是在实现组织目标后能够满足个体的目标追求。当个体目标能够更好地被实现，个体就会按照组织激励要求的行为方式努力工作，去更好地实现组织的目标。

三、激励的特征

激励的激发、引导、保持和归化都是建立在人的心理活动之上的，而人的心理活动有其自身的特点，因而激励也表现出鲜明的特性。

(1) 相容性，是指团队目标和个体目标具有一定的相容性。激励以组织成员的心理作为出发点，旨在满足组织成员的各种需要，组织成员需要满足的前提是实现组织的目标，在这里组织目标和成员的需求目标是相容的，尽管两者的目标不完全一致，但两者往往是共同实现的。不能实现个体目标的激励，对个体是无效的。组织通过对各种激励措施的使用，让团队成员认识到要实现自己的目标，通过组织的行为方式是最好的选择。例如，成员追求经济收入，他可以采取很多行为方式，比如劳动、打劫、乞讨等，其中打劫会触犯法律，引起的负面效应并不是成员所追求的；乞讨的风险很大，有可能难以获得温饱；于是选择劳动，按照组织指定的行为方式，获得劳动收入，由于这种方式的采取，同时也实现了组织的目标。

(2) 奖惩性，是指激励对于个体行为进行判定后的引导。激励的目的是实现组织的目标，因此对于成员的行为有明确的要求，即对实现组织目标有利的行为会得到鼓励和支持，而对于不能实现组织目标的行为会进行惩罚和反对。因此，激励必然有明确的奖惩性，奖惩的目的是对成员行为的规范和引导。

(3) 可变性，是指激励措施应该根据不同的情况进行调整，而不是一成不变。激励的可变性主要表现在两个方面：一方面，同一种激励措施，应用于不同的人可能会产生不同的行为结果；另一方面，同一种激励措施，在不同情况下，对于同一个人也可能产生不同的行为结果。团队激励的目的是通过激励在不同的人身上诱导出同样的行为表现，对此，团队激励在应用时需要考虑多种不同的激励手段。

(4) 目的性。激励的根本目的是调动组织成员的积极性，引导成员的行为，从而实现组织目标。对于个体而言，其行为的目的是追求个人目标的实现，只有在实现组织目标的同时，满足成员的个人需要，激励才能达到预期的效果，如果组织和个人的目标不能达到双赢，任何激励措施都可能无效。

四、团队激励模型

通过上述分析，我们看到，团队中的个体行为模式和个体的行为模式有所不同，团队的激励模型，会在实现个体目标前实现团队目标。也就是将个体行为的方向引向团队的目标，并在团队目标和个体目标之间建立联系，让团队目标实现后能够实现个体目标。

团队成员的行为模式中，团队可以在个体行为过程的不同阶段，采用相应的激励措施对成员的行为进行激励和引导，主要包括下面几种激励措施。

(1) 在行为开始前，对个体的需求进行充分的了解，并结合团队实际激发个体的需求动机。团队可以通过了解成员的需求，以及掌握需求动机的强弱，对其需求和动机进行激励，某种需求的动机越强，对个体产生的影响就会越大，个体也会积极争取满足最大动机的需求。

(2) 在行为选择的过程中，对个体行为进行引导和规范。团队可以通过适当的激励措施，对个体行为方式进行奖惩，通过激励引导和规范个体的行为，让个体的行为能够符合团队发展的要求，让团队成员更好地为团队工作。

(3) 在行为完成后，在团队成员实现团队目标后，团队应该及时地兑现承诺，更好地满足个体的目标。通过兑现承诺，更好地满足个体的需求对个体形成激励，让个体认识到，个体目前的行为是一种最优化的选择。

团队成员的行为模式，及团队激励如下图 5-2 所示。

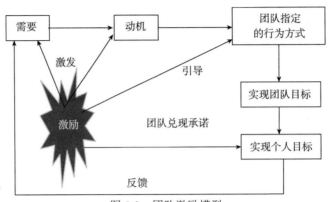

图 5-2　团队激励模型

尽管理解"激励"比较简单，但要在管理工作中做好激励工作却并不容易，至少有 4 方面的因素会起阻碍作用：一是组织成员工作原因的多样性。人们干工作可能是为了金钱，可能是因为做喜欢的事情，也可能是为了地位，等等；二是人们存在各种各样的成见。因为每个人对于人们为什么要干他所干的工作都有其最喜欢的理论，如有的人认为激励是源于个体内部，有的人认为激励源于工作环境和职务的条件，而与个体的个人倾向无关；三是发生于不同时间的行为有不同的原因。组织中每个人的行为可能与某种激励有关，也可能无关，也就是说，同样的行为可能有不同的行为动机；四是在有关的工作环境中有许多不同的行为。出勤率、组织培训、事故等，所有这些工作行为对组织内的不同职务来说都是有关的，但这些行为的原因或许完全不同。

第二节　激励在团队中的作用

团队的生存和发展，其根本目的是实现共同的目标。在实现共同目标的过程中，团队管理绝对离不开对团队成员的激励。有效的激励，对团队和个人都具有十分重要的意义和作用。

一、激励对团队的作用

(1) 激励能为团队吸引更多的优秀人才。通过激励可以把有才能的、团队所需要的人吸引过来，并长期为该团队工作。人才流动在现代开放的人才市场中是正常现象，团队要想拥有高素质的人才，就必须提升自身在人才流动链条中的位置。建立有效的激励机制，如员工培训体系和员工发展计划等，这不仅可以提高人员整体素质，增强团队的竞争力和经营业绩，使团队具有更充足的实力满足员工的各种需要，还会大大增强员工为该团队工作的成就感和归属感，吸引更优秀的人才，特别是高层次人才，为团队的发展贡献力量。现代组织管理中，特别是在那些竞争力强的团队中，往往更加注重对激励措施的使用，通过各种优惠政策、丰厚的福利待遇、快捷的晋升途径来吸引团队所需要的人才。

(2) 激励能够提高团队的凝聚力。团队是由众多个体组成的。对个体行为的激励，不仅直接作用于个人，还间接影响其周围的人。激励有助于营造团队积极向上的氛围，形成一种人人争先、个个奋进的局面。在激励政策的引导下，团队成员更加积极地投身工作，主动与其他成员共同合作，形成奋发图强的合力，大大增强了团队的凝聚力。

(3) 激励能有效地协调团队目标和个人目标。由于个人需求的多样性，在实践中，个人目标与团队目标之间往往会出现不一致的状况。如何实现团队目标和个人目标的相互协调，是团队管理成败的关键。在个体的行为模式中，当人们有需要等待满足时，只要行为能够满足需要，就会激发人们采取相应的行为。在团队的行为模式中，个体需求满足的前提条件是团队目标的实现。在有效的激励下，个体会更加积极地采取团队要求的行为方式，因为按照团队指定的行为进行工作，相应地在团队目标达成后，团队会给予个人需要的满足。在激励政策的引导下团队目标和个人目标能够有效的相互结合，使人们认识到在团队工作对自身目标的价值，促使团队成员能够更好地参与工作，实现团队目标。

(4) 激励能使团队形成良好的团队文化。激励在团队文化建立和发展过程中始终发挥着重要作用。它以自己特有的方式引导员工认同团队文化、发展团队文化。激励与团队文化又是一个统一的整体。团队文化一旦建立，就会成为一种特有的激励要素发挥积极的作用。其特点是由外部激励向内部激励和自我激励的方式转变，这大大降低了激励成本，提高了激励效果。也就是说，把个人的发展目标与公司的总目标结合在一起，把员工的个人追求融入团队的长远发展之中。

团队文化体现团队精神，体现全体员工衷心认同和共有的团队价值观念。团队文化纽带把员工与团队的追求紧紧联系在一起，使每个员工产生归属感。团队文化作为一种价值观被团队员工共同认可后，会形成一种合力，从而产生一种巨大的向心力和凝聚力，产生一种高昂情绪和奋发进取的效应，不仅会对现在的员工，也会对后来的员工具有很大的精神激励作用。

总之，团队文化和激励之间相互作用、相互促进，是一个统一的整体，团队文化的丰富、发展和创新是与激励效能的产生和提高同步的。

二、激励对个人的作用

（一）能激发成员的工作热情

最大限度地激发成员对工作的激情，是团队管理中最重要的一环，也是团队管理可持续发展的关键。然而人们的工作热情通常潜藏在自己的内心深处，从来不会无缘无故地迸发出来。激励的作用就是，用各种行之有效的激励方法使员工内心深处的工作激情焕发出来。具有工作热情的团队成员对于团队发展的作用是巨大的，它可以使团队不断创造奇迹，它可以使团队起死回生，峰回路转而进入"柳暗花明又一村"的绝妙境地。

（二）能促使员工不断提高自身素质

团队成员自身的能力是团队能力的基础，是团队高效发展的基石。提升团队成员的能力，始终是团队激励的重要内容之一。

从人的素质构成来看，虽然它具有两重性，既有先天的因素，又有后天的影响，但从根本上讲，主要决定于后天的学习和实践。通过学习和实践，人的素质才能得到提高，人的社会化过程才能完成。人的行为与其他受本能支配的动物行为不同，是完全可以改变的，是具有可塑性的。个体为了谋求目标的达成，不但能改变其手段，而且通过学习能改变其行为的内容。这种改变也意味着人的素质从一种水平发展到更高的水平。当然，学习和实践的方式与途径是多种多样的，但激励是其中最能发挥效用的一种。

通过有效的激励，可以激发个体学习行为的动机，引导个体更好地参与学习，提升个体能力水平，进而提升团队的整体能力，比如对坚持不懈、努力学习科学文化知识的员工进行大力表彰，对安于现状、得过且过、不思进取、吃饱了混天黑的员工给予必要的惩罚，无疑有助于形成良好的学习风气，提高员工的知识素养，开阔他们的精神境界。对忠于职守、业务熟练、工作中有突出贡献的员工给予一定的奖励，对不懂业务又不肯钻研、工作中有重大失误的员工给予适当的惩罚，无疑能发挥奖一励百、惩一警百的作用，有助于个体员工业务素质的提高。

（三）可鼓舞员工不断地提高工作绩效

通过激励可以使员工最充分地发挥其知识、技术和工作能力，变消极为积极，从而大大提高工作效率。美国哈佛大学的心理学家威廉·詹姆斯(William James)在《行为管理学》一书中阐述了他对激励研究的结果，按时计酬的员工仅能发挥其能力的 20%～30%，而受到充分激励的员工可以发挥至 80%～90%。这就是说，同样一个人在得到充分激励后所发挥的作用相当于激励前的 3～4 倍。激励可以提高智力。智力是创造性才能的必要条件。激励能提供良好的环境刺激，激励能激发创造性思维。创造性思维是创造力的源泉。大量的科学实验已经证明，激励可以提高人们的创造性思维。

美国密苏里州堪萨斯城的一家贺卡公司筹资兴建了一个创新中心。这里放置了胶泥、颜料和其他用于艺术创造的材料。所有这些都是为了使有创造力的员工想出好主意而准备的。公司每年都能推出 2.1 万种设计各异的贺卡。该公司的员工受到了激励，因为公司给予他们创新的自由。而公司也从这一激发创新的项目中受益匪浅。

通过激励可以进一步激发员工的创造性和革新精神，挖掘和发挥员工的潜能，从而提高工作绩效，增进团队的创新能力，在市场竞争中占据有利位置。

第三节　激励理论在团队中的应用

自 20 世纪以来，管理学家、社会学家和心理学家从不同角度对激励问题进行了深入的探讨和研究，并提出了诸多激励理论。对这些理论可以从不同的角度进行归纳和分类，比较流行的分类方法是按研究激励问题的侧重面的不同及其与行为的关系的不同，把各种激励理论归纳和划分为内容型激励理论、过程型激励理论、行为改造型激励理论等。

一、内容型激励理论

内容型激励理论是从激发行为动机的因素这个角度来研究激励问题的。需要和动机是推动人们行为的原因，也是激励的起点。内容型激励理论就是研究人们需要的内容和结构的理论。这类理论认为，人的积极性和受激励的程度主要取决于需要的满足程度。这类激励理论主要有马斯洛的需要层次理论、阿尔德弗的 ERG 理论、麦克利兰的成就需要理论、赫兹伯格的双因素理论等。

（一）马斯洛的需要层次理论

美国著名行为学家和人本主义心理学家亚伯拉罕·马斯洛(Abarbam H. Maslow)认为，每个人都有一套复杂的需要系统，按需要的先后顺序，可排成阶梯式的层次。他在 1943 年出版的《人类动机的理论》一书中把人类多种多样的需要归纳为五大类，按它们发生的先后顺序由低到高依次分成五个等级或五个层次，即生理需要、安全需要、社交需要、尊重需要、自我实现的需要。

(1) 生理需要。属于基本生理需要的项目有很多，如食、性、渴等。当一个人受某种生理需要支配时，他的理想境界也可能会变化。例如，长期处于极端饥饿状态的人，他的追求目标首先是食物，为此，生活的目的被看成是为了填饱肚子。生理需要是属于最低层次的人类的基本需要。在现实生活中人们的正常生理需要是应该首先获得满足的，在生理需求得到满足后，人们才可能去追求更高层次的需要。

(2) 安全需要。马斯洛认为，人们喜欢一个安全的、有秩序的、可以预测、有组织的世界。在那里他有所依靠，不会发生意外的或难以控制的以及其他危险的事情。安全需要是一个广泛的概念，涵盖世界和平、社会安定直至个人的安全。人们希望有一个和平、安定、良好的社会环境，并在这个安全的社会中健康成长。人们不希望受到犯罪、谋杀和专制等不安全因素的威胁。尽管随着社会的发展，国家和人们都越发重视社会的安全和稳定性，但在现实生活中仍然存在一定的安全隐患，不安全的事件也时有发生，特别是对于某些危险行业来讲，保障与满足人的安全需要，仍然非常重要。

(3) 社会交往的需要。这主要是指个人对爱、情感和归属的需要。个人在生活中感到需要朋友、爱人和孩子，渴望与同事之间有深情厚谊。因此，在现实社会中，人们更希望在良好的工作氛围中工作，能够和他人建立良好的人际关系，在面对各种工作的时候，不仅要面对工作绩效，同时也应该有各种人际之间的情感交流。

(4) 尊重需要。社会上所有的人都希望自己有稳定、牢固的地位，希望得到别人的高度评价。尊重需要包括希望别人尊重自己，自己也表现出相应的自尊、自重。尊重需要分为两类：一类是希望有实力、有成就、能胜任、有信心，以及要求独立和自由；另一类是要求有名誉或威望，受到别人的赏识、关心、重视或高度评价。在现实社会中，人的自尊需要的满足会使人有自信的感情，觉得在这个世界上有价值、有实力、有能力、有用处。一旦人的自尊需要受到挫折，就会产生自卑感、软弱感、无能感，最后导致失去基本的信心。

(5) 自我实现的需要。是指促使人的能力得以实现的趋势，这种趋势就是希望自己越来越成为人们所期望的人物、完成与自己的能力相称的一切事情。通常来讲，人们会结合自身的能力和自身所扮演的角色去实现不同的自我价值，比如音乐家通过演奏音乐、画家通过绘画、诗人通过写诗等，来实现自我价值。自我实现是使个人潜能现实化、个人能力最大化的过程，通过对自我实现的追求，个体能够对社会作出自己觉得有意义、有价值的贡献，并实现自己的理想和抱负。马斯洛认为，自我实现需要代表了人的最高层次的需要，是人们发自内心的一种向一定方向成长的趋势和需要。

对于上述五种需要，它们是从低到高，按层次逐级递升的。一般来说，某一层次的需要相对满足之后，就会向高一层次发展，追求更高一层次的需要就成为驱使行为的动力。相应地，获得基本满足的需要就不再是一股激励力量了。五种需要可以分为高低两级，其中生理上的需要、安全上的需要和感情上的需要都属于低一级的需要，这些需要通过外部条件就可以满足；而尊重的需要和自我实现的需要是高级需要，它们只有通过内部因素才能满足，而且一个人对尊重和自我实现的需要是无止境的。同一时期，一个人可能有几种需要同时存在，但在一定时间内必定有一种需要占支配地位，对行为起决定作用。各层次的需要相互依赖和重叠，高层次的需要发展后，低层次的需要仍然存在。任何一种需要都不会因为更高层次需要的发展而消失。

马斯洛的需要层次理论的前提是：人总是被激励起来满足一生中特定时间内一项或多项重要的需要。任何特定的需要，其强烈程度都取决于其在内在需要层次中的地位，以及其他较低需要已被满足的程度。它预示着激励是一种动态的、逐步的因果性过程。在此过程中，行为受一套不断变化的"重要"需要控制。需要层次理论模型如图 5-3 所示。

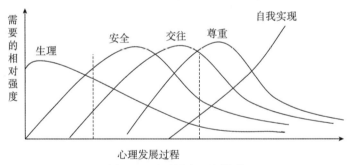

图 5-3 需要层次理论模型

马斯洛的需要层次理论，从人的需要出发探索人的激励和研究人的行为，指出人的需要是多层次性的复合，在一定程度上反映了人类行为和心理活动的共同规律。

(二) 阿尔德弗的 ERG 理论

ERG 理论是克雷顿·阿尔德弗(Clayton Alderfer)于 1969 年提出的一种与马斯洛需要层次理论密切相关但又有不同的理论。他把人的需要分为三类，即存在(existence)需要、关系(relatedness)需要和成长(growth)需要。

(1) 存在需要。这类需要关系到机体的存在或生存。它包括衣、食、住以及组织为使其得到这些因素而提供的手段，如报酬、福利和安全条件等。这实际上相当于马斯洛需要层次理论中的生理需要和安全需要部分。

(2) 关系需要。这是指发展人际关系的需要。这种需要通过工作中或工作以外与其他人的接触和交往得到满足。它相当于马斯洛需要层次理论中的感情上的需要和一部分尊重需要。

(3) 成长需要。这是个人自我发展和自我完善的需要。这种需要通过发展个人的潜力和才能得到满足。这相当于马斯洛需要层次理论中的自我实现的需要和部分尊重的需要。

ERG 理论是在马斯洛的需求层次理论的基础上发展起来的，关于人们不同需求层次之间的关系方面，ERG 理论也提出了自己的观点：

(1) ERG 理论并不强调需要层次的顺序，认为某种需要在一定时间内对行为起作用，而当这种需要得到满足后，人们可能会去追求更高层次的需要，也可能没有这种上升趋势。而且人在同一时间内可能有不止一种需要在起作用，各种层次的需求可以同时存在，共同发挥激励作用，比如一个追求好的工作业绩表现的员工，可能既受到生存需要的驱使，同时也受到关系需要和成长需要等各种层次需要的驱使，而不仅仅是单一的需要推动。这与马斯洛主张的低层需要满足是高层需要的先决条件有所不同。

(2) ERG 理论认为，某种需要(特别是成长需要)在得到基本满足以后，其强烈程度不仅不会减弱，还可能增强。对于每一层次的需要，满足得越少，则越希望得到满足。假设一个这样的情境：放假时间，你最想做什么？对于一个夜以继日加班的员工来讲，可能最希望的就是睡一个懒觉，好好地松弛一下神经；而公司这个时候再组织集体娱乐活动，大家心里就会不情愿，这就是许多组织经常在节假日搞团队活动收效甚微的原因。

(3) ERG 理论提出了"挫折—退化"的观点，认为如果较高层次的需要不能得到满足的话，对满足较低层次需要的欲望就会加强，而不是马斯洛所说的当一个人的某一层次需要未能得到满足时，可能会停留在这一需要层次上直到满足为止。例如，成长需要的满足程度愈小，则愈希望满足更多的关系需要；这是因为较高层次的需要满足遇到挫折，就会出现从高层次需要向低层次需要的退化现象。

作为团队领导者，要对团队成员进行有效的激励，一方面必须了解他们各个层次的需要，以及起主导作用的需要是什么，这种需要的重要程度如何等，然后才能有针对性地给予满足；另一方面，领导者应特别注意防止成员高级需要得不到满足时就降而求其次的心理现象发生。

(三) 麦克利兰的成就需要理论

1. 生存需要满足后人的高层次需要

成就需要理论是戴维·麦克利兰(David C. McClelland)于 20 世纪 50 年代提出的。麦克利兰成就需要理论的前提是人的基本生存需要已经得到满足，生存需要满足后人的高层次需要有三种，即权力需要、友谊需要和成就需要。

(1) 权力需要。麦克利兰将组织中管理者的权力区分为两种：一是个人权力。追求个人权力的人表现出来的特征是围绕个人需要行使权力，在工作中需要及时地反馈和倾向于自己亲自操作。二是职位性权力。职位性权力要求管理者与组织共同发展，自觉地接受约束，从体验行使权力的过程中得到一种满足。

(2) 友谊需要。这是指寻找他人接纳和友谊的欲望或获得他人赞同的欲望，是建立好亲密的人际关系的需要。麦克利兰的友谊需要与马斯洛的感情上的需要和阿尔德弗的关系需要基本相同。

(3) 成就需要。具有成就需要的人,对工作的胜任感和成功有强烈的要求,他们乐意,甚至热衷于接受挑战,把取得成功视作人生最大乐趣;他们敢于冒风险,愿意承担所做工作的个人责任,并希望得到所从事工作的明确而又迅速的反馈。这类人一般喜欢全身心地投入工作,并从工作的完成中得到很大的满足。

2. 自我激励的高成就动机

麦克利兰通过研究指出,自我激励的高成就动机者有三个主要特点。

(1) 高成就动机者喜欢设置自己的目标。他们不满足于漫无目的地随波逐流和随遇而安,而总是想有所作为。他们总是精心选择自己的目标,因此他们很少自动地接受别人(包括上司)为其选定的目标。除了请教能提供所需技术的专家外,他们不喜欢寻求别人的帮助或忠告。他们要是赢了,会要求应得的荣誉;要是输了,也勇于承担责任。例如:让你掷骰子在两件事中进行选择(获胜机会是 1/3)或研究一个问题(解决问题的机会也是 1/3),你会选择哪一件? 高成就动机者会选择研究问题,尽管获胜的概率相同,而掷骰子则容易得多。高成就动机者喜欢研究、解决问题,而不愿意依靠机会或他人取得成功。

(2) 高成就动机者在选择目标时会回避过分的难度。他们喜欢中等难度的目标,如果一项任务成功的可能性是 0.5 时,他们的绩效最高。在高成就者看来,当成功和失败的可能性几乎相等时,是一个人从个人努力中获得成就感和满意感的最佳时机。既不是唾手可得——没有一点成就感,也不是困难得只能凭运气。他们会揣度可能办到的程度,然后再选定一个难度力所能及的目标,也就是会选择能够取胜的最艰巨的挑战。

(3) 高成就动机者喜欢多少能立即给予反馈的任务。目标对于他们来说非常重要,所以他们希望尽快知道结果。这就是高成就者往往选择专业性职业,或从事销售,或参与经营活动的原因之一。

麦克利兰认为,一个公司如果有很多具有成就需要的人,那么,公司就会发展得很快。一个国家如果有很多这样的公司,整个国家的经济发展速度就会高于世界平均水平。

(四) 赫茨伯格的双因素理论

格哈德·赫兹伯格(Frederick Herzberg)等人于 20 世纪 50 年代后期曾采用"关键事件法"对 200 名工程师和会计师进行调查访问,发现促使员工在工作中产生满意或良好感觉的因素与产生不满或厌恶感觉的因素是不同的。前者往往和工作内容本身联系在一起,后者则和工作环境或条件相联系。赫兹伯格把与工作本身或工作内容有关的、能促使人们产生工作满意感的这一类因素称为激励因素;把与工作环境或条件有关的、能防止人们产生不满意感的另一类因素称为保健因素,这就是双因素理论的思想观点。

具体地说,激励因素是影响人们工作的内在因素,其本质为注重工作本身的内容,借此可以提高工作效率,促进人们进取,激发人们做到最好。这类因素的改善,往往能给职工以很大程度的激励,有助于充分、有效、持久地调动他们的积极性。激励因素像人们锻炼身体一样,可以改变其身体素质,增进人们的健康,如成就、认可、责任、发展等因素的存在，将给人们带来极大的满足。保健因素又称为维持因素，这些因素没有激励人的作用，但是具有保持人们的积极性、维持工作现状的作用。例如，组织中的管理制度、薪资水平、工作环境、福利和安全等，都属于保健因素。这些因素的满足对员工产生的效果，类似于卫生保健对身体健康所起的作用，卫生保健不能直接提高健康水平，但有预防疾病的效果。在工作中，保健因素虽然不能直接起到激励员工的作用，但改善保健因素却可以防止或消除员工的不满情绪。

赫茨伯格在提出保健因素与激励因素理论的基础上，进一步提出了关于满意与不满意的新观点。传统的观点把满意与不满意看成是一个连续体，满意的对立面是不满意，认为消除了不满意因素职工就会满意。但是，赫茨伯格在研究资料中发现，"满意"的对立面是"没有满意"，"不满意"的对立面是"没有不满意"，消除工作中的不满意因素并不必然带来满意。这也说明，保健因素与激励因素，对于调动人的积极性都能起到作用，只是其影响程度不同而已。

同时，赫茨伯格还注意到，激励因素和保健因素会有若干重叠的现象，如赏识属于激励因素，基本上起积极作用，但当没有受到赏识时，又可能起消极作用，这时又表现为保健因素。工资是保健因素，但有时也能产生使职工满意的结果。

赫兹伯格"忠告"团队界，如果团队缺乏工作方面的"激励因素"，将会导致员工把注意力放在对保健因素的追求上，而团队对保健因素的改善，又只能起"临时止痛"的作用。因此，管理者应致力于从工作中开发激励因素，同时保证保健因素的满足。

（五）内容型激励理论对团队管理的启示

内容型激励理论对于人的不同需求进行了系统分析，各个理论都将人们的需求进行了分级，并认为对于不同的需要采取不同的措施，可以实现对人们的激励。在团队管理中，有效的实施激励必须考虑团队成员需要的不同方面的特点。

(1) 需要具有多样性。人类的需要是多种多样的。一个人在不同时期可能会有多种不同的需要；即使在同一时期，也可能存在好几种程度不同、作用不同的需要。虽然人们有多种不同的需要，但这些需要并不是同时以同样的程度来影响人们的行为的。在一定时期，只有那些表现最强烈、感觉最迫切的需要才会引发人们的动机，影响人们的行为。另一方面，对于团队中的不同成员，各自的需要也会不同。打个比方来说，人力资源部新招聘了个应届毕业大学生。工作的前几年，可能这个大学生需要的是对工作的认识、工作方法、人际关系的掌握；随着工作时间和社会角色的变化，原先的大学生的需要则可能转变为对职业发展、个人地位以及家庭等方面的关心。因此，激励措施的使用，有必要针对于成员的不同需求而进行，只有能够满足成员需求的激励，才能够产生激励的效果，促进团队的稳定以及工作效率的稳定提高。

(2) 需要是有层次性的。需要的层次并不是完全不变地遵从低级需要到高级需要发展的过程，同时不同层次的需要对人的影响也是不一样的，高级的需要对于人们的激励作用更加明显，而低级需要的不满足会导致人们的不满情绪。在实际操作中，我们应该根据成员不同层次的需要，采取不同层次的激励措施，从而达到不同的效果，比如对于成员的低层次需求更多地采取平均主义的方式，以保障大部分成员需求的满足；对于高层级的需求，则采取拉大差距、区别对待的方式，形成竞争。

（3）需要具有潜在性。需要的潜在性是决定需要是否迫切的原因之一。人们在一生中可能会存在多种需要，但这些需要并非随时随地全部被他们的主体所感知、所认识。有许多需要是以潜在的形式存在的。只有到了一定时间，由于客观环境和主观条件发生了变化，人们才会发现、才会感觉到这种需要。作为团队的管理者，应该尝试着去发现成员的潜在需求，并通过各种激励措施，激发成员的潜能，以发挥成员的更大作用，为团队作出更大的贡献。

二、过程型激励理论

过程型激励理论是从连接需要和行为结果的中间心理过程这个角度来研究激励问题的。这类理论试图弄清楚员工在面对激励时如何影响其付出的努力程度，它涉及员工如何对激励进行评估、如何选择自己的行为、如何决定行为的方向等。过程型激励理论主要包括弗鲁姆的期望理论、亚当斯的公平理论、洛克的目标设置理论、海德的归因理论等。

（一）弗隆的期望理论

维克托·弗鲁姆(Victor H. Vroom)在 1964 年出版的《工作与激励》一书中提出了期望理论。期望理论基于个体是"理性的人"假设，弗鲁姆认为人之所以能够积极地从事某项工作并达成组织目标，是因为这项工作或组织目标会帮助他们达成自己的目标，满足自己某方面的需要。具体来说，当个体认为努力会带来良好的绩效评价时，他就会受到激励而付出更大的努力；而良好的绩效评价又会带来组织奖励，如奖金、加薪和晋升等；同时，组织奖励又会满足个体的目标。人们只有在预期其行为能够达到某种目标，并且实现目标就意味着满足需要的情况下，其积极性才能被调动起来。弗鲁姆的期望模型是围绕效价、工具值和期望值这三个概念建立起来的，因此又称作 VIE 理论或工具性理论。它们的关系可以表述为

$$激励水平(M)＝期望值(E)×\Sigma\ 工具值(I)×效价(V)$$

效价(V)是指个人对某种结果效用价值的判断，是指某种结果对于满足个人需要的价值。同一个结果对不同的人来说，其效用价值各不相同。效价分为正值或负值，只有某种结果的效价为正值时，才能对个人起激励作用，个人也才会为之付出努力。效价的正值越高，对个人的激励作用也就越大。

工具值(I)是与效价有关的一个因素。个人所预期的结果，有两个层次，即一级结果和二级结果。二级结果是个人在某一行动中所希望达到的最终结果，而一级结果则是为达到二级结果必须达到的前提条件或最初结果。因此，一级结果被认为是二级结果的工具或手段。弗鲁姆指出，工具性与两级结果之间主观相关。也就是说，工具性是对一级结果和二级结果之间内在联系的主观认识。一般来说，一级结果是指工作绩效，是工作结果的直接

表现，二级结果是在一级结果的基础上产生的，如加薪、提升、得到同事的好评、得到领导的表扬、得到一些优厚待遇等，这些都是组织可能分配给个人的外在性奖酬资源。如果一个人希望得到提升，他认为工作有突出表现是达到这一结果的前提条件，那么，他就会努力工作，希望能以出色的表现得到提升。这里的"提升"就是二级结果，工作成绩是一级结果，个人对工作成绩与得到提升之间关系的认识就是工具性。

期望(E)是指个人对自己通过努力达到某种结果的可能性大小的估计，即由主观估计得到的一个概率值。期望与工具性的区别，在于期望是对个人努力与一级结果之间关系的估计，而工具性则是对一级结果与二级结果之间关系的认识。期望是一种主观概率，其数值在 0~1 之间。概率越接近 1，则个人就越有可能去追求某种结果，即个人受到激励的水平越高。

期望理论以动机的认知论为基础，动机能否去推动行为以及如何去推动行为，则取决于认知过程。个体一方面要对行为的结果作出判断；另一方面还要对现实目标的可能性进行估计。只有在确认有可能实现目标，同时在实现目标后能满足需要的情况下，人的积极性才能被调动起来，并为实现目标而努力。因此，期望理论更加关注于行为选择过程中个体的主观认知评价的作用。期望理论详细地揭示了激励的过程，这为管理者提供了一个架构，去了解个体行为的全过程，并采取相应的管理措施，调动个体工作的积极性。但是期望理论相对比较复杂，而且试图通过精确的计算公式对个体的动机强度进行计算，这在现实中很难做到，更何况影响个人绩效的因素也不只是动机本身。

（二）亚当斯的公平理论

美国心理学家亚当斯(J. S. Adams)于 20 世纪 60 年代先后发表了《对于公平的理解》《社会交换中的不公平》，从而创立了公平理论。这个理论侧重研究的是收入报酬分配的合理性、公平性及其对个体工作积极性的影响。公平理论建立在两点假设上：第一，个人评估他们的社会关系就像评估他们在股票市场上买卖股票的经济状况，也就是说个人在社会关系上进行投资希望获得一定的利益作为回报；第二，人们通常要将自己的投入(劳动或贡献)和所得报酬的比值与一个和自己条件大体相当的人的投入和所得报酬的比值进行比较，如果两者比值相当，个体就会产生公平感；若比值不相等，个体就会产生不公平感。这一理论包括以下几个方面。

1. 公平是一种主观认知和评价

公平感是人类的一种基本心理需要。人不仅有保持生理平衡的需要，也有保持心理平衡的需要。人们对报酬是否满足在很大程度上受社会比较过程的影响。也就是说，不仅受其所得报酬绝对值的影响，而且受报酬相对值的影响。公平通常令人心情舒畅，焕发工作热情；不公平往往使人产生消极情绪，形成人际矛盾，影响工作积极性，并影响心理平衡，使人产生不公平感和心理紧张。

亚当斯的公平关系模式是

$$\frac{O_P}{I_P} = \frac{O_a}{I_a} \ \text{或} \ \frac{O_P}{I_P} = \frac{O_H}{I_H}$$

其中，O_P代表个人对自己报酬的感觉，O_a代表个人对别人所获报酬的感觉，I_P代表个人对自己所作投入的感觉，I_a代表个人对别人所作投入的感觉，O_H代表个人对自己过去报酬的感觉，I_H代表个人对自己过去投入的感觉。

这个模式说明，当一个人认为他所获得的报酬与所付出劳动的比值，与作为比较对象的他人的这项比值相等时，就会产生公平感。如果这两者之间的比值不相等，就会产生不公平感。对于上述比较的评价在于个人的主观认知，这种主观认知是否客观是不确定的。

2. 公平感来自于相互的比较

人们通常会把自己的投入产出比与其他人的投入产出比进行比较。在比较的过程中，个体选择的参照物很复杂，一般包括以下几种。

(1) 自我—内部比较，本人在当前组织中不同工作岗位(时间)上的投入产出比较，如某人在同一个单位，先做了两年的销售人员，实行的是绩效工资制，现在又调入业务操作部工作，操作部的工作烦琐而忙碌，实行的是固定工资制，收入比在销售部低多了。这个时候，和自己以前相比，他会产生不公平感。

(2) 自我—外部比较，个体与当前组织之外的其他职业或岗位相比较，如新到一个单位的员工大多会把他在新单位的投入产出比与原来单位的投入产出比进行比较，从而产生公平或不公平感。

(3) 别人—内部，个体与所在同一组织中的其他人进行比较。

(4) 别人—外部，员工与所在组织之外的其他人进行比较。

在这四类比较中，前两者为个人内比较，是指对自己的工作投入，比如个人努力、技能、教育、知识、年资、经验、绩效等，与所获得的报酬，如工资、晋升、职务、地位、荣誉、嘉奖等，进行比较。如果自己的投入与报酬是相一致的，则感到公平；否则就会产生不公平感。个人内的比较促使个人积极寻找能使自己获得公平感的岗位，调动工作就是一个途径。

后两者是社会比较，是指通过与他人，如同事、部下、同类职业、社会其他职业的人的投入与报酬进行比较，来估计自己所得的报酬是否公平合理，社会比较的不公平感往往来自行业差异。

3. 不公平感激发的行为反应

当人们感到对自己不公平时，就可能采取一系列的行为：若自己的报酬高于比较对象，则可能采取减少报酬或增加投入的行动，以消除心理上的不平衡。一般而言，采取减少报酬的情况少，而多采取提高质量或产量，更加努力地工作来消除心理上的不平衡感。但在自己的报酬低于比较对象的情况下，则可能采取要求增加报酬和减少投入的行动，以消除不公平感，如首先要求增加收入，达到与比较对象相当的水平；在自己的报酬得不到提高的情况下，会设法改变别人的报酬，使之与自己的报酬相当；在以上都做不到的情况下，则可能提出离职要求，另找报酬较高的工作；也有些人会改变比较对象，通过自我调适，达到自我安慰。

【案例5-1】

谁干的更多？

一年夏天，天气大旱，眼看辛辛苦苦播种的庄稼就要旱死了，农夫甲和农夫乙经过商议，决定修建一条水渠将山上水井里的水引下来灌溉庄稼。于是他们决定分别从地头和井口开始向中间挖，农夫甲从水井那端挖起，农夫乙从地头那端挖起，他们的妻子负责做饭与送饭。

第一天活干完了，农夫甲这边的土比较多，挖了五丈，农夫乙这边石头比较多，所以才挖了两丈。两个人都累坏了。

晚上，农夫甲想："农夫乙该不会是在故意偷懒吧？比我少那么多，明天我得少挖一点。"农夫乙则想："今天我好像有些少，明天我要继续加油啊！"

第二天干完活，农夫甲挖了四丈远，农夫乙挖了三丈远。

晚上，农夫甲想："我偷懒还挖了四丈，他才挖了三丈，太过分了！"农夫乙想："昨天他能挖五丈，而今天却挖了四丈，农夫甲今天肯定是偷懒了，明天我也少干点。"

就这样，当他们终于把水渠修完的时候，庄稼早就旱死了。

资料来源：俞文钊等. 现代激励理论与应用[M]. 大连：东北财经大学出版社，2020.

（三）洛克的目标设置理论

目标设置理论最早由马里兰大学教授洛克(E. A. Locke)于1967年提出。此后经许多学者在研究中加以发展，内容逐渐丰富，影响也愈来愈大。目标设置理论主要探讨目标的具体性、挑战性和绩效反馈对人的激励作用。该理论充分肯定了个人发展过程中目标设置的价值与重要性。该理论认为：指向一个确定目标的工作意向是工作激励的主要源泉。对于一个人的行动而言，具有一个明确而具体的目标比没有目标更能激发人的积极性，从而取得更好的业绩。也就是说，目标设置的具体性、挑战性能影响一个人的行为和业绩。目标设定过程包括以下几个步骤：

(1) 环境诱因。目标的设定是由环境引起的。个人目标的确立是以组织目标为依据的。只有当组织确定了任务，并明确了完成此任务的报酬时，组织的目标才会成为个人目标设定的诱因，促使人们确定自己的目标。因此，明确的组织目标是个人目标设定的直接前提。

(2) 目标设定的评估。是个体根据组织的总目标确定自己的个人目标的过程。在这个过程中，成员对目标的难度、实现的可能性、目标的挑战性以及达到目标后的效价等进行估价。

(3) 接受目标。根据自己的评估，认为所设定的目标虽然实现起来有一定困难，但经过努力还是可以达成的，完成这样的目标对组织、部门以及个人都是有益的，于是，成员就会接受这个目标。关于参与式的目标设置是否能带来更高的绩效，答案并不肯定，有些情况下，参与式的目标设置能带来更高的绩效；有些情况，上司指定的目标绩效更高。

(4) 为实现目标而努力。目标设定并被接受后，就要设法去实现它，这时，要制订一套行动计划，包括步骤、方法、措施，以保证目标的实现。在目标实现过程中，个体的心理因素对目标的实现有很大的影响，其中自我效能感是一个重要的影响因素，一个人的自我效能感越高，他对自己在一项任务中获得成功的能力就越有信心。在困难情况下，自我效能感低的人更易降低努力或干脆放弃，而高自我效能感高的人会努力把握挑战。

(5) 绩效。通过努力，采取必要的措施，按步骤去实现计划，最终实现目标，在这个过程中要不断了解每一步的结果，及时反馈，以调整自己的计划和行动。

(6) 报酬和满足感。完成任务、实现目标后，人们将得到某种报酬，包括从外部获得的奖励和从工作中获得的成就感、胜任感等，从而使员工获得一种满足感。报酬分为外部报酬和内部报酬，内部报酬带给人的满足感效用更大。

在设定目标的过程中，团体目标的设定、目标的明确性、实现目标的困难度、员工的参与、目标完成的反馈等因素都会对其产生影响。研究表明，清晰而具体的目标比含混不清的目标更能激发人的行为，洛克认为目标设置得越明确越好，明确的目标本身就具有激励作用；有一定难度的目标比容易实现的目标更能激发人们的工作积极性，所设置的目标要自力可成，具有挑战性，进而才能达到更高的工作绩效。员工个人的能力、目标认同、反馈、任务的严密性在目标和绩效之间起协调作用。个人努力的方向、努力的程度，以及努力的持续性三维度决定了个人工作绩效与目标之间的相关程度。同时个人的行为水平不仅取决于个体针对目标所做的努力，而且取决于个人的能力以及组织的支持。最后组织根据个人努力工作的实际结果及绩效水平分配奖酬资源，通过内外奖励，使个体获得满意感。

(四) 归因理论

归因是指人们对自己或他人的行为进行分析，推论这些行为原因的过程，它是洞察人的心理规律的视角，也是激励人的途径，归因方式影响人们以后的行为方式和动机的强弱。

1958 年，海德(Fritz Heider)在他的著作《人际关系心理学》中，从通俗心理学(naive psychology)的角度提出了归因理论，该理论主要解决的是日常生活中人们如何找出事件的原因。海德认为人有两种强烈的动机：一是形成对周围环境一贯性理解的需要；二是控制环境的需要。为了满足这两种需要，普通人要对他人的行为进行归因，并且通过归因来预测他人的行为，唯有如此才有可能满足"理解环境和控制环境"的需要。因此，普通人和心理学家一样，都试图解释行为并且从中发现因果关系，只是普通人的归因并没有什么科学方法，他们更多地依靠理解和内省。

归因是对一个既成事件多阶段的反应过程。首先确认既成事件的成败。然后，找出成功或失败的原因(归因)。最后，由归因引起个人情绪上的反应，并形成对今后的期待。情绪反应和期待结合起来便决定了今后的成就定向和行为。归因理论认为：人们对过去的成功与失败的认知，一般会有四种归因，即个人努力程度(相对不稳定的内因)、个人能力大小(相对稳定的内因)、工作任务难度(相对稳定的外因)以及运气和机会(相对不稳定的外因)。该理论认为，把以往工作和学习失败的原因，归于内、外因中的相对稳定的因素还是相对不稳定的因素，是影响个体今后工作与学习的关键。对某一个体而言，如果把失败的原因归于相对稳定的内、外因因素，就会使人动摇信心，产生畏难情绪，而不再坚持努力的行为；反之，把失败的原因归于相对不稳定的内、外因因素，就会使人充满信心，而继续保持努力的行为。归因理论重视归因中的情绪反应，更加明确了情绪因素在激励中的作用，使归因的激励机制得到了比较充分的展示。

（五）过程型激励理论对团队激励的启示

过程型激励理论使管理者更加关注成员的需要到产生行为之间的过程，并加强全方位的激励。主要要注意以下几个方面。

(1) 目标制定的合理性。团队目标的设定，会直接影响成员行为的选择。如果目标制定得合理，员工通过适当的努力可以达到，则对员工产生激励作用；反之，如果目标制定得不合理，达到的难度过高或者过低，都对员工没有激励作用，因此，目标的设定是过程型激励的关键。

(2) 实现目标的可能性。团队目标的设定是组织基于团队而设定的，团队是否能够达到目标，目标是否具有实现的可能关键在于成员对目标的认可，以及团队实现目标的能力。如果团队以往目标实现的能力很强，当组织赋于团队更高的目标时，团队成员会认可并努力去实现；如果团队以往目标实现的能力很差，成员对实现任何目标都没有信心，自然不会采取好的行为去实现目标。因此，组织应该不断提高团队实现目标的可能性，增强团队成员对团队的信心，从而对团队更好地实现过程激励。

(3) 激励措施的公平性。激励措施的结果往往体现在奖励和惩罚上，激励措施的公平实施，有利于成员产生公平感，减少团队的冲突，增强对团队的信任感，增强团队的凝聚力，提高团队完成团队目标的能力。反之，则会产生矛盾冲突，对个体形成负面的影响，导致个体工作积极性受到影响，并影响团队绩效的实现。

三、行为改造型激励理论

行为改造型激励理论从当前的行为结果出发来研究行为是否受到激励，认为受到激励的行为倾向于反复出现。这种类型的激励理论主要有美国行为主义心理学家斯金纳(Burrhus Frederic Skinner)的强化理论和心理学中的挫折理论等。

（一）强化理论

强化理论是新行为主义者斯金纳的操作条件反射理论在激励上的应用。操作条件反射理论认为，人类的许多行为具有操作性和工具性。人往往由于某种需要引起探索(自发的或自觉的)。在探索的过程中，由于偶发的反应成为达到目的的工具，因此人们就利用这种反应去操纵环境，达到目的。久而久之，便形成了条件反射。因为这种条件反射是产生某种结果、达到目的的工具，因此被命名为工具性条件反射(又叫操作性条件反射)。这种反射只能在强化的条件下习得，而强化取决于反应，不取决于对刺激的感知。习得的反应会因强化的增强而增加，也会因强化的减弱而消退，强化理论模型如图 5-4 所示。

图 5-4　强化理论模型

强化理论认为，当行为的结果有利于个人并得到强化时，行为就会重复出现，否则，就会削弱和消失。强化理论提出了改造行为的四种结果。

(1) 正强化。指通过积极的结果而使某种行为得到增强或者增加。当个体作出了组织期望的行为之后，即给予物质奖励和精神奖励，对其行为加以肯定，使行为者获得一种满意感，从而使这种行为能够继续保持下去。正强化是一种积极的强化，在管理中，对于工作好的个体使用表扬、赞赏、提职、加薪等手段进行激励，都是正强化的应用。通过正强化可以使员工更加努力地按照组织鼓励的行为方式工作。

(2) 回避。是为了避免惩罚，预防不希望的负向刺激发生，从而促进所希望的行为。例如，在组织的考勤制度中规定，迟到不仅要扣发奖金，还有被解雇的可能，所以职工都不敢迟到。这种行为不是积极强化的结果，而是个体选择回避惩罚，这同时也改善了个体的行为。

(3) 负强化。指通过某种令人不愉快的结果而使某种行为得到终止。负强化通常是用带有强制性或威胁性的措施来阻止不良行为的出现。例如，对不努力工作的人进行批评，对完不成任务的人或违反组织纪律、侵占公司财务的行为进行罚款等，通过负强化来阻止这些不好的行为的再发生，迫使个体遵守规则，努力完成任务。

(4) 消退。不对行为加以强化(包括正强化和负强化)，以表示对此行为的否定，就会使其逐步减弱，直至最后消失，这称消退。人们在行为结果受到正强化后会继续保持这种行为，在行为结果受到负强化后会终止这种行为，减少行为产生的可能性，同时人们在行为既无奖励又无惩罚的时候，最终也会终止这种行为。例如，组织中原来采用平均分配奖金的制度，有些人不努力工作也和其他人拿同样多的奖金。现在实行任务工资制，对完不成任务的人不发奖金，工资也只发 80%。这样，那些人就不能偷懒了，使不努力的行为消退。

利用正、负强化，可以对行为进行有效控制，可能会将其引导到预期的状态。在适当的范围内，正强化有积极的激励作用。同样，合理运用负强化，也有激励作用。强化理论的积极意义主要在于突出了强化的激励作用，从理论上探讨了正负强化激励行为的机制，为人们运用奖励与惩罚等手段提供了理论依据。

(二) 挫折理论

挫折是指人类个体在从事有目的的活动的过程中，指向目标的行为受到阻碍或干扰，致使其动机不能实现，需要无法满足时所产生的情绪状态。

挫折理论是由美国的管理心理学家亚当斯(John Stacey Adams)提出的，挫折理论是主要研究阻碍个体发挥积极性的各种因素，了解挫折产生的原因、个体遭受挫折后的表现以及应付挫折的方法的理论。挫折理论主要揭示人的动机行为受阻而未能满足需要时的心理状态，并由此而导致的行为表现，力求采取措施将消极性行为转化为积极性、建设性行为。

个体受到挫折与其动机实现密切相关。人的动机导向目标时，受到阻碍或干扰有四种情况：①虽然受到干扰，但主观和客观条件仍可使其达到目标；②受到干扰后只能部分达到目标或使达到目标的效益变差；③由于两种并存的动机发生了冲突，暂时放弃一种动机，而优先满足另一种动机，即修正目标；④由于主观因素和客观条件影响很大，动机的结局完全受阻，个体无法达到目标。在第四种情况下人的挫折感最大，第二和第三种情况次之。挫折是一种普遍存在的心理现象，在人类现实生活中，不但个体动机及其动机结构复杂，而且影响个体动机行为满足的因素也极其复杂，因此，挫折的产生是不以人们的主观意志为转移的。

挫折理论认为：挫折是普遍存在的，引起挫折的原因也是多种多样的。挫折的形成是由客观因素与个体主观因素两方面的原因造成的。主观原因主要是个人因素，如身体素质不佳、个人能力有限、认识事物有偏差、性格缺陷、个人动机冲突等；客观原因主要是社会因素，如企业组织管理方式引起的冲突、人际关系不协调、工作条件不良、工作安排不当等。个体在遭受挫折后，会对其个体心理产生很大的影响，并导致一系列的行为表现。挫折所引起的个体行为表现因人而异。

挫折对人的影响具有两面性：一方面，挫折可增加个体的心理承受能力，使人猛醒，吸取教训，改变目标或策略，从逆境中重新奋起；另一方面，挫折也可使人们处于不良的心理状态中，出现负向情绪反应，并采取消极的防卫方式来应对挫折情境，从而导致不安全的行为反应，如不安、焦虑、愤怒、攻击、幻想、偏执等。

挫折理论倡导采取正确的方法来应对挫折，如正确对待挫折、适时调整自己的情绪、更换先前目标和通过精神发泄法等都具有较强的实用价值。

（三）行为改造型激励理论对团队激励的启示

行为改造型理论通过对人的行为结果的研究，揭示了改造人类行为的科学依据。根据该理论，在团队管理中，通过一定的激励措施能够对人的行为进行引导和规范。

(1) 成员的行为规范和引导。团队可以通过制定完善的团队规范，对团队成员的行为进行规范，对于符合团队发展要求的行为采取正强化激励措施，使其得到强化和发展；对于不符合团队发展要求的行为采取负强化激励措施，促使其削弱或消失。

(2) 正确面对挫折。成员的挫折可能来自团队内部，也可能来自团队外部，无论来自哪里，挫折对成员的工作情绪都会带来负面影响。团队应加强与成员的沟通和交流，及时掌握成员受挫折的情况，寻找根源，通过团队的力量，帮助受挫折的成员尽快恢复。

第四节　团队激励的实施

通过上述理论分析，可以看到激励能够有效地规范和引导团队成员的行为，通过团队激励的有效实施能够促进团队成员更好地产生有利于团队的行为，进而促进团队的健康发展。在团队激励的实施中也应当依据相关理论，关注不同成员的不同需求，并相应地制定团队激励的方式方法和基本原则。

一、团队激励的基本原则

激励是将个人动力导向团队目标的过程，每个人都需要有效激励的引导。在资源一定的情况下，评价团队激励政策有效性的标准，就是能否使团队成员按照团队的行为标准努力工作，并最终实现团队的目标。为此，团队激励要遵循以下几个基本原则。

(一) 目标结合的原则

在激励机制中，设置目标是一个关键环节。目标设置必须体现团队目标的要求，否则激励将会偏离实现团队目标的方向。目标设置还必须满足团队成员个人的需要，否则无法提出团队成员的目标效用，达不到满意的激励强度。只有将团队目标与个人目标结合好，使团队目标包含较多的个人目标，使个人目标的实现离不开为实现团队目标所做的努力，这样才会收到良好的激励效果。

(二) 按需激励的原则

激励的起点是满足团队成员的需要，但团队成员的需要存在个体差异性和动态性，因人而异、因时而异，并且只有满足最迫切的需要(主导需要)的措施，才能达到最大的激励效果。因此，团队领导者在进行激励时，必须加强团队沟通，不断了解团队成员的不同需要，分析成员的需求层次和需要结构的变化趋势，有针对性地采取激励措施，才能取到较好的效果。

但只是一味地满足团队成员的需要，也会带来激励工作的被动局面和激励工作的偏差。人的欲望是永远无法满足的，并且会越来越大。因此，团队在满足其成员需要的同时，还要运用教育和同化等措施来引导团队成员的需要。对团队成员加强符合社会需要和团队需要的人生观和价值观的教育，加强团队精神和团队文化的建设，使团队的目标和价值观得到团队成员的认可。通过团队目标的设定，对团队成员的需要加以正确的引导，并通过团队规范和强化激励引导团队成员的行为，提高团队目标实现的可能，从而实现其成员的个人目标。

(三) 坚持公平原则

公平、公正是激励的一个基本原则。如果不公正，奖不当奖，罚不当罚，不仅收不到预期的效果，反而会造成许多消极后果。为了使激励真正做到公平公正，在实践中需要注意以下几点。

(1) 激励的程度必须与被激励者的功过相一致。在实践中，赏与功相匹配，罚与罪相对应，既不能小功重奖，也不能大过轻罚。功过一致是激励公平、公正最起码的要求之一。激励本身和激励的社会功能都是对人们行为的一种估价和评判。当一个人感到他所获得的激励与他投入的努力、所作出的贡献或与他的不良行为造成的损害比值相等时，就有了公平感，从而产生积极作用或约束作用。否则赏罚不公平，就必然滋长消极情绪，或者产生破罐子破摔的思想，达不到激励的目的。

(2) 激励必须做到标准的一致性，机会均等，即在管理中，赏罚要做到铁面无私、不论亲疏、不分远近、一视同仁；不分好恶恩仇，一样对待；不分上下左右，一个标准。

激励不仅是对人们行为的估价和评判的结论，更重要的，它还是人们的行为过程的综合体现。人们的行为对社会行为的条件、机会和环境必须是均等的，也就是说必须让人们站在同一条起跑线上。起跑线不同，行为结果必然不同。如果不问起跑线的差异，只凭行为结果确定激励，表面上貌似公平，实际上则是不公平、不公正的。在困难重重的条件下和在一帆风顺的条件下，取得同样的结果，若只看结果的话似乎应给予同样的奖励；然而由于付出的不同，这样的奖励肯定会打击员工的积极性。事实上，根据具体情况具体分析，我们应加强对前者的奖励，降低对后者的奖励，这样才能真正做到公平、公正。

(3) 激励的实施要民主、公开，不搞平均主义。

民主和公开是公正的保证，没有民主和公开就没有公平、公正。俗话说："群众的眼睛是雪亮的。"谁好、谁劣，谁善、谁恶、群众一目了然。任何事情只有让群众参与评估和监督，才能从根本上保证其正确性。团队在民主与公开化的过程中，自然会形成公平与公正的作风和机制，这反过来又推动了团队的民主化和公开化。团队在这一良性循环中能够不断取得能源和动力，从而推动团队向前发展。公平、公正并不是要吃"大锅饭"、搞绝对平均主义，绝对的平均主义只会产生消极作用，使激励失去应有的内涵。

（四）适度竞争原则

每个人都希望有一个稳定的职业，而团队成员进入某一团队标志着该成员得到了暂时稳定的职业。但是，必须看到，过分的安全感和稳定性对团队成员工作的积极性和创造性都是一种束缚。团队成员如果没有压力也就失去了动力，因此，在团队内部引入竞争机制是非常必要的。竞争机制的引入有利于保持团队旺盛的活力，消除死气沉沉的气氛。在实际工作中，进行人事制度改革时，实行"岗位能上能下，团队成员能进能出，待遇能高能低"的措施，在调动成员的积极性和创造性方面可取得显著的成效。片面强调稳定或片面强调竞争都是不可取的，正确的方法是把二者有机地结合在一起，形成在稳定基础上的适度竞争环境。

竞争能形成一种压力和危机感，可以培植人的进取心，增强员工的自信，使人们表现得更好。竞争更多体现的是个体的能力。合作是个体之间的相互协调和配合，更强调彼此之间的默契。我们都知道，在团队成长壮大的过程中，竞争与合作都是最重要的原则之一。一个缺乏合作的团队就不会有抵御外来压力的强大内聚力；而一个缺乏竞争的团队，同样不会具有开拓、进取、积极创新的氛围。一个团队要得到持续的发展，就要不断地推陈出新，就需要创造一种良好的协作氛围，辩证地处理竞争与协作的关系，在竞争中协作，在协作中竞争，只有这样团队才能真正成为市场的"弄潮儿"。

（五）及时原则

时间瞬息万变、稍纵即逝，所以我们做每一件事，都应注意把握好时机，《旧五代史·晋书·安重荣传》中说，"机不可失，时不再来。"

在激励中，如果我们能够敏锐地察觉、巧妙地运用"时机"进行激励，往往激励的效果会倍增；否则，反应迟缓，优柔寡断，不但会错失良机，起不到激发人们积极性的作用，而且很可能把事情办糟。同样是激将式激励，如果能见机行事，在客观条件成熟时，寥寥数语便可达到你所要达到的目的。否则，出言过早，时机不到，"反话"容易使人泄气、出言过迟，良机错过，又成了"马后炮"，达不到预期目的。

激励只有及时，才能使员工迅速看到做好事的利益和做坏事的恶果，才能真正做到

"赏一劝百，惩一儆百"，产生震撼和轰动效应。但及时激励并非单纯求快，主要是体现一种雷厉风行的作风，而不能机械地当成不差时日的时限。及时的前提在于激励的正确、明确和准确。如果激励事实失误、性质不准，及时不但毫无意义，还可能带来不良后果。

团队是讲求效益的，其目的是追求利润的最大化，而员工自身业绩的最大化，本身就是团队利润最大化的基础。因此，管理者必须把握激励的及时性原则，以充分调动员工的积极性，使员工的业绩能够达到最大化。那种认为"有了成绩跑不了，年终算账免不了"的想法和做法，往往使激励作用随时机的耽误而丧失，造成激励走过场的结局。

无论是及时原则还是适度原则，在实际执行的过程中，管理者都应辩证地加以统一，及时不适度，适度不及时，激励都会失去应有的意义。

二、团队激励的步骤

千里之行，始于足下，激励团队，使成员心情舒畅地工作必须掌握激励的基本步骤。

(1) 分析不同需求。通过对激励因素的分析，可以判断团队成员需要的内容、需要的层次和需要的结构等信息，找准激励工作改进的切入点，识别激励因素可按照马斯洛对需求的五个层次的分类进行。对于不同的成员，将其需求进行分类，然后综合判断当前团队最主要的需求层次以及每个人的不同需求层次，并分析具体的激励因素。

(2) 分析激励资源。激励是需要付出代价的，各个团队用于激励团队成员的奖酬等激励资源都是有限的。随着成本意识的增强，如何合理地运用团队可以使用的奖酬资源达到最佳绩效，就摆在各个团队的领导者和管理者面前。团队必须对自身所能提供的奖酬资源进行分析，合理地分配，以期达到最佳使用效果。团队的激励资源分析主要有团队奖酬资源的现状、团队待开发的奖酬资源以及相关的成本与收益的分析。

(3) 制定激励措施和政策。激励工作是一个人对人的系统工作，团队实施激励措施和政策的效果直接受到激励系统的心理因素的影响。因此，激励工作一半靠科学，另一半则靠艺术。著名管理大师韦伯(Max Weber)对此做过精辟的论述，他说："没有管理技巧(艺术)的管理知识(科学)，既危险又无用；没有管理知识(科学)的管理技巧(艺术)，代表故步自封，不知长进。"科学和艺术缺一不可，这是团队在培养激励环境时应特别予以重视的。在制定激励措施时要检验期望是否与现实相一致，尊重员工要像尊重专家那样，而且应当鼓励成员的个人发展。

(4) 评价激励效果。由于个体的差异性，个体对于不同的激励措施的反应会有不一致的情况，因此激励措施实施后应该及时地进行效果评价，并根据评价的结果进行及时的调整和优化，以便保证团队激励的有效性。

激励措施和政策的实施效果到底如何，可以在推行一段时间，比如一个季度、半年、一年以后加以评价。通过对激励效果的评价，可以对前一阶段工作进行总结，以便顺利进行下一个激励行动。同时，由于在一个团队中创造一个稳定的激励性环境是需要时间的，对于外在性奖酬，应在其实施和奖酬资源分配以后进行评价。而对于内在性奖酬资源及其形成的激励性环境，应在稍长一段时间以后再评价。

三、团队激励的主要方式

有效的激励可将员工的"潜能"变成"功能"，团队领导者掌握了激励这种工具，无异于掌握了使团队这部机器成功运行的方法。激励的方式是多种多样的，恰当的运用可以使激励的作用得到充分的发挥。目前常用的激励方式主要有以下几种。

（一）目标激励

人们生活和工作的一个重要动力，是为实现一定的目标而奋斗。正如马克思所指出的："人们通过每一个人追求他自己的、自觉期望的目的而创造自己的历史。"承认人们有自己所期望的目标，运用这种目标动力去激发个体的积极性，是现代团队管理激励过程中的一种艺术。

【案例 5-2】

猎狗与兔子的故事

一天，猎人带着猎狗去打猎，猎人一枪击中了一只兔子的后腿，受伤的兔子开始拼命地逃跑。猎狗在猎人的指挥下飞奔去追赶兔子。可是追着追着，兔子就不见了。一只羊见到了，嘲笑狗说："你真没用，连一只受伤的兔子都追不到！"

猎狗回答说："你知道什么？我们两个的跑是完全不同的！我仅仅为了一顿饭在跑，而它却为了它的性命！"

显然不同的目标追求所带来的行为方式是不一样的。

资料来源：邱清荣. 股权激励：激发企业活力、打造高效团队的制胜法则[M].

北京：中国友谊出版公司，2019.

根据心理学家对人类行为模式的分析，任何行为都是为了达到某个目标，目标是人们行为的方向。目标是一种外在的对象。它既可以是物质的，也可以是精神的或理想的对象。目标是一种刺激，是满足人的需要的外在物，是希望通过努力而达到的成就和结果。适当的目标能够诱发人的动机，规范人们的行为方向。有无目的性，其行为的结果是大不一样的。一般来说，没有目的性的行为无成果可言，而有目的性的行为，才可能取得最大最满意的成果。

目标激励，就是在团队管理中，通过目标的设置来激发动机、指导行为，将团队成员的需要与团队的目标结合起来，以激发他们的积极性，从而释放出团队成员的巨大潜能的大激励方式。团队的目标激励的关键在于如何正确地设立目标，目标的设置要适时、合理、可行，并与个体的切身利益密切相关。为了发挥目标激励作用，团队实施目标管理时应该注意以下几点。

(1) 目标设置体系化。团队目标的设置应该有一套科学完整的体系，通过层层制定目标，长期目标和短期目标结合等，建立起纵横相连的目标体系，将团队中所有成员都囊括其中，使每个人都能看清楚自己的工作目标和团队总体的工作目标之间的关系，了解自己工作的价值和责任，激发大家为团队目标奋斗的热情；目标的难度设定要适当，要"跳一跳"才能够得到。如果目标过高，成员会认为力所不及，即使再努力也不能达到。如果目标过低，团队成员无须努力，就可以轻易达到，也不能收到良好的激励效果。只有难度适当，才能激发成员的进取心；目标的内容要具体明确。能够有定量要求的目标当然更好，切忌笼统抽象。如果给团队设立的目标是"提高工作效率"，或者是"我们的任务要提前三天完成"，那么哪一种激励效果更好呢，哪种能更好地促进团队成员工作效率的提高呢？显而易见，后一种具体而明确的目标更能激励团队成员工作的积极性。

(2) 目标设置要保证个人目标与团队目标相协调。团队的目标与成员的目标可能是平衡一致的，也可能会发生偏差，如果出现偏差，就不利于调动个人的积极性，不利于组织目标的实现。只有使两者的目标相互协调，即组织目标向量与个人的目标向量间的夹角最小，这样才会使个人的行为朝向团队的目标，在个人间产生较强的心理内聚力，共同为完成团队目标而努力。因此在目标设置的过程中，要重视协商，加强成员的参与和管理，尊重成员个人的意志和愿望。

(3) 团队应努力提高团队实现目标的可能性。目标实现的可能性，决定目标激励的效果和作用。目标实现的概率越高，目标激励的效果就越好。团队在实行目标激励的过程中，应该努力地提高团队实现目标的可能性，包括提高团队的能力，如硬件设施的配备、环境的改造、资金资源的使用、管理权限的下放等；同时也要提高个人的能力，包括知识水平、专业技能等，总之，只有不断的提高团队实现目标的能力，才能增强团队信心，达到团队目标激励的效果。

(4) 目标激励更注重目标实现的结果。以目标激励的方式设定目标后，目标会分解到每个人，但是往往不会规定每个人完成目标的方式方法，从而实现了组织的充分授权和自我管理，能够有效地提高团队完成目标的效率。在追求目标实现的过程中，团队成员不再只是等待决策、执行指示的被动行为人，而是在明确的目标指引下主动的寻求解决方案的目标参与者；对于团队来讲，对于个人的考核也更加注重目标实现的结果，而不是目标实现的过程，从而给成员提供了更为广阔的空间，促使发挥其自身的创造力，实现自我管理。

(二) 精神激励

精神激励是相对于物质激励而言的。精神激励是指通过一系列非物质的方式来满足个体的心理需要，改变其思想意识、激发其工作活力。精神激励主要包括事业激励、声誉和地位激励、权力激励、竞争激励、情感激励等。事业激励可进一步细分为目标过程激励、工作过程激励、工作完成激励；声誉和地位激励可进一步细分为声望激励、荣誉激励、参政议政激励；权力激励包括经营自主权激励和团队控制权激励。此外还有晋升激励、解职威胁激励、道德激励和情感激励等。

在实际生活、工作中，员工的精神状况受多种不确定因素的影响。外界环境的变化、领导的变更、个人处境的不同以及其他人员的职能调整等，都会引起员工精神状况的变化。

根据需求激励理论，当人们物质收入达到一定水平后，金钱等物质手段的激励作用会越来越弱，而精神激励的作用会越来越强，重视对员工的精神激励可以说是十分必要和重要的。

由于精神激励所支付的成本往往比物质激励低，因此组织对于精神激励采取得更为普遍。精神奖励可以用命名的方式进行，也可以用另外一些方式进行，如列席一次重要的会议，修改一份重要文件，参加一次小范围的会谈，增加一项责任，共进一次午餐，甚至是一句赞美的话语，都可以达到有效激励员工的目的。

赞美是低价高效的激励方式，人人都需要赞美，但人们却往往忽视赞美。

【案例 5-3】

赞美的作用

南非有一个古老的小村庄叫巴贝姆村，这个村里保留了一个古老的传统，那就是当有人犯了错误或做了对不起别人的事情，这个村里的人对他不是批评或指责，而是全村的人将他团团围住，每个人一定要说出一件这个人做过的好事，或者是他的优点。村子里的每个人都要说，不论男女老幼，也不论时间长短，一直到再也找不出他的一点点优点或一件好事。犯错的人站在那里，一开始心里忐忑不安，或怀有恐惧、内疚，最后被众人的赞美感动得涕泪交流。众人那真诚的赞美和夸奖，就如一副良药，洗涤掉了他的坏念头和坏行为，使他再也不会犯以前犯过的错误。

资料来源：刘俊勇编. 业绩评价与激励机制[M]. 北京：中国人民大学出版社，2021.

团队的每个成员都应当学会鼓励和赞美。团队应该善用赞扬的激励方式，因为团队成员在受到称赞时不仅可以满足成员个人的荣誉感和成就感，还可以使成员认识到自己在团队中的位置和价值，在其他成员心中树立良好的形象。

例如，《福布斯》(Forbes)杂志社的领导者深深懂得赞扬的妙处，因此总是及时运用"赞扬"这一武器。

布鲁斯·福布斯(Bruce Forbes)是一个很有魅力的人。他和员工接触得多，大家对他的印象都非常好。在发圣诞节奖金的时候，为了避免给人以施舍的印象，他会坐在每个人的桌子前面，连邮递室的员工也不漏掉，然后握住他们的手，真诚地说："如果没有你的话，杂志就不可能办下去。"这句话让每个人听了都感到心中温暖如春，油然而生敬业感和责任感。一般人一被夸奖，就算他没那么好，他也会因此尽力做好的。

把赞扬送给团队成员，许多时候，它就像维生素，是一种最有效的食物。即使是只言片语，也会在成员精神上产生神奇的效应，心情愉快，神经兴奋。这时，团队成员最容易表现出宽宏大量，平易随和。在赞扬的过程中，双方的感情和友谊会在不知不觉中得到增进，而且会调动交往合作的积极性。

赞美是最有效的激励方法之一，用话语来肯定和鼓励，是最容易做，也是最不容易做到的，因为如果说得不好，可能会有副作用。赞美的语言也是有学问的，需要仔细斟酌。要根据团队成员的特点，讲适合对方的话。如果成员年龄较大、资格较老，表扬他工作经验丰富，几十年如一日，兢兢业业，他就非常爱听；大学刚毕业的年轻人，赞赏他有创造性、有魄力，比较合适。但一位小学学历的成员搞成一项技术革新，表扬他学历低办成了许多专家办不成的事，他就不见得爱听，毕竟小学学历不是炫耀的资本，甚至是他的忌讳。话说到心坎上，激励效果才会显著。

(三) 授权激励

授权激励是指授予当事人更高或更重要的权利，来激发当事人的潜力，促使其取得更优异的成绩。在组织中职位越高，权力越大，掌握的资源也越多，也就越可能做出更优异的成绩。个体希望通过权利以便更好地进行自我管理，实现更大的自我价值。

一般来说，人都有进取心、成就感，希望能够获得更大的权利。21世纪更是一个知识经济的时代，绝大多数团队员工都将是知识化的，尤其是经营管理层员工有更强的自学意识，普遍追求独立自由和自我管理、自我创造。管理这样的下属和员工，无疑更需要放权、授权。

1. 授权激励的表现

在团队管理中，通过授权激励有助于更好地实现团队管理目标，具体表现如下。

(1) 授权激励进一步明确了目标和责任。权责统一，是实现目标的基本保证。通过合理的授权，团队成员能够更清楚自己在团队中的责任和目标，也更加清楚自己的权利和任务，有助于团队成员更好地实现团队目标。

(2) 授权激励是调动成员积极性的有效手段。只有通过有效的授权才能真正实现团队成员的自主管理，授权意味着让团队成员能够更积极地面对问题，而不是逃避问题；授权意味着让团队成员能够更积极地参与决策，而不是等待工作安排；授权意味着让团队成员能够以团队目标为导向，而不是只关注个人的利害得失；授权意味着团队成员能够更积极的面对结果，而不是一味地抱怨和发牢骚。

(3) 授权是促进团队信任的基础。通过授权能够让团队成员感受到被组织信任，这将激发成员巨大的工作热情，产生无限的创意；一个人也只有在被真正信任的时候才可能学会如何去信任别人，一个团队只有通过有效的授权才能形成团队的信任氛围，让成员之间能够更加充分地合作。

(4) 授权是增强团队应变能力的保证。现代团队管理经常面对复杂多变的环境，要求组织的管理系统要有很强的适应性和应变能力，而实现这一切的基础条件就是团队要有自主权，要能够在一定的范围内对团队事务进行自主管理。

2. 授权激励应遵循的原则

尽管通过授权，能够取得激励的效果，但是为了保证授权能够实现团队管理的目标，在授权的过程中也需要遵循相应的原则，具体如下。

(1) 要有目的地授权。职权是帮助管理者实现团队目标的手段，所以授予某个人的职权应该足以保证他能够实现目标。许多组织在实际授权时，对哪些职权应该授予、哪些职权必须保留的问题考虑得较多，而忽略了团队的目标。授权的目的是让被授权者拥有足够的职权顺利地完成所托付的任务，因此，授权首先应考虑需要实现的目标，然后决定为实现这一目标下属需要有多大的处理问题的权限。只有目标明确的授权，才能使下属明确自己所承担的责任。盲目授权必然带来管理上的混乱。

(2) 要结合个体的能力差异。为了更好地完成任务，首先应该选择合适的人去做，然后赋予他相应的权力。尽管在日常的授权中组织往往更关注任务本身，但是执行任务的人员才是权力执行者，个体的能力对于执行权力的效果具有重要的影响。特别是由于不同的人的能力水平不同，可以授予的权利也应该不同，同样对于不能承担职责的个体，组织也应该及时收回权力，以避免组织目标受到损害。

(3) 所授职权要与职责对等。由于职权是执行任务时的自决权，职责是完成任务的义务，因此职权应该与职责相符。在实践中要避免发生有权无责或者是权责失当的现象。在实际工作中，下级人员总是希望增加他们的职权，而同时减少他们的职责；上级人员则恰恰相反，要求下级人员多承担职责，但又不愿意给以必要的职权。这两种做法都欠妥当。如果有权无责，用权时就容易出现随心所欲、缺乏责任心的情形。权大责小，用权时就会疏忽大意，责任心也不会很强；权小责大，下级就无法承担权力运用的责任。正确的做法应该是职权要与职责相符，职责也要与职权平衡。两者相对应、相对等。

(4) 授权的隶属关系要清晰。每个下级应对一个，而且仅对一个上级负责。命令的来源应当统一，即一个下级只从一个上级那里接受分派的职责和授予的职权，并仅对这个上级负责。一仆难伺二主，如果是多头领导或隶属关系不清，下级就会感到无所适从、左右为难，难以行使被授予的互不相干，甚至互相冲突、干扰的各种权力，当然也难以履行各种互不相干或者互相冲突的职责，同时也给授权之后的考核带来了困难。

(5) 授权不是推责。组织可以把职责分派给下级，也可以把职权委任给下级，但不能把责任转嫁给别人，也就是说，责任既不能指派，也不能委任。这是因为责任是一种应该承担的义务。对授权者来说，不能因为他授权给下级就可以完全解除他对下级应负的责任，因为下级的职权也是他授予的，下级的职责也是他指派的，他对下级行使职权是否得当负有督导的责任。对被授权者来说，他对上级负有执行任务的全面责任，一旦他接受了上级委派的任务以及执行任务所需的职权，就有贯彻执行和向上级汇报的义务。

(6) 授权要适度。授予的职权是上级职权的一部分，而不是全部，对下属来说，这是他完成任务所必须的。授权过度等于放弃权力，授权客观、合理的度以工作所需为界。组织应该清楚哪些权责是需要保留在自己手中的，以便对组织的全局问题以及对授权进行控制管理。

(7) 授权需要加强沟通。主管在完成授权之后，所授权的工作任务并未从他的肩上卸去，只是换成一种更有效率的方式，主管不能因为授权而放弃对于职权的责任，因此不存在管理的独立性，科学合理的授权不应造成上下级关系的割断，相反，应该促进上下级之间的沟通和合作。也就是说，上下级之间应该基于权力的共享，加强信息的交流和沟通，以促进团队目标更好地实现。随着现代信息技术的发展，信息沟通的便利性得到大大增强，组织中上下级沟通也更加畅顺，这也进一步促进了授权后的管理。

(8) 授权需要进行监督和控制。授权不是撒手不管，撒手不管的结果必然导致局面失控，而失控会抵消授权的几乎所有的积极作用。因此，既要合理授权，又要避免失控；既要调动下属的工作积极性和创造精神，又要保持领导者对工作的有效控制，就成为授权工作中必须遵守的一条原则。有效的授权，需要进行必要的监督和控制。通常组织在授权前都会建立一套监督和控制机制，制定可行的工作标准和适当的报告制度，以及在不同的情况下的补救措施，以便能够实现授权的有效管理。

（四）薪酬激励

薪酬是团队对团队成员给团队所作的贡献，包括他们实现的绩效，付出的努力、时间、学识、技能、经验与创造所付给的相应的回报或答谢。这实质上是一种公平的交换或交易，团队成员投入了时间、精力、学识、努力和经验，为团队创造了价值，然后收获报酬。广义的薪酬包括基本薪资、奖励薪资、附加薪资、福利薪资等。

薪酬是现代组织中最基本的激励手段。薪酬是一种物质化的表现，但薪酬给个体带来的不仅仅是物质激励。在团队成员的心目中，薪酬绝对不仅仅是口袋里的一定数目的钞票，它还代表着个体的身份、地位，甚至个人的能力、个人的发展前景等。因此，薪酬激励不仅是物质激励，同时也可能达到其他激励的效果，比如目标激励、精神激励，等等。薪酬激励实质上是一种很复杂的激励方式，隐含着成就的激励、地位的激励等，如果能巧妙地运用薪酬激励方式，不但能调动团队员工的高昂士气和工作激情，还可以吸引外部的高级人才，为团队的进一步发展注入生机与活力。

薪酬拿得多，一般来说是因为干得出色，受赏识，发展潜力大。薪酬拿得相对较低，很可能是由于工作不努力，工作没干好，不受别人重视，在公司里没有地位，前途不容乐观。实际上，薪酬的高低不仅仅取决于个人的能力，还与发展机遇等因素有关。但是人们普遍的心理是：团队发的工资高，说明效益好，有发展潜力，在这样的团队里工作，自然个人也能干出一番事业；相反，团队发的工资较低，则说明团队的经营状况欠佳，个人也不会有多大发展。

这种想法导致的直接后果是，薪酬水平高，则团队成员的工作热情高，为了保住这份工作，他会努力工作。在团队内部，团队成员之间也会互相攀比，不同的部门之间，同一部门的不同职业之间，普遍存在着这种攀比心理。难道他们真的是因为比别人少拿几十元钱而斤斤计较吗？不，不是。从单纯薪资相差的数字来看，几十元钱不算什么。但是，在团队成员的心目中，比别人少拿的几十元钱是工作业绩、能力不如别人的象征。

薪酬是激励团队成员的重要手段。合理而具有吸引力的薪酬不仅能有效地激发团队成员的积极性、主动性，促使团队成员努力去实现团队的目标，提高团队的效益，而且能在人力资源竞争日益激烈的知识经济条件下吸引和保留住一支素质良好、具有竞争力的人才队伍。薪酬确定的基本原则包括下面几条。

(1) 薪酬与业绩挂钩。薪酬激励的最终目的是激发团队成员的工作热情，使之努力工作从而达到团队绩效最大化的目标。团队成员的业绩水平决定了团队绩效的水平。因此，有效的薪酬激励方案应该引导团队成员更好地提升工作业绩，并完成团队目标，将团队成员的薪酬与他们对团队有价值的贡献直接联系起来，将有助于激发团队成员的工作积极性，并让他们更积极的参与团队事务，为共同实现团队目标而努力工作。

(2) 长远利益与当前利益结合。在以短期激励方式为主的薪酬计划下，团队成员可能只会注重团队的当前利益，而忽视团队的可持续发展，但团队管理是一个长期发展的过程，需要进行长期的规划和设计。因此，在制定薪酬时，应将短期薪酬与长期薪酬相互结合，对团队成员形成更好的激励效果，使团队成员能够兼顾长远和当前利益，真正实现团队目标的最大化。

(3) 兼顾效率与公平。效率与公平是经济学中一个基本命题。在设计团队成员薪酬计划时，既要保证薪酬的公平性，又要具有一定的竞争性，以充分调动团队成员的积极性，达到提高效率的目的；同时也要考虑薪酬对团队成员关系和团队和谐氛围的影响，应尽量防止薪酬分配的不公引发的各种矛盾。

四、针对不同类型成员的不同激励

按照团队成员的人格类型划分，在团队中有四种不同类型的成员，包括指挥型、关系型、智力型和工兵型。面对不同类型的员工应该采取不同的方式进行激励。

（一）指挥型员工

指挥型员工的特点是以自我为中心，对管理他人感兴趣，敢于承担责任，办事客观，重事不重人，务实并讲究效率，喜欢奖赏，重视结果，懂得竞争，以成败论英雄，轻视人际关系。

针对指挥型员工在激励中主要采取的方法包括以下几个方面。

(1) 明确工作目标，实行目标激励。指挥型员工做事情有自己的主见，他们倾向于告诉别人怎么做，而不是让人来告诉他们怎么做。假如你善意地想对他们进行指导，他们的反应可能是："知道了，知道了。"其实，他们并不一定什么都知道，但是他们愿意自己决定如何行事。因此，对他们的管理更多的是确定目标，而不是指导过程。通过目标管理，明确指挥型成员的目标，并对其是否达到目标进行考核跟踪，并根据目标完成情况实施激励将是有效的措施。如果他们能够达到预期的目标，就给予正面的鼓励；如果达不到预期目标，让他们找出自己的失误之处，并提出改进的措施。

(2) 适度放权，充分发挥其个人的领导能力。指挥型员工敢于承担责任，办事客观，而且有主见，因此在团队中往往会有一定的向心力，其他成员往往乐于接受他们的领导。因此应该给予他们更大的权利，充分发挥他们的领导和控制能力，通过他们的指挥，带动团队其他成员向着团队目标前进。但是在团队授权中，应该考虑其他成员的反应，授权不能过度，否则指挥型员工的自我为中心的意识，会给团队带来负面的后果。

(3) 协助他们调整人际关系，为其创造一个和谐发展的团队环境。指挥型员工重事不重人，轻视人际关系，在工作中往往过于死板，不注重人际交流和沟通，容易引起人际关系冲突。在工作中，应该通过组织协助他们调整人际关系，如通过组织管理的方式，加强成员之间的交流和沟通，通过第三方机制去调整组织内部的人际关系冲突等，以弥补指挥型员工个性方面的不足，创造和谐的团队环境，以提高团队目标实现的能力。

（二）关系型员工

关系型员工的特点是，重人不重事，善于处理人际关系，为人随和乐观，很少盛气凌人，不喜欢竞争和冲突，做决定时有些优柔寡断，有时不愿承担压力和责任，他们希望能够受到别人的关注，没有观众，他们是不会努力工作的。

针对关系型员工的激励方法包括下面 3 种。

(1) 加强需求分析。对于关系型员工应该给予更多的关心和照顾，通过了解和分析他的各种需求，让他感受到团队对他的关心和尊重使他感受到在团队工作的安全感。对于关系型员工而言，工作本身并不重要，但是如果工作会导致人际关系的冲突，则会显得更为重要。因此在安排工作时，应向其强调完不成工作对他人的影响，从而调整他们在团队中的行为。

(2) 创造人际沟通平台，发挥关系型员工的积极作用。关系型员工重人不重事，善于处理人际关系，为人随和乐观的特点，使他们自然成为团队人际关系的协调者。团队应该创造更多的沟通机会，包括正式的和非正式的沟通，充分发挥关系型员工的积极作用，让他们协调团队中的人际冲突，并实现团队成员之间的沟通和互信。这样不仅有利于对关系型员工的激励，也有利于团队的发展。

(3) 采用精神激励，及时给予表扬。关系型员工注重别人对他们的看法，因此对于精神激励比较敏感，尤其是表扬激励。团队应对其贡献及时给予表扬，以满足他们精神上需求。

（三）智力型员工

智力型员工的特点是，智慧、博学，偏好思考，富有探索精神，对事情的来龙去脉总是刨根问底，乐于收集信息但不讲究信息的实用性；工作起来条理分明，但过分注重细节，常常因局部的小利益而造成全局波动，他们是完美主义者；他们重事不重人，进行人员管理并不是他们的长项。

针对智力型员工的激励方法包括以下几个方面。

(1) 实行民主管理，让他们充分表达意见。智力型的人喜欢提出解决问题的办法。在工作中，应该实行民主管理，决策前充分听取他们对问题的意见，并让他们提供解决问题的方案，然后由团队对方案进行审查和修订，最后把方案返回给他们，再次与他们一起探讨方案修订后的效果，这是对他们的信任和认同的一种表示。

(2) 尽量减少负强化激励手段。智力型的员工追求完美，比较爱面子，在管理中应该尽量避免通过负强化激励，对他们的行为进行直接批评，而是应通过暗示或提醒，让他们自己发现错误。

(3) 鼓励他们对团队工作流程进行改造。智力型的员工比较注重工作中的细节，为了追求完美的结果，他们往往更注重团队工作流程的优化和改造，团队应该充分发挥其积极性，鼓励并赞美他们的发现和创意，但是对于其要求必须经过共同的讨论进行集体决策，因为智力型员工为了追求完美，可能会忽略其他的重要因素，比如改革成本等，因此必须以团队总体目标为重，但是也要对其做出的努力给予肯定。

（四）工兵型员工

工兵型员工的特点是，他们是天生的被管理者，忠诚可靠，但缺乏创意，他们乐于从事单调重复性的工作，因为这样让他们感到心里踏实；他们遵守规章制度，善于把握分寸，喜欢在旧环境中从事熟悉的工作，他们清楚自己的职责权限，绝不会越线，他们只做分内之事，不愿指挥他人，而且只要自己应得的那份报酬。

针对工兵型员工的激励方法主要有以下几点。

(1) 注重薪酬激励，保证薪酬待遇。工兵型员工是理想的工作执行者，他们关注于自己分内工作的完成，并且要求公平地获得相应的待遇，他们没有控制欲望，不愿意去管理其他的人和事，他们在团队中工作更关注是否能够获得自己应得的报酬。因此对于他们必须做到及时公平、公正地发放薪酬，通过薪酬激励，增加个人对工作的满足感。

(2) 采用强化激励，引导工作行为。工兵型员工遵守规章制度，善于把握分寸，在工作中会严格按照团队规范进行操作，绝不会越线。如果团队希望调整他们的行为，就必须制定相应的规范，通过团队规范对员工有利于团队发展的行为进行强化。

(3) 加强专业技能培养，提高个人能力。工兵型员工的个人能力的强弱直接影响团队的工作成绩，因为大部分团队在实现团队目标的过程中，需要成员像工兵型员工那样，服从管理坚持工作。因此，团队应该加强对工兵型员工的专业培训，提高他们的专业技能，使他们增强信心，提高工作效率，从而提高实现团队目标的可能性。

【案例5-4】

让大猪和小猪都忙起来

猪圈里有两头猪，一头大猪，一头小猪。猪圈的一边有个踏板，每踩一下踏板，在远离踏板的猪圈的另一边的投食口就会落下少量的食物。如果一只猪去踩踏板，另一只猪就有机会抢先吃到另一边落下的食物。当小猪踩动踏板时，大猪会在小猪跑到食槽之前刚好吃光所有的食物；若是大猪踩动了踏板，则还有机会在小猪吃完落下的食物之前跑到食槽边，吃到另一半残羹。

那么，两只猪各自会采取什么策略呢？答案是：小猪将选择"搭便车"策略，也就是舒舒服服地等在食槽边，而大猪则为一点残羹不知疲倦地奔忙于踏板和食槽之间。

原因何在？因为，小猪踩踏板将一无所获，不踩踏板反而能吃上食物。对小猪而言，无论大猪是否踩动踏板，只要自己不主动踩板就是最好的选择。反观大猪，明知小猪是不会去踩动踏板的：自己亲自去踩踏板总比不踩强，所以只好亲力亲为了。

其实"小猪躺着大猪跑"的现象是由于故事中的激励规则导致的。规则的核心指标是"每次落下的食物数量和踏板与投食口之间的距离"。如果改变一下核心指标，猪圈里还会出现"小猪躺着大猪跑"的景象吗？我们来试试看。

改变方案一：减量方案。投食量改为原来的一半，结果是小猪、大猪都不去踩踏板了。小猪去踩，大猪就会把食物吃光；大猪去踩，小猪也会把食物吃光。谁去踩踏板，就意味着谁为对方贡献食物，所以谁也不会有踩踏板的动力了。如果目的是让两只猪多踩踏板，这个游戏规则的设计显然是失败的。

改变方案二：增量方案。投食量为原来的一倍。结果小猪、大猪都会去踩踏板。谁想吃，谁就会去踩踏板，反正对方不会把食物吃光。小猪和大猪相当于生活在物质相对丰富的"共产主义"社会，所以竞争意识不会很强。对于游戏规则的设计者来说，这个规则的成本相当高(每次提供双份的食物)；而且因为没有竞争，想让猪多踩踏板的效果并不理想。

改变方案三：减量加移位方案。投食量仅为原来的一半，但同时将投食口移到踏板附近。结果呢，小猪和大猪都抢着踩踏板。等待者不得食，而是多劳者多得，每次的收获刚好消费完。对游戏设计者来说，这是一个最好的方案。成本不高，但收获最大。

原版的"智猪博弈"故事给了竞争中的弱者(小猪)以等待为最佳策略的启发。但是对于社会而言，因为小猪未能参与竞争，小猪搭便车时社会资源配置并非最佳状态。为使资源合理有效地配置，规则的设计者是不愿看见有人搭便车的，政府如此，公司的领导也是如此。而能否完全杜绝"搭便车"现象，就要看游戏规则的核心指标设置得是否合理了，比如公司的激励制度的设计，奖励力度过大，又是持股，又是期权，公司职员个个都成了百万富翁，成本高且不说，员工的积极性也并不一定会随着增高。这也相当于"智猪博弈"。

太多的奖励与太少的奖励效果一样，都会使原本十分努力的大猪失去动力。最好的激励机制设计应该是改变方案三——减量加移位的办法。奖励并非人人有份，而是直接针对人(如业务按比例提成)，既节约了成本(对公司而言)又消除了"搭便车"现象，能实现有效的激励。

资料来源：李慧波. 团队精神[M]. 北京：机械工业出版社，2015.

 **思考练习**

1. 结合理论学习，分析和讨论团队激励中经常遇到的问题是什么，应该如何解决。
2. 结合自身所在的团队，讨论如何实现有效的团队激励。
3. 举一个激励的例子，结合相关的激励理论讨论，如何在团队中更好地实施激励。
4. 你是否接受过团队的激励，你觉得激励是否有效。
5. 如果你是团队的管理者，你打算如何对不同的成员实施激励。

交通堵塞：团队冲突的解决

游戏：交通堵塞

【游戏准备】

1. 将所有人员分成若干团队，每个团队的人数不超过 15 人；

2. 寻找地面有方块瓷砖的空地，或者准备若干正方形纸板或胶垫铺于地上。

【游戏流程】

1. 两个团队为一组，两队人员分两边相对而站，团队成员每人站一块瓷砖，中间留一块空瓷砖；

2. 进行人员移动，最终形成两队人员的位置互换，人员移动规则：

- 人员只能通过中间的空格进行移动；
- 只能前进一格或隔一个人跳一格，不能后退；
- 两边人员完成互换，原来的方向不变。

3. 讨论和分享。

【游戏思考】

1. 如何顺利地完成任务？

2. 团队中经常会面对哪些冲突？

3. 如何面对和解决冲突？

【游戏讨论】

解决团队冲突

冲突无所不在，在日常生活中，我们经常会面对各种矛盾，在团队管理环境中，冲突更是时常发生，如何面对和解决冲突，成为团队日常管理中的重要工作。团队中的冲突就像"交通堵塞"游戏中的场景一样，当冲突发生的时候，我们无法前行，如果不能及时地解决冲突，将严重阻碍团队达成目标的可能性。

面对冲突，首先团队应该用正确的态度去看待冲突。按照以往的观点，有的人认为冲突对团队的发展是极为不利的，在团队管理中应该采取果断的措施杜绝冲突的发生，因此应该对冲突采取控制和制止的管理方式。在这种思维方式下，团队中不能见到冲突的发生，因此团队采取强制的手段压制一切可能发生的冲突，在强压管理下，冲突看似不存在，但实际上并没有真正地解决冲突，只是将冲突暂时压制了，日后反而可能造成更大的冲突行为，同时在长期的高压环境下，团队环境难以适应团队合作发展的要求，很难形成团队的凝聚力，产生团队的高绩效；还有观点认为，团队冲突是不可避免的，而且冲突对团队的发展也有利有弊，对团队的发展而言，适度的冲突水平更有利于团队的发展。因此应该通过提升团队管理水平，来有效的管理和引导冲突，而不是一味地压制冲突。显然，对于现代管理环境而言，接受冲突、引导冲突和解决冲突，要比简单地压制冲突更为可取。

当我们能够接受冲突的存在时，冲突就可以被看作是团队日常管理事务中的一项任务，就像我们面对其他任务时一样，用团队的思维进行解决。

第一，我们看看是否需要领导，以及领导是如何产生的。在团队管理中，我们一直提到一个观点就是"团队的领导是因团队任务的变化而变化的，领导是自然而然产生的"，之前我们也讨论过团队中领导角色和领导权力的分离问题，因此我们认为团队中是存在领导的，特别是面对某项任务时，一定会出现一个领导者，带领大家完成任务，而这个领导是自然而然，基于团队成员之间的相互信任和相互了解而产生的。在"交通堵塞"游戏中，有一个很特别的地方，就是此时面对的是两个团队的矛盾冲突，此时是不是也能够出现适合领导两个团队的领导。实际上，当你了解了团队存在的价值时，这个问题也就迎刃而解了。团队存在的目的是实现组织的目标，团队是组织中的正式群体，因此在一个组织中，可能存在多个团队，当多个团队共存时，所有团队的目标都应该是一致的，就是完成组织的共同目标。对于一个团队而言，自然而然产生领导是为了更好地实现共同的目标，对于多个团队来讲，同样可以在共同的组织目标指引下，自然而然地形成一个共同的领导。

第二，我们看看团队对目标的理解和认可的过程。"交通堵塞"游戏是一个难度较大的游戏，要求所有成员积极参与，而且思维要保持高度的一致性。这个游戏的目的，看似比较清楚：就是让大家都能够顺利通过，并到达指定的位置，但由于所有的成员都参与，而且移动的是每一个有思想的人，因此每个人的主动性和参与性决定着游戏的成败。每个个体都有各自的想法，如果不能够保持团队的一致性，就可能出现各自为政，乱成一锅粥的现象。因此，在游戏开始时就应该进行积极地讨论和沟通，明确团队的目标和各自的分工，让大家能够随时与团队保持一致，并且积极地为实现团队目标而努力。

第三，对于正确的团队方法(规范)的实现过程的理解。"交通堵塞"游戏通关的方法并不难，但是由于存在大量的人员，如何让所有人员都理解团队选择的方法，并且执行，才是最难的。完成游戏的正确方法，可能需要大家多次讨论、试错、修正，最终才能发现正确的方法，而这个过程正是团队规范形成和发展的过程，需要通过沟通、执行、完善并不断的循环，最终形成适合团队发展的规范形式，并促进团队的整体发展。

第四，对于团队的沟通。团队沟通我们强调的是多渠道和有效性，在"交通堵塞"游戏的场景中，你会发现尽管大家可以相互沟通，但沟通却未必有效。也许有队员早已提出了合理的方法，但是他的信息却可能被忽略了。很多信息在嘈杂的环境中可能会遗失，从而影响团队的科学决策。前面我们已经简单的分析了沟通对于团队目标的理解和团队规范建立的重要作用，但是团队中如何激发团队成员主动沟通，以及如何保证有价值的信息形成科学决策，依然需要不断的优化团队管理。

第五，对于团队合作。"交通堵塞"游戏强调的不仅仅是团队内部的合作，同时也要求团队和团队之间为了组织目标而进行合作。大家都知道团队合作对于实现团队目标的重要性，但是在实际操作中，团队成员都各自有各自的想法，游戏中很多人可能看到前面有"空"就会急于去"填空"，而导致团队无法完成任务。团队合作要在团队目标的指引下，和团队规范的指导下进行，而不是简单地想"合作"就可以实现"合作"的，作为团队的一分子，每个人都应该积极参与团队事务，并积极遵循团队的规范，服从团队的管理，才能真正的实现团队的合作，实现大家对团队目标的追求。

当顺利完成"交通堵塞"游戏后，你会发现其实这个游戏并不难，难的是如何将两个团队管理好，如何处理好游戏中的各种矛盾冲突，这些矛盾冲突包括来自团队与团队之间的，也包括团队和个体之间的。当我们能够正确面对这些矛盾冲突时，我们就可以运用团队管理的基本方法，比如通过明确目标、加强沟通、加强合作等方法对冲突进行管理。通过对团队冲突的管理，不仅可以优化团队的环境，还可以进一步促进团队管理的能力，促进团队的整体发展。

第一节　冲突的基本概念

在日常生活中，人们经常面临各种冲突，出现"鱼和熊掌不可兼得"的情形。对于一些事情，无论作何种抉择，都将经历一场复杂、痛苦的内心斗争过程。同样，在各种组织的生存发展中，也不可避免地会出现这样或那样的冲突情形，组织与外部环境之间的冲突，组织内部各个团队之间的冲突，团队成员之间的冲突等，可以说是随处可见。管理者要想有效地进行冲突管理，就必须学习如何正确面对团队冲突。

一、冲突的含义

冲突是指两个或两个以上的人或单位之间的意见分歧，由于其中的一方认为另一方影响了自身利益或者自身希望达到的目标，从而产生认识与情感上的矛盾。

由于组织是一个多元化的系统，组织内的很多方面都会引起冲突，比如目标不一致、对事物的不同认识、消极感情、价值观和人生观不同以及资源共享引发的争端等。简而言之，冲突就是对抗，冲突源于社会实体的目标、行动或相互作用中出现的不相容或对立。冲突包括以下基本要素。

(1) 冲突的主体至少有两个。团队管理中讨论的冲突，是基于两个或两个以上主体之间的矛盾冲突，通常在团队中表现为个体与团队之间的相互关系，包括个体与个体之间的冲突，个体与团队之间的冲突，团队与团队之间的冲突，以及个体和团队之间多个主体之间的冲突。

冲突是从相互依赖的关系中产生的，两个毫不相干的主体是不会产生冲突的。从相互依赖的角度出发，我们可以发现，冲突并不都源于不同的利益或不同的目标，即便是两个具有完全相同利益或目标的人之间，也可能因为存在不同的观点、信念、判断和行为而发生冲突。

(2) 冲突的核心在于主体之间的利益关系。团队管理中冲突之所以会发生，主要是因为冲突的主体之间存在共同的利益关系，而且这种利益关系相互影响，导致一方的利益受损。当一方认识到自身的利益受到影响，则会与另一方产生冲突；如果不存在利益损失，冲突也就不会存在。

(3) 冲突是个体的自我认识，即个体认为另一方的存在妨碍了自己的利益。至于个体的认识是否正确，并不确定，所以面对冲突首先要进行充分的沟通和交流，很多时候个体认为的冲突实际上是不存在的，可能只是个体在认知上产生的误解，当误解消除了，冲突自然也就解决了。

(4) 冲突的出现往往基于冲突双方过去交往的情况和背景。冲突是一个过程，它从个人或团队之间的相互关系发展而来，并反映了双方过去交往的情况和背景。良好的人际关系和团队氛围，有助于化解冲突，让"大事化小，小事化了"，但是恶劣的人际关系则会加剧冲突的演变和发展。

团队管理中必须接受这样一个事实：在团队管理的过程中，个体或者团队都有可能存在冲突，冲突随时可能出现。现实中的冲突通常伴随着竞争和合作等形式发生，无论是合作还是竞争，都有可能出现冲突。

竞争通常是彼此为了某一相同的、特定的目标而展开的争夺，比如为了同一个目标市场，某一项荣誉(如体育比赛中的奖杯)等进行的争夺。处于竞争中的双方，一般都会不惜牺牲对方的利益来满足自己的需要，随时准备把自己的观点强加给对方。这种利益上的对立，必然导致双方发生冲突。他们期望获胜，同时等待，甚至渴望对方遭受损失。竞争中的双方严格维护自己的立场，利用自己对对方的了解来设法打败对方。他们期望找出对方的弱点，与对手对抗，削弱对手的地位，使自己的观点和利益占据统治地位，从不考虑改变自己的观点和立场。为了避免恶性竞争，竞争必须在一定的规则之下进行，如国家为规范企业行为而制定的法规、体育比赛规则、团队的一些行为规范等都是竞争中必须遵守的规则。

合作是有关双方为了实现各自的目标，在充分认识彼此目标间的差异的基础上，"异中求同"，进行广泛的、全面的协作，比如在同一个企业内部，生产部门和技术部门之间的目标有一定的差别，为了开发一项新产品，大家就得以此为共同目标，进行协商，然后分工，这就是一种合作关系。合作的结果往往是双方在实现其共同目标的同时，达到了各自的目的。因此，人们常常希望将冲突转化为合作。但是合作中往往会形成非竞争性的冲突，即为了避免竞争而放弃个人或者团队的利益，形成冲突。当处于合作情形时，双方处理冲突的方式与处于竞争环境下完全不同。双方往往强调彼此的合作关系，把问题看成是共同的问题，寻找对双方都有利的处理方法。在讨论相反的观点或利益时，合作中的人们会感到这是一种挑战。他们都不敢确定自己的观点是否充分，自己的利益是否能得到有效满足。于是，他们被激励着去寻找并理解不同的信息，以解决对自己的立场理解是否充分的问题。经过讨论，双方会认识到自己思考角度的片面性，进而理解别人的要求，于是会试图结合对方的观点、角度和需要，形成一个解决问题的方案。合作中避免竞争的心态往往会导致团队思维一体化的冲突，影响团队的创新能力和竞争能力。

二、冲突的分类

按冲突发生的层次，冲突可以分为：个人层面和团体层面的冲突。把握好这些冲突的实质有助于团队采取有针对性的措施来解决这类冲突。

（一）个人层面的冲突

1. 个人内心的冲突

当追求的目标存在不确定因素时，团队成员往往会处于内心冲突的状态。这种状态的外在表现就是员工显得犹豫不决、不知所措，比如对职业的选择倾向，是去政府机关还是去企业。前者保障性较好，但报酬相对较低。面对多种可能的选择，个人内心往往处于冲突之中。内心冲突的影响既可能是正面的，也可能是负面的，或者兼而有之。根据个人对于目标采取接近或回避的两种不同倾向，可以将个体内心的冲突划分成不同类型，这些冲突类型可以简单地通过模型的形式表现出来，其中，☆表示目标，○表示个人，箭头表示行为方向，具体如下。

(1) 接近—接近型冲突。接近—接近型冲突是指一个人要达到两个相反的目标，由于两个目标是背道而驰的，不可能同时达到，在这种情况下会引起内心冲突，如图 6-1 所示。这种冲突的基本模式如图 6-1 所示。这实际上是一种"鱼我所欲，熊掌亦我所欲"式的冲突。要解决这样的内心冲突，必须放弃一个目标，或者同时放弃两个目标而追求另一个折中的目标。

(2) 回避—回避型冲突。当一个人面临两个要同时回避的目标时，会产生回避—回避型冲突，如图 6-2 所示。这种冲突的基本模式如图 6-2 所示。在这种情况下，人们往往会设法摆脱这种情境。但在许多情况下，客观条件使人不能摆脱这种处境，因而陷入内心冲突的状态。这是一种"左右为难""进退两难"式的冲突，往往个人会采取"两害相权取其轻"的策略。

图 6-1　接近—接近型冲突　　　　　　　　图 6-2　回避—回避型冲突

(3) 接近—回避型冲突。当一个人一方面要接近一个目标，而同时又想回避这一目标时，便会产生接近—回避型冲突，其模式如图 6-3 所示。

这种类型的冲突在组织中是最常见的。通常在某种目标既具有肯定特征又具有否定特征时就会发生接近—回避型冲突。目标的肯定性吸引了个人，而其否定特征又排斥个人，使人内心发生冲突，比如团队目标的高收益和高风险并存，就是接近—回避型冲突的例子。特别是当决策对个人非常重要，而且选择结果的肯定概率同否定概率各半时，冲突就会得到加强。此时的决策主要取决于个人对风险的态度。

(4) 双重接近—回避型冲突。双重接近—回避型冲突有时会混合成一种复杂的模式。这种模式被称为双重接近—回避型冲突。可用图 6-4 来说明这种模式。例如，在一个产品生产车间，通常有两个部门，生产部和品控部对生产过程负责。生产部负责人重视产量而忽视质量，品控部负责人重视质量而忽视产量，因此，他们会对工人提出不同的要求。当一个工人产量很高，而质量比较差时，会受到生产部车间负责人的表扬，而受到品控部负责人的批评。如果他全力以赴提高产品质量，而产量下降时，则会出现完全相反的情况。这时该工人就会处于一种双重接近—回避型冲突状态之中。

图 6-3　接近—回避型冲突　　　　　　图 6-4　双重接近—回避型冲突

以上模型只是个人内心冲突的基本模式。现实生活中，人们内心冲突的情况是极其复杂的，必须从实际情况出发进行分析。

2. 人际关系冲突

人际关系(interpersonal relationships)是指人与人之间，在一段过程中，彼此借由思想、感情、行为所表现的吸引、排拒、合作、竞争、领导、服从等互动之关系，是人与人之间心理上的关系。主要表现为人们心理上的距离远近、个人对他人的心理倾向及相应行为等。人际关系反映了个人寻求满足其社会需要的心理状态。如果双方在相互交往中都获得了各自的社会需要的满足，相互之间就容易产生友好关系。反之，如果需要得不到满足，人与人之间发生的矛盾又得不到妥善的解决，人际关系就会恶化，形成人际关系的冲突。

团队成员之间人际冲突的发生，存在多种原因，主要有以下几个方面。

(1) 个性差异。团队中成员个性各不相同，各自个性的形成往往与个人不同的成长经历有关，有的人豁达大度，性格外向；有的人平和沉稳，性格内向，不同的个性可能是由于生活环境、教育程度等原因造成的，不同的个性会导致不同的价值观、人生观，性格差异使得各人解决问题的作风和行事方式各不相同，因此发生冲突也是不可避免的。因个性而产生的冲突，发生频率很高，但其表现的激烈程度一般不大。

(2) 岗位分工的差异。尽管团队中不强调领导权力，但是当团队面对任务时，为了更好地完成任务还是会存在领导者。团队中会存在不同的岗位分工，形成一定的上下级关系。这种岗位分工上的差异，会导致部分人员产生心理上的不平衡，容易形成团队内部的人际关系冲突。对此，团队管理中应该加强团队的沟通，加强团队成员的相互信任，这样才能在面对任务时，自然而然地产生合适的领导，才能更好地带领团队完成任务。

(3) 不公平现象。团队里的不公平现象常常造成成员之间的不信任，并引起人际关系的冲突，如不正当的评价。团队领导对团队成员的能力和实际贡献不是根据实际情况作出公平的评价，而是根据个人喜好、个人关系对成员进行评价，往往会使成员对他失去信任，发生人际关系冲突；不当的激励方式。团队为了激励员工，会采取不同的激励方式，包括赞扬和批评，但是如果每次都只是为了激励而激励，而不是基于一定的事实，那么激励措施显然会形如虚设，激励的手段不仅不能产生激励的效果，还会产生成员的不公平感，从而形成彼此之间的不公平感，造成人际关系的冲突；同样，平均主义也会造成不公平的现象。有些团队为了制造一种宽松和谐的工作气氛，会格外地强调成员间的平等，如在奖金发放等问题上的大锅饭，只能导致成员对团队愤愤不平，冲突因此很容易产生。团队管理者应该尽量在团队中营造公平和谐的氛围，同时加强对团队的激励和引导，让团队成员能够积极地开展各项工作。

总而言之，在团队的日常运作中，个人冲突无处不在，除了个人艰难抉择所引起的内心冲突外，更多的是团队人际关系引起的人际冲突。认识这些不同情形的冲突有助于组织采取不同的应对之策，从而将冲突平息于萌芽状态。

（二）团队层面的冲突

1. 个人与团队的冲突

团队是由一个个的个体组成的，但团队不是所有个人的简单的加总。团队内的冲突既包括个人层面的所有冲突(即个人的内心冲突和人际关系冲突)，但又比个人层面冲突的总和要复杂得多。个人与团队的冲突，主要来自于团队对个体目标实现的影响，主要包括以下几个方面。

(1) 团队目标的冲突。个体加入团队的目的是实现个体目标的最大化，但是在实现个体目标之前，团队要求必须先实现团队目标。此时，个体目标和团队目标之间的关系会对个体产生影响，并形成个体与团队目标的冲突。如果团队目标和个体目标一致性较高，或者说团队目标能够很好地包容个体目标，个体会很积极地参与团队目标的达成，并实现对个体目标的追求；但是如果团队目标和个体目标之间存在较大的差异，个体就会和团队目标产生冲突，冲突的结果可能会出现抵制团队任务，导致团队目标无法实现。

(2) 团队规范的冲突。在团队中，个体的行为会受到团队规范的约束，造成个体心理上的压力，从而产生个体与团队规范的冲突。团队规范的目的在于规范和引导团队成员的行为，并要求成员按照团队的要求行动，以便更好地实现团队目标。由于团队中存在多个不同的个体，团队规范对于不同的个体产生的压力会表现出不同的状态，有的人可能觉得团队规范几乎对自己没有影响，也有的人可能觉得规范严重影响个人行为方式，会产生较大的冲突。对此，一方面要审视个体行为，看看是否和团队行为以及目标差距较大；另一方面，在制定团队规范时，也应该积极听取各方意见，并尽量照顾到有需要的团队成员，让团队规范既能够体现约束价值，又能够促进团队整体的发展。

(3) 团队结构的冲突。团队是由为数不多，技能互补的成员组成的，团队组成的结构特征在于团队成员的多元化，但多元化的团队成员也成为团队中构成人际冲突的基础。多元化的成员，意味着成员之间存在各种差异性，而成员之间的个性、价值观、处事方式等的差异性，也导致彼此之间的差异，当大家组合在一起，共同为实现团队目标工作时，这些差异会体现得更为明显。如果不能很好地解释这些差异，并接受这些差异，很容易引发成员之间的各种冲突。

(4) 团队分工的冲突。团队的工作重点在于合作，但合作的基础是能够合理分工，通过分工合作，每个成员完成不同的工作，共同为团队的目标而努力。但对于分工是否合理，是否存在职权关系等问题，可能会对个体产生困扰，形成冲突。

毫无疑问，在任何团队，团队成员与团队之间都是双向关系：一方面，团队对成员个人有责任；另一方面，个人也对团队有责任。双方的关系是一种相互作用、相互影响的关系。当双方共同努力实现的产出大于投入时，双方都能从中获利。一旦某一方的行为不能满足另一方的需要，这种共同获利的关系就会恶化，冲突也就随之而生。团队管理的目的在于，尽早识别各种冲突，并尽量化解各种冲突，让团队成员能够更好地为团队目标的实现而共同奋斗！

2. 团队间冲突

团队间的冲突是组织内团队之间由于各种原因而发生的对立情形。它可能是同一团队内部成员间的冲突，导致成员分化成两个或更多的小团队，从而把团队内的冲突转化为团队间的冲突；也可能是分别处于两个团队内的成员间的个人冲突逐渐升级而成。其根源主要在于，各个团队片面强调自己的利益，而忽略了对方的和组织的利益。

组织中团队间的冲突通常有以下几种形式：①垂直冲突；②水平冲突；③指挥团队与参谋团队的冲突；④正式团队与非正式群体的冲突。

(1) 垂直冲突。垂直冲突是指组织中通过纵向分工形成的不同层级间的冲突，也就是上级部门与下级部门之间的冲突，如企业的董事长与总经理，总经理与中层管理者之间的冲突等。这些冲突可能是由于上级部门对下级部门监督过于严格，或下级部门的"次级目标内化"造成的；也可能是由于双方缺乏交流，或掌握的信息(事实)不同导致的认识上的差异造成的。

(2) 水平冲突。水平冲突是指组织中通过横向分工形成的不同职能部门(团队)之间的冲突，也称为功能冲突。组织中不同团队的工作人员往往因为各自所执行的职能不同，表现出一定的差异，如不同部门的人员对时间的看法就不一样，不同部门中的人际关系情况也不同，所以，极易导致功能冲突。

(3) 指挥团队与参谋团队的冲突。有些研究人员指出，在所有的直线—职能型结构的组织中，直线管理团队与参谋团队的冲突是一直存在的。两者之间的冲突可能有多种原因，参谋团队的人员经常抱怨，自己被要求理解直线团队人员的需要，给他们提建议，他们却忽略了自己的存在。换言之，参谋团队人员的成功必然依赖于直线团队人员采纳自己的建议；但是，直线团队人员并不一定需要参谋团队人员的建议。这种不对称的相互依赖关系是两者冲突的主要原因。

(4) 正式团队与非正式群体之间的冲突。在组织存续期间，人们之间会自发地形成一些非正式群体。这些非正式群体的成员可能跨越不同的部门，也可能来自组织中不同的层级，他们形成的基础也不尽相同，有的是一种地域关系，有的有共同的兴趣爱好等。这些非正式群体对组织中的各种活动起着潜移默化的作用，有时甚至还妨碍正式组织目标的实现。正式团队和非正式群体的人员组成、任务目标、管理方式等都存在差异性，当他们同时存在于一个组织时，很容易引发冲突。特别是以往在组织管理中对非正式群体往往采取压制的态度，这样更容易导致非正式群体与正式团队之间的冲突。

总之，在组织内部，团队之间的冲突可能更为常见，影响也更大，认清各类团队矛盾有助于管理人员及时化解这些冲突。

第二节 冲突的形成及发展

冲突形成的直接原因可以归为彼此之间的差异。具有相互依赖关系的双方，差异越大，越难以达成一致的协议。但由于相互依赖关系的存在使得双方又不能置彼此之间的差异于不顾，于是彼此间的差异必然伴随着一定的意见分歧，导致冲突最后形成并产生冲突行为，冲突的发生有一个发展过程。

一、冲突形成的原因

组织中主要存在以下几种差异：信息差异、认识差异、目标差异和角色差异。

（一）信息差异

信息差异是指双方所获得的信息、了解的事实之间的差异。任何一项决策或选择活动都要经过信息的收集、可行方案的设计和方案的选择几个阶段。其中，信息的收集是决策活动的第一步，它将为整个决策过程提供各种有用的信息，整个决策活动就是建立在信息收集的基础之上的。但由于各种原因，双方获得的信息可能存在差异。

(1) 信息来源的渠道不同。组织中的信息有不同的来源渠道，有自上而下的信息，也有从下往上的信息，还有同级之间传递的信息；有正式渠道的信息，也有非正式渠道的信息；等等。不同来源渠道的信息有很大的差异，如果双方不进行沟通、交流，信息差异就会永远存在。

(2) 信息的非对称性。信息的非对称性指双方有一方掌握着某些私有信息，这些信息只有他自己了解，而另一方则不了解。私有信息可能由于一方的特殊地位所致，也可能是由于一方具有某方面的专业知识、技术专长而获得。

(3) 信息传递过程中的偏差遗漏。信息在传递过程中往往要经过较多的层次，每个层次的接收者都会对信息进行筛选、解释，难免会发生偏差和遗漏现象。

(4) 信息处理方式的不同。在组织中传递的信息有时只是一个简单的事实，人们必须对它进行一定的处理，但由于处理方法、手段的差别，也会导致信息差异，特别是有的处理方式只停留在表面，没有透过现象看清本质。

（二）认识差异

即使收集的信息完全相同，双方由于各种原因也会有不同的结论，因为双方存在认识上的差异。

(1) 背景不同。团体中的成员都有不同的背景——受教育程度、家庭出身、价值观念等，当他加入某一团体时，原来的背景不可避免地会影响他考虑问题的方法，导致认识上出现差异。

(2) 部门文化不同。在长期的共同生活中，组织中的不同部门会形成自己独立的文化观念、标准，即部门文化，而不同部门对同一问题的认识必然会受到其部门文化的影响。

(3) 地位不同。双方所处的不同地位使双方看问题的角度不同。人们通常认为，高层管理者是从全局、整体利益出发的，各部门管理者往往从各自的、局部的利益出发考虑问题，做出判断。

(4) 观念不同。由于个人经验和期望不同，每个人看或想问题的方法就会有所不同。因为一个人的观念对自己是真实的，而且这个人认为自己的观念与别人的观念是平等的，没有认识到其他人可能对同一事物或事件持相反的观念，比如如果员工没有学会从他人的角度来看问题，那么冲突就会发生。

（三）目标差异

由于一些原因，相互依赖的双方各自的目标有时不一致，即存在一定的差异。

(1) 由企业组织结构引起的目标差异。企业通过一定的横向和纵向分工形成了一定的组织结构。处于组织结构中的不同位置的部门执行不同的职能，因此有不同的目标和任务，如生产部门负责产品的生产，销售部门负责销售等，这种由专业化和分工形成的不同部门有不同的目标是天经地义的事。

(2) 各部门的本位主义使得次级单位目标内化。为了保证组织整体目标的实现，人们给各个部门制定了不同的次级目标。但有的部门从自己的利益出发，片面强调自己的目标，而忽视了组织的整体目标和其他部门的目标，致使次级单位目标内化，于是造成与其他部门间目标的差异。

（四）角色差异

组织中的个人都充当着不同的角色，并按照角色的要求而行动。但是个人的角色差异也会引起冲突。

(1) 角色期望与个人能力相矛盾。由于任务的错误指派、角色要求不足或过度等原因，使组织中角色的要求同个人的个性、能力、要求等相矛盾，即个人承担了不合适的角色，于是导致个人遭受挫折，感到压力，形成严重的个人思想斗争——内心冲突。

(2) 角色期望与个人行为相矛盾。角色期望说到底就是对充当某一角色的人的行为的期望，但充当角色的人的行为有时与期望严重不符，特别是当一方一味地以自己的价值观和愿望来期望对方的行为时，不可避免地会产生一种冲突力。这种期望与行为间的矛盾在组织与组织、组织与个人之间也存在。

(3) 角色期望不兼容。角色期望不兼容有两种情形：一种情形是角色期望互相排斥，如工厂里处在中间层的班组长，上级管理人员对他的角色期望是严格管理，提高工作效率，而以前的同伴——现在的工人对他的角色期望是关心其生活，大家一团和气。显然，这两种角色期望是不兼容、互相排挤的。另一种情形是角色不能同时实现，如企业的一个领导者往往在人际关系方面、信息方面、决策等方面扮演不同的角色，但其时间是有限的，显然这些角色期望不能同时实现。可见，对时间的竞争是角色期望不能同时实现的最大特征。

二、冲突发展的过程

冲突并不总是一种客观、有形的现象，它最初只存在于人的意识之中，只有冲突的各种表现形式，如争吵、斗争才是可见的。一般情况下，冲突的形成过程由以下几个阶段组成。

（一）潜在冲突

这一阶段，冲突处于潜伏状态，主要以能引起冲突发生的一些条件的形式而存在，但是这些条件并未达到能够引起冲突发生的程度。由于个体之间存在差异性，同时个体之间具有相互依赖的关系，因此个体之间存在相互影响，并产生冲突的可能性。一般来说，彼此间的差异性越大，促使冲突表面化的可能性就越大，冲突的潜伏期就越短。可以说，潜在冲突随时存在。在冲突的第一阶段存在一些因素，这些因素不一定会直接导致冲突的发生，但它是产生冲突的必要条件，这些因素可以概括为三类：个人因素、团队的结构和团队沟通。

（1）个人因素。团队是由不同个体组成的，个体之间存在各种差异性，这种差异有可能形成潜在的冲突。个体之间的差异通常体现为个体在团队中表现出不同的价值观、不同的处事方法，以及面对问题时会提出不同的意见等，这些都有可能对其他成员形成影响，并让其他人认为可能影响到了他们获得的利益。个体的差异性也可能导致大家对于团队目标的理解出现差异，从而与团队目标形成潜在的冲突。

（2）团队的结构。根据团队的定义，我们希望在团队组建的时候，由"为数不多、技能互补"的团队成员组成团队，对于团队的组织结构来讲，主要包括以下几个方面：一方面是团队构成的差异性。团队成员的差异性是团队创新发展，以及团队应对复杂的外部环境的重要保证，但是成员的差异性也导致在团队管理中要面对更多潜在冲突的可能性；另一方面是看团队的规模。从目前成员管理幅度以及团队管理效果考虑，团队的规模应该受到一定的限制，但现实中仍有一些团队规模比较大，难以控制。团队的规模过大，意味着团队在协同的过程中，需要进行的沟通和协调工作更多，容易造成信息沟通不畅，引发不必要的冲突；团队管理的要求也会造成潜在冲突，团队管理中会设定团队目标，而团队目标和个体目标之间的差异，以及个体对团队目标理解的差异等，都会形成潜在冲突的可能。而团队管理的各种制度规范要求会直接对个体的行为产生约束，形成各种冲突的可能性。

（3）团队沟通。团队沟通是建立在个体和个体，个体与团队之间的重要桥梁，通过团队沟通，个体和团队之间能够促进相互了解，建立相互信任。如果团队沟通不畅，也就意味着各种信息无法被沟通各方所理解，还有可能造成误解，这就会造成潜在的冲突。有效的沟通需要让信息接收者能够接收到并理解发送者的信息，但是在沟通过程中经常会存在各种干扰因素，阻碍沟通的有效性。团队沟通过程中常见的干扰因素主要包括信息编码和解码的方式、沟通中的干扰、沟通媒介的选择、沟通缺乏反馈等。

例如，某企业聘请了一位总监，而下属私下对这位总监多有抱怨："这位总监和过去的领导不一样，总是变幻无常，朝令夕改，很难沟通和交流。你知道，上一任总监可不是这样！"而这种抱怨并没有被那位总监所了解并及时解决，此时员工和总监之间就形成了潜在冲突，一旦这种冲突进一步发展，就有可能引发冲突行为。

（二）知觉的冲突

潜在冲突阶段，尽管存在各种冲突的可能性，但是由于冲突双方都还没有认识到冲突，也就是并没有认识到对方的存在会影响自我的利益，因此这个时候冲突并不会表现为冲突行为，团队中也风平浪静。但是可能发生冲突的双方，某一方一旦认识到冲突存在可能，也就是说，一方认为另一方的存在可能会影响个体利益时，冲突将升级，从潜在冲突阶段升级到知觉冲突阶段。

知觉冲突的出现存在多种原因。有时潜在冲突条件的逐步明朗化，会导致冲突双方逐步发现冲突的存在；有时可能是外部人员明确地告诉员工，他的利益与雇主的利益是互不相容的；但更多的时候这种知觉冲突是由某一特定事件引发的。潜在冲突和知觉冲突之间有一定的联系，但两者之间并不存在严格的先后顺序。有时候，可能出现没有潜在冲突的知觉冲突，如两位小兄弟争夺一块冰淇淋，而事实上那块冰淇淋大得两个人都不可能吃完。

知觉冲突是从潜在(不知道)冲突到认识到(知道)冲突的发展过程，此时冲突仍然停留在个体的认知层面，也就是受到个体对冲突的认知和理解的影响，个体对冲突的个性化的处理将决定冲突进一步发展的方向。

此时个人的情感已经介入其中，双方对于冲突的看法和态度将决定冲突的性质及冲突的升级，而对于冲突性质的界定在很大程度上影响着解决的方法。例如，团队决定给某位成员加薪，这时有人可能认为与己无关，因而把这个问题淡化了，冲突就不会发生；而另外一些人则不是这么想的，他们认为团队总的工资是确定的，如果其他人加薪就意味着自己的工资相对会下降，因此对自己是大大不利的，这样一来就可能带来冲突的发生甚至升级。

（三）感觉冲突

与知觉冲突不同，在感觉冲突阶段，冲突双方已经深刻地感受到对方对自我利益的威胁，甚至存在一定的事例可以证明这些冲突的存在。冲突已经从潜伏和个人认识发展成为一种情绪上的表象行为。冲突双方开始划分"我与你"的界限，开始认真地面对冲突问题，确定自己的策略以及各种可能的冲突处理方式。在这个阶段，冲突已经造成个体剧烈的情绪变化，如焦虑、紧张、敌意及挫败感等，也可能对需要进行的选择感到困惑。

在感觉冲突阶段，人们会对冲突以及冲突发生的可能性后果予以概念化，冲突者还会对冲突进行基本的分析，如到底发生了何种冲突、为什么会发生冲突、现有的冲突问题是否只是一种虚假冲突等。但冲突者分析得最多的可能是自身具有哪些可以处理冲突的资源，这些资源通常包括实力、地位、信息、技能等无形资源和资金、人员等有形资源两大类。

在冲突的第三阶段，冲突双方都不得不在公开面对和回避冲突两种策略之间进行选择。这一选择受到许多因素的影响，如双方的基本定位，当事人与可能被卷入冲突中的其他方的关系等。所以，冲突者的不同反应会导致冲突进一步发展的方向不同。公开面对冲突是一种十分危险的选择，它通常会使感觉冲突升级，迅速地转化为公开、显现的冲突行为，让冲突进入下一个阶段。但是一味地回避冲突，也于事无补，无法解决的冲突迟早也需要去面对，因此选择一个合理的策略去面对冲突，是解决冲突的关键。

（四）行为冲突

当一个人采取行动去阻止别人达到目标或损害他人的利益时，冲突就发展到了行为冲突阶段。这种行为必须是有企图的和为他人所知的。在这一阶段，冲突已经公开化，并显化为某种冲突行为，这些行为包括从之前的情绪表达，发展到直接、粗暴、不可控的斗争。

冲突行为是冲突双方相互作用的动态过程，冲突双方都希望通过冲突行为更好地实现自己的意愿，但对于冲突的解决只是满足某一方的意愿显然是不可行的，因此冲突行为往往会导致冲突的进一步恶化和行为的偏离，具体表现为三种形式：问题的扩大化、面子问题和利益比较。

(1) 问题的扩大化。当冲突事件发生后，冲突双方最先讨论的焦点往往是与双方即将发生的作用有关的问题，但随着问题的不断展开，问题会不断的扩大延伸，甚至偏离问题本身而引出其他问题。如果单纯着眼于一个共同的问题，往往冲突比较容易解决，但是问题的扩大化，则容易导致冲突的进一步扩大和升级。

(2) 面子问题。当冲突双方将冲突问题的解决结合自身的自尊或自我形象等面子问题时，容易导致冲突的恶化和行为的偏离。因为这时的问题已经不仅仅是问题本身，还包含更多有关个人的心理和情绪问题，这时情绪和心理将占据主导地位，导致冲突偏离原有问题本身。

(3) 利益比较。一旦行为冲突发生，冲突双方往往会失去理智，更多的会根据对手的行为做出自己的行为反应，而不是客观地基于对事务的判断进行理智选择。此时行为选择的判定标准已经偏离了事实本身，而是基于对方行为所获得的即时利益进行判定，与冲突的实际问题可能已经出现分歧。

（五）冲突的后果

经过一系列的发展、变化，冲突会产生一定的后果，双方可能成功、失败或妥协。但所有的冲突后果可以归纳为四种形式：胜—胜、胜—负、胜负均衡和负—负。

(1) 胜—胜后果。胜—胜后果反映了一种"双赢"的局面，即双方均获得了自己的利益，同时没有牺牲对手的利益，故也是最受欢迎冲突后果。

这种结果的获得要求冲突双方搁置争议加强合作，它鼓励对立的双方把各自的需要结合起来，并通过合作实现双方目标的充分满足。在这个过程中，应该让双方都认识到：双方相互之间存在相互依赖的关系，尽管彼此之间存在各种差异，但是并不影响双方的合作，而且通过共同合作能够扩大共同的利益，特别是从长远来看，冲突问题的圆满解决是合乎双方利益需要的。

(2) 胜—负后果。双方的行动是一种"二选一"的选择，也就是"不是你死，就是我活"。这种冲突的结果只满足了一方的利益，而另外一方却会以失败告终，比如为争夺某一部门经理位置而发生冲突的两名职员，一方的成功必然建立在另一方失败的基础之上，反映的正是胜—负策略的结果。胜—负结果往往出现在冲突双方的目标具有排他性的情况下，也就是目标只能满足一个人，此时双方的竞争意识很强，最终必然要决一胜负。

(3) 胜负均衡后果。冲突爆发后的结果是，任何一方都没能战胜对手，但也没有负于对手，即处于无胜负状态。有时该结果是由于双方互不相让、相互对峙，使得问题悬而未决，没能找到好的解决办法，但更多的是双方相互让步，各自得到部分满足，互相妥协的结果，于是双方处于一种半满意的均衡状态。

(4) 负—负结果。冲突结果使双方都处于失败状况，即任何一方都不能以牺牲对方的利益为代价而获得自己的利益，结果双方都一无所获。但经过冲突后，双方的地位平等，并没有谁比对方更优越，即处于一种低平衡状态。

负—负结果也许是最不受欢迎的策略，但有时却是唯一的办法，因为它反映的是一方的存在妨碍了另一方成功的状况。

冲突的后果并不意味着冲突的终结。一场冲突结束以后，由于双方面对的结果不同，双方可能会出现不同的反应。因为只有少数冲突会取得双方满意的结局。大多数情况下，总有一方的利益没有得到满足，这样冲突的解决只是暂时的，失败的一方随时都在准备下一次进攻，这又为下一轮冲突的产生提供了条件。是否会导致下一轮冲突的发生，往往取决于双方对冲突的反应。

一般来说，在冲突中获胜会增强满意度，使他对失败一方的否定看法加强，进一步强化对自身的肯定看法；至少在短期内，获胜方对工作任务完成的关心程度会减弱，因为获胜的事实证明了自身的能力，所以他没有理由去检查和改进自己的工作。失败一方对冲突结果的第一反应往往是无法接受。如果是团队间冲突的失败，还可能导致团队内部出现新的冲突，因为不同的成员、派别之间相互指责，而使得人际关系紧张。理智的失败者经过一番痛苦的挣扎之后，会迅速走出失败的阴影，面对现实，对自己进行客观的评价，寻找自身的不足，并加以改进，这样才会真正地吃一堑，长一智。

总之，冲突的发展一般要经历以上五个阶段。但冲突的过程是千变万化的，并不一定会按照五个阶段的固定模式发展，如某些冲突仅仅停留在潜在冲突阶段，随着发生冲突的原因的消失，冲突也就不可能出现了，而有的冲突一开始就发生了行为冲突，导致了冲突的结果。所以，应该把冲突看成是一个动态的发展过程。对于团队的冲突管理来讲，我们应该充分的了解冲突的发展过程，并尽量掌握团队冲突的实际状态，尽量减少对团队发展有害的冲突行为的发生，争取实现共赢的局面。

第三节　冲突的应对策略

由于资源缺乏、互相依赖、目标不同和需要协调，组织中的冲突是不可避免的现象，不可能完全消除。但是如果处理不当，它会严重影响组织的运作，导致敌意、缺乏合作、暴力、破坏关系，甚至组织解散等不良后果。但是冲突也有许多有益的方面。它能激发创造性、革新和变化，甚至可以改善关系。假如组织内完全没有冲突，它就会缺乏活力和积极性，不易接受变化。面对冲突，团队应该选择正确的理解方式，并选择正确的应对策略。

一、如何看待冲突

人们对冲突性质的认识是一个逐渐发展的过程，不同时期人们所持的观点不同，不同的管理学者也有不同的态度。人们对于冲突的看法也是相互"冲突"的，主要有以下三种观点。

（一）传统的观点

在传统的组织理论中，人们普遍认为冲突是有害的，会妨碍组织的决策和行动，甚至认为冲突的出现是管理失败、组织崩溃的前兆。因此要加强组织管理，采用强制手段限制个体行为，消除组织中的冲突现象，绝对避免冲突出现。这样并不可能消除冲突，也不利于冲突的解决。

传统观点大都建立在反冲突的基础之上，都致力于消除组织中的冲突现象。特别是在"非人格化"的传统组织中，人被认为是完全理性的，他们很清楚组织的目标所在，而且知道合作的重要性，所以冲突是应该绝对地避免的。

例如，早期比较有代表性的人物——泰勒(Frederick W. Taylor)和他的追随者们相信，只要应用科学管理的原则，组织的功能就会得到改进，组织内的冲突就会相应减少。这些原则包括制定工作标准和程序，使每个工人适应自己的工作，利用刺激性工资制度使每个工人发挥其最大的工作潜能，建立一定的组织结构来控制生产过程的各个不同阶段。泰勒特别坚持一点：如果科学原则运用适当，管理当局和工人之间的纠纷就会自然消失。尽管科学管理带来了效率上的重大进步，但它并不是无懈可击的。在泰勒的晚年，他受到了工人们的强烈反对。因为反对者们相信，科学管理最终导致工人不得不以更快的速度进行生产；工会也反对泰勒，因为在科学管理体制下，工人的工资不由集体谈判来决定。可见，科学管理不能对工人与组织中的不同团体之间的冲突进行有效的管理。

（二）人际关系的观点

20 世纪 40 年代末至 70 年代中叶，人际关系观点在冲突理论中占据统治地位，这种观点认为：对于所有的组织和团队而言，冲突是与生俱来、无法避免的。人际关系学派建议，既然冲突在所难免，我们就应该以一种接纳的态度面对冲突，把冲突的存在合理化，冲突不可能被彻底消除，更何况有些冲突对于团队工作还是有益的。要加强组织管理，特别是领导的能力，让他们能够更好地协调和解决冲突。

人际关系学派的创始人乔治·埃尔顿·梅奥(George Elton Mayo)在霍桑试验中发现，正式组织是以"效率的逻辑"为其行为准则，而非正式组织则以"感情的非逻辑"为其成员的行为准则，由于不同的目标追求，导致组织中必然存在各种冲突。为了有效地解决组织中的各种冲突，梅奥认为合格的管理者应该同时具备技术—经济的技能和人际关系的技能。前者是管理人员为提高生产效率而改进生产技术、降低产品成本，使员工在经济方面的需求得到满足的技能；后者是管理者为满足职工社会、感情方面的需要而调节人际关系的技能。通过不同的技能可以满足员工的不同需要，从而使员工愿意为实现组织的目标而合作努力，避免冲突。

（三）相互作用的观点

20 世纪 70 年代以来，相互作用的观点逐渐成为冲突理论的主要观点。相互作用的观点不仅接纳冲突，甚至鼓励冲突，他们认为：和平安宁的组织或团队容易对变革产生冷漠、静止甚至比较迟钝的感觉，所以鼓励团队维持冲突的适当水平，有利于团队保持一种旺盛的生命力，使团队成员善于自我批评，并不断创新。

事实上，冲突只是组织中的成员在相互交往、相互作用的过程中发生的一种关系而已，它本身具有两面性——建设性功能和破坏性功能。也就是说，组织存续期间出现的组织冲突虽然是不可避免的，但并不一定会给组织带来破坏性的后果(即并不都是破坏性冲突)。有些冲突对组织目标的实现是有益的，即是建设性冲突。

建设性冲突是指对组织目标的实现有帮助的冲突，对组织是一种有利的力量。建设性冲突的发生可以增强组织内部的凝聚力、团结性；冲突问题的解决需要人们改变思考问题的方式，发挥创造力，导致各种革新和变化，而且会让变化易于接受；可以使组织的不良功能和存在的问题暴露出来，及时加以解决。

破坏性冲突是对组织目标的实现有害的冲突，常常会给组织带来一些消极的影响。破坏性冲突的发生会使成员的努力偏离组织目标，使组织资源的流向与预期要求相反，浪费组织的资源，特别是资金和时间；冲突导致组织系统内耗不断，组织凝聚力降低，成员间互不信任，士气低落，妨碍组织目标的实现。

面对冲突的关键在于如何对冲突进行管理，使其消极作用最小，积极作用最大。管理中，我们应该坦然地对待组织中的各种冲突，妥善地处理各种破坏性冲突，有效地创造各种形式的建设性冲突，并把冲突程度控制在适度的范围内。通过鼓励团队维持冲突的适当水平，有利于团队保持一种旺盛的生命力，使团队成员善于自我批评，并不断创新。

以上是三种不同的观点，由于以上观点对于冲突作用的理解不完全一致，因此也会有不同的应对方式。传统观点认为可以杜绝冲突，所以采取强制管理；人际关系的观点，接受冲突的存在，但更多的是顺从冲突和解决冲突；而相互作用的观点，则不仅仅接受冲突，而且要在组织中引入建设性冲突，发挥冲突的积极作用。采取何种观点去理解和应对冲突，主要在于组织如何理解冲突对团队的影响。

二、冲突对团队的影响

（一）冲突的消极影响

如果冲突的处理方式不当，或者是其产生的原因和性质具有危害性，冲突将会对团队内部的人际关系，团队的发展以及外部环境关系的正常运行产生不利的影响。消极影响主要表现在以下几个方面。

(1) 影响个人的身心健康。冲突会给当事双方造成沉重的精神压力，处于冲突中的个人，其情绪上会产生巨大的压力，从而影响其对事物的认知，进而导致个人行为的不稳定。团队成员如果长期处在强大的精神压力之下，很容易引发新的人际矛盾，影响团队成员之间的相互信任，所有这些都会对个体造成身心健康的伤害。

(2) 造成团队的资源浪费。当冲突问题不能很好的解决时，冲突就意味着浪费。冲突中，冲突双方将大量时间和资源等用于应对冲突，并且将战胜对手作为自己最重要的目标，这与团队目标的方向发生了偏离，不仅仅浪费了大量团队资源，更不可能促进团队目标的实现。而作为团队，当团队中存在冲突时，也会影响团队实现目标的进程，并需要支付大量的成本，采取相应的措施对冲突进行处理。

(3) 影响团队合作基础。团队作为个体的有机整合，应该能够将个人的力量集中起来，通过成员合作发挥更大的作用。冲突的产生会使成员之间产生分歧和对抗，彼此之间极力否定，而忽视和影响团队的总体目标。冲突双方相互阻挠、相互封锁消息，孤立对方，而这样团队的合作优势就无从发挥，尤其是当冲突双方立场处于不可调和的极端对立状态时，团队的合作基础便会遭到彻底破坏。如果出现极端的情况，冲突不断激化和发展，也可能最终导致团队无法正常运转，甚至会出现分裂和崩溃的危险。

(4) 削弱团队的创新能力。团队的创新能力是在成员之间信息共享的前提下实现的，如果团队中存在矛盾冲突，成员之间形成对立，成员往往会不愿意将自己的信息资源提供给团队进行共享，或者由于对冲突的逃避和恐惧，会使得团队成员不切实际地过分追求内部的高度一致性。为了与团队在观念、行为等方面保持一致，员工常常有意识地隐瞒自己的真实观点，有时还故意抑制自己的不同看法。于是在团队决策中，成员的创造性思维得不到充分发挥，使团队的创新能力大大削弱。另一方面，由于冲突的存在，为了避免冲突的恶化，团队决策时也会趋向于保守，使团队无法取得更好的成绩。

(5) 损害团队形象，降低团队的竞争力。团队形象包括两方面，一方面是团队给公众的印象；另一方面是团队的内在形象，这是通过团队成员的认同感和归属感体现出来的。一个良好的团队形象是经过团队全体成员同心协力长期不懈地奋斗与保持的结果。当冲突发生时，团队内人心涣散，充满压力，团队的财力、物力、能量大多消耗在了冲突上，缺少一个和谐稳定的组织环境，团队的整合优势也无法形成。冲突的结果必然导致团队内部人才的流失、外部竞争力下降，如果冲突一直得不到有效解决，团队最终会走向失败。

（二）冲突的积极影响

尽管冲突对于团队管理来讲，可能是一场灾难，但是冲突也并非一无是处。恰恰相反，冲突的存在也有它的积极影响，冲突的积极影响可以归纳为以下几点。

(1) 能够暴露团队中存在的问题，增强团队活力。团队中冲突的发生是冲突主体之间存在差异和不一致的充分表现。通过冲突，能够充分地将团队中存在的问题暴露出来，以便在团队管理中进行及时的纠正及调整。通过冲突，也能够发现成员之间的差异性，让成员能够发现自己的不足并找到自己工作和交往中需要改进的地方，促进团队成员之间的学习和合作。面对冲突并积极地解决冲突，能激励人们加强沟通和交流，积极地表达自己的观点，激励每个人都去积极思考所面临的问题，从而更容易产生创造性思维，活跃团队气氛，增强团队活力。

(2) 有助于增强团队的凝聚力，提高市场竞争能力。团队间发生冲突时，有助于促进团队内部的团结，这时团队的共同目标更加明确，对于团队成员的一致性行动的要求也会更加严格。团队内的异己分子不再被容忍，如果他们不能与团队保持一致的话，他们就可能被驱逐或受到严格控制。团队的内部团结和整合程度随着对外部的敌视和冲突程度的增加而增强。反之，当团队外部没有冲突威胁时，团队内部就可能减少凝聚力与一致性。团队外部的冲突使得团队成员更自觉而积极地关心团队目标，甘心服从于团队的统一领导和指挥，团队士气旺盛，尤其在竞争中会表现出更强大的凝聚力。冲突中获胜的一方在胜利后会更加团结，失败的一方则可能会卧薪尝胆，认真寻找失败的原因，并从失败中吸取经验教训，扬长避短，完善自己。因此，对于日常的组织管理，在总体目标一致的前提下，在各团队之间保持适当的竞争性冲突，对组织竞争力的增强和组织总体目标的实现具有重要的意义。

(3) 有助于提高团队的适应能力，增强团队的稳定性。冲突使团队中存在的问题显露出来，而解决冲突则考验团队的管理能力。在团队解决冲突的过程中，团队要充分地利用团队的各种机制，对冲突进行了解、分析和讨论，最终让冲突得到化解，冲突解决的过程也是团队管理发现问题和优化调整的过程。通过不断地优化和调整，团队面对冲突的能力就会越来越强，团队的综合能力也不断得到提升。团队如果不能正视冲突的存在，而是选择逃避或者置之不理，则会激化团队冲突，最终可能使团队解体或崩溃。勇于面对冲突、解决冲突有助于消除团队的分裂，加强自身的适应能力和稳定性。

(4) 有助于促进团队规范的完善和执行。团队中很多冲突来自于团队规范对成员行为的约束，有些规范是合理的，但有些规范则需要进行调整和完善。冲突的爆发往往会让团队重新审视团队规范，并对团队规范进行必要的修改和完善，在规范制定的过程中，团队成员共同参与、共同完成，有助于新规范的共同执行。

三、冲突与团队绩效之间的关系

(一) 冲突与绩效的关系

美国学者布朗(L. Brown)曾对冲突与组织绩效之间的关系进行过考察，他发现冲突水平与组织效率之间有一定的关系：冲突水平太低，组织革新和变化困难，组织难以适应环境，其行为受阻；冲突水平太高，将导致各种混乱，危及组织的生存。冲突与组织绩效之间并不是简单的线性关系，它们之间的影响呈现倒 u 型，两者之间的关系如图 6-5 所示。

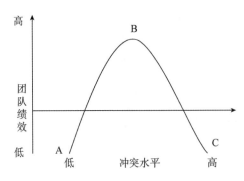

图 6-5 冲突与团队绩效之间的关系

由图 6-5 可知，当组织中的冲突水平过高或过低时，冲突都将起破坏性作用，组织的绩效水平都不高；而冲突水平适中时，它才能起积极的作用，这一情况见表 6-1。

表 6-1 冲突与团队绩效之间的关系

情况	冲突水平	冲突类型	组织内部活动性质	工作绩效
A	很低或没有	破坏型	冷漠、停滞不前、对改革没有反应、缺乏创意	低
B	适量	功能型	生活化、能自我批评、能革新	高
C	高	破坏型	破坏性、无秩序、不合作	低

所以，布朗认为，管理人员与其花费大量的精力来防止或解决组织内的各种不协调行为，不如在组织中维持适度的冲突水平。

(二) 冲突的控制

要保持适度的冲突水平，需要对冲突的以下三个方面进行控制。

(1) 冲突的类型。一般来说，适度的现实性冲突有助于改善组织绩效，而任何非现实性冲突(即情绪性冲突)都有损于组织绩效。因为组织内的现实性冲突可以反映出组织内存在的某些问题，如组织结构、任务指派、奖励制度等问题。于是，人们可以及时地对其加以考察，并有效地解决，使组织更适应外界环境的不断变化，促使组织的目标有效实现。而且冲突的结果有利于各团体进行反省，发现自身的长处，充分发挥其优势。而一旦发生非现实性冲突，由于冲突参与者仅仅是为了释放进攻性紧张状态，而某种对象之所以成为冲突者进攻的对象纯属"情境的偶然性"。也就是说，对象是谁，对冲突者而言，并不重要。所以，处于情绪性冲突的个人，其行为会对组织绩效产生负面影响。

(2) 冲突水平的高低。由前面的分析可知，现实性冲突对组织绩效的帮助和提高是有条件的，即冲突水平要适度。只有适度的冲突和不满才能刺激个人的创造力，员工能自我批评，接纳新鲜事物，组织就具有革新能力。这时，不同思想的交流、不同意见的交锋，极易激发创造性思维的"火花"。特别是，冲突问题的解决需要人们改变其思考问题、处理问题的方式，使人们对问题的认识更加深入，经常提出一些建设性意见。而在两种极端情况下，无论冲突水平过低还是过高，都会破坏或阻碍组织的正常运作，损害组织的稳定性和降低生产力水平。

(3) 冲突者的反应和对策。一旦发生冲突，冲突双方可能会出现多种不同的反应：合作或对抗；针锋相对或逃之夭夭。相应地，双方会采取一定的策略来处理冲突问题：分配性方向或整合性方向；合作、克制、强制、妥协、回避等。这些不同的反应和对策都会影响冲突与绩效之间的关系。一般来说，采取合作态度时，双方之间可以进行充分的沟通交流，有助于使冲突问题的处理与组织目标一致。而双方之间的对抗，只会导致冲突升级和激化，进而损害组织绩效。而在五种常用的策略中，只有合作(问题解决)策略才会导致"双赢"的情境，即一方目标的实现并没有妨碍另一方目标的实现。回避和妥协策略，虽然没有损害某一方的利益，但也没有完全满足另一方的利益，所以，并不利于组织绩效的提高。而强制和克制策略，意味着一方目标的实现必然以另一方目标的放弃为代价，这样激烈的对抗容易导致组织分裂，所以，也不利于组织绩效的提高。

（三）适当冲突水平下团队的表现

当团队中的冲突达到适当的水平时，会使团队中的冷漠和自满降到最低程度。团队领导通过创造轻松、愉快的环境，使团队成员的思维更活跃、更愿意接受有挑战性的工作，使组织能够不断创新，从而提升其适应市场不断变化的能力。但由于管理的复杂性和多样性，人们难以定量地判断团队中各种冲突(任务冲突、过程冲突和关系冲突)在何种水平上是最佳的，因此，以冲突的强度、冲突的原因和冲突的"性质"的含义等方面为基础，团队冲突的最佳状态有以下几种表现形式。

(1) 团队成员有原则、有毅力，能够自我控制，力图保持高的标准和质量。团队成员注重细节，希望提高生产率，同时还惯于激励他人提升自己，从而让团队工作变得更加有效。由于团队有很强的条理性，团队成员对自己和他人会由于过于批判而产生冲突。团队成员不喜欢浪费和粗心，可能会使团队成员无论事情大小都去插手，而且没完没了，甚至会做出令人丧气的批评，引起冲突。在冲突的最佳状态，团队成员能够做出正确的判断、明智的决定，成为道德的模范。

(2) 团队成员有爱心、善于处理人际关系的状态。慷慨、感恩，对别人的需要很敏感，总是试图满足他人的需要。团队成员赞赏他人的才能，能够扮演密友和向导的角色，擅长与人交往。然而，团队成员对别人的要求很难说"不"，团队无冲突，充满和谐，但是由于希望能够更好地帮助别人，自己很有压力而产生冲突。团队成员不喜欢没有人情味的工作环境，这一点可能导致团队成员变得偏心，在人际关系方面浪费时间。在冲突的最佳状态，团队成员富有同情心、慷慨，帮助团队建立更紧密的关系。

(3) 团队成员具有较强的适应力、有野心。团队成员注意力集中、卓越、有干劲，知道如何按照顾客的期望更有效率地完成工作。团队成员往往很有吸引力、迷人、精力充沛。团队成员对自己、团队和企业都有很强的洞察力。团队成员喜欢被人注意，经常被成功与威望的地位所吸引。团队成员乐于竞争，对地位和个人进步的需求促使团队成员成为工作狂。这一点可能导致团队成员为了保持领先的地位而走捷径，从而产生冲突。在冲突的最佳状态，团队成员变得很有才华，令人钦佩，经常被人们当作鼓舞士气的模范。

(4) 团队成员经常反省，并且具有艺术才能。团队成员表情丰富，能给人深刻的印象，自我吸引，情绪变化较快。团队成员散发出独特的魅力，在对好的词语、创意及个人对产品标准的追求上，团队成员不会妥协，不喜欢没有创造力的工作，对批评过度敏感，这可能会导致团队成员变得情绪无常，工作没有规律，从而产生冲突。在冲突的最佳状态，团队成员能将直觉力和创造力带到工作中，并用团队成员有深度、独特的感觉改善工作。

(5) 团队成员观察力敏锐、好争论。团队成员是精力充沛的学习者和实验家，特别是在专业技术领域，团队成员喜欢跟从好奇心去理解细节，探索原理。团队成员有很强的分析能力，钟情于探索发现，而不是计划时间去约束和建立关系。团队成员不健康时可能会变得傲慢，不同他人沟通，从而产生冲突，并经常会有思想上的斗争。在冲突的最佳状态，团队成员会变得有远见，能够将全新的理念带到工作中。

(6) 团队成员能吸引人的注意力，忠诚。团队成员讨人喜欢，有责任心，充满怀疑精神、勤奋、可信。团队成员能够建立工作联盟以使工作更加有效地完成。团队成员能够评定他人的动机和优点，从工作环境中寻找潜在的问题。团队成员不喜欢面对危机，希望大家意见一致，并对未来有预见。但是，如果没有团队赋予的权力，团队成员会变得迟疑不决，在采取行动方面有很大的困难，变得喜欢指责他人，从而产生冲突。在冲突的最佳状态，团队成员很有信心、独立、有勇气。

(7) 团队成员乐观，积极主动，才艺广泛。在变化、多样性、刺激和创新方面非常擅长。团队成员有幽默感，能够让其他人支持团队成员的想法。团队成员总是追赶潮流，寻求新的可能性和观点。团队成员能够同时进行多项工作，但不能坚持。不健康时团队成员会变得爱唠叨，注意力分散，能量不集中，许多工作半途而废，从而产生冲突。在冲突的最佳状态，团队成员将焦点集中在有价值的目标上，工作非常有效率。

(8) 团队成员有力量、果断、自信、有权威，很清楚自己想要什么，并总是有能力把它做好。团队成员能够作困难的决定，并把严重的问题看作是对团队成员的挑战，克服其中的困难。团队成员希望占据支配地位，觉得委托任务或与他人分享领导权是非常困难的事情。团队成员乐于支持、保护并激励他人，但在不健康时，团队成员会威胁他人按照团队成员的方式行事，在企业内部和外部树立不必要的敌人从而产生冲突。在冲突的最佳状态，团队成员会变得宽宏大量，时常会用团队成员的力量去提高其他人的生活水平。

(9) 团队成员融洽、随和，接受能力强，可以信任。通过强调团队的正面事物创造协调的团队，这样能够缓和冲突或紧张的状态。团队成员支持、包容他人，能与他人共同工作。谦卑。团队成员不喜欢团队中的冲突，总是试图建立和谐、稳定的关系。但团队成员可能会因为要附和他人而放弃自己的观点，内心却非常生气。不健康时，团队成员的工作会变得没有效率、固执、疏忽，从而产生冲突。在冲突的最佳状态，团队成员能够协调差异，将人们聚集到一起，创造一个稳定但有活力的环境。

综上所述，团队成员特别是团队的管理者，要用辩证的思维来分析和理解冲突，允许组织内部一定的冲突存在。不断地提高诊断和处理冲突的水平和技巧，同时，利用冲突提高团队的有效性，基于冲突辨析及冲突管理来确定组织内部最佳的冲突水平，而不是一味地压制冲突、保持组织的平静，只有这样才能使管理出效益，使事业获得成功。

四、冲突的处理

（一）冲突处理的策略选择

为了有效地解决组织中的人际关系冲突，美国行为学家托马斯提出了一种二维模型，用于分析冲突的可能解决方案和结果，如图 6-6 所示。托马斯(K. Thomas)认为发生冲突以后，冲突主导者的选择主要表现在两个维度：合作性(更好地满足他人)和武断性(更好地满足自己)。

合作性就是力图满足别人愿望的程度，武断性就是力图满足自己愿望的程度，越是强调满足别人的愿望，就说明合作性行为越强；越是强调满足自己的愿望，武断性行为就越高。按照这种合作性和武断性的不同程度的组合，可以分成五种解决冲突的策略：

(1) 竞争——高度武断且不合作。在坐标中处于左上角的位置。

(2) 迁就——不武断且保持合作。在坐标中处于右下角的位置。

(3) 回避——不武断也不合作。在坐标中处于左下角的位置。

(4) 合作——高度武断且高度合作。在坐标中处于右上角的位置。

(5) 妥协(或折中)——中等程度的合作,中等程度的武断。在坐标中处于前四个策略的中间。

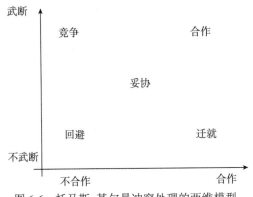

图 6-6　托马斯-基尔曼冲突处理的两维模型

1. 竞争的策略

竞争的策略指的是牺牲他人的利益,以换取自己的利益。通常采取竞争策略的人都是以权力为中心,为了实现自己的目的可以动用一切手段,包括职权、说服力、威胁和利诱,又称强制策略。

竞争策略是一种对抗、武断的和挑衅的行为,目的在于取胜而不是解决冲突,因此竞争策略的使用往往不触及冲突的根本原因,不能令对方心服口服,只是强迫对方去服从。假如你拥有或被认为拥有权威或权力,你可以使用这种策略来保障个人的权益,但是过多使用这种方式,最终会使团队的凝聚力受到严重的打击。

竞争策略的特点在于对抗性、武断性和强迫性,它既不能令人心服口服,也不能从根本上解决冲突,但在某些特殊的情境中,竞争策略也是必要的管理策略之一,如:

(1) 违反团队规范的情况。团队规范是团队所有成员都需要遵守的行为准则,当有个体违反团队规范时,团队应该采取强硬的措施,对违反规范的成员进行及时的惩罚,这当然会损害个人的利益,但相比于团队长远的利益来讲,竞争策略是一种合适的选择。

(2) 紧急情况,需要快速决策。冲突是一个过程,体现在时间的演变上。有些冲突是不需要马上解决的,比如说同事之间的小冲突,可能是各种误传、误导、误会、误解因素造成的;但是有的冲突是必须马上采取快捷和果断的手段处理的,特别是对于一些重大的冲突,如不及时制止,可能会蔓延与扩大,影响全局。这时,应运用权威的力量对冲突尽快予以处理。例如,面对一些重大事件,需要及时决策,这可能需要牺牲个人利益,采取竞争策略。

(3) 执行不受欢迎,但又必须执行的决策时,也会采取强硬的措施,要求所有人必须行动。在团队活动过程中,有的时候可能会面临来自组织方面的一些不受欢迎的决策,为了更好地完成组织目标,团队可能会选择损失一部分成员的利益,采取竞争策略去应对与成员之间的冲突。

2. 迁就策略

从合作、冲突和变化的观点,可以看出,冲突是团队管理中的一种正常状态,发生冲突之后，必须迅速地处理，否则会对组织的人际关系造成相当大的影响，它也许会扩散至其他成员之中，或升级为更大的仇视，而最终酿成悲剧。冲突的处理可以寄希望于通过冲突双方自我调整，而使冲突得以解决。但这种可能性并不大，因为人在盛怒之下是很难对自我进行剖析的。事实上，当冲突发生时，往往其中一方采取迁就策略就可以有效缓解冲突的发展。

迁就指一方为了抚慰另外一方，并维持良好的关系，愿意把对方的利益放在自己的利益之上，愿意自我牺牲，遵从他人观点。迁就策略体现出为了合作不惜牺牲个人目标的行为特点。迁就他人自然会受到别人的欢迎，但有时在重要问题上一味地迁就，可能会被视为软弱。团队中如果经常出现迁就的情况，也会使团队出现从众行为，对于团队的创新不利，并影响团队成员之间的合作交流。

迁就策略的特点在于宽容和牺牲自我，但容易被视为软弱，也可能会引发更大的冲突。但在团队管理中，有时采取迁就策略也是必要的，比如：

(1) 当冲突的利益比损失更大时。冲突可能会带来短期收益，但是长期可能会因为关系的破裂产生更大的损失。当人们将利益综合评价时，可能会选择迁就策略。

(2) 当问题对另一方更重要时。冲突解决的是双方的利益和需求的满足，但是对于冲突双方而言，结果的重要性会存在差异，如果冲突的利益对对方更为重要，迁就策略就是一种更好的选择。

(3) 当和谐比分裂更为重要时。冲突一定会产生矛盾，尽快化解冲突，可以减少矛盾，营造和谐的氛围，尽管迁就可能要牺牲一定的利益，但是和谐的环境可能会更为重要。

(4) 当竞争难以取得成效时。当双方的利益很难通过冲突得以满足时，此时退一步则"海阔天空"，适当的迁就反而可能会促进问题的解决。

(5) 当双方关系更重要，要建立互信基础时。个体间的冲突容易引发人际关系的矛盾，进而影响个体之间的相互信任和合作基础，对于团队来讲团队成员的相互关系和互信基础更为重要，因此在团队中有时会要求成员通过迁就，暂时解决当下的冲突。

当然，迁就策略也有无效的时候，主要是：当问题对您很重要时；您相信自己是对的的时候；另一方是错误的或者是不道德的等情形。要根据具体情况选择冲突管理的一般策略。

3. 回避的策略

回避是指一个人意识到冲突的存在，希望逃避而采取的既不合作，也不维护自身利益，一躲了之的办法。采取回避策略只是暂时搁置了冲突，不让冲突进一步发展，并没有实质性地解决冲突。

回避策略的特点在于既不合作，也不武断；对自己和他人都没有满足要求；故意忽视问题的存在。它只能维持暂时的平衡，不能解决冲突问题，也就是说冲突可能再次发生。但对于某些场景，回避策略也是不得不选择的策略，比如：

(1) 分歧太大(无法解决)或太小(可以忽略)。在团队管理中，我们经常会面对各种事务，包括冲突本身。对于各种事情的处理，应该适当的划分轻重缓急，让重要的事情能够得到更快速的解决以便提升管理的效率。

按照"轻—重""缓—急"两个维度，我们可以把事情分为四个类别：重要且紧急、重要不紧急、不重要但紧急、不重要不紧急。

许多时候，迫于"紧急"带来的压力，大部分人会将紧急的事情放在第一位，而忽略"重要"的事情。虽然我们知道那些"重要但不紧急"的事有着深远影响，而那些重要且紧急的事常常因为我们在它们不紧急时没有做而转变。但是"紧急"的状态会导致我们偏离事务的重点，经常处于到处救火的状态，甚至更多地关注于那些"紧急但不重要"的事情，最终可能导致工作出现重大的失误。

当团队面对各种冲突时，人们同样会进行判定，"冲突"是不是当下最重要的事情，以及短期内是否能够快速解决冲突。如果冲突分歧过大，此时解决冲突的成本会非常高，而且难以在短期内解决冲突，因此选择暂时搁置的回避策略可能对推动团队整体发展更为有利。如果冲突不会造成重大影响甚至可以忽略，同样可以暂时选择回避冲突。

(2) 欲使冲突双方冷静下来时。人们在面对冲突环境时，往往会出现过激的反应，导致冲突的升级以及扩大化，为了让冲突最终得到有效解决。有时当冲突双方无法解决冲突，而形成对峙时，可以选择回避策略让双方先冷静下来，避免冲突的升级。冷静下来之后，重新将冲突的问题进行交流，能够让双方更好地聚焦解决问题，而不是发生冲突，这样对于冲突问题的解决能够起到更好的作用。

(3) 为获取更多的信息，暂时回避。回避策略是一种拖延时间的临时策略，尽管它不能很好地解决冲突，但是在回避的这段时间，可以帮助冲突管理者或者使冲突双方进一步收集信息，分析冲突存在的根本原因，以便更好地解决冲突。

资料的收集与冲突分析使得我们能够了解谁是冲突中的关系人、存在于关系人之间的过去和现在有什么关系。也就是通过对资料的收集与冲突分析以确定冲突的成分、程序，进一步解释其因果关系。通过对资料的收集及冲突分析，我们希望增进理性对待冲突的可能性。因为大多数冲突的发展都是极其复杂的，在选择一个特定的解决冲突的策略以前，更仔细地了解和研究冲突存在的根本原因是很重要的。

4. 妥协的策略

妥协是指为了尽快解决冲突，而主动放弃自己部分利益的方式。其目的在于得到一个快速的、双方都可以接受的方案。

妥协分为一方妥协和双方妥协两种情况。一方妥协是指在解决冲突的过程中，运用情感与安抚的方法，使一方做出某些让步以满足另一方的要求。双方妥协是指让冲突双方都主动放弃一部分利益，寻求解决方案，即在双方要求之间寻求一个折中的解决方案，互相做出让步。有时冲突双方，因认识到一时难以解决矛盾，可以加强沟通和教育，讨论冲突的得与失，使双方认识到冲突可能带来的有害结果，帮助冲突双方改变思想和行为，并最终选择顾大体、识大局、互相宽容、互相谅解的解决策略，通过放弃自己的部分利益，化解冲突。

妥协策略没有明显的输家和赢家，其特点在于寻找一个"折中"的方案，但这个方案并不是解决问题的最佳方案。无论是冲突双方谁作出妥协而达成协议，都可能会为下次新冲突埋下种子。但有时，适当的妥协也是很有必要的，比如：

(1) 当势均力敌的双方，都坚持自己的目标，冲突难以解决时。当双方的力量不相上下并且对各自立场都坚信不疑，但又无法达成一致的时候，为了能够尽快解决冲突，让双方走向合作，可以适当的进行让步和妥协。通过沟通尽快达成妥协方案有助于化解矛盾，防止冲突的进一步恶化。

(2) 当面对复杂问题需要快速解决时。由于时间有限，有时候面对复杂的问题，冲突双方无法在短时间内更好地实现目标的时候，妥协策略可以快速的先满足双方的部分利益，尽管没有完美地解决冲突，但是可以将双方从冲突中解放出来，让大家更关注其他的目标。

(3) 当合作或抗争没有结果时。在面对冲突时，通过合作策略可以实现双赢，实现冲突双方的目标，但是这种方式需要更多的沟通和时间成本，在很多冲突场景中，冲突双方都面临着时间的压力，都需要快速解决问题。采取妥协策略尽管不能实现双方最大的目标，但是在有限的条件下，在双方互信和合作的基础上，尽量实现双方目标的更大化可能会是一种更好的选择。另一方面，当面对冲突，相互僵持和对抗难以获得结果时，持续的对抗对双方都没有好处，此时选择妥协，获得一部分利益的满足比持续对抗下去可能会带来更好的结果。

5. 合作的策略

指主动与对方寻求解决问题的办法，是一种互惠互利、双赢的策略。此时双方的意图都可以坦率地表达，而不是互相迁就。合作策略是解决冲突最理想的策略，可以同时实现冲突双方的目标追求，同时合作也能够更好地促进冲突双方平等交流，建立彼此的相互信任，进一步推动双方的合作。但是合作策略也有不可避免的缺点，比如：合作是一个漫长的谈判和达成协议的过程，需要花费更多的时间和精力，对于思想意识方面的冲突也很难取得较好的效果。对于合作策略的适用情境主要有 3 个。

(1) 双方利益均等，都很重要。冲突的解决对于双方都很重要，为了获得更好的结果，冲突双方可以选择合作策略重新审视双方的关系，看是否能够通过合作带来更大的收益。

(2) 当需要从不同角度解决问题时。冲突的形成过程比较复杂，冲突各方对于冲突的理解也会有不同的角度、不同的看法，当面对复杂问题时，应该先梳理一下看问题的观点和角度，当冲突各方统一角度时，双方就可能走向合作，能够真正地共同面对冲突，并且共同寻找解决问题的方法。

(3) 当你的目的是了解和学习他人的观点时，往往更愿意选择合作的策略解决冲突，因为通过合作可以保持更好的人际关系，可以实现更好地沟通和交流，在合作和沟通的过程中，能够促进彼此之间的学习和进步，此时矛盾冲突也会在合作的过程中逐渐化解。

对于团队冲突的管理，合作策略是最常用和最重要的冲突解决策略。因为，团队管理的关键在于创建和谐平等的团队氛围，让大家能够在合作中实现各自更大的目标。在团队管理中，强调全通道沟通机制的建立，能够让冲突得到更好的沟通和分享，通过充分的沟通，冲突双方能够更好地面对冲突，并在团队合作氛围的影响下积极地通过合作解决冲突，实现双方的共赢。

在上述五种策略当中，并没有最好的和最差的，每种策略在特定的情境下都有不同的效用，但是没有一种在任何场合、任何时候都普遍适用的策略，对于冲突管理而言是要在不同的情况下采取适当的解决冲突的策略。

(二) 冲突处理的原则

1. 采取积极应对的态度

冲突一旦形成就会对个体产生巨大的心理压力，当发现冲突后应该尽快加以解决，否则只会让冲突"愈演愈烈"最后更加难以解决。大部分冲突对于个体和团队来讲都会带来负面影响，破坏性的冲突显得更为严重。因此，面对冲突团队应该采取更加积极的态度，以便尽快化解冲突，让冲突各方能够更加轻松的面对彼此，更好地参与合作。

按照冲突行为的发展阶段，冲突的发展会经过潜在冲突、知觉冲突、感觉冲突、行为冲突和冲突的结果等阶段，如果能在冲突行为表现出来之前，将冲突解决在萌芽之中，显然是最好的选择。因此对于团队管理，应该时刻关注团队中各种可能引发冲突的因素对团队成员带来的影响，经常关注团队成员的各种要求，及时对相关因素进行调整和优化；同时加强团队的沟通，让团队成员敢于表达自我的感受，当他们遇到问题时，能够及时进行沟通，并且争取获得各方的理解，尽早化解矛盾；团队互信和合作的氛围也有助于团队内部冲突的解决，在互信和合作的基础上，团队成员会更加关心团队的共同目标，进而减少因为成员目标差异而形成的各种冲突。如果没有提前制止冲突，面对出现的冲突行为也要保持积极的态度巧妙加以应对。团队要积极主动地组织和参与冲突双方的沟通和协商，让冲突双方能够清楚表达各自的诉求，并争取引导双方走向合作，实现更好的目标选择。

2. 保持开放及公平的原则

在应对冲突的过程中应该保持开放和公平的原则。

开放意味着能够同时接纳各方的意见和看法，在应对冲突时不能只听一面之词，要充分听取各方对冲突的意见和看法，甚至要对冲突发展的历史背景进行追溯和调查，以便收集更多关于冲突的相关信息，更好地了解和分析冲突问题，只有将冲突问题了解清楚，才有可能真正的发现冲突的核心矛盾，才有机会真正地解决冲突。

在应对冲突时必须保持公平，冲突涉及冲突双方的根本利益，偏袒任何一方，只会激化矛盾让冲突进一步升级。当冲突得不到公平的对待时，冲突双方也会放弃相互的信任，使冲突的解决面临更大的挑战。

3. 提供可供讨论的方案

冲突解决的过程需要进行大量的沟通、协商和谈判，这也是各种解决方案选择的过程，因此在解决冲突时，冲突双方应该尽可能地提供可讨论的方案，让大家进行更有针对性的讨论，以便能够尽快达成一致，形成共同认可的解决方案。

冲突方案的设计应该是经过充分沟通、了解了冲突双方的问题后提出的，方案的设计也应该体现公平公正的原则，并且能够做到换位思考、为他人着想，在团队冲突方案的设计中还应该有大局意识，要以团队大局为重，在维持团队和谐发展的前提下，采取更加积极稳妥的方案去应对冲突。

(三) 冲突处理的步骤

1. 澄清问题

当个体被冲突包围时，个体更多地会被自己的情绪所左右，而忽略问题本身。

冲突从表面上看是冲突双方的意见分歧，但实质上是一方认为另一方影响了自身利益或者自身希望达到的目标。因此要解决冲突，首先要搞清楚引发冲突的关键问题是什么，也就是说要搞清楚是什么问题让个体有"冲突的认知"。

从冲突的来源来看，可能引发冲突的因素很多，包括个体因素、团队因素和沟通等，这些因素都有可能让个体认为其他人对自身的利益造成影响。由于个体存在差异性，每个人对同一个问题的理解也不一样，因此有必要让冲突双方先将问题表达清楚，以便确定冲突到底是什么。有的时候，可能当双方将问题表述清楚后，会发现冲突根本不存在，只是大家对问题理解的差异性，才造成了错误的认知。

2. 明确目标

冲突双方更关心的是自身利益或者是自身的目标。因此，重新审视冲突各方的目标对解决冲突至关重要。

在团队里要强调的是多个目标和各个目标之间的关系。

(1) 个体的目标是什么，对于冲突双方而言是否存在事实上的利益损害和影响。

(2) 要考虑在双方冲突的情景下目标实现的可能性，以及对目标的影响是什么，也就是说，冲突会不会导致个体目标的更大化。

(3) 要关注的是，冲突双方是否存在共同的目标，比如团队目标，是不是通过合作实现共同目标，可以更好地实现个体目标。

通过对目标的重新审视和讨论，可以让冲突双方认识到冲突对目标的影响，从而选择更适合的策略去应对冲突。

3. 选择策略

在了解了冲突的具体问题，并且明确了冲突双方的目标追求后，我们已经对冲突有了基本的判断，特别是冲突持续发展可能带来的最终后果。此时，我们依然要以满足冲突双方的目标为核心，并结合冲突面对的实际环境进行策略选择，主要应该考虑冲突的重要程度、冲突解决的时间和成本以及冲突对双方的重要性比较等。一般来讲，面对冲突可以选择的策略主要包括五种：竞争、迁就、回避、妥协、合作。在这五种策略中，各有各的特点，在不同的情景下，不同策略取得的效果也会不一样。

4. 制订方案

制订解决方案是面对冲突的执行过程，当了解了冲突的实际情况，并进行了执行策略选择后，通过具体的方案对策略进行落实，并对冲突双方产生直接的影响，其目的在于化解冲突，但是由于不同的策略可能带来不同的目标满足的效果，对于目标利益受损的一方可能会造成新的冲突。因此，在这个过程中，应该将双方的目标进一步进行比较，同时也将使用的方案及成本公开，让冲突双方能够结合实际情况，共同参与冲突的解决，并且最终能够更好地接受冲突解决的结果。

5. 完善制度

冲突无所不在，在团队管理中应该学会如何发现冲突、面对冲突和解决冲突。因此每次应对冲突的过程也是团队学习和完善的过程，在应对冲突的过程中，应该不断地反思冲突产生和发展和团队管理之间的关系。团队结构和规范是否能成为冲突的激发因素；团队的沟通机制是否完善，是否能够让冲突双方更好地进行沟通和交流；团队的目标是否能够吸引冲突双方放弃各自的目标而追求团队更大的目标；团队的互信和合作氛围是否能够促进成员之间尽量避免冲突等。通过反思与总结，不断的优化团队管理的各种制度规范，尽量减少团队发生破坏性冲突的可能性。

五、跨文化团队的冲突管理

文化是人们创造的生存环境，是一批具有共同的经济、社会和政治制度的人的意识形态。人们往往比较容易接受自身成长的文化环境，在跨文化的环境中容易引发冲突。随着全球化的发展，各种跨国公司和虚拟团队随处可见，组织中多种文化背景共存的现象也十分普遍，跨文化冲突成为现代团队要面对的一种特殊又十分普遍的冲突，这种文化冲突也必然会影响团队的经营绩效，影响团队内部的和谐关系。

跨文化冲突容易导致团队成员之间的不信任，并激发团队成员之间的人际关系矛盾。如果成员之间缺乏理解和信任，甚至相互误解和猜疑，必然会影响相互之间的沟通和合作，这将进一步引发更大的矛盾和冲突，甚至影响团队的发展。在团队内部管理中，由于团队成员不同文化背景带来的不同的价值观、不同的生活目标、不同的思维方式以及不同的行为准则规范，必然增加团队的协调难度，导致内部管理费用增加，甚至造成团队效率低下；在外部经营中，由于文化冲突的存在，跨文化团队难以形成积极和高效的组织形象去面对市场竞争，在竞争中往往处于被动地位。甚至丧失大好的市场机会，最后可能使跨文化团队的管理陷入困境。对于跨文化团队而言，如果不能正确地面对跨文化冲突，可能最终会导致跨文化经营活动和商业合作的失败。

(一) 跨文化冲突形成的原因

不同区域的文化差异是社会发展的必然结果。而对于同一种文化背景下成长的人群，自然会形成类似的文化，而这种文化背景会对个体的认知、价值观和行为等产生深刻的影响。共同的文化背景，对同一群体具有巩固团结的功能，它使得同一群体内的沟通变得更为便利，更易形成共同的意见，比如当我们在国外遇到中国人，马上会用中文交流，会觉得用中文交流更加畅顺，特别是对一些共同的价值观更有认同感。随着全球化，以及现代信息技术的发展，跨文化团队日益普遍，特别是对于一些跨国公司或者是虚拟团队而言，跨文化团队的管理成为必然要面对的问题，此时不同文化的差异就可能成为团队冲突的主要内容。一般来讲，导致跨文化冲突的诱因主要包括以下几个方面。

(1) 种族优越感。种族优越感指团队中存在不同种族的成员，而其中某些人认为自己的种族优于其他人的种族，认为自己的文化价值体系比其他文化价值体系更优越，处处以自我文化为中心，总是将自己的观点强加给其他成员，并要求他们服从自己的文化价值。这种种族优越感会导致团队中的不平等，导致成员之间容易引发冲突。事实上，每个人都是平等的，特别是在团队管理中，成员之间更应该以平等互信的方式进行交流和合作，并不存在哪个人或者哪个种族更加优秀的比较，团队管理就是要营造一个平等的环境，让大家在和谐的氛围中，共同合作创造更高的团队绩效。

(2) 管理方式不当。跨文化管理首先应该尊重文化的差异性，并相应地对不同的文化环境采取不同的管理方式，也就是说，在跨文化团队的管理中应该强调的是管理的灵活性，而不是制度的强制性。特别是对于一些跨文化的团队，某些经营管理制度在一国被证明是好的管理方法，但在另一国就不一定适用，甚至可能会出现相反的结果。显然在不同的文化背景下制定不同的经营管理策略才能够真正实现管理的有效性，才能够更好地化解文化冲突，实现团队目标。

(3) 不同的感性认识。感性认识是感觉器官对客观事物局部的现象的和外在的认识。一个人独特的感性认识是在自己的特殊文化背景中通过亲身经历获得并发展起来的，因此感性认识存在某种惯性，它的变化总跟不上环境变化的速度。当个体处于一个跨文化团队时，会面对各种文化的差异性，而当个体依然按照个人的文化认识进行判断和决策时，就很容易与团队环境以及其他成员产生冲突。

(4) 沟通误会。沟通是人际之间或群体之间信息传递的过程。在沟通的过程中，信息的有效传递会受到各方面的干扰，比如语言障碍或非语言障碍，由于人们的文化背景不同，人们对时间、空间、风俗习惯、价值观等的认识便会有所不同，在沟通过程中就很容易产生沟通障碍，影响沟通的有效性，进而产生冲突。例如，美国著名的石油公司埃克森美孚公司(Exxon Mobil Corp)旗下的 ESSO 石油品牌，按日语发音的意思则是动弹不得的汽车，这显然不是一个石油公司希望见到的信息。

(5) 文化态度。人的个性是基于一定的生理素质，在特定的社会文化环境条件下，在社会实践活动中形成并发展起来的特性，个性特征也是文化态度的一种变现。对于不同文化背景的培养，可能会形成不同的个性特征以及表现出不同的文化态度。在进行跨文化团队管理时，应该及时掌握和了解不同成员的不同文化背景，以及不同的个性特征，以便更好地协调跨文化团队中的跨文化冲突。

(二) 跨文化冲突的特征

跨文化冲突是由于团队成员的成长背景不同，在不同国家、不同民族、不同文化背景下的不同文化所形成的冲突。这些文化冲突一般体现在三个层次上，包括物质文化，通过人们制作的各种实物产品表现出来，如建筑、服饰、食品、工具等；制度、习俗文化，通过人们共同遵守的社会规范和行为准则表现出来，包括制度、法规以及相应的设施和风俗习惯；精神文化，通过人们思维活动所形成的方式表现出来，包括价值观念、思维方式、审美趣味等。不同的文化体系直接导致跨文化团队在不同的环境下可能面对的冲突状况，但从总体上来看，跨文化冲突的特征主要表现在以下几个方面。

(1) 非线性。不同的文化就像是不同的水域，当不同水域的水流进行交汇融合时，就会产生冲突，但这些冲突并不是简单的强弱比较，也不是谁臣服于谁，而是像不同的河流的交汇融合过程一样，常常表现出你中有我，我中有你的错综复杂的状态，跨文化冲突难以分辨出胜负，具有非线性的特征。

(2) 间接性。跨文化冲突是人们对于不同文化带来的变化的感知，这些认识往往发生在心理、情感、思想观念等精神领域，通常这种文化冲突都存在较长的潜伏期，人们在不知不觉中受到各种文化的影响，并产生变化，而这些变化所产生的影响通常也不是以文化的形式表现出来，而是通过一些行为方式等间接地被人们所发现。

(3) 内在性。文化是以思想观念为核心的，文化冲突往往表现在思想观念的冲突上，是人们内在精神的一种表现，比如在美国超过 50 年的建筑物都可以作为国家历史圣地，然而，大部分美国人并不会因为要拆掉这样的建筑，修建现代化的办公大楼而感到遗憾。而在欧洲，人们通常会为拥有历史圣地而感到自豪，也不会轻易地拆除这些圣地。1990 年 6 月，麦当劳想在巴黎一家拥有 180 年历史的，而且是毕加索和其他一些著名艺术家曾经驻足过的建筑物中设立一个餐厅，尽管麦当劳拥有对这座建筑物的某些特许权，但巴黎市民则宣称该建筑是城市的历史圣地不容侵犯，最终麦当劳只能放弃改造的计划。

(4) 交融性。文化冲突与文化交融始终相伴而行。正如前面所讲的文化冲突难以分辨胜负，而且文化之间不仅仅存在冲突，也会表现出相互融合的特点。因此当面对跨文化冲突时，应该积极探寻不同文化之间的共同点，使不同文化背景下的成员能够更好地进行交流和合作，并促使在跨文化背景下，形成富有特色的团队文化，让跨文化交融成为自身的特色，成为推动团队发展的重要手段。

(三) 跨文化冲突的应对策略

在跨文化团队中，由于存在多种文化的交融，为了更好地应对跨文化的冲突，团队可能会选择不同的应对策略，相应地，在不同的策略下，跨文化团队的具体的措施也会有所不同。

(1) 融合文化策略。对于不同的文化环境，会有不同性质的文化内容，其中技术性文化内容容易改变，非技术性文化内容则是难以改变的。基于这样一种认识，对于跨文化团队而言，与其改变所有人的文化认知，还不如进行文化整合，让跨文化团队能够进行团队的文化融合，以最大限度地适应跨文化团队中不同文化背景的成员的要求，以减少和避免文化冲突。

在这一策略中，最重要的环节是学习。通过团队中的相互学习，加强团队成员之间的相互了解，特别是对不同成员的不同文化的了解，以便让团队能够融合不同文化的特征，接纳不同文化的成员，并建立起成员之间的相互信任，促进合作和团队发展。在学习中，单靠成员之间的交流显然不够，还应该引入一定的专业培训，以便促使成员对不同的文化有更深刻的认识，这些培训包括特定区域的历史文化及区域特色研究，通过学习让成员知道特定区域文化形成的原因并与自身文化特征进行比较，讨论文化的差异性和共性，寻求文化融合的方向；特定文化的语言文字培训，通过这一培训，能够让成员学习不同的文化的语言和文字，提升成员之间的沟通能力，避免因为不良的沟通导致的各种冲突。同时在语言文字学习的基础上，也能够提升个体了解不同区域文化的能力，促进团队成员之间相互理解，并主动的进行相互融合；加强团队集体学习和深入讨论，让成员之间能够在不同的文化背景下进行公开的碰撞，让容易产生的文化冲突尽早展现出来，并通过共同的讨论和交流，发现解决冲突的方法。同时，通过集体的学习和讨论也有助于成员对于各种文化学习的更深入的认识和理解，特别是对于团队中的文化差异性的感知也将进一步促进团队文化冲突的解决。

(2) 创新文化策略。对于跨文化团队而言，仅仅融合文化并非长远之计，特别是对于多文化的团队，融合的过程比较漫长，此时就需要建立自身的创新文化，并让团队的创新文化成为团队成员的共识，成为共同的文化指引。显然，在团队共同的文化背景下，团队成员之间的文化冲突将会得到有效的缓解。

这一策略，依然要依靠全面地学习，了解不同文化的差异性，但同时它更加强调以团队目标为中心，以团队合作为指导的团队创新文化建设，通过跨文化团队的经营活动、商业文化的传播和团队文明熏陶来创造一种新的文化，使得团队成员能够在团队文化的指引下，共同为团队目标服务。

 **思考练习**

1. 结合理论学习，分析和讨论身边的各种可能的冲突，看看他们形成的原因是什么。

2. 结合自身所在的团队，看看目前团队中是否存在潜在冲突的因素，如何对它们进行管理，以避免冲突的升级。

3. 结合冲突发展过程，举例说明一个冲突行为的实际发生过程，并讨论冲突结果带来的影响是什么。

4. 结合冲突策略选择模型，讨论在团队中如何更好地用合作策略应对冲突。

5. 思考个人和团队之间经常出现的冲突内容，讨论团队应对的策略和具体方法。

开放式讨论：团队的绩效考评

游戏：开放式讨论

【游戏准备】

1. 将所有人员分成若干个团队，每个团队的人数不超过 15 人；

2. 准备若干不同的讨论话题；

3. 每个团队选择两个考评员。

【游戏流程】

1. 给每个团队发放一个讨论话题，进行自由讨论，时间 10 分钟左右；

2. 从团队中找一个人进行讨论结束后的总结汇报；

3. 考评员分别对参加团队讨论的每个人进行打分评价；

4. 考评员对每个团队进行评价打分。

【游戏思考】

1. 如何更好地评价每个人；

2. 如何更好地评价团队；

3. 不同的考评角度是否存在偏差。

【游戏讨论】

团队的绩效考评

团队组建的目的在于实现团队目标的更大化，在团队管理的过程中，团队的目标可能会被分解成不同的绩效维度和绩效指标，组织通过对这些绩效指标的管理和控制可以对团队的运行情况有所了解。同样对于团队中的成员，团队也会通过各种考核，对团队成员进行评价，考核团队成员是否完成了各自的任务，当团队成员都完成了各自的任务，团队的任务也一定会完成。团队的绩效考核实际上是对团队目标实现的程度，以及实现的可能性的评价，也是对团队运行管理情况的考核评价。

在"开放式讨论"游戏中，并没有很明确的任务分工，只是要求经过十分钟讨论后形成一个小组的汇报材料。在这个过程中，每个成员都会按照自身的特点进行分工合作，由于分工不同可能在小组讨论中所扮演的角色也不同，进而表现出来的工作状态和工作业绩也不同。这对于如何评价这些团队成员的工作提出了挑战，这也是日常绩效管理工作中遇到的最大的问题。绩效中的多维性、多因性和动态性是客观存在的，如何建立更加合理的考评体系，更准确地寻找团队的考核维度，更明确地确定团队的考核标准，一直是考评体系中的重点和难点。

在"开放式讨论"游戏中，要求分别对团队和团队成员进行评价考核，这与我们日常团队管理中对团队的考核类似。对于团队的考核也会从团队和个体的不同层面进行综合评价，显然，这两个层面考核评价的关注点不同。对于团队的考核，更多地关注结果的考评，对于团队的考核要求团队成员能够充分地合作，共同推动和实现团队目标的更大化；而对于团队成员的考核则注重对个体的整体评价，不仅在于目标绩效的实现，还关注目标实现过程中与其他人和团队的关系。

在"开放式讨论"游戏中，不同的考评员对同一个人或者同一个事件，可能存在不同的考评结果，对于不同的考评结果应该如何判断，同样，是否还存在对其他人的不同看法。事实上，由于每个人获取的信息不同，对于时间或个人行为的理解便不同，因而不同的考评者面对同一个人或者事件会存在各种考评的差异性。为了能够更客观、公正地对团队成员以及团队进行考核，应该尽量采取更加全面的考核方式，获取更多的考核信息进行综合考核评价。

团队的绩效考评是团队发现问题、改善问题、促进团队发展的关键所在，良好的绩效考评体系的构建，不仅能够规范和引导团队成员的行为和能力的发展，还能够凝聚团队的力量、快速的提升团队的综合能力，相反，如果考评体系不科学、不能实现对成员基本的公平公正的评价，则会引发团队内部的矛盾冲突，并可能导致团队的崩溃。

第一节　绩效考评的基本概念

绩效考评是对团队成员在一个既定时期内对团队的贡献做出评价的过程。强调对团队成员的考评，不仅在于它对团队成员在德、才、绩、效等方面的总体评价，更主要的是它在一个行业、单位或组织中建立了一种标准，这种标准可以用数字或语言进行表述，并值得每一位团队成员效法和遵循，它既是一种规矩，也是一种激励和考验。可以说，绩效考评不仅关系到团队成员本人的前途和命运，也关系到团队的生存和发展。

一、绩效的含义和特性

团队成员的工作绩效，是指他们那些经过考评的工作行为、表现及其结果。

绩效本质上是一组信息，这些信息是个体的工作行为、表现及其获得结果的信息组合。

对团队而言，绩效考评更关注结果，也就是关注个体在完成团队任务的过程中，任务在数量、质量及效率等方面完成的情况；对个体来说，绩效考评更关注评价，也就是指标的设计，上级和同事对自己工作状况的看法等。

团队通过对其成员工作绩效的考评，获得反馈信息，并采取相应的激励和引导措施，调整和改进其效能。同时，团队通过考评信息了解团队运行的实际情况，对发现的问题进行及时纠正。

（一）绩效的特性

绩效在日常管理中，常常体现出多因性、多维性与动态性的特点。

1. 绩效的多因性

绩效的优劣并不取决于单一的因素，而受制于主、客观的多种因素的共同影响。主观方面的因素包括个体的激励，指个体的工作积极性。激励本身又取决于个人的需求结构、个性、感知、学习过程和价值观等个人特点。技能，是指个体具有的工作技巧与能力水平，取决于个人天赋、智力、经历、教育与培训等个人特点。在其他因素不变的情况下，员工的能力越高，绩效越显著，即能力与绩效成正比关系。客观方面的因素，如工作环境，指个体所在工作场所的客观条件，包括物质条件、制度条件、人际关系条件、社会环境等；机会，指成功的可能性或可能的机遇等，是随机的不可控因素。

这些因素之间的关系也可用如下公式表示：

$$P=f(S, O, M, E)$$

式中，P 为绩效，S 是技能，O 是机会，M 是激励，E 是环境。此式说明，绩效是技能、机会、激励与环境四个变量的函数。

2. 绩效的多维性

这是指绩效考评需要从多个维度或多个方面去进行分析与考评。例如，一个成员的绩效除了产量指标完成情况外，质量、原材料消耗率、能耗、出勤，甚至团结、服从、纪律等硬、软件条件方面，都需综合考虑，逐一评估，通过综合考评各种类型的指标才能得出最终的考评结论。当然，这也并不是说在所有的情况下都需要对所有可能的考评维度进行考评。根据考评的不同目的，可能需要选择不同的考评指标，并且各个指标的权重也不尽相同，因此，在设计绩效考评体系时，往往要根据组织战略、文化以及职位特征等方面的情况，设计出一个由多重考评指标组成的考评指标体系。这个体系包含多项指标，而且要根据各种情况确定每个维度以及不同考评指标的不同权重，以区分指标的重要性程度。

3. 绩效的动态性

个体的绩效是会变化的，随着时间的推移，绩效差的可能改进转好，绩效好的也可能退步变差，因此团队管理者切不可凭一时印象，以僵化的观点看待团队成员的绩效。为了有效的避免这一问题，在绩效管理过程中，一是要合理设定绩效考评周期，确保考评主体能够根据考评的目的及时充分地掌握团队成员的绩效情况；二是可以通过合理设置指标体系、引入多元考评主体等方式，尽量确保考评的结果真实、客观，能够反映团队成员工作的实际情况。

总之，对于团队绩效的考察，应该是全面的、发展的、多角度的和权变的，力戒主观、片面和僵化。

（二）团队绩效的影响因素

1. 成员的兴趣和对团队的归属感

兴趣是个体行为的内部驱动力，如果个体对一份工作感兴趣，做起来就会事半功倍；相反，如果员工对一份工作缺乏兴趣，做起来就会事倍功半。对于有兴趣的事情，个体也会主动进行学习和研究，积极提升绩效。个体的兴趣有时来自于各自的爱好，有时来自于个体的需求，当工作能够更好地满足个体的需求时，个体就会有更大的兴趣参与工作。在团队管理中，要让团队的目标成为个体目标，让团队目标的实现更好地满足个体的目标，这样能够激发团队成员对工作的兴趣，让他们对团队有更强的归属感，积极地为团队的绩效努力工作。

2. 成员的个性与团队的角色定位

不同的人有不同的性格，不同的性格所能适应的工作角色也会有所不同。有的人性格外向，善于言谈，人际关系能力强，喜欢在公众面前发表自己的言论；有的人则性格内向，忠厚老实，喜欢独立地去思考问题。不同性格的人在团队中应该扮演不同的角色，并通过团队不同角色人员的合作实现绩效的更大化。在团队中应该按照团队成员构成的实际情况，进行成员的角色定位，不应该强求每个人都一样，或者强行分配每个人的角色，只有结合团队成员个性找到适合的角色，才能够发挥每个成员的最大潜能，实现团队绩效的更大化。

3. 团队的激励和引导

团队激励是指团队通过一定的行为规范和奖惩性措施，来激发、引导、保持和规范团队成员的行为，以有效地实现团队及个人目标的过程。团队采取激励措施的目的在于激发和强化对团队绩效有利的行为，同时规范和引导不利于团队绩效的行为，通过有效的团队激励的引导，个体行为将更有利于团队绩效的实现。但由于个体需求的多样性，以及团队资源的有限性等因素的存在，实现有效的团队激励并非易事，团队要根据团队成员的实际情况积极地构建适合团队的激励措施，以便更好地实现团队激励的目标，促进团队绩效的更大化。

4. 团队的结构及环境

团队是团队成员共同面对的工作环境，团队的构成和团队所营造的环境氛围也会对团队的绩效产生重大的影响。

团队结构主要包括团队规模、团队成员异质性、团队所营造的环境氛围等方面。

(1) 团队的规模主要看团队的人员数量，尽管传统的理念告诉我们"人多力量大"，人数越多可能会创造更高的绩效，但是人多同时也会带来管理的复杂性，提升管理成本，导致得不偿失。对于现代团队管理而言，"为数不多"的人员规模是保证团队高效的基本条件，有关研究认为：少于 16 人的团队的规模与团队绩效成正比；超过 16 人后，团队规模的继续扩大将不利于团队绩效的提高。

(2) 团队成员的异质性是团队成员在个性、性别、态度、背景或经验等方面的差异性。团队成员的异质性较低,成员之间的竞争意识会更强,团队成员的合作和创新性会较差;反之,团队成员异质性较高,成员之间更容易相互学习、相互信任和相互合作,并创造出更高的绩效。

(3) 团队所营造的环境氛围,主要包括沟通氛围、互信氛围等。良好有效的团队沟通,能够让团队成员更清楚地认识和理解团队目标,更清楚地进行团队角色的定位,并积极参与团队合作,实现团队的绩效目标。同时良好的沟通也能够促使团队成员之间更加熟悉、更加了解,大大增强彼此之间的相互信任,加强团队的凝聚力,从而为团队绩效的改善奠定基础。

二、绩效考评的内容

团队绩效考评的内容,体现了团队对员工的基本要求。考评内容是否科学、合理,直接影响绩效考评的质量。因此,实行绩效考评的团队对有关考评内容的问题都应重视,应制定符合各自团队实际情况、能够全面而准确地评价团队成员工作的考评内容。由于绩效的多因性,绩效量度的内容也颇为复杂,绩效评估应该主要考评以下几个方面的内容。

(一) 工作业绩考评

工作业绩考评是对团队成员担当工作的结果或履行职务结果的考核与评价。它是对团队成员贡献程度的衡量,是所有工作绩效考评中最本质的考评,直接体现出团队成员在团队中的价值大小。在团队中,工作业绩主要指能够用具体数量或金额表示的工作成果,是最客观的考评标准。例如,利润、销售收入、产量、质量、成本、费用、市场份额,等等。

(二) 工作行为考评

工作行为考评主要是对团队成员在工作中表现出的相关行为进行的考核和评价,衡量其行为是否符合团队规范和要求,是否有成效。由于是对行为进行考评,很难用具体数字或金额来精确表述。因此,在实际考评中,常常用频率或次数来描述团队成员的工作行为,并据此进行评价。例如,出勤率、事故率、表彰率、违纪违规次数、访问客户人次、客户满意度、投诉率、合理化建议采纳次数,等等。

(三) 工作能力考评

工作能力考评是考评团队成员在工作中发挥出来的能力。例如,在工作中判断是否正确、工作效率如何、工作中的协调能力怎样等。根据被考评者在工作中表现出来的能力,参照标准或要求,对被考评者所担当的角色与其能力是否匹配进行评定。这里的能力主要体现在四个方面:专业知识和相关知识;相关技能、技术和技巧;相关工作经验;所需体能和体力。需要指出的是,团队绩效考评中的能力考评和一般性能力测试不同,前者与被考评者所从事的工作相关，主要评价其能力是否符合其所担任的工作和所扮演的角色，而后者是对个体的能力从人的属性进行的评价，不一定要和团队成员的现任工作相联系。在对团队成员的工作能力进行考评时，由于需要考评者对团队成员的工作能力做出评判，故此类考评往往具有主观性的特点。

在进行工作能力考评时，应注意全面评价团队成员的专业技能和基本技能，特别是对于常用的基本技能，如人际技能、沟通技能、协调技能、公关技能、组织技能、分析和判断技能、处理和解决问题的技能等的考核。

（四）工作态度考评

工作态度考评是对团队成员在工作中付出的努力程度的评价，即对其工作积极性的衡量。常用的考评指标有：主动精神、创新精神、敬业精神、自主精神、忠诚感、责任感、团队精神、进取精神、事业心、自信心，等等。工作态度是工作能力向工作业绩转换的中介变量，在很大程度上决定着能力向业绩的转化。当然，同时还应考虑工作完成的内部条件(如分工是否合适、指令是否正确、工作环境是否良好等)和外部条件(如市场变化或原材料供应等)。显然，团队成员的工作态度也很难用具体数字或金额来表述，在进行工作态度考评时，也需要考评者对团队成员表现出来的工作态度做出主观判断。

三、绩效考评的作用

团队绩效考核是考察团队和团队成员工作业绩的一种管理制度，其目标不仅是评价成员个人的工作状况，更多的是根据绩效考核的结果，实现对团队的有效管理。

（一）促进团队目标

绩效考核的首要目标在于促进团队目标的实现。绩效考核是团队管理的重要手段，通过绩效考核，团队将团队希望实现的各阶段目标呈现给所有成员，而团队成员则根据绩效考核的要求调整个体的行为标准。通过绩效考核体系的建立，团队将团队的目标和个体的目标相互联系起来，并让团队成员能够清楚地认识到哪些行为对团队目标的实现更为有利，强化了有利于达成团队目标的个体行为，促进了团队目标实现的可能性。在团队目标的指引下，绩效考评系统不仅要对团队成员的工作进行追踪和评估，及时反馈绩效管理信息，还要及时发现团队中存在的问题，为团队发展提供重要的依据，并对存在的问题及时采取科学的方法进行优化调整，以保证团队目标的实现。

（二）促进团队沟通合作

绩效考评是团队重要的沟通手段。在团队绩效考评的过程中，团队通过绩效考评体系的设计向成员传递团队目标的信息，团队成员通过绩效考评也清楚地认识到自己在团队中的表现，以及和团队目标之间的差距，同时，通过绩效考评，各个成员也能够清楚地知道团队中的角色分配以及成员之间的合作关系。绩效考评体系的构建过程也需要团队成员的共同参与，从指标选择到考评标准的设定都要进行充分的沟通，只有经过充分沟通的考评体系才能有效的得到落实。绩效考评为团队提供了一个交流平台，有助于团队成员更好地交流各自的想法，也有助于团队成员更好地了解团队的工作期望。这样的沟通可以促使团队与成员之间目标更加一致、配合默契。而且，通过绩效考评，可以使团队成员相互了解，发现自己工作中的成绩和不足，从而促使员工在以后的工作中相互合作，发挥长处，使整体工作绩效进一步提高。

（三）提升团队能力

绩效考评体系清晰地界定了工作的内容及其需要达到的标准，使得团队成员能够有机会更好地理解自己所从事的工作、工作岗位对自己行为的要求和工作目标的要求，以及如何实现工作目标等。清晰的标准有助于让团队成员更清楚地看到自己的优势和不足，从而更有针对性地进行自我提升，强化自己的核心能力，进而改善工作绩效。团队也可以通过成员的绩效评估，有的放矢地做好成员的培训开发工作，使团队成员的技能和经验得到及时提高和增强。通过绩效考评的促进，有助于团队成员个体能力的培训和开发，同时也提升了团队的整体能力。

（四）优化团队管理

绩效考评的结果将成为团队实施奖罚措施的基本依据，良好的绩效管理体系能够充分肯定团队成员的工作绩效，能够使优秀的成员体验到更多成功的满足感和自豪感，有效的提升团队成员工作的激情，这些态度和感觉能够引发团队成员更富有创新性的行为，为团队创造更高的绩效；同时，绩效管理体系也会最大限度地减少成员的不端行为，通过绩效考评及时发现不端行为，并对违反团队行为规范的个体进行惩罚，避免团队发展受到伤害。通过合理的考评引导，团队管理将会不断优化，走向良性循环，最终发展成为高效的团队。

第二节　绩效考评的实施

绩效考评的实施是团队管理中的重要工作内容，也是影响团队最终是否能够实现团队绩效的关键。在推进团队的绩效考评工作实施的过程中，要把握好各项原则，才能更好地实现绩效考评的目标。同时，在开展团队绩效考评工作过程中，也要做好绩效考评流程的设计，以便稳步推进团队的绩效考评工作。

一、绩效考评的原则

绩效评估工作是一项复杂的工作，需要综合各种情况。大体上来说，可以遵循以下几个原则。

（一）客观公正原则

一般来讲，团队成员们都不反对进行评价。只要评价是基于事实的，而不是个人的主观意见，团队成员通常都会接受评价的结果。

绩效考评不是某个部门的责任，更不是某个人的责任，而是团队内所有成员共同的责任和工作，每个人都在绩效考评中承担着相应的考核职责，这就要求绩效考评必须秉承客观公正的原则。在客观公正原则的指导下，团队成员共同参与制定考核指标和评价标准，完善考评体系；团队成员也能够更清楚地了解和理解团队的考评体系，并积极参与考评，接受考评的结果。

（二）竞争原则

作为团队领导者不能做老好人，认为大家的工作都很努力，大家的工作都很辛苦，抹杀每个团队成员工作的区别，评估的结果是大家都好，如果有奖金的话，也是平均分。这种评估不仅起不到应有的作用，还有副作用。干好干坏一个样，从而严重挫伤团队成员的积极性。

因此，要把评估团队成员的工作视为一种制度，严格认真地按评价标准进行，使每个团队成员都对自己的工作有所了解，同时也了解别人的工作，使成员之间形成互相学习、互相竞争的局面，从而促使工作向前发展。

（三）激励原则

评估本身不是目的，是手段。评价的目的在于促进工作，调动团队成员工作的积极性。因而评价要和奖金等奖惩制度挂钩，优者奖，劣者罚，这样才能起到评价的激励作用。

通过评价，团队应该让团队成员知道团队对他们的工作期望是什么，他们的工作应该达到什么样的程度。在成员完成目标后，团队则应该及时采取适当的激励措施，激发他们的工作热情，使他们了解自己努力的方向，同时，感受到团队对自己工作的承认和重视。通过绩效考评的激励作用，团队进一步强化和鼓励有利于团队发展的个体行为，并规范和引导个体的不端行为，为团队的发展奠定基础。

（四）及时反馈原则

对于绩效考核的相关信息应该及时反馈给团队成员，让大家知道自己工作的实际情况。如果信息反馈及时，无论考核的结果是肯定的还是否定的，都会让团队成员觉得是爱护和鞭策。同时对于个体而言，及时获得反馈信息也有利于个体及时吸取经验教训避免错误，或避免错误的继续发展，团队也能够更有针对性地对团队和个体存在的问题进行调整和优化。然而对团队来说，做好信息的及时反馈，并不是一件容易的事。为此，需要从以下三个方面入手。

（1）反馈信息真实可靠。信息的反馈要真实可靠，要有客观依据，要能够真正地反映成员的绩效状况，这包括绩效考评体系的指标标准，以及其他人的考评信息等的反馈。通过信息的反馈，希望能够让成员认识到自己的绩效状况，包括和其他人的比较等，让成员能够认识到自己的优势和不足，同时也了解团队其他成员的情况，以便能够通过团队进行及时的调整。

(2) 反馈建议针对有效。为了帮助团队成员做得更好，对于考核不理想的指标应该提出明确有针对性，而且有效的建议，以便团队成员能够更好地作出调整和提高。有明确建议的反馈，能够给团队成员指明方向，让团队成员更加认可考评结果，同时也能让成员感受到团队的帮助，提升其对团队的归属感。

有针对性的反馈比那些泛泛之谈可取，如"你的报告没有达到水平，还欠火候"，听起来就很不明确。如果说："我给你举个实例你就知道你在哪些地方没有上个季度做得好。"

(3) 反馈过程双方互动。绩效考评是由团队组织的，在获得绩效考评结果后，对于考评的数据信息应该及时反馈给成员，并听取成员的意见。这个过程是双方互动的过程，也就是说对于考评数据所反映的情况，应该让个人提出自己的意见和想法，以便能够更准确地评价个体的行为对绩效的影响，否则可能会得出错误的结果，比如某个成员绩效下降，问其原因时他说："是的，这个季度我在这个团队的工作表现的确不太好，但我对公司的整体贡献却比上个季度大了许多。我同时被安排到另外两个项目兼职，所以花在这个团队的精力自然就少了。"通过双方的互动，能够获得更准确的评价信息，能够让绩效考评的结果更有说服力，让成员更加认可和接受。

二、绩效考评流程

团队绩效考评是一个复杂的过程，主要包括制定目标和标准、选择方法和人员、结果分析和反馈等，具体环节和步骤主要包括以下几个方面。

(一) 建立绩效考评目标

制定团队绩效目标是绩效考评的起始环节，也是十分重要的环节。一般来讲，组织的长期发展战略和经营计划是相对稳定的，绩效目标就是在它们的指导下，组织期望团队和团队成员完成一定绩效周期内的目标，它是组织的战略目标、团队目标与岗位职责在绩效考评中的具体体现。组织的整体目标指引着组织前进的方向，同样，团队的绩效目标也对团队成员的工作提出了具体的行动要求，是团队对团队成员进行绩效考评的基本依据，制定科学、有效的绩效目标，能为后续的绩效管理工作奠定坚实的基础。

绩效目标的制定遵循 SMART 原则：

(1) S(specific)，即绩效目标应该是具体明确的。绩效是被期望的具体结果，而不是停留在口头上的"希望"。所以，绩效目标应该用容易理解的语言准确描述——完成什么、什么时候完成、完成到什么程度。并且，对于可以量化的定量目标，一定要用具体的数据表示出来，或者为绩效目标设置应该达到的合理的数据范围。

(2) M(measurable)，即绩效目标应该是可以衡量的。当不同员工的实际绩效不同时，要能将这些不同的实际绩效在同绩效目标比较时分出不同等级来。可衡量的要求是，只要有可能，应该尽量予以量化；当然，可衡量并不等于绝对地量化，有些定性指标是不可能量化的，但我们可以采用定义式等级描述予以衡量。

(3) A(attainable)，即绩效目标应该是可以实现的。一方面，绩效目标应该在过去的基础上有所提高，但不能过高，是经过努力可以达到的；另一方面，成员为实现绩效目标，需要获得组织的资源，还有可能由于成员个人知识、经验、能力方面的不足而需要获得管理者的指导以及组织提供的培训课程，所以，组织应该具备这些资源条件，为成员实现绩效目标提供支持。

(4) R(relevant)，即绩效目标应该是相关的。绩效目标应该与组织战略目标、团队目标保持高度一致，同时还应该与岗位职责、个人发展目标保持一致。更重要的是，绩效目标要与组织、团队、个体过去历年的绩效目标实现状况的信息紧密相关，因为绩效目标通常是滚动制定的。

(5) T(time-bounded)，即绩效目标应该是有时间限制的。由于绩效具有动态性，也由于时间本身就是实现绩效目标的重要保证，所以，绩效目标从制定到实现需要多长的时间，一定要明确表示，这既是对成员的"引导"，也是对成员考评的重要依据。

（二）确定绩效考评的指标

在确定了绩效目标之后，需要考虑从哪些指标来对绩效目标的实现情况进行评价。绩效指标是指从态度、行为、能力和业绩等方面，对团队成员的表现和贡献进行评估的项目。在对成员绩效进行评估时，我们往往会对其某些方面的情况进行评价，而指向这些方面的概念或项目就是绩效指标，也称为绩效考评的维度。

1. 绩效指标类型

一般来说，根据评估内容的不同，绩效指标可以划分为以下三种类型。

(1) 工作业绩指标。所谓工作业绩，就是工作行为所产生的结果。业绩的考核结果直接反映了绩效管理的最终目的——提高组织的整体绩效以实现既定的目标。与组织成功相关的关键要素决定了绩效评估中需要确定的关键绩效结果。这种关键绩效结果规定了在评估成员绩效时应着重强调的工作业绩指标。这些指标可能表现为该职位的关键工作职责或一个阶段性的项目，也可能是年度的综合业绩。工作业绩指标通常包括工作的数量指标，如生产数量、销售数量、新产品开发数量、产品维修数量、销售额等；质量指标，如合格率、出勤率、出错率、顾客满意度等，工作效率指标，如采购周期、研发周期、生产周期等，以及成本费用指标，如采购成本、单位产品成本、新产品开发成本等。

(2) 工作能力指标。不同的职位对人的工作能力要求是不同的，只有在绩效指标体系中加入工作能力方面的评估指标，才可能使评估结果真正反映成员的整体绩效。另外，评估指标的设计者还应通过能力指标的行为引导作用鼓励成员提高与其工作相关的能力，并通过能力评估的结果做出各种有关的人事调整决定。工作能力，主要包括与工作相关的知识技能。诸如管理、独立工作、沟通、合作、决策等都是重要的工作能力指标。

(3) 工作态度指标。在组织中常常可以见到这样的现象：一个能力很强的人出工不出力，没能实现较高的工作业绩；而一名能力一般的员工兢兢业业，却取得了十分突出的成绩。两种截然不同的工作态度产生了不同的工作绩效。因此，为了对成员的行为进行引导从而达到绩效管理的目的，在绩效评估中应对工作态度进行评估。常见的工作态度指标包括工作的积极性、协作性、责任性和纪律性等。

在实际工作中，还可以从其他角度对绩效指标进行选择和分类，比如可以根据考核指标的性质，将绩效指标分为定量指标和定性指标。无论选择什么样的分类方法，其目的都是一样的，都是为了能够更好地评价成员的绩效，实现绩效考评的目标。

2. 绩效测评常用方法

在团队绩效考评管理中，选择的绩效考评指标要同时兼顾团队和个体两个层面。传统的以个人绩效或以团队绩效为主的绩效管理实践表明，更重视个人绩效将会导致团队成员间的激烈竞争，而且有时会以牺牲团队利益为代价；更重视团队绩效将导致团队"大锅饭"，团队成员的个人责任感下降。虽然注重个人绩效的测评有助于减少工作中的搭便车现象，却忽略了作为一个优秀团队的最本质部分——合作与协同。因此，团队绩效管理要能够形成所谓"包含个人绩效的团队绩效"的模式，即在选择绩效指标时要将团队工作融入个人测评中去，要将团队绩效测评与个人绩效测评有机地衔接起来，要以团队绩效为主、个人绩效为辅，个人绩效为团队绩效服务，形成团队合力，提升团队业绩，打造团队优势，提高核心竞争力的模式。

确定团队绩效的测评指标，通常可以采用以下几种方法。

(1) 目标管理法，是指以组织的整体目标为基础，层层将组织目标进行分解，并确定各个团队的目标，以及每个团队成员的工作目标，通过考核个体和团队的目标以促使组织整体目标得以实现的管理方法。组织在分解制定工作目标时一般会细分目标，从而形成每个具体项目上的工作目标和相应的考核指标。因此，采用目标管理法进行绩效评估，不需要专门设定考核指标，组织在分配工作目标的同时，也会提出相应的考核指标。

(2) 关键业绩指标法，结合目标管理法和量化考核的思想，着重对影响组织目标的关键因素进行绩效考核。运用这种方法时，需要找到影响组织目标的部分或称为关键绩效的因素，这需要对组织目标进行分析，并研究确定影响目标的关键因素，然后根据目标管理方法，在分解目标的同时，将这些关键指标也都进行分解，落实到每个团队和个体。

(3) 平衡计分卡法，将绩效指标分解为财务、创新与学习、内部流程、客户四个方面的指标，体现了要多方面选择指标、尽量量化指标的管理思想。平衡记分卡从组织战略目标的角度，选择衡量组织目标的四个关键指标作为绩效考核的指标，但由于指标分解过程难以具体化，实际使用中不太容易操作，而且成本高。在实际操作中，将平衡计分卡和关键业绩指标法结合起来使用，先根据组织目标确定以上四个维度的目标，然后根据关键业绩指标法确定主要的考核指标，这样既保证了考核的全面性，又抓住了主要的考核指标，是一种较为合理的绩效评价方法，同时也是比较客观的绩效指标确定方法。

(4) 标杆超越法。在标杆的设计中通常需要考虑两个方面：外部标杆超越和内部标杆超越。外部标杆超越是指组织以同行业中处于领先地位的组织或最强劲的竞争对手为标杆，对产品、服务、管理流程等方面的绩效进行比较，通过分析基准组织绩效形成的原因，找到标杆组织取得成功的关键因素，再比较自身与标杆组织在这些关键因素上的差距，寻找出现差距的关键控制点，最后形成组织的绩效指标。内部标杆超越则以内部团队或个人为标杆进行比较，最后形成团队或个人的关键绩效指标，进而控制这些指标，提高组织绩效。

（三）建立绩效考评的标准

绩效指标是绩效考评的出发点，绩效标准则是指组织期望成员在各个指标上达到的程度。绩效指标提供了成员行动的方向，对评估成员的"什么"绩效进行描述，而绩效标准是对被评估成员在绩效指标方面应该"完成多少"或"做得怎样"的描述。可以说，绩效标准是对绩效指标的具体化。

对于量化的绩效指标，标准通常是一个范围，如果被考核者的绩效表现超出标准的上限，则说明被考核者做出了超出期望水平的卓越绩效；如果被考核者的绩效表现低于标准的下限，则表明被考核者存在绩效不足的问题，需要进行改进。对于非量化的绩效指标，在设定绩效标准时往往要对该指标进行具体的描述。表 7-1 中，列举了一些绩效指标与绩效标准的例子。

表 7-1　常见的绩效指标和标准

绩效目标	绩效指标	绩效标准
销售利润	年销售额	100～150 万元
	税前利润率	20%～30%
产品设计	创新性	至少推出了 3 种创新产品
	美观性	得到客户的认可
	耐用性	能使用较长时间

为了让绩效评估标准更好地指导实际工作，设计绩效标准时需要注意以下事项。

(1) 绩效标准的制定应基于工作本身而非基于工作者。绩效标准应该根据岗位工作职责与任务来制定，而不管是谁在做这项工作。每项工作的绩效标准应该只有一套，也就是说，对从事相同工作的人不应该制定不同的绩效标准。绩效标准只能"因岗而异"，不能"因人而异"。绩效标准与绩效目标不同。绩效目标是针对具体的岗位和人制定的，目标的典型特征是必须具有挑战性。而绩效标准是以岗位职责和任务为基础，它与具体实施岗位职责和任务的人没有关系。当然，在考评成员绩效后，针对经验、技术等因素不同的成员所实施的激励措施也应该是不同的，应该考虑他们的个体差异。

(2) 绩效标准是被考评者可以达成的。在制定绩效标准时，必须将标准设定在被评估者通过一定的努力可以达到的范围内，设定在组织有资源支持被评估者实现目标的范围内。如果把标准设定得过高——在组织资源支持和成员个人努力都无法达到的状态，这种标准就会失去其激励导向的价值。一般情况下，我们制定的绩效标准应该是 80% 左右的成员经过努力能够达到，5%～10% 的成员经过努力能够超过，即达到卓越标准，5%～10% 的成员经过努力还达不到——只能处于接近的状态或虽未接近但也差得不太远。

(3) 绩效标准应该是考评双方共同沟通并一致认可的。组织及其成员共同参与绩效标准的制定，这对于更好地激励成员、开展绩效评估工作非常重要。因为成员认可的绩效标准，更能调动成员的工作积极性和创造性。另外，在标准不能得到认同的情况下，任何评估活动都可能引发双方之间的争执与矛盾，这对于实现绩效管理的有效性是十分不利的。

(4) 绩效标准应尽可能具体且可衡量。一般情况下，我们应该尽可能地将绩效标准用量化的方式表示，即以数量、百分比或数字等来表示各个具体的标准。但事实上，并不是所有情况下都可能甚至有必要用量化的方式表示绩效标准，比如对于态度、行为、能力等指标，我们只能采用主观判断的方式进行评价。当然，即使在这种情况下，绩效标准也应尽可能被具体明确地说明。

(5) 绩效标准要有一定的稳定性。绩效标准是评估团队成员工作绩效的权威性文件，因此需要具有相对的稳定性，以保证标准的权威性。当然，这种权威性还必须建立在标准水平的适度性基础上。一般来说，标准一经制定，其基本框架一般不会改变。当然，环境变迁、技术进步和知识更新会对成员的绩效标准提出新的要求，此时有必要对标准进行一定的修订。尤其是对一个刚刚创立的公司而言，由于缺乏经验，标准的制定往往不够完善。在这种情况下，吸取同行业其他公司的经验，参照国际的、国内的先进标准，是明智的做法，但要注意借鉴的绩效标准一定要符合本组织的特点。

(四) 分配测评维度的权重

权重是一个相对的概念，是针对某一指标而言的。某一指标的权重是指该项指标在整体绩效考评中的相对重要程度。

权重表示在评价过程中，从被评价对象的不同侧面的重要程度的定量分配，对各评价因子在总体评价中的作用进行区别对待。事实上，没有重点的评价就不算是客观的评价，每个成员的性质和所处的层次不同，其工作的重点肯定也是不一样的。因此，相对工作所进行的绩效考评必须对不同内容对目标贡献的重要程度做出估计，即权重的确定。缺乏权重会令团队成员感到困惑，不知道什么才是最重要的以及应重点关注哪些，团队成员会认为价值评价体系缺少公平性。

权重的确定要基于组织的发展目标，同时也要结合岗位的实际需要。一般来讲，确定权重需要遵循以下几个基本原则。

1. 系统优化原则

在评价指标体系中，每个指标对系统都有它的作用和贡献，对系统而言都有它的重要性。所以，在确定它们的权重时，不能只从单个指标出发，而是要处理好各评价指标之间的关系，要合理分配它们的权重。应当遵循系统优化原则，把整体最优化作为出发点和追求的目标。在这个原则指导下，对评价指标体系中的各项评价指标进行分析对比，权衡它们各自对整体的作用和效果，然后对它们的相对重要性做出判断。确定各自的权重，既不能平均分配，又不能片面强调某个指标、单个指标的最优化，而忽略其他方面的发展。在实际工作中，应该使每个指标发挥其应有的作用。

2. 评价者的主观意图与客观情况相结合的原则

评价指标权重反映了评价者和组织对成员工作的引导意图和价值观念。当他们觉得某项指标很重要，需要突出它的作用时，就必然赋予该指标以较大的权数。但现实情况往往与人们的主观意愿不完全一致，比如确定权重时要考虑这样几个问题：

(1) 历史的指标和现实的指标。

(2) 社会公认的和组织的特殊性。

(3) 同行业、同工种间的平衡。所以，必须同时考虑现实情况，把引导意图与现实情况结合起来。例如，评价经营者的经营业绩应该把经济效益和社会效益同时加以考虑。

3. 民主与集中相结合的原则

权重是人们对评价指标重要性的认识，是定性判断的量化，往往受个人主观因素的影响。不同的人对同一件事情都有各自的看法，而且经常是不相同的，其中有合理的成分；也有受个人价值观、能力和态度影响造成的偏见。这就需要实行群体决策的原则，集中相关人员的意见互相补充，形成统一的方案。

确定权重的方法有专家定权法、历史资料法、数据分析法等。专家定权法是由相应的行业和领域内造诣较深的专家依据自己积累的经验来确定权重；历史资料法是根据历史资料的记载，按每种指标的重要程度赋以相应的权重；数据分析法是从实际数据出发来确定权重，具体包括平均赋值法、主要成分法、因子分析法等。

（五）决定考绩的执行者

绩效考核的执行者是绩效考核的主体，是确定成员绩效优劣的人。显然，由于对员工工作状况的了解程度不同，不同的绩效考核主体会得出不同的结论。因此，选择考核主体对绩效考核非常重要。合格的考绩执行者应当满足的理想条件是：应当公正客观，不带偏见，能够了解被考评者的职务性质、工作内容、工作要求、考绩标准以及组织的相关政策，熟悉被考评者的工作表现，尤其是本考绩周期内的，最好有直接的近距离密切观察其工作的机会。

绩效考核主体可以由多方担任。通常，绩效考核系统中可能的考核主体包括上级、同级同事、被考评者本人、下级以及外界的人事考绩专家或顾问等。不同的考核主体具有不同的特点，在绩效考核中承担不同的考核责任甚至管理责任。选择不同的考核主体不仅是绩效考核的需要，同时也是实现绩效管理目的的需要。

(1) 上级考评。上级考核的实施者一般为被考核者的直接上级，也是绩效考核中最主要的考核主体。由于员工的直接上级通常是最熟悉下属工作情况的人，而且他们对考核的内容通常也比较熟悉，因此上级考核方式在实践中被广泛运用。同时，绩效考核也是上级主管的一种有效的管理工具。他们可以利用考核，直接或间接地对员工的行为进行管理。如果上级主管没有进行绩效考核的权利，他们对下属的控制力就会大大削弱。此外，上级主管还可以通过对员工考核结果的分析，有效地指导下属的职业发展。当然，上级考核也存在局限性。当上级主管不能了解下属的全部工作时，可能会导致对下级的考核有失公允。而且，当考核结果涉及一些重要的人事决策，如加薪、奖金发放和职位变动时，上级主管可能会考虑部门内部的平衡。另外，因为频繁的日常接触，很容易使上级在考绩中掺入个人的感情色彩，导致考绩可能出现某些偏见。

(2) 同级考核。同级考核者，一般是与被考核者工作联系较为密切的同级别人员。他们对被考核者的工作技能、工作态度、工作表现等较为熟悉，在考核中更加关注相互之间在工作中的合作情况，这一点是上级难以准确评价的。团队成员通常会把自己最好的一面展示给上级，但其朝夕相处的同事却可能看到他较真实的一面，同事参与考核可以促进成员工作表现的改善。使用同事考核来对上级考核进行补充，有助于形成关于个人绩效的一致意见。

同级考核也可能出现一些特殊的问题。例如，当绩效考核的结果与薪酬和晋升密切联系时，往往会使同级之间产生利益冲突，从而影响同级考核的信度。同级考核还会受到个人感情因素、关系因素的影响而带有主观性。考核者可能会考虑到对同事较低的评价会影响两人之间的友谊，或者会破坏团队内同事的团结。此外，对同事进行评价会受到同事间既有关系好坏的影响。

(3) 自我考核。自我考核是被考核者本人对自己的工作表现进行评价的一种活动，它一方面有助于员工提高自我管理能力；另一方面可以取得成员对绩效考核工作的支持。如果成员理解了他们所期望取得的目标以及将来考核他们所采用的标准，则他们在很大程度上处于考核自己业绩的最佳位置。成员对自己的工作情况很了解，他们知道自己哪些方面做得好，哪些方面需要改进。如果给他们机会对自己的绩效情况加以评价，会促使他们在自我工作技能的开发方面更加主动。不过自评时，本人对考评维度及其权重的理解可能与上级不一致，常见的是自我考绩的评语优于上级的，自我考核方式更适合"自我发展"内容的考核，而不适合"自我管理控制"内容的考核。

(4) 下级考核。下级对上级进行考核，在组织民主作风的培养、组织成员之间凝聚力的提高等方面起着重要的作用。因此，这种方法为许多组织所广泛采用。下属由于经常与其上司接触，往往会站在一个独特的角度观察上司与工作有关的许多行为。下属比较适合评价的是上司的领导艺术和管理行为以及公正性等方面。但在计划与组织、预算、创造力、分析能力等方面却不太适合运用这种方法。另外，在一个缺乏开放、民主的组织文化的组织中，下属在评价上司的时候可能会有所保留，常常因害怕被报复而不敢指出上司的缺点。因此，评价最好是匿名的。

(5) 客户考核。客户考核包括外部客户考核与内部客户考核两种情况。外部客户考核是对那些经常与外部顾客和供应商打交道的成员的考核。对这些成员的绩效考核，客户满意度是衡量其工作绩效的主要标准。最常见的做法就是将顾客和供应商纳入考核主体中。这种做法是为了了解那些只有特定外部成员能够感知的绩效情况。内部客户包括组织内部任何得到其他成员服务支持的人，比如主管人员得到了人力资源管理部门招聘和培训员工的服务支持，那么，主管人员就可以成为对人力资源部门进行考核的内部客户。内部客户考核能较为准确地提供成员、团队的工作所带来的价值增值，既可服务于开发目的，也可用于日常管理的目的。

(6) 外界考绩专家或顾问。他们有考绩方面的专门技术与经验，理论修养深厚，而且他们在组织中无个人利害瓜葛，较易做到公允。请他们来，是会得到本应担任考评者的经理们的欢迎的，因为可以省去其所需花费的考绩时间，还可免去不少人际矛盾。被考评的下级们也非常欢迎，因为专家不涉及个人恩怨，较为客观公正。组织也欢迎，因为专家内行，在各部门所用的考绩方法与标准是一致的，具有可比性，而且较为合理。缺点是成本较高，而且他们对被考核专业可能不内行，对被考评者的职务和工作可能不太了解。

通过以上介绍，我们看到不同的考核主体在单独考核的过程中都存在一定的弊端，为了能够让考核尽量客观、公正、全面，令被考评者心悦诚服，在考核时应该尽可能进行全方位的考核。通过多位绩效考核主体反馈，可以更全面地反映被考核者的绩效状况，避免单个考核主体所带来的信息不完全的问题，其优势是比较明显的。但也存在一些劣势，主要表现为考核主体增多不仅会增加考核的成本，而且难以操作。

（六）培训评估人员

在考评实施之前，必须对考评者进行考评业务的培训，同时，为了使考评者能够公平合理地进行考评，提高考评者的监督管理能力，组织必须对考评者实施考评的培训。考评者培训有利于最大限度地缩小考评误差，特别是考评者心理上的误差，从而保证考评公平公正有序的进行。对考评者进行培训，在很大程度上能够使考评者不徇私情，力求评价公正严谨，不偏信偏听，注重对被考评者实际工作的观察和评判。这要求在平时做好观察记录，注意避免总体印象，以工作中的事实为依据；考评者培训有利于考评者了解绩效考核的目的、作用和原则，了解各岗位绩效考评的内容，更好地理解考评制度的构成，这些都有利于考评的顺利进行；考评者培训有利于统一考评者的评价标准。评价标准的统一能够使各考评者在考评过程中整齐划一，有效的避免考评标准不明确或理解不同带来的误差；考评者培训有利于考评者掌握进行考评操作的方法和考评沟通技巧，识别和预防考评中的误差。

考评者在考评过程中经常出现的偏差主要包括以下几个方面。

1. 对照效应误差

对照效应是指把某一被考评者与其前一位被考评者进行对照，从而根据考评者的印象和偏爱而做出的与被考评者实际工作情况有误差的结论。例如，如果考评者接待的前一位被考评者，在考评者看来各方面表现都很出色，那么在对比之下，就可能会给后一位被考评者带来不利的影响。相反，如果前一位被考评者的工作业绩及表现很差，那么后一位被考评者就可能被高估。心理学家认为，对照效应在考核中是广泛存在的，因为它是人们的一种心理现象。但对雇员进行考评，因为涉及雇员的自身利益，所以必须尽量避免这些心理现象的产生，以保证将考评误差缩小到最低限度。

2. 首因效应和近因效应误差

当考评者一开始对被考评者做出满意或不满意的评价，又忽视了随后的信息以至于一直保持对被考评者的最初印象时，这时就产生了首因效应误差。例如，一名员工在工作的第一个月取得了杰出的成绩，而在接下来的五个月中却表现平平。考评者可能会继续给这名员工以较高的评价而带来首因误差。相反，另一名员工刚开始由于各种各样与工作无关的原因而在工作中遇到了困难，但是之后的三个月却表现得相当出色，然而，考评者却可能继续给他较低的评价。

近因效应指在人际交往中，最近一段时间所获得的信息对最后印象的形成影响较大，其作用可能会冲淡过去的信息所造成的印象。在绩效考评时，如果考评的周期较长，考评者又没有做好平时的信息收集，仅凭印象对被考评者进行绩效评价时，很容易受被考评者在临近考评前一段时间的表现的影响而对其在整个考评期内的绩效做出评价。

3. 晕轮效应误差

晕轮效应误差是指从一个人工作绩效的一个方面出发进而对其工作绩效的所有方面做出不确切的归纳评判。例如，一个只在工作的某一个方面(如存货控制)表现出色的人可能被不正确地评价为在工作的所有领域(如信用管理、客户关系、社区关系)都很出色。反之，如果一个人在工作中的某一个方面存在不足，这个人就可能被不正确地评价为在工作中的所有方面表现都不佳。这里的关键是，人们都有优点和缺点，每个优点和每个缺点都应该独立评价。

考评者可能会不恰当地将对某一因素的考评转移到其他因素上，进而根据这些给被考评者一个不恰当的考评。与考评者关系紧张的被考评者的考评结果经常是每项都"差"，而不仅仅是"人际关系"一项"差"；可以看出，晕轮效应对于员工以及组织均有相当大的损失。因此，为了考评结果的公正、真实，每位考评者都必须充分意识到这一问题并尽量加以避免。通常在考评标准含糊不清或者考评者对填写考评表抱着不负责任的态度时，较易发生晕轮效应。为了避免这种情况的发生，可以减少考评周期、频率，相应地加大或作不定期的考评。

4. "与我相似误差"

"与我相似误差"是指考评者倾向于给那些看起来与自己相似的人较为有利的评价。也就是说，一名员工在价值观、看法、个性、生平背景方面与考评者越接近，考评者给他有利评价的可能性就会越大。相反，"与考评者不相似误差"是指给与考评者不同的员工低评价的强烈趋势。为什么会产生相似——不相似误差呢？因为我们都倾向于喜欢那些与自己相似的人，并且对其评价甚高。这一效应有时在社会中是可以接受的，但是在考评中这却是一种误差，因为如果每个人都以同样的方式看待问题，就会导致对员工的评价不准确，进而减少员工的创造性。

5. 过严与过宽误差

考评者在考评成员工作绩效时过严或过松都会带来过严与过宽误差，在绩效考评过程中过宽可能会增加成员对加薪、晋升、富有挑战性的工作任务的期望，而这些期望却是无法实现的。考评过严，成员会对屡屡碰壁感到厌倦，因为无论怎么努力主管都不会满意。两种情况通常会产生相同的结果：员工不再努力工作。员工通常不喜欢强硬、不公平的管理者，当看到对懒惰的成员的评价与对努力工作的成员的评价一样时，人们就没有动力努力工作了。

6. 马太效应

在《圣经·马太福音》中有这样的名言："因为凡是有的，还要加给他，叫他有余；没有的，连他所有的也要夺过来。"在马太效应的作用下，组织绩效评价每次都是那几个人最终胜出，他们所得到的奖励和荣誉越来越多，而那些尚未"出名成家"的人则往往被人忽视。其价值或被贬低或得不到承认。在这种环境下，有潜质的人才很难被发现和得到培养。

7. 中心化倾向

中心化倾向也称集中化倾向。不敢拉开差距、考核结果集中于中间及偏上等级，原因是考评者对考核工作缺乏自信，缺乏有关的事实依据。在实际工作中，很多考评者在选择考评等级时都有一种中心化倾向。例如，如果考评等级范围为1~7，考评者一般会避免做出最高(6或7)或最低(1或2)的极端性判断，而趋于中间(3~5)的评定等级。如果使用图表等级考评法进行考评，那么就意味着所有的被考评考都会简单地被评估为"一般"。这种局限性导致评估价值的扭曲，其结果对晋升、薪酬的确定或其他目的的实现都毫无意义。避免这种倾向的最好办法是避免使用类似图表评估的方法。

8. 好恶倾向

考评者依个人的好恶进行考核。自己擅长的方面，考核尺度严；不擅长的方面，考核尺度宽一些，不能做到实事求是。

考评者对被考评者的偏爱，也是导致考评结果失真的重要原因，这种偏爱包括人际关系、种族、年龄、性别、性格等。例如，考评者对与自己关系不错、性格相投的人会给予较高的评价；而有的考评者对女性、老年人等持有偏见，往往会过低地评估他们的工作行为。这无论对晋级、提升还是发展而言，都造成了人为的不公平障碍。

9. 各方压力

考评者在考评过程中的压力可能来自两个方面：上级和下级。正如前文所提及的，因为很多考评结果与被考评者的晋级、提升、发展等都有密切的关系，所以它对被考评者的影响是十分重大的。在这种情况下，上级为了提拔某人或为某一熟人晋级、或涉及人员的裁留问题，就可能给考评者施加一定的压力；或者对被考评者而言，因为考评意义重大，有时会找考评者对质，这也给考评者造成评估上的压力，这些压力都会在一定程度上造成评估结果的失真，有时影响极坏。

总之，组织在进行绩效评价时，应该通过系统的培训，让考评者注意克服以上困难和问题，以客观、公正的态度，科学开展绩效评价活动，使绩效评价达到预期的目的。

（七）绩效考评的反馈

绩效反馈是指将绩效评价的结果反馈给被评估对象，并对被评估对象的行为产生影响。绩效反馈是绩效评估工作的最后一环，也是最关键的一环，能否达到绩效评估的预期目的，取决于绩效反馈的应用。一般来讲，绩效反馈结果可以应用在以下范围。

1. 发现问题

绩效考评最根本的目的是改进绩效，而要想实现绩效的改进，首先就得明确改什么，也就是要明确问题，只有明确了问题是什么，才能有针对性地处理问题，最终实现绩效的改进。绩效考评反馈所形成的各种信息，展示了团队发展的实际情况，特别是团队中存在的各种问题。

通过设立科学合理的绩效考评体系，运用公平公正的考评方法，在确保绩效考评结果公平合理的前提下，对于团队绩效信息所反馈的问题要正确对待，对于没有实现绩效要求的地方，进行深入反思检讨。在发现问题后，要注重双向沟通，站在客观公正的角度和成员共同寻找问题的根源，并寻求改善的方法。

2. 引导和规范成员行为

绩效考评结果有引导成员行为、激励成员的作用。针对组织期望的行为和结果的考评，可以明确告诉成员，组织支持的行为方向及标准是什么，通过对考评结果的公开和反馈，可以进一步强化这些标准，对成员的行为产生引导和激励的作用。

例如，随着市场竞争的加剧，某企业意识到质量是竞争的关键，于是召开企业会议要求大家提升质量标准，但是收效甚微。经过调查发现，企业虽然意识到质量问题，但是绩效考核标准依然以数量考核为重(数量占70%，质量占30%)，于是组织立即修改考核标准(质量占70%，数量占30%)，企业的产品质量马上快速上升。

上面的案例既是通过绩效考评发现问题、解决问题，改进绩效的案例，也可以看出绩效考评体系的建立和对结果的公开和反馈，可以有效地引导员工的行为。考核就像一个指挥棒，有什么样的考核指标，就会有什么样的员工行为。反过来讲，如果一个组织想要改变员工的行为，就要改变考核的指标，并及时向员工反馈考核结果。考核是引导员工行为符合组织目标的有效方法，一定要充分利用好绩效考评结果的反馈。

3. 制订成员培训和的绩效改进计划

根据绩效结果反馈的问题，除了给出改进意见，最关键的是要制订绩效改进计划，特别是根据绩效反馈信息，提出团队的培训发展计划。制订绩效改进计划，一方面帮助成员提高能力；另一方面为下一个绩效周期做好准备，设立新的绩效目标。

具体做法是组织、团队与成员要在对存在的不足达成共识以及对考核结果分析的基础上，结合实际情况制订针对性的改进计划，以帮助员工在未来的时间内做得更好。在这个过程中，要充分进行合作和沟通，并尽可能调用团队的各种资源，以"帮助者"和"支持者"的身份，与成员一起共同制订培训发展计划，有针对性地对绩效目标中的各种能力进行培养和提升；并结合绩效目标，共同分析实现目标的障碍和困难，研究解决办法，最终实现成员绩效的提升，并促进团队目标的实现。

4. 绩效分配

当团队完成了工作目标后，组织会根据团队实现目标的绩效情况对团队给予奖惩，相应地，团队也会根据个体绩效考核的反馈信息进行团队内部的绩效分配。绩效分配主要包括薪酬调整、奖金确定、精神鼓励，绩效分配的实质是一种激励引导，以更好地满足个体的需求。把绩效考评结果同岗位调整、职位管理和薪酬等与个人需求相关的因素挂钩，实则是让成员重视绩效考评，使得绩效考评的结果真正能引导成员的行为。许多组织绩效考核工作流于形式，成员积极性不高，甚至对绩效考评产生了抵触情绪，这也是因为绩效考核结果没有与绩效分配等挂钩的原因。

第三节　绩效考评的方法及技巧

经过多年的发展，绩效考评已经形成了多种方法和技巧，在团队的绩效考评应用中，应该结合团队的实际情况以及团队发展的需要，选择合适的考评方法，以保障团队绩效管理目标的实现。

一、考评方法

（一）排序法

排序法也叫分级法，即综合各绩效标准的内容，然后将成员按完成工作情况的优劣次序排序。这种方法的好处是操作简单，但这种方法不能显示出成员之间的差距。

按照分级排序程度的不同，排序法又有以下五种：

(1) 简单排序法。就是从全体被考评成员中先挑选出绩效最出色的一个列于序首，再找出次优的列作第二名，如此等等，直到最差的一个列于序尾。

(2) 交替排序法。与上述排序不同，此法是首先找出最优者，然后跳回去找出对比最鲜明的最劣者，下一步则找出次优者，接着再找出次劣者；循此程序，由易渐难，绩效中等者较为接近，必须仔细辨别，直至全部排完为止。

(3) 范例对比法。此法通常从五个维度进行考评，即以品德、智力、能力、贡献和体格作为考评的标准尺度。每一维度又分为优、良、中、差、劣五个等级。然后就每一维度的每一等级，先选出一名适当的成员作为范例。实施考绩时，将每位被考评的成员和这些范例逐一对照，按他们与各相应范例的近似程度来给他们评出等级分。最后以各维度分数的总和，作为被考评成员的绩效等级分类。

(4) 强制正态分布法。此法是根据事物"两头小，中间大"的正态分布规律，先确定好各等级在总数中所占的比例。例如，若划分成优、中、差三等，则分别占总数的30%，40%和30%；若分成优、良、中、差、劣五个等级，则每个等级分别占10%，20%，40%，20%与10%。然后按照每个成员的绩效的相对优劣程度，强制列入其中的一定等级。

(5) 逐一配对比较法。此法需要将全体被考评成员逐一配对比较，按照逐对比较中被评为较优的总次数来确定等级名次。这是一种系统比较程序，科学合理，但此法通常只考评总体状况，不分解维度，也不测评具体行为，其结果也仅有相对等级顺序。当被考评人数达10人以上时，配对比较次数太多，操作难度很大。

（二）关键事件法(CIT)

关键事件法(critical incident method，CIT)需为每一被考评员工准备一本"考绩日记"或"绩效记录"，由作考察并知情的人(通常为被考评者的直属上级)随时记载。需要说明的是，所记载的事件既有好事(如某日提前多久完成了所分派给他的某项重要任务)，也有不好的事(如某日因违反操作规程而造成一次重大的质量事故)。所记载的必须是较突出的、与工作绩效相关的事，而不是一般的、琐碎的、生活细节方面的事；所记载的应是具体的事件与行为，不是对某种品质的评判，如"此人是认真负责的"。最后还应指出，事件记录本身不是评语，只是素材的积累；但有了这些具体事实作依据，经归纳、整理，便可得出可信的考评结论。从这些素材中不难得出有关被考评者的长处与不足，在向被考评者本人反馈时，不但因有具体事实作支持而易于被接受，而且可充实那些抽象的评语，并加深被考评者对它们的理解，有利于其以后的改进。

然而，它的重大缺陷在于考评者仅用一本"书"记录人们的行为，并评价人们的绩效是否合理。对于一般人而言，他们更喜欢记录人们所犯的错误而不是所取得的成就，因为管理者认为成员应该具备胜任工作的能力。另外，成员都喜欢去做那些易于记录的工作，而去掩盖错误忽略那些不易观察的任务。此外，那些稳定而有价值的成员，往往不善于表现，一般也都不参与特别的事件，因此他们在这种评估中可能会被忽略。

(三) 行为锚定评分法(BARS)

行为锚定评分法(behaviorally anchored rating scale，BARS)实质上是把量表评分法与关键事件法结合了起来，使之兼具两者之长。它为每一职务的各考评维度都设计了一个评分量表，并有一些典型的行为描述性说明词与量表上的一定刻度(评分标准)相对应和联系(即所谓锚定)，在对被考评者的实际表现评分时，可作为参考依据。

行为锚定评分法让考评者直接将考评对象的行为和绩效与量表相对照，大大降低了考评者的主观判断，增强了绩效考评的公正性；同时，测评量表大都来源于实际工作，被考评者比较容易接受这些指标和标准。

但是由于这些典型说明词数量有限(一般不会多于10条)，不可能涵盖千变万化的成员实际表现，被考评者的实际表现很少恰好与说明词所描述的完全吻合，有时会导致无法对被考评者作出评判；另一方面，量表上的这些典型行为锚定点，也会给考评者带来困扰，影响考评者的判断。

(四) 360°绩效考评

360°绩效评估法又称多方评估者评估法，即由被考核者的上级、下级、同事、外部人员和自己，分别对考核者进行考核与评价，从而扩大了考绩者的人数与类型，使各类考绩者能够优势互补，避免了上级单方面考核的主观武断，增强了绩效考评的准确客观性，并激发相关人员的参与意识和团队合作的精神，达到绩效改进的目标。在360°评估中，不把上级的评价作为绩效考核的唯一来源，而是将组织内部、外部与考核者相关的主体的评价，都作为绩效考评的信息来源。不同评估者可以从各自的工作角度，考察和评定被评估者，因而评估的结果反映了员工在不同场景、不同方面的行为特征和业绩，综合这些评估结果能够对员工进行较为全面、客观的评价，不同角度的评估结果也在一定程度上反映了评估者的利益取向和性格特征。360°绩效考核法的具体模型如图7-1所示。

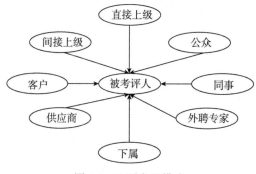

图 7-1　360°考评模式

360°绩效考核法在设计上存在三方面的优点：首先，通过上级、同级、下级、业务同事等的评估，能使绩效考核中收集的信息较为全面，也易于在考核中深入发现一些平时难以察觉的问题；其次，由于360°绩效考核是有业务关系或行政关系人员之间的相互评价，这就能在参与互评的员工之间形成一种制衡机制，使各方的评估更趋于客观公正；最后，通过360°考核，能更好地考核员工的综合素质、个人能力等一些难以量化考核的项目。相对于传统的上级对下级的考核方法而言，360°绩效考核是一种进步。特别是在信任度高的工作环境中，人们都本着改善绩效的真实目的来提供反馈信息，被评估者能正确对待对他的评级和评价，那么360°反馈法就会非常有效。除了扩展反馈范围以改善绩效外，360°反馈法还有另外一个积极面：它提醒人们，要注意自己的行为对各方面的影响，要加强与各方面的合作。

尽管360°绩效考核法能够更全面地获取考核者的评价信息，促进考核评价的客观、公平性，但是在执行中仍然存在一定的缺陷。

(1) 匿名反馈的设计可能带来模糊的评价结果。大多数360°反馈法的专家都坚持反馈信息匿名给出。这种保护信息提供者身份的做法是为了让他们更真实、自然地表达意见，因为这样一来，他们就不用害怕遭到被评估者的报复。但匿名的方式同样会带来对绩效反馈价值的模糊性，比如在考核评级中，如果是在5分制中得了3分或是在7分制中得了4分，到底谁更优秀？绩效存在问题的原因是什么？通过简单的分值进行评价，经常难以准确表达工作的实际情况，更难以向被考核者提供有效的绩效改善建议，这种匿名系统丧失了改善绩效的机制。匿名反馈还存在第二个问题，人们在决定反馈信息的正确性和价值时，几乎总是会把信息来源考虑进去。比如说，当你分别从你的孩子、配偶、老板和一个陌生人那里获取反馈信息时，你肯定要根据信息来源的不同区别对待这些评价。匿名的反馈信息会给人的心理造成模糊感：被评估者需要知道信息来源，才能评价信息的内容，并确定其是否可靠，否则，事情就会变得让人糊涂。

过分依赖360°考核，会削弱绩效目标的意义。人们会更习惯于"不是你做了什么，而是你做事的方式"的说法，会更注重搞好人际关系，而不是提高自己的业绩。考核结果一出来，常常是"老好人"得分排在前面，而那些真正想做事的人、或经常指出他人缺点的人，反而成了不受欢迎的人。其结果必然是打击认认真真做事的员工，形成一团和气的组织无绩效现象。

(2) 多方考核容易成为推卸责任的借口。用360°的方式进行考核，遇到员工不满意时，管理者说得最多的一句话就是："这是大家的意见，别找我，找我也没用。""谁考核谁负责"，这是真正意义上的绩效评价管理原则。360°考核强调的是集体负责任，其实就是谁也不负责。同时，管理者的绩效结果也部分决定于员工的评价。因此，管理者也怕得罪员工，怕员工给的评分低，从而影响自己的绩效和晋升。

(3) 360°考核的工作量巨大，而且会耗费高额成本。考核本身并不直接创造价值，它只是公司管理的一种手段，其目的是让员工对自己前一阶段的工作有一个清醒的认识，同时也明确自己的不足，从而在以后的工作中不断改进、提高。因此，组织的考核在达到考核目标的前提下，应该尽可能地降低成本，减少工作量，然而一次完整的360°考核，会涉及组织内外部的各种资源的调配，需要做大量的工作，会耗费大量的时间、精力和成本。

（五）目标管理法(MBO)

目标管理(management by objective，MBO)是由美国企业管理专家彼得·德鲁克(Peter F. Drucker)在他 1954 年的名著《管理实践》中首次提出的。他认为：并不是有了工作才有目标，而是有了目标才能确定每个人的工作。因此，"企业的使命和任务，必须转化为目标。"如果一个领域没有目标，这个领域的工作必然会被忽视。因此管理者应该通过目标对下级进行管理，当组织最高层管理者确定了组织目标后，必须对其进行有效分解，转变成各个部门以及每个人的分目标，管理者根据分目标的完成情况对下级进行考核、评价和奖惩。

1. 目标管理的特点

MBO 就是以组织目标为中心的绩效评价和管理过程，是以实现组织的整体目标为目的的全面管理体系，目标管理理论认为，在目标明确的条件下，人们能够对自己负责，任何一个组织，通过层层制定目标并强调对目标成果的评定，都能改进组织和个体的工作绩效。目标管理的基本内容是动员全体员工参加制定目标并保证目标的实现，即由组织中的上级与下级一起商定组织的共同目标，并把其具体化展开至组织各个部门，各个层次、各个成员。与组织内每个单位、部门、层次和成员的责任和成果密切联系，在目标完成的过程中要根据目标决定上下级责任范围，上级权限下放，下级实现自我管理。在成果评定过程中，严格以这些目标作为评价和奖励标准，实行自我评定和上级评定相结合。最终组织形成一个全方位的、全过程的、多层次的目标管理体系，提高上级领导能力，激发下级积极性，保证目标的实现。

目标管理的基本特点表现如下。

(1) 重视个人的因素。目标管理是一种民主参与的、自我控制的管理制度，也是一种把个人需求与组织目标结合起来的管理制度。在这一制度下，上级与下级的关系是平等、尊重、依赖、支持，下级在承诺目标和被授权之后是自觉、自主和自治的。

(2) 目标体系完善。目标管理通过专门设计的过程，将组织的整体目标逐级分解，转换为各单位、各成员的分目标。从组织目标到经营单位目标再到部门目标，最后到个人目标。在目标分解过程中，权、责、利三者已经明确，而且相互对称。这些目标方向一致，环环相扣，相互配合，形成协调统一的目标体系。只有每个人员完成了自己的分目标，整个组织的总目标才有完成的希望。目标管理在组织内部建立了一个相互联系的目标体系，而这种体系把员工有机地组织起来，使集体的力量得以发挥。

(3) 重视结果。目标管理以制定目标为起点，以目标完成情况的考核为终结。工作成果是评定目标完成程度的标准，成为评价管理工作绩效的唯一标志。至于完成目标的具体过程、途径和方法，上级并不过多干预。所以，在目标管理制度下，监督的成分很少，而控制目标实现的能力却很强。

2. 目标管理的优点

目标管理作为一种管理方法，同样具有自身的优缺点。目标管理的优点主要包括以下几点。

(1) 目标成为激励的手段。当目标成为组织每个层次、每个部门和每个成员自己未来欲达到的一种结果，且实现的可能性相当大时，目标就成为组织成员的内在激励。特别当这种结果实现，组织还有相应的报酬时，目标的激励效用就更大了。从目标成为激励因素来看，这种目标最好是组织每个层次、每个部门及每个成员自己制定的目标。

(2) 目标促进了高效的管理。目标管理方式比计划管理方式在推进组织工作进展，保证组织最终目标完成方面更胜一筹。因为目标管理是一种结果式管理，不仅仅是一种计划活动。这种管理方式迫使组织的每一层次、每个部门及每个成员首先考虑目标的实现，尽力完成目标，因为这些目标是对组织总目标的分解，故当组织的每个层次、每个部门及每个成员的目标完成时，也就是组织总目标实现之时。在目标管理方式中，一旦分目标确定，且不规定各个层次、各个部门及各个组织成员完成各自目标的方式、手段、反而给了大家在完成目标方面一个创新的空间，这就有效地提高了组织管理的效率。

(3) 目标明确了各自的任务。目标管理的另一个优点就是使组织各级及成员都明确了组织的总目标、组织的结构体系、组织的分工与合作及各自的任务。这些方面职责的明确，使得组织为了完成目标必须给予下级相应的权利，而不是大权独揽，小权也不分散。

(4) 目标管理促进了自我管理。目标管理实际上也是一种自我管理方式，或者说是一种引导组织成员自我管理的方式。在实施目标管理的过程中，组织成员不再只是做工作，执行指示，等待指导和决策，组织成员此时已成为有明确目标的单位或个人。一方面组织成员已参与了目标的制订，并取得了组织的认可；另一方面，组织成员在努力工作，实现自己目标的过程中，除目标已定以外，如何实现目标则是由他们自己决定的事，从这个意义上来说，目标管理已经实现了自我管理的方式。

(5) 目标管理是绩效控制的有效手段。目标管理本身也是一种控制的方式，即通过目标的分解保证组织总目标实现的过程，是对结果的控制过程。目标管理并不是目标分解后就放手不管，事实上，组织高层在目标管理过程中要经常进行检查、对比，看目标执行的情况如何，如果有偏差要及时进行纠正。实际上为组织形成了一套以目标为中心的绩效考评体系，促进了组织对绩效的控制和管理。

3. 目标管理的缺点

目标管理的缺点表现如下：

(1) 过度强调短期目标。大多数目标管理中的目标通常关注组织的短期目标，如年度的、季度的、月度的等。主要原因在于，短期目标比较具体易于分解，而长期目标比较抽象难以分解；另一方面短期目标比较容易形成考核标准，长期目标则难以考核和评价。所以，在目标管理中，组织总是强调短期目标，而忽略了对长期目标的追求。但一旦组织形成这样的观念，将会对组织发展产生不利的影响。

(2) 目标设置困难。目标管理中在分解和设置各级目标时，往往会遇到很多问题。事实上，真正可用于考核的目标很难设定，尤其组织实际上是一种产出联合体，它的产出是一种联合的不易分解出谁的贡献大小的产出，即目标的实现是大家共同合作的成果，这种合作很难确定你要做多少，他要做多少，因此可度量的目标确定就会十分困难。另外，一个组织的目标有时只能定性地描述，尽管我们希望目标尽可能可度量，但实际上对于很多问题定量是很困难的，如对于服务满意度的评价，虽然可以采取一些量化指标来度量，但所有指标都难以完全表述，满意程度的这种感性认知。

(3) 缺乏灵活性。目标管理在执行过程中，目标分解一旦完成要改变是很难的，因为任何一个目标都会牵连整个目标体系的调整，这样做会引发组织的混乱。目标一旦确定就不能轻易改变，导致组织运作缺乏灵活性，难以适应变化多端的外部环境。

(4) 忽视过程的重要性。目标管理更重视结果而忽略实现目标的过程，从而打击了认真工作但由于外因或偶然因素导致结果不佳的员工的积极性，也容易导致不择手段赢得结果的行为发生。

4. 实现目标管理需要调整的内容

目标管理方法的实施打破了传统的基于部门和权力框架的绩效评价方法，而是基于目标对相应的团体和个体进行评价，相应地要实现目标管理框架下的目标，组织需要进行必要的调整，主要包括以下几个方面。

(1) 组织要有明确的战略目标。目标管理是建立在战略目标管理基础之上的，目标管理强调的不是短期目标而是长期目标，注重目标与组织战略的结合。在实施目标管理之前，应该首先确定组织的愿景，并形成组织具体的战略目标。目标管理应该是自上而下对组织的愿景和战略目标进行分解的过程，因此明确的愿景和战略目标是形成组织目标管理体系的基础。很多组织在实行目标管理时往往背道而驰，自下而上地进行目标追溯，经常仅仅根据基层能实现的结果对目标进行评价，最终会导致组织的战略目标和基层目标脱节，使战略目标失去意义，而使组织的整体绩效受到影响。

(2) 组织要具有团队精神。目标管理的有效实施需要基于具有团队精神的组织文化。目标管理的实施能够帮助员工提高效率，从而增加其满意度。但目标的制定与完成需要团队成员之间的彼此协调、相互合作。团队精神体现在团队员工之间相互团结、共同努力完成目标的过程之中。目标管理在实施过程中的主要困难是员工各行其是，所以团队精神是推动目标管理实现的重要基础。很多组织缺乏团队精神，尽管组织的目标管理体系设置合理，但却难以通过团队合作的方式实现各自的目标，反而容易形成内部的各种明争暗斗，最终也会导致目标管理的失败。

(3) 要有开放式的组织结构。开放性组织是指在组织中领导者能建立一个与员工互动的平台，使员工能够在合适的时间，以合适的方式针对某一问题发表自己的意见。通过开放式的沟通，能够增强组织各个层面对于目标的理解和认可，并推动共同实现目标的积极性，比如在确定绩效目标时，有时会存在员工认为有价值的目标，却不受组织的重视，造成这个差距的原因是领导者未能及时与员工进行沟通和提供员工反馈的机会。这样，难免会让员工认为目标管理只是组织进行绩效考核的一个监督工具。所以，组织必须提供一个开放的双向沟通的平台，让目标更加清晰，使员工了解自己目前在做什么、已经做了什么和下一步将要做什么。目标管理强调"自我管理""自我突破"，但这绝不是要放弃管理控制，只不过是用双向沟通代替了专制管理。

(4) 要建立有效的反馈机制。目标管理体系一旦形成，在工作中要进行及时的反馈，以保证各级目标的实施。有效的反馈机制能够保证目前方向的正确性，通过及时反馈，不断的明确工作和目标方向之间的关系，能够有效的加强对目标的理解，并保证工作的方向是以目标为中心的；另一方面，在有效的反馈机制下，也能够及时发现工作中的问题，能够及时对工作进行修正，以便更好地完成工作，并实现目标。

（六）关键绩效指标法(KPI)

1. 关键绩效指标的含义

关键绩效指标(key performance indicator，KPI)是指绩效指标体系中那些居于核心或者中心地位，具有举足轻重的作用，能影响其他变量的考评指标。KPI 是用于衡量工作人员工作绩效的量化指标，KPI 可以使团队明确团队的主要责任，并以此为基础，明确团队成员的业绩衡量指标。建立明确的、切实可行的 KPI 体系，是做好绩效管理的关键。关键绩效指标作为一种绩效考核体系设计的基础，主要包括三个方面的含义。

(1) 关键绩效指标是用于考核和管理被考核者绩效的可量化的或可行为化的标准体系。也就是说，关键绩效指标是一个标准化的体系，它必须是可量化的，如果难以量化，那么也必须是可以行为化的。如果可量化和可行为化这两个条件都无法满足，那么就不是符合要求的关键绩效指标。

(2) 关键绩效指标是对组织战略目标有增值作用的绩效指标。这就是说，关键绩效指标是连接个体绩效与组织战略目标的一个桥梁。既然关键绩效指标是针对对组织战略目标起增值作用的工作产出而设定的指标，那么基于关键绩效指标对绩效进行管理，就可以保证真正对组织有贡献的行为受到鼓励。

(3) 通过在关键绩效指标上达成的承诺，员工与组织就可以进行工作期望、工作表现和未来发展等方面的沟通。关键绩效指标是进行绩效沟通的基石，是组织中关于绩效沟通的共同词典。

2. 关键绩效指标法的特点

关键绩效指标法是检测并促进组织战略决策执行效果的一种绩效考评办法，它先将组织的战略目标层层分解，提出具有可操作性的目标，并将这些目标转化为若干个考评指标，然后借用这些指标，对组织和成员的绩效进行全面跟踪、监测和反馈。一般来说，关键绩效指标法具备如下特点。

(1) 目标性，KPI 指标来自于对公司战略目标的分解。首先这意味着，作为衡量各职位工作绩效的指标，关键绩效指标所体现的衡量内容最终取决于公司的战略目标。当关键绩效指标构成公司战略目标的有效组成部分或支持体系时，它所衡量的职位便以实现公司战略目标的相关部分作为自身的主要职责；如果 KPI 与公司战略目标脱离，则它所衡量的职位的努力方向也将与公司战略目标的实现产生分歧。KPI 来自于对公司战略目标的分解的第二层含义在于，KPI 是对公司战略目标的进一步细化和发展。公司战略目标是长期的、指导性的、概括性的，而各职位的关键绩效指标内容丰富，针对职位而设置，着眼于考核当年的工作绩效、具有可衡量性。因此，关键绩效指标是对真正驱动公司战略目标实现的具体因素的发掘，是公司战略对每个职位工作绩效要求的具体体现。最后，关键绩效指标随公司战略目标的发展演变而调整。当公司战略侧重点转移时，关键绩效指标必须予以及时修正，以反映公司战略的新内容。

(2) 可操作性，关键绩效指标是对绩效构成中可控部分的衡量。可操作性是指指标必须有明确的定义和计算方法，易于取得可靠和公正的初始数据，同时指标能有效进行量化和比较。组织活动的效果是内因外因综合作用的结果，其中内因是各职位员工可控制和影响的部分，也是关键绩效指标所衡量的部分。关键绩效指标应尽量反映员工工作的直接可控效果，剔除他人或环境造成的其他方面的影响。例如，销售量与市场份额都是衡量销售部门市场开发能力的标准，而销售量是市场总规模与市场份额相乘的结果，其中市场总规模则是不可控变量。在这种情况下，两者相比，市场份额更能体现出职位绩效的核心内容，更适于作为关键绩效指标。

(3) 关键性，KPI 是对重点组织活动的衡量，而不是对所有操作过程的反映。关键性是指应选择对组织价值、利润的影响程度很大的关键指标。每个职位的工作内容都涉及不同的方面，高层管理人员的工作任务更复杂，但 KPI 只对其中对公司整体战略目标影响较大，对战略目标实现起到不可或缺作用的工作进行衡量。

(4) 系统性，KPI 考核是一个完整的系统。在这个系统中，组织、团队和员工全部参与进来，团队和员工通过沟通，将企业的战略、团队目标、管理的方式和手段以及员工的绩效目标等管理的基本内容确定下来，在持续不断沟通的前提下，团队帮助员工清除工作过程中的障碍并提供必要的支持、指导和帮助，与员工一起共同完成绩效目标，从而实现组织的愿景和战略目标。

(5) 认同性，KPI 是组织上下认同的考核体系。KPI 不是由上级强行确定下发的，也不是由本职职位自行制定的，它的制定过程由上级与员工共同参与完成，是双方所达成的一致意见的体现。它不是以上压下的工具，而是组织中相关人员对职位工作绩效要求的共同认识。

3. 关键绩效指标法的优点

关键绩效指标法的优点体现在以下几个方面。

(1) 目标明确，有利于组织目标的实现。KPI 是对组织战略目标的层层分解，通过 KPI 指标的整合和控制，使员工绩效行为与组织目标要求的行为相吻合，不至于出现偏差，有力地保证了组织战略目标的实现。

(2) 提出了客户价值理念。KPI 提倡的是为组织内外部客户价值实现的思想，对于组织形成以市场为导向的经营思想是有一定提升的。

(3) 有利于组织利益与个人利益达成一致。策略性地指标分解，使组织战略目标成了个人绩效目标，员工个人在实现个人绩效目标的同时，也是在实现组织总体的战略目标，达到两者和谐，组织与员工共赢的结局。

4. 关键绩效指标法的缺点

关键绩效指标法的不足之处体现在以下几方面。

(1) KPI 指标比较难界定。从定义上看，KPI 考核指标是指核心的考核指标。这是强调它在考核指标当中的重要作用和地位，但要注意的是：任何一个考核指标，都可以被列入 KPI，任何一个指标也都可能被排除在 KPI 之外。因为任何考核指标只有与组织战略目标、中心工作直接关联，把它当作核心考核指标使用的时候，它才是 KPI。因此对于组织的 KPI

的设置要结合组织自身的特点和发展需要进行，从理论上看并没有绝对意义上的 KPI，只有更适合组织发展的 KPI 体系。

(2) KPI 指标设定过分细化。KPI 的指标设置要求具体化，但是不少设计者理解成指标不能笼统，于是尽量细化。然而，过分细化的指标可能导致指标失去意义，也不能成为影响组织价值创造的关键驱动因素，比如对于客户服务人员的态度评价，如果要求必须鞠躬 90°，可能就会过于具体，在执行中带来评价上的困难，而且过度细分的指标体系也可能导致 KPI 数量繁杂，对于员工的学习、理解和执行带来困难。

(3) KPI 选择的趋中效应。为了保证 KPI 的"可实现"性，KPI 的设计者有可能会以"中庸"的态度选择具体的指标，而产生趋中效应。在 KPI 指标的设定中，过高的目标可能导致员工和团队无论怎样努力都无法完成，这样指标就形同虚设，没有任何意义；而过低的目标设置又起不到激励作用。因此，KPI 系统的设计者为避免目标设置的两极化，往往趋于"中庸"，通常选择均值作为指标。但是，并非所有"中庸"的目标都合适，指标的选择需要与行业的成长性、组织的成长性及干工作的实际情况结合起来进行综合考虑。

(4) KPI 指标的固化。通常 KPI 设定之后，应该具有一定的稳定性，不应轻易更改，否则，整个 KPI 系统的操作将失去其连续性和可比较性。正常情况下，一套合理的 KPI 设定之后应适用于整个经营周期。但是，这并不是说 KPI 设定之后就具有了刚性，不能改变。实际上，组织的阶段性目标或工作中的重点不同，各个部门的目标也会随之发生变化，在阶段性业绩的衡量上重点也不同，因此 KPI 存在阶段性、可变性或权重的可变性。如果 KP1 与公司战略目标相脱离，它所衡量的职位的努力方向也将与公司战略目标的实现产生分歧。因此，KPI 指标应该与实际工作发展相互结合，按照组织发展目标和外部环境的变化而进行及时调整，实现动态的平衡和稳定。

(5) KPI 考核后，缺乏必要的反馈。在组织中，基层员工对绩效考核有莫名的惧怕和抵触情绪，觉得绩效考核就是管制、束缚、惩罚的代名词；而某些中高层人员更是把绩效考核与"工资待遇"等同起来。这都导致考核流于形式，单纯为考核而考核。这种情况的出现与 KPI 考核设置的初衷相悖，导致这种情况的主要原因在于组织中缺乏良好的沟通机制，考核缺乏必要的反馈。在 KPI 的实施过程中，管理者要积极地与下属不断沟通，不断辅导与帮助下属，记录下属的工作数据或事实依据，保证 KPI 设置的合理性以及能够更好地实现目标。在考核之后，要让被考核者清楚地知道，在上一个考核期间，他的工作在哪些 KPI 指标上还存在不足，以及下一个阶段应该如何改进。要让员工通过 KPI 的考核获得绩效的提升，而不是简单地通过 KPI 去评价，甚至是限制员工的发展。

（七）平衡记分卡(BSC)

平衡计分卡(balanced score card，BSC)是由美国著名的管理大师罗伯特·卡普兰(Robert S. Kaplan)和复兴方案国际咨询企业总裁戴维·诺顿(David P. Norton)，在总结了 12 家大型企业的业绩评价体系的成功经验的基础上，提出的具有划时代意义的战略管理业绩评价工具。

平衡记分卡是一种绩效管理工具，它通过绩效指标的系统性和逻辑性设计，从财务、顾客、内部流程、学习和成长四个维度确立了一个绩效评价体系，然后对绩效指标体系进行监控和测量，从而实现绩效目标。平衡记分卡使组织拥有了全面的统筹战略、人员、流程和执行四个关键因素的管理工具，使组织拥有了可以平衡长期和短期、内部和外部，确保持续发展的管理工具。平衡记分卡模式如图 7-2 所示。

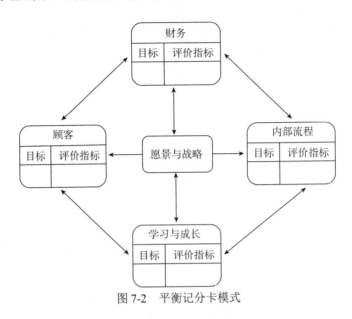

图 7-2　平衡记分卡模式

1. 平衡记分卡的主要内容

从其评价指标体系来看，平衡计分卡的主要内容包括以下四个方面。

(1) 财务指标。平衡计分卡的财务方面用来体现股东利益，概括反映组织财务绩效。及时和准确的财务数据从来都是管理层得以有效管理组织的重要因素，财务目标也是管理者在制定战略时首先应该考虑的目标。平衡计分卡的设计并不是否认财务数据的重要性，而是在财务指标的基础上，对传统组织管理中因过度重视财务而忽视了其他方面造成的"不平衡"状况进行修正，使考核体系既包括财务指标，同时也包含其他指标。

财务绩效指标一般包括收入增长指标、成本减少或生产率提高指标、资产利用或投资战略指标等。当然，也可以根据组织的具体要求，设置更加具体的指标，如经济增加值、净资产收益率、资产负债率、投资报酬率、销售利润率、应收账款周转率、存货周转率、成本降低率、营业净利额和现金流量净额等。同时，平衡计分卡也要求组织根据不同发展时期的不同要求，相应地选择财务绩效指标。例如，当组织处于增长期时，由于组织在提供产品和劳务等方面获得的收入有较大的增长潜力，投资规模较大和投资报酬率较低，其财务目标主要是不断提高收入的增长率及目标市场、客户群和区域的销售额，因此对处于这一时期的组织主要应采用销售增长率、目标市场收入增长率、成本率等财务绩效指标来加以评价。

(2) 客户指标。具有现代管理理念的管理者认为，客户满意度的高低是组织成败的关键。组织要想取得长期的经营绩效，就必须创造出受客户青睐的产品与服务，因此组织的活动必须以客户价值为出发点。客户方面的绩效指标主要包括市场份额，即在一定的市场中组织产品所占的比重；客户保留度，即组织继续保持与老客户交易关系的比例，既可以用绝对数来表示，也可以用相对数来表示；客户获取率，即组织吸引或取得新客户的数量或比例，既可以用绝对数来表示，也可以用相对数来表示；客户满意度，即反映客户对其从组织获得的价值的满意程度，可以通过函询、会见等方法来加以估计；客户利润贡献率，即组织为客户提供产品或劳务后所取得的利润水平。

(3) 内部业务流程指标。内部业务流程指标主要包括三个方面：①评价组织创新能力的指标，如新产品开发所用的时间，新产品销售额在总销售额中所占的比例，比竞争对手率先推出新产品的比例，所耗开发费用与营业利润的比例，设计出的产品中可完全满足客户要求的产品所占的比例，在投产前需要对设计加以修改的次数等；②评价组织生产经营绩效的指标，如产品生产时间和经营周转时间，产品和服务的质量，产品和服务的成本等；③评价组织售后服务绩效的指标，如组织对产品故障的反应时间和处理时间，售后服务的一次成功率，客户付款的时间等。

平衡计分卡内部业务流程考核的设计，既要重视改善现有流程，也要求确立全新的流程，并且通过内部经营流程将组织的学习与成长、客户价值与财务目标联系起来。对内部业务流程的分析有助于管理层了解其业务运行情况，以及其产品和服务是否能满足客户需要。同时，管理层可以评估他们及其组织在行动方法上的有效性，通过评估，管理者可以发现组织内部存在的问题，并采取相应措施加以改进，进而提高组织内部的管理效率。

(4) 学习与成长指标。学习和成长方面旨在考评组织获得持续发展能力的情况。学习与成长绩效指标主要包括评价员工能力的指标，如员工满意程度、员工保持率、员工工作效率、员工培训次数、员工知识水平等；评价组织信息能力的指标，如信息覆盖率、信息系统反应的时间、接触信息系统的途径、当前可能取得的信息与期望所需的信息的比例等；评价激励、授权与协作的指标，如员工所提建议的数量、所采纳建议的数量、个人和部门之间的协作程度等。

上述四部分内容虽然各自有特定的评价对象和指标，但彼此之间存在密切的联系，它们都是基于组织愿景和战略而形成的相互联系的指标体系，所有这些指标共同构成了一个完整的考核评价体系。

2. 平衡计分卡的优点

平衡计分卡最突出的特点是将组织的愿景、使命和发展战略与组织的绩效评价系统联系起来，它把组织的使命和战略转变为具体的目标和测评指标，以实现战略和绩效的有机结合。另外，相比于传统的绩效管理工具，平衡计分卡还具有其他绩效管理工具不可比拟的优点，这些优点突出表现在以下四种“平衡”上。

(1) 外部和内部之间的平衡。平衡计分卡将评价的视线范围由传统的只注重组织内部评价，扩大到组织外部，包括股东、顾客。同时，以全新的眼光重新认识组织内部，将以往只看内部结果，扩展到既看结果，同时还注意组织内部流程及组织的学习和成长。平衡计分卡还把组织管理层和员工的学习成长视为将知识转化为发展动力的一个必要渠道。

(2) 结果和动机之间的平衡。组织应当清楚其所追求、所期望的成果，如利润、市场占有率，以及产生这些成果的动因，如新产品开发与投资、员工培训开发、信息系统的更新等。只有正确地找到这些动因，组织才能有效地获得所要的成果。平衡计分卡正是按照因果关系构建的，同时体现了指标间的相关性。

(3) 定量衡量和定性衡量之间的平衡。定量指标(如利润、员工流动率)的特点较准确、客观，而且数据也容易获得，这也是其在传统业绩评价中得以应用的一个主要原因。但定量数据多基于过去，因此，定量数据的分析必须保证未来的趋势是可预测的。但目前组织所面临的未来越来越具有不确定性，导致用过去的方法预测未来存在风险。定性指标由于具有相当的主观性，所以往往不具有准确性，有时还不容易获得，因而在应用中受到的重视不如定量指标，但这并不影响定性指标的相关性与可靠性，而这两个性质正是业绩评价中所需要的。平衡计分卡引入定性的指标以弥补定量指标的缺陷，使评价体系更具有应用价值。

(4) 短期目标和长期目标的平衡。平衡记分卡克服了传统绩效评价体系只关注短期绩效的问题，使组织不但注意短期目标(如利润)，还要制定出长期的目标(如顾客满意度、员工训练成本与次数)，而且要制定相应的考评指标，保证组织的发展方向，这样便兼顾了短期目标和长期目标的平衡。

平衡计分卡的核心思想就是通过财务、客户、内部经营过程和学习与成长四个方面指标之间相互驱动的因果关系展现组织的战略轨迹，实现绩效考核→绩效改进以及战略实施→战略修正的目标。平衡计分卡中的每一项指标都是一系列因果关系中的一环，通过它们把相关部门的目标同组织的战略联系在一起。而"驱动关系"一方面是指计分卡的各方面指标必须代表业绩结果与业绩驱动因素双重含义；另一方面计分卡本身又必须是包含业绩结果与业绩驱动因素双重指标的绩效考核系统。平衡计分卡之所以选择财务、客户、内部经营、学习和成长四个方面的指标作为考核指标，是因为它们能够较为完整地反映、评价组织的战略决策和战略执行过程。它以组织战略为基础，从结果指标和业绩动因两个方面全面地评价组织业绩。如果组织的战略决策和战略执行过程涉及的主要内容不同于上述四个方面或者不止上述四个方面，那么就要相应地改变平衡计分卡，才能满足基于组织战略的组织业绩评价的需要。因此，财务、客户、内部经营、学习和成长这四个方面并不是平衡计分卡的一种固定的约束，在设计平衡计分卡时应该根据组织所处的产业环境或组织战略及时进行调整，平衡计分卡应该是一种动态业绩评价系统，而并非一成不变的。

二、绩效考评的技巧

在绩效管理中，除了定期对成员进行绩效评估、及时进行绩效反馈、不断优化调整绩效目标外，要想取得绩效评估的良好效果，还必须掌握以下评估技巧。

(一) 加强与人力资源部门的合作

一般来讲，绩效考评工作都是由组织的人力资源管理部门牵头组织的，绩效考评的反馈信息也成为人力资源管理部门进一步进行招聘、晋升、薪酬设计等的重要参考依据。因此在绩效考评过程中，不仅要强调团队和团队成员的积极参与，还要加强与组织人力资源管理部门的合作。

　　首先，团队要与人力资源管理部门一起确定评估标准、设计评估系统——评分标准的准确性与公平性对评估的成败影响很大。如果出现严重偏差，可能会直接导致成员辞职和损害团队目标的实现。其次，在绩效考评的过程中，要基于组织的目标，遵循必要的考评流程，尽量保证考评过程的公平公正；最后，要通过人力资源部门及时、恰当地把绩效评估结果反馈给团队成员，帮助成员分析其优缺点和存在的问题以及形成的原因，改进工作绩效。人力资源管理部门也要为考评人员提供培训，还要监督和评价考评系统，保证它们恰当地运用和实施。

　　尽管在团队管理中，我们强调充分授权和自我管理，会要求团队负责部分绩效考核的工作，但是对于一些较大的组织，还是有必要将人力资源管理的事务独立出来，通过内外部合作的形式加强考核的公信度，提升绩效考核的效果。

（二）加强绩效考核目标的管理

　　绩效考核的目标，一方面体现了组织对于发展目标的追求，但同时也不能忽略对组织中团队的目标和个体目标的追求，只有将个体、团队和组织的目标协调一致，才能够真正的寻找到适合组织的绩效考核目标。因此在组织绩效考核目标设定的过程中，应该加强组织与团队、组织与个体之间的沟通，对目标的方向、绩效指标、绩效标准等相关的内容进行充分的沟通和交流，以便能够形成更好的绩效考核目标，并通过绩效考核的实施，不断地促进考核目标的完善和发展，同时也促进组织、团队和个体目标的发展。

（三）争取多方支持与参与

　　良好的绩效评估需要得到多方面的支持和参与，比如按照360°全面绩效评价体系，涉及考核评价的有多个方面，主要包括上级、同事、下属，内部成员、外部客户等，通过多方参与的考核评价，才能对团队成员更准确、更加多角度地进行评估。员工的表现常常是多种行为的综合体，不同对象观察的角度也不同，从不同的对象那里得到绩效的反馈，可以大大提高绩效评估的可信度。

　　高层的参与与支持，不仅是绩效考核的重要主体，同时高层的参与也代表了组织对绩效考评的重视，有助于绩效考评工作的顺利推进；绩效考核制度不管如何变革，重点对象或者主要的对象都是广大员工，所以没有广大员工的理解与支持，没有建立在与员工充分沟通基础上的制度最终都不会很好地被执行；客户对组织的内部管理起着一定的导向作用，客户也决定着组织的发展，在绩效考核中让客户参与能够更好地体现组织对客户的尊重，也能够更好的提升客户的满意度，同时也能让员工提升对客户的服务意识，真正的建立起良好的客户关系；除了上述主体外，组织还要充分鼓励形成跨部门的考核团队，并做好考评人员的培训工作，让考核能够实现公平公正，真正通过绩效考核，推动组织的长远发展。

（四）管理软硬件的支持

　　实施新的绩效考核制度，也是一种变革。组织文化是否包含有鼓励创新和变革的基因，以及适应创新和变革的结构和人力资源，是绩效考核能否成功的深层原因。在一定程度上，不管是高层参与还是对于变革的态度与支持都可以归根到组织文化上来，组织文化本身的孕育能力和创造能力对公司的发展起着重要的作用。重视组织文化、建设组织文化、优化组织文化，这是以最高层为主导的、以人力资源部为主力的、综合的、系统的、长期的工程。这项工程不会在短期见效，但一旦形成特定的文化，组织将受益无穷。

良好的绩效考核也离不开组织的硬件支持，特别是随着现代科技的发展，各种考评软件和系统已经比较完善，为了能够更好地提升考核的效率，组织应该适当的引入相关指标体系和软件系统，以便优化组织的绩效考核。当然任何软硬件系统要发挥效用都必须和组织自身建立联系，要吸收组织自身的特点，形成和建立自己的绩效考评系统。

三、避免绩效考评的误区

绩效管理是一个系统的工程，要使绩效管理落到实处，在日常管理中还必须避免陷入一些误区。

（一）把绩效考核等同于绩效管理

绩效管理是对员工的行为和产出的管理，它在现有的人力资源管理的框架下，在强化人本思想和可操作性的基础上，以企业的战略发展目标为依据，通过定期的绩效考核，对员工的行为与产出做客观、公正、综合的评价。绩效考核只是绩效管理的一个环节，是对绩效管理前期工作的总结和评价，远非绩效管理的全部，单单盯住绩效考核，而不顾及绩效管理无异于"一叶障目，不见泰山"。僵化地把员工钉在绩效考核上面，仅仅用几张表给员工的个人贡献盖棺定论，难免失之偏颇，也偏离了实施绩效管理的初衷，依然改变不了效率低下、管理混乱的局面。

科学的绩效管理都是把"以人为本"的企业理念作为推行绩效考核的前提，结合组织总体发展目标和员工的个人发展意愿确定考核的内容和目标；根据企业的总体情况，在与员工双向沟通的过程中推行绩效考评计划；客观看待考评结果，淡化绩效考核的加薪、晋级导向，更多地把它当作激励员工的手段和引导员工自我发展的依据。

（二）重考核，轻沟通

绩效管理是一个员工与管理者双向沟通的动态过程。一个完整的绩效管理体系包含设定绩效目标、记录员工的绩效表现、期终绩效考评、绩效考核结果的合理运用等内容。在整个绩效管理过程中，沟通是贯穿始终的。考核者与被考核者持续不断的双向沟通是一个企业绩效考核得以顺利进行的保障，也是企业科学绩效管理的灵魂所在。无论设计多完美的考核制度都无法顺利推行于缺少沟通的组织中，更何况在企业管理实践中本来就没有"放之四海而皆准"的绩效管理制度。适当的沟通能够及时排除管理过程中的障碍，最大限度地提高企业整体绩效，同时也能提高被考核者参与的积极性，减少考核过程中的阻力，保证考核客观、公正的进行。在执行过程中随时保持沟通和反馈，让被考核者了解考核的目标、执行状况、考核结果等，被考核者也乐于提供资源支持，这样不仅可以激发员工的信心和斗志，也使各被考核者的个人绩效与部门绩效相一致、企业内各个部门长短期目标协调平衡发展。如此一来，绩效考核过程就变成了一个增强共识、凝聚人心、促进沟通和能力提高的多赢过程。

（三）实施主体角色的错位

企业内多数人甚至包括一些高层管理者都认为绩效管理是人力资源部的事情，由人力资源部来做是天经地义的。高层管理者只对绩效管理作原则性的指示，剩下的工作全交给人力资源部门，做得好与不好都是人力资源部门的事情。这实际上是绩效管理中角色分配认识上的误区。诚然，人力资源部门对于绩效管理的实施负有不可替代的责任，但不是所有的事情都应由人力资源部门来做。首先，公司高层是所有绩效管理活动得以顺利推行的中坚，没有他们的倡导、支持和努力，人力资源部门的工作可能会事倍功半，甚至会半途而废。此外，企业内所有员工对之的参与程度，也对绩效考核的成败起着至关重要的作用。没有考核者和被考核者的全身心地参与，绩效考核很有可能会蜕变成一场"警察与小偷的博弈"，科学的绩效管理更是无从谈起。

（四）绩效考核只是一种奖惩手段

在很多人心中都有意无意地把绩效考核与奖惩画上等号，认为绩效考核就是淘汰、惩罚不合格的员工，升迁、奖励优秀的员工。这样想也不无道理，毕竟对员工进行优、良、中、差的评定结果应该有物质形式上的体现，但绩效考核体系不应该单纯为了奖惩员工而设立和存在，它应当成为提升企业整体绩效和员工个人绩效的推进器。武断地把绩效考核等同于一种奖惩手段也是陷入了绩效管理认识上一个比较常见的误区。在实践中，绩效考核应该从强调人与人之间的比较转向每个人的个人自我发展诊断，变考核者与被考核者的对立关系为互助伙伴关系，考核的目标应该更多地定位于为企业与员工多方受益、共同发展。对于企业而言，绩效管理是企业文化的一部分，公正科学的绩效考核可以优化自身的组织结构，提升整体业绩；对于员工来说，绩效管理营造出了一种积极向上的工作环境，通过绩效考核，使员工正确地认识自己的优缺点，及时对自身的发展方向进行修正，从而获得更多的发展机会和更大的发展空间。

（五）公平的考核制度就可以保证考核的公正性

大多数考核者认为只要绩效管理中的考核体系设计合理，执行过程不徇私舞弊，就能保证绩效考核的合理、公正，其实这是对绩效考核制度的一种过度迷信，也是绩效管理过程中的一个误区。在大多数企业的绩效考核实践中，绩效考核的过程与结果都或多或少带有考核者的主观色彩。在绩效评定中，考核者是评定结果可靠性的重要决定因素，而考核者自身并不能自始至终都以一种完全客观、公正的态度对待每一个被考核者，他们的评定行为往往受到若干主观心理因素的干扰。比较常见的心理干扰因素有：晕轮效应、感情误差、近因效应、趋中效应、对比效应、偏见误差以及主观确定评价因素权重的误差等，这些心理干扰因素都使考核的结果难免失之偏颇。针对这种情况，公司人力资源部门应该对绩效考核的标准和准则进行定期的跟踪修正，在考核体系当中应尽可能采取一些相对客观或者可以量化的指标。同时也要加强与被考核者的沟通，以减少考核误差带来的负面效应。

思考练习

1. 结合理论学习，思考团队中是否存在对成员的考核评价，是怎么进行的？

2. 结合自身所在的团队，看看目前团队中主要采用的考核指标和标准是什么？它们设计得合理吗？

3. 在绩效考评管理中，目前你所在的团队主要采用的方法是什么？存在什么问题？

4. 如果让你设计一套平衡记分卡对你们团队进行考核，你会如何设计？

5. 思考个人和团队绩效之间的关系，讨论绩效考核对个体和团队的重要意义。

参考文献

[1] [澳]德莫特·克劳利. 超级团队：效率倍增之法[M]. 王东川译. 北京：清华大学出版社，2020.

[2] [澳]詹姆斯·奥罗克. 管理沟通：以案例分析为视角[M]. 康青译. 北京：中国人民大学出版社，2020.

[3] [保]彼得·伊万诺夫. 趋势与挑战：远程团队创建与管理[M]. 孙瑜译. 北京：北京时代华文书局，2019.

[4] [美]阿德里安·高斯蒂克、切斯特·埃尔顿. 高绩效团队：VUCA 时代的 5 个管理法则[M]. 陈召强译. 北京：中信出版集团股份有限公司，2019.

[5] [美]保罗·弗里嘉. 麦肯锡工具：项目团队的行动指南[M]. 赵银德等译. 北京：机械工业出版社，2020.

[6] [美]保罗·扎克. 零内耗：打造一支彼此信任的高效团队[M]. 刘晓同译. 南京：江苏凤凰文艺出版社，2020.

[7] [美]查尔斯·蒂利. 信任与统治[M]. 胡位钧译. 上海：上海人民出版社，2021.

[8] [美]戴维·W. 约翰逊、弗兰克·P. 约翰逊. 走到一起来：群体理论与团队技巧[M]. 谈晨皓等译. 上海：上海社会科学院出版社，2021.

[9] [美]戴维·帕卡德. 惠普之道：美国合伙人的创业思维[M]. 周钱等译. 重庆：重庆出版社，2016.

[10] [美]丹尼尔·M. 凯布尔. 激活：如何使团队跑起来[M]. 吴晓静译. 北京：中信出版集团股份有限公司，2019.

[11] [美]丹尼尔·利维等. 团队中的群体动力学[M]. 李文超等译. 北京：北京师范大学出版社，2021.

[12] [美]弗雷德·E. 詹特. 冲突与传播[M]. 王楠译. 北京：清华大学出版社，2019.

[13] [美]赫尔曼·阿吉斯. 绩效管理[M]. 刘昕等译. 北京：中国人民大学出版社，2021.

[14] [美]加里·德斯勒. 人力资源管理基础[M]. 江文译. 北京：中国人民大学出版社，2021.

[15] [美]杰拉尔丁·海因斯. 管理沟通：策略与应用[M]. 朱超威等译. 北京：中国人民大学出版社，2020.

[16] [美]杰里·图默等. 人点燃人：个人和团队共同卓越的催化效应[M]. 聂卉译. 北京：电子工业出版社，2020.

[17] [美]杰西卡·利普耐克等. 虚拟团队理论与案例[M]. 何瑛译. 北京：经济管理出版社，2003.

[18] [美]卡伦·霍妮. 我们内心的冲突[M]. 张海霞译. 北京：东方出版社，2021.

[19] [美]肯·布兰佳等. 高境界领导力：如何打造赋能型团队[M]. 慕兰等译. 北京：人民邮电出版社，2020.

[20] [美]莉兹·怀斯曼. 团队赋能：打造快速成长的高效能团队[M]. 潘婧译. 北京：中国友谊出版社，2019.

[21] [美]琳达·亨曼. 高绩效团队[M]. 肖剑译. 北京：中国友谊出版社，2019.

[22] [美]琳达·亚当斯等. 高效能团队[M]. 张亮译. 天津：天津科学技术出版社，2020.

[23] [美]罗伯特·赫钦斯. 学习型社会[M]. 林曾等译. 北京：社会科学文献出版社，2017.

[24] [美]马克·莱夫勒. 改善敏捷回顾 提升团队效率[M]. 王存浩等译. 北京：清华大学出版社，2019.

[25] [美]马克·欧文、凯文·莫勒. 协同：如何打造高联动团队[M]. 陶亮译. 北京：中信出版集团股份有限公司，2019.

[26] [美]迈克尔·海亚特. 愿景驱动领导者[M]. 王漫译. 北京：机械工业出版社，2021.

[27] [美]迈克尔·罗伯托. 哈佛决策课：如何在冲突和风险中做出好决策[M]. 张晶译. 北京：中国人民大学出版社，2018.

[28] [美]米歇尔·E. 梅西纳等. 解密硅谷[M]. 李俊等译. 北京：机械工业出版社，2019.

[29] [美]南希·杜阿尔特. 用数据讲故事：有效促进沟通和绩效提升的路径图[M]. 王菲菲译. 北京：电子工业出版社，2021.

[30] [美]奇普·R. 贝尔等. 成为学习型管理者：赋能组织[M]. 周迪等译. 北京：电子工业出版社，2019.

[31] [美]乔恩·R. 卡曾巴赫. 团队的智慧：创建绩优组织[M]. 侯玲译. 北京：经济科学出版社，1999.

[32] [美]斯蒂芬·P. 罗宾斯、玛丽·库尔特. 管理学[M]. 北京：清华大学出版社. 2021.

[33] [美]塔莎·欧里希. 号召力：使团队充满激情并有绩效的领导力[M]. 孙春岭译. 北京：电子工业出版社，2019.

[34] [美]瓦特·汉弗里等. 领导力、团队精神和信任：有竞争力软件团队的管理原则、方法和实践[M]. 王海鹏等译. 北京：机械工业出版社，2012.

[35] [美]西摩·马丁·李普塞特. 共识与冲突[M]. 张华青等译. 上海：上海人民出版社，2020.

[36] [美]西娅·辛格·斯皮策. 合作的力量：打造高效能团队[M]. 范曦翌译. 杭州：浙江大学出版社，2019.

[37] [美]伊查克·爱迪思. 企业生命周期[M]. 王玥译. 北京：中国人民大学出版社，2017.

[38] [日]佐宗邦威. 创造未来：愿景驱动式创新[M]. 陆旭林译. 北京：机械工业出版社，2021.

[39]　[意]安吉·摩根等. 打胜仗的团队[M]. 李宣娴译. 北京：台海出版社，2020.

[40]　[英]R. 梅雷迪思·贝尔宾. 团队角色[M]. 李和庆等译. 北京：机械工业出版社，2017.

[41]　[英]海伊斯. 协作制胜：成功的团队管理[M]. 李靖坤等译. 大连：东北财经大学出版社，2003.

[42]　[英]杰弗里·贝蒂. 冲突的演化[M]. 李佳蔚译. 北京：中国人民大学出版社，2021.

[43]　[英]唐纳德·H. 泰勒. 在线学习技术应用指南：高效打造学习型组织[M]. 龙红明译. 北京：人民邮电出版社，2021.

[44]　[英]亚历山德拉·利维特. 团队的未来：科技和人力资源的高效结合[M]. 杨建玫等译. 杭州：浙江大学出版社，2020.

[45]　[英]约翰·斯达克. 产品生命周期管理[M]. 杨青海译. 北京：机械工业出版社，2017.

[46]　陈广. 华为之企业文化[M]. 深圳：海天出版社，2018.

[47]　陈国海等. 人力资源管理学[M]. 北京：清华大学出版社，2021.

[48]　陈谏等. 能力管理——铸造人才竞争力[M]. 北京：企业管理出版社，2016.

[49]　陈清文，郑磊. 5E 领导力：激活个体、赋能团队的教练方法[M]. 北京：电子工业出版社，2021.

[50]　陈欣. 社会困境中的合作：信任的力量[M]. 北京：科学出版社，2019.

[51]　陈雨点、王旭东. 华为绩效管理：引爆组织活力的价值管理体系[M]. 北京：电子工业出版社，2021.

[52]　董金秋. 组织信任的结构与功能[M]. 北京：社会科学文献出版社，2020.

[53]　豆大帷. 正向领导力：引爆团队能量的管理法则[M]. 北京：中国经济出版社，2019.

[54]　段万春等. 创新团队管理效率评价研究[M]. 北京：社会科学文献出版社，2019.

[55]　范晓莹等主编. 人际沟通与交流[M]. 北京：清华大学出版社，2019.

[56]　房晟陶等. 首席组织官：从团队到组织的蜕变[M]. 北京：机械工业出版社，2020.

[57]　冯付凯. 管理不狠，团队不稳[M]. 北京：文化发展出版社，2019.

[58]　付国. 高手用人：高效能团队解决员工问题的核心技巧[M]. 北京：电子工业出版社，2019.

[59]　耿兴永. 领导力修炼法则：高效能团队沟通心理技巧分析[M]. 北京：中国法制出版社，2019.

[60]　管婷婷. 敏捷团队绩效考核：KPI、OKR 和 360°评估体系的应用与实践[M]. 北京：电子工业出版社，2020.

[61]　郭楚凡. 华为狼性执行力[M]. 广州：广东经济出版社，2021.

[62]　郭小磊. 绩效赋能：激发员工潜能，打造高绩效团队[M]. 北京：中信出版集团股份有限公司，2020.

[63]　韩秀景、景鹏. 卓越团队建设研究[M]. 上海：上海三联书店，2020.

[64] 何瑛等. 虚拟团队管理[M]. 北京：经济管理出版社，2003.

[65] 胡华成. 绩效管理与考核全案[M]. 北京：清华大学出版社，2019.

[66] 胡俞. 人际信任论[M]. 北京：社会科学文献出版社，2020.

[67] 黄勇. 组织内信任对员工主动性行为的影响机制研究[M]. 北京：中国社会科学出版社，2019.

[68] 惠亚爱等. 沟通技巧与团队合作[M]. 北京：人民邮电出版社，2019.

[69] 江竹兵. 组合激励：激活团队的七大策略[M]. 北京：电子工业出版社，2019.

[70] 李慧波. 团队精神[M]. 北京：机械工业出版社，2015.

[71] 李绍龙. 授权型领导研究：影响效果、因素及其在团队中的分配[M]. 武汉：武汉大学出版社，2019.

[72] 李伊雅. 销售团队没业绩，如何激励？[M]. 北京：机械工业出版社，2021.

[73] 李祖滨等. 重构绩效：用团队绩效塑造组织能力[M]. 北京：机械工业出版社，2019.

[74] 梁志刚. 高效能管理：打造行动型团队的260个领导力法则[M]. 北京：中国铁道出版社有限公司，2019.

[75] 刘大勇. 企业高效管理制度与流程一本通：手把手教你带出精英团队[M]. 北京：化学工业出版社，2020.

[76] 刘海旭. 团队倍增法[M]. 广州：广东旅游出版社，2019.

[77] 刘俊勇编. 业绩评价与激励机制[M]. 北京：中国人民大学出版社，2021.

[78] 刘澜. 领导力必修课：动员团队解决难题[M]. 北京：北京联合出版公司，2019.

[79] 刘彦君等. 腾讯管理法[M]. 杭州：浙江大学出版社，2018.

[80] 刘枭. 组织支持和组织激励：基于研发团队的实证研究[M]. 厦门：厦门大学出版社，2019.

[81] 龙晴. 薪酬激励：销售团队留住人才的秘密[M]. 北京：中国铁道出版社有限公司，2019.

[82] 陆丰. 裂变：打造超级团队不二法则[M]. 北京：经济管理出版社，2019.

[83] 栾琨等. 团队认同与团队创造力：社会身份视角下的双重作用机制研究[M]. 北京：经济科学出版社，2019.

[84] 麻友平主编. 人际沟通艺术[M]. 北京：人民邮电出版社，2020.

[85] 马琳. 团队冲突因子结构及其对团队创新绩效的影响关系研究[M]. 北京：清华大学出版社，2018.

[86] 苗仁涛. 经济新常态下的高绩效人力资源管理系统：重构、转化与机制[M]. 北京：经济管理出版社，2020.

[87] 缪剑鸣. 自动运营的企业系统：学习型组织创建与知识管理的应用研究[M]. 南京：南京大学出版社，2018.

[88] 穆胜. 人力资源效能[M]. 北京：机械工业出版社，2021.

[89] 倪云华. 团队执行力36法则[M]. 北京：中国纺织出版社有限公司，2020.

[90] 彭小兵等. 管理学概论[M]. 北京：清华大学出版社，2020.

[91] 皮忠玲. 虚拟团队创造性观点产生：观点互动的作用[M]. 西安：陕西师范大学出版社，2019.

[92] 邱清荣. 股权激励：激发企业活力、打造高效团队的制胜法则[M]. 北京：中国友谊出版公司，2019.

[93] 任康磊. 高效能 HRBP：共建一流团队，驱动业务增长[M]. 北京：人民邮电出版社，2021.

[94] 任康磊. 有效激励员工的 70 个场景案例：图解版[M]. 北京：人民邮电出版社，2020.

[95] 任康磊. 绩效管理工具[M]. 北京：人民邮电出版社，2021.

[96] 尚文. 怎么说掏心窝子话，团队才肯卖力干：斯坦福大学的 15 堂领导力沟通课[M]. 北京：中国文联出版社，2019.

[97] 沈小滨等. 绩效领导力：从绩效 1.0 到绩效 3.0[M]. 北京：中国法制出版社，2020.

[98] 苏勇、罗殿军. 管理沟通[M]. 上海：复旦大学出版社，2021.

[99] 唐美菊等. 团队建设与管理实训指导[M]. 北京：中国财政经济出版社，2019.

[100] 田涛. 华为访谈录[M]. 北京：中信出版集团股份有限公司，2021.

[101] 万涛. 冲突管理[M]. 北京：清华大学出版社，2018.

[102] 汪华涧. 图解带团队一定要会做教练：打造高绩效教练型领导力[M]. 北京：人民邮电出版社，2019.

[103] 王聪颖. 团队建设与管理[M]. 南京：南京大学出版社，2019.

[104] 王昆等. 催化师：中化、中粮、华润团队学习法之道[M]. 北京：清华大学出版社，2021.

[105] 王伟立. 华为的团队精神：从优秀到卓越的中国式狼性团队精神[M]. 深圳：海天出版社，2013.

[106] 王学湛. 打造企业创新团队：5 式 3 招 2 手湛三角[M]. 北京：清华大学出版社，2021.

[107] 吴建国. 华为团队工作法[M]. 北京：中信出版集团股份有限公司，2019.

[108] 夏佐. 不懂沟通，你怎么带团队[M]. 北京：化学工业出版社，2019.

[109] 许敏. 从管制到协商：邻避冲突治理模式研究[M]. 武汉：武汉大学出版社，2020.

[110] 许芝平. 教练式销售：给你一个团队，你该这么带[M]. 北京：人民邮电出版社，2019.

[111] 杨冠军. 数据赋能：IT 团队技术管理实战[M]. 北京：中国铁道出版社有限公司，2020.

[112] 姚裕群等. 团队建设与团队管理[M]. 北京：首都经济贸易大学出版社，2020.

[113] 叶茂中. 冲突[M]. 北京：机械工业出版社，2019.

[114] 俞文钊等. 现代激励理论与应用[M]. 大连：东北财经大学出版社，2020.

[115] 张炳达等. 商务与管理沟通[M]. 上海：上海财经大学出版社有限公司，2020.

[116] 张静静. 图解带团队一定要会玩游戏：如何用游戏化思维管好新生代员工[M]. 北京：人民邮电出版社，2019.

[117] 张觅音. 激活团队[M]. 北京：台海出版社，2019.

[118] 张明志. 基于团队角色理论的高校辅导员胜任力提升研究[M]. 重庆：西南师范大学出版社，2019.

[119] 张霞编. 绩效考核与薪酬管理[M]. 西安：西安电子科技大学出版社，2019.

[120] 赵君. 组织中信任与合作[M]. 北京：中国社会科学出版社，2020.

[121] 赵伟. 高效能团队设计[M]. 北京：台海出版社，2019.

[122] 赵英等. 自驱动团队[M]. 北京：机械工业出版社，2019.

[123] 郑蕾. 上市公司高管团队对公司绩效的影响研究[M]. 北京：中国社会科学出版社，2019.

[124] 钟毅平. 社会心理学[M]. 北京：清华大学出版社，2020.

[125] 仲崇玉. 销售经理的 22 条军规：如何带出高绩效的销售团队[M]. 北京：北京联合出版公司，2019.

[126] 周洁. 人力资源培训与开发[M]. 北京：清华大学出版社，2020.

[127] 朱世杰. 向华为学团队管理[M]. 北京：中国电影出版社，2018.

[128] 朱衍强等. 图解带团队一定要会管绩效：重新定义绩效管理[M]. 北京：人民邮电出版社，2019.